東洋古典譯註叢書 116

譯註 二程全書 4

著者 程顥·程頤

책임번역 崔錫起 공동번역 姜導顯

전통문화연구회

飜譯委員

企劃編輯	東洋古典飜譯編輯委員會
責任飜譯	崔錫起
共同飜譯	姜導顯
常任原文校閱	吳圭根
飜譯研究管理	南賢熙
潤　　文	南賢熙 朴相水
校　　訂	金曉東 郭成龍
出　　版	白俊哲
裝　　幀	김진디자인

圖書管理

弘報管理	白漢基
普　　及	徐源英
古典情報化	東洋古典情報化研究室

東洋古典譯註叢書를 발간하면서

우리의 古典國譯事業은 민족문화 진흥의 기초사업으로 1960년대부터 政府 支援으로 古文獻 現代化 작업을 추진하여 많은 成果를 거두었다. 당시 이 사업 추진의 先行課題로 東洋古典이라 일컬어지는 중국의 基本古典을 먼저 飜譯하여야 한다는 學界의 주장이 있었음에도 불구하고 우리 고전이 아니라는 일부의 偏狹한 視角과 財政 事情 등으로 인하여 배제되어 왔다.

전통적으로 중국의 기본고전은 우리 歷史와 함께 숨쉬며 각종 교육기관의 敎科書로 활용됨은 물론이고 지식인들의 必讀書가 되어 왔으며, 우리 文化의 基底에 자리잡고 거의 모든 방면의 體系와 根幹을 형성하여 왔다. 그래서 학문연구의 기본서 역할을 해 왔을 뿐만 아니라 오늘날에도 우리의 國學徒 및 東洋學 硏究者들에게 같은 역할을 하고 있음은 주지의 사실이다. 그럼에도 불구하고 中國古典은 우리 것이 아니라 하여 專門機關의 飜譯對象에 포함하지 않음으로써, 대부분 原典에서의 직접 번역이 아닌 重譯이나 拔萃譯의 방식이 주를 이루면서 敎養水準으로 出版되어 왔다.

오늘날 東洋 三國 중에서 우리의 東洋學 연구가 가장 부진한 이유는, 東洋基本古典에 대한 폭넓은 이해의 부족과 漢文古典 讀解力의 저하에 기인함을 우리는 솔직히 인정하여야 한다. 따라서 이들 중국고전에 대한 신뢰할 만한 國譯이 이루어지는 것이 한국학 연구를 촉진시키는 시급한 先行課題라 할 수 있다.

이에 韓國學 및 東洋學의 연구와 古典現代化의 基盤構築을 위해서는, 전문기관으로 하여금 동양고전을 단기간에 각 분야의 專門 硏究者와 漢學者가 상호 협동하여 연구번역하여 飜譯의 傳統性과 效率性, 硏究의 專門性을 높일 수 있도록 政策的 配慮가 있어야 한다.

이에 本會에서는 元老 및 中堅 漢學者와 斯界의 專攻者로 하여금 協同硏究飜譯하여 공부하는 사람들이 믿고 引用하거나 깊이 있는 註釋 등을 활용할 수 있게 하고, 知識人들의 敎養을 증진시켜 줄 수 있는 東洋古典의 國譯書 간행을 지속적으로 추진해 왔다. 근래에 다행히 이 사업에 대하여 각계 지도층의 폭넓은 이해와 지원에 힘입어 2001년도부터 國庫補助를 받아 東洋古典譯註叢書를 간행하게 되었다. 이를 계기로 우리 先學의 註釋과 見解를 반영하는 등 국역사업의 內實을 기하게 되었음을 이 자리를 빌어 衷心으로 감사드리며, 아울러 國譯에 參與하신 관계자 여러분의 勞苦에 깊은 謝意를 표한다.

끝으로 우리의 이러한 작업은 오랜 역사 위에 축적된 先賢들의 業績과 現代學問을 이어주는 튼튼한 架橋와 礎石이 되어 진정한 韓國學과 東洋學 발전에 기여할 것을 굳게 믿으며, 21세기를 우리 文化의 世紀로 열어 가는 밑거름이 되도록 우리의 力量을 本 事業에 경주하고자 한다. 江湖諸賢의 부단한 관심과 지원을 기대해 마지않는다.

社團法人 傳統文化硏究會 理事長 李啓晃

凡 例

1. 본서는 ≪譯註 二程全書≫의 제4책이다.
2. 본서의 底本은 ≪二程全書≫(徐必達 校, 서울대 규장각 奎中 1470)이며, ≪二程全書≫(서울대 규장각 一簑古 181.1-j463i, 이하 '一簑古本'으로 약칭)와 ≪二程全書≫(국립중앙도서관 일산古3745-50, 이하 '國中本'으로 약칭)와 ≪二程集≫(王孝魚 點校, 中華書局, 1981, 이하 '中華書局本'으로 약칭) 등을 참고하였다.
3. 底本에서 校勘에 참고한 書目의 略稱은 初本・胡本・元本・陳本・時本・昭遠本・吳本・趙本・羅本으로, ≪遺書≫와 ≪外書≫의 目錄에 의하면 胡本은 胡安國(1074~1138)의 家本이고, 陳本은 陳淵(?~1145)의 기록이고, 時本은 時紫芝(?~?)의 기록이고, 羅本은 羅從彦(1072~1135)의 기록이며, 나머지는 자세하지 않다.
4. 본서는 원전의 傳統性과 번역의 現代性을 구현하기 위해 노력하였다.
5. 原文은 저본의 체제에 따라 단락을 구분하고, 각 단락마다 일련번호를 부여하였다.
6. 原文에는 우리나라 전통 방식으로 懸吐하고, 小註에는 標點하였다.
7. 번역은 原義에 충실하게 하되, 이해가 어려운 부분은 意譯 또는 補充譯을 하였다.
8. 번역문은 한글과 한자를 혼용하였으며, 맞춤법과 띄어쓰기는 한글 맞춤법과 표준어 규정을 따르는 것을 원칙으로 하였다.
9. 譯註는 인용문의 出典, 故事, 역사적 사건, 전문용어, 人物, 制度, 難解語, 校勘 등에 관한 사항을 밝혔다.
10. 校勘은 원문의 誤字, 脫字, 衍字, 倒文 등을 대상으로 하였으며, 校勘의 근거는 譯註에서 밝혔다.
11. 본서의 校勘에 사용된 符號는 다음과 같다.

   ( )〔 〕: (저본의 誤字)〔교감한 正字〕

12. 본서에 사용된 주요 符號와 略號는 다음과 같다.

“ ”: 引用, 對話

‘ ’: “ ” 안의 再引用, 對話, 强調

「 」: ‘ ’ 안의 再引用, 對話, 强調

( ): 원문에서는 讀音이 특수한 글자나 僻字의 音
번역문에서는 간단한 譯註

〔 〕: 번역문과 뜻은 같으나 音이 다른 漢字 및 字句, 譯註에서 인용하여 번역한 原文

≪ ≫: 書名, 典據

〈 〉: 篇章名, 作品名, 補充譯

○ : 저본에 사용된 단락 구분 표시 遵用

13. 본서에 사용된 標點은 다음과 같다.

, : 한 문장 안에서 句나 節의 구분이 필요한 곳

. : 문장의 종결

· : 대등한 명사나 구절의 병렬

“ ”: 1차 인용, 대화

‘ ’: 2차 인용, 대화, 강조

「 」: 3차 인용, 대화, 강조

目 次

〔附 錄〕

譯註 二程全書 4

二程全書 卷30

外書 第一

明 後學 嘉興 徐必達 校正

朱公掞[1)]의 기록에서 수습한 글　　朱公掞錄拾遺

1. 성품이 고요한 자가 학문을 할 수 있다.

性靜者가 可以爲學이라①

① 伯淳의 말이다.
淳.

2. 학문은 자기에게 있는 것을 알고, 또 자기에게 있는 것을 기르는 데 달려 있다.

學은 在知其所有하고 又養其所有라①

① 伯淳의 말이다.
淳.

3. 실제로 옳은 것과 실제로 그른 것을 분변할 수 있으면 실제로 옳은 것을 따르게 되니, 천하의 일이 하나의 옳은 데로 돌아갈 것이다. 옳은 것이 곧 理이니, 이 理를 따르면 이에 학문에 나아가 形而上에 이를 수 있다.

實是實非를 能辨이면 則循實是니 天下之事가 歸於一是라 是乃理也니 循此理면 乃可進學하여 至形而上者也라①

---

1) 朱公掞 : 朱光庭(1037～1094)으로, 公掞은 그의 자이며, 河南省 偃師 사람이다. 二程에게 수학하였고, 1057년 진사가 되어 左正言・給事中 등을 지냈다.

① 正叔의 말이다.
正.

4. "배움은 미치지 못할 듯이 해야 하며 오히려 잃어버릴까를 염려해야 한다."[2)]라고 하였으니, 이 말은 그냥 지나칠 수 없다.

學如不及이요 猶恐失之라하니 不得放過也라①

① 正叔의 말이다.
正.

5. 忠信을 기본으로 삼는 것은 德을 진전시키는 방법이고, 言辭를 닦아서 誠意가 확립되는 것은 학업을 닦는 데 처하는 방법이다.[3)] 이는 乾道이니, 이 두 구절을 말미암으면 聖人의 경지에 이를 수 있다.

忠信爲基本은 所以進德也요 辭修誠意立은 所以居業也라 此乃乾道니 由此二句면 可至聖人也라①

① 伯淳의 말이다.
淳.

6. 의도를 이해하면 말을 잊을 수 있다. 그러나 말이 없으면 또 그 의도를 드러내지 못한다.

得意면 則可以忘言이라 然이나 無言이면 又不見(현)其意라①

① 正叔의 말이다.
正.

---

2) 배움은……한다 : 孔子의 말로, ≪論語≫ 〈泰伯〉에 보인다.

3) 忠信을……방법이다 : ≪周易≫ 乾卦 〈文言傳〉에 "九三爻에 말하기를 '군자가 종일토록 힘쓰고 힘써 저녁까지도 두려워하면 위태로우나 허물이 없다.〔君子終日乾乾 夕惕若 厲 无咎〕'라는 것은 무슨 말인가? 孔子가 말하였다. '君子는 德을 진전시키고 業을 닦나니, 忠信은 德을 진전시키는 방법이요, 言辭를 닦아서 誠을 확립하는 것은 학업을 닦는 데 처하는 방법이다.〔君子進德修業 忠信 所以進德也 修辭立其誠 所以居業也〕'"라고 하였다.

7. 마음으로 그 이치를 터득한 뒤에 나의 것이 될 수 있다.

心得之하고 然後可以爲己物이라①

① 伯淳의 말이다.
淳.

8. 君子는 敬함으로써 내면을 바르게 하고 義함으로써 외면을 방정하게 하는[4] 것으로 학문의 근본을 삼는다.

君子는 敬以直內하고 義以方外로 爲學本이라

9. 묵묵히 듣고서 기억하는 사람[5]을 내가 만나볼 수 없으면, 질문을 잘하는 자라도 만나보면 괜찮다.

默而識之를 吾不得而見之矣어든 得見善問者면 斯可矣라

10. 그 기물을 만들 적에는 반드시 그 用處를 구해야 하니, 道를 배우는 자는 어떻게 해야 하겠는가.

治其器엔 必求其用이니 學道者는 當如何爾아

11. 학문은 어두운 방에서도 자신을 속이지 않는 데에서 시작된다.

學은 始於不欺闇室이라

---

4) 敬함으로써……하는 : ≪周易≫ 坤卦 〈文言傳〉에 "君子가 敬함으로써 내면을 바르게 하고 義함으로써 외면을 방정하게 하여 敬과 義가 확립되면 德이 외롭지 않으니, '六二爻는 곧고 방정하고 위대한지라, 익히지 않아도 이롭지 않음이 없다.'라는 것은 그가 행하는 바를 의심하지 않는 것이다.〔君子 敬以直內 義以方外 敬義立而德不孤 直方大 不習无不利 則不疑其所行也〕"라고 하였다.

5) 묵묵히……사람 : ≪論語≫ 〈述而〉에 孔子가 말하기를 "묵묵히 듣고서 기억하며, 배우면서 싫증내지 않으며, 남을 가르치는 데 게을리하지 않는 것, 이 중에 어느 것이 나에게 있는가?〔默而識之 學而不厭 誨人不倦 何有於我哉〕"라고 하였다.

12. 배우는 자는 대부분 注疏를 해석하는 데에서 소견이 매몰되니, 주소를 깊이 공부할 필요가 없다.

學者는 多蔽於解釋注疏니 不須用功深이라

13. 대체로 마음을 붙잡아 안정시키지 못하는 사람들은 모두 仁하지 못하다.

大率把捉不定은 皆是不仁이라

14. 不仁을 없애면 仁이 보존된다.

去不仁이면 則仁存이라

15. 仁은 이 네 가지 일을 포함하고 있으니, 仁을 말미암아 행동하면서 마땅하게 하는 것을 義라 하고, 이 仁을 실천하는 것을 禮라 하고, 이 仁을 아는 것을 智라 하고, 이 仁을 충실히 하는 것을 信이라 한다.

仁은 載此四事니 由行而宜之謂義요 履此之謂禮요 知此之謂智요 誠此之謂信이라

16. 神이란 만물을 신묘하게 하는 점에서 말한 것이다.[6] 예컨대 장대에 올라 병을 가지고 노는 일부터 바큇살을 깎는 것[7]에 이르기까지 정성이 지극하면 배워서는 알 수 없게 된다. 장대에 오를 적에 처음에는 몇 척 높이에서 연습하지만 나중에는 백 척 높이까지 오르니, 연습이 그 높이를 변화시킨 것이다. 그런데 하물며 聖人의 정성이 지극한 일을 일반인이 어찌 알 수 있겠는가.

神也者는 妙萬物而爲言이라 若上竿弄瓶으로 至于斲輪히 誠至면 則不可得而知라 上竿에 初習數尺이나 而後至於百尺하니 習化其高라 矧聖人誠至之事를 豈可得而知리오①

---

6) 神이란……것이다 : ≪周易≫ 〈說卦傳〉에 보인다.

7) 바큇살을……것 : 헐겁거나 빡빡하지 않게 바큇살을 알맞게 깎는 것을 말하는데, 능숙한 경지에 이른 것을 가리킨다.(≪莊子≫ 〈天道〉)

① 伯淳의 말이다.
淳.

17. 사람은 반드시 忠信으로써 근본을 삼아야 한다. '자기와 지향을 같이하지 않는 자를 벗하지 말라.'[8]라는 것은 忠信이 없는 자를 두고 말한 것이다. "孔子는 네 가지로 사람들을 가르쳤으니, 文·行·忠·信이다."[9]라고 하였으니, 忠信은 禮의 근본이다. 사람이 忠信이 없으면 학문을 할 수가 없다.

人必以忠信爲本이라 無友不如己者는 無忠信者也라 子以四教하니 文行忠信이라하니 忠信은 禮之本이라 人無忠信이면 則不可以爲學이라

18. 사대부는 반드시 家廟를 세우니, 가묘는 반드시 東向으로 하며, 그 위치는 땅이 정결하고 시끄럽지 않은 곳을 취한다. 자리를 만들고 神位를 배치하는 것은 모두 살아 있는 분을 섬기는 것과 같이 하여, 太祖의 신위는 동쪽을 바라보게 안치하고 그 왼쪽이 昭가 되며 그 오른쪽이 穆이 된다. 남녀는 신위를 달리하니, 대개 시아버지와 며느리가 생전에 자리를 함께하는 禮가 없기 때문이다. 시어머니와 며느리의 신위는 또한 같이 모신다. 태조의 신위를 모실 적에 그 신주는 모두 木牌를 조각하여 생전 항렬의 차례나 혹 품계와 직위를 새긴다. 부인은 각각 남편의 품계를 따른다.

매달 초하룻날 사당에 고할 적에는 차와 술을 올린다. 사계절 중 봄에는 寒食에 제를 올리고, 여름에는 端午에 제를 올리고, 가을에는 重陽節에 제를 올리고, 겨울에는 冬至에 제를 올리니, 이것이 時祭이다. 매번 제사를 마치면 신주를 북쪽 벽의 협실에 보관한다. 묘소에 참배하는 것은 10월 1일에 하니, 서리와 이슬이 내리는 것에 느끼는 바가 있기 때문이다.[10] 한식에는 또한 常禮를 따른다. 제사 음식은 집안의 형편에

---

8) 자기와……말라 : ≪論語≫ 〈學而〉에서 孔子가 "君子가 중후하지 않으면 위엄이 없으니, 학문을 하더라도 견고하지 않다. 忠信을 위주로 하며, 자기와 지향을 같이하지 않는 자를 벗하지 말며, 허물이 있으면 고치기를 꺼리지 말아야 한다.〔君子不重則不威 學則不固 主忠信 無友不如己者 過則勿憚改〕"라고 하였다.

9) 孔子는……信이다 : ≪論語≫ 〈述而〉에 보인다.

10) 서리와……때문이다 : ≪禮記≫ 〈祭義〉에 "서리와 이슬이 내리면 군자가 그것을 밟고 반드시 슬픈 마음이 생기니, 이는 날이 추운 것을 말하는 것이 아니다. 봄에 비와 이슬이 내려 축축해지면 군자가 그것을 밟고 반드시 두려운 마음이 생겨 마치 돌아가신 부모를 뵐 듯이 여긴

알맞게 한다. 祭器와 坐席은 모두 잡다하게 사용해서는 안 된다. 사당의 문은 제사 때가 아니면 엄숙하게 닫아두어 어린아이나 종들이 모두 함부로 근접하게 해서는 안 된다.

士大夫必建家廟하니 廟必東向이요 其位取地潔不喧處라 設席坐位는 皆如事生하여 以太祖面東하고 左昭右穆而已라 男女異位하니 蓋舅婦生無共坐也일새라 姑婦之位는 亦同이라 太祖之設에 其主는 皆刻木牌하여 取生前行第或銜位而已라 婦各從夫라 每月告朔엔 茶酒라 四時에 春以寒食하고 夏以端午하고 秋以重陽하고 冬以長至하니 此時祭也라 每祭訖이면 則藏主於北壁夾室이라 拜墳은 則十月一日拜之하니 感霜露也일새라 寒食은 則又從常禮라 祭之飮食은 則稱家有無라 祭器坐席은 皆不可雜用이라 廟門은 非祭則嚴扃之하여 童孩奴妾이 皆不可使褻而近也라

19. 仁이 자기에게 있으면 무슨 근심이 있겠는가. 무릇 仁이 자기에게 있지 않고 마음이 사물을 좇아 밖에 있는 것이 모두 근심거리이다. "天理를 즐거워하고 天命을 알기 때문에 근심하지 않는다."[11]라는 것이 이를 말한다. 顔子의 한 대그릇의 밥과 한 표주박의 물[12]과 같은 것이 다른 사람에게는 근심거리였지만, 안자는 홀로 즐거워할 수 있었던 것은 仁이 있었기 때문이다.

仁者在己어든 何憂之有리오 凡不在己하고 逐物在外가 皆憂也라 樂天知命故不憂라함이 此之謂也라 若顔子簞瓢가 在他人則憂어니와 而顔子獨樂者는 仁而已일새라

20. 詩를 지은 자가 반드시 모두 聖賢은 아니나, 당시에 그 시를 취한 것은 그 意思가 禮義에 이른 것을 취했을 따름이다. 그 시의 말이 반드시 모두 선한 것은 아니니, 임

다.〔霜露既降 君子履之 必有悽愴之心 非其寒之謂也 春雨露既濡 君子履之 必有怵惕之心 如將見之〕"라고 하였다.

11) 天理를……않는다 : ≪周易≫ 〈繫辭傳 上〉에 "天地와 더불어 서로 같기 때문에 어기지 않는다. 지혜가 만물에 두루 미치고 道가 천하를 구제하기 때문에 지나치지 않는다. 사방으로 행하되 흐르지 아니하여 天理를 즐거워하고 天命을 알기 때문에 근심하지 않는다. 자리에 편안하여 仁을 돈독히 하기 때문에 사랑할 수 있다.〔與天地相似 故不違 知周乎萬物而道濟天下 故不過 旁行而不流 樂天知命 故不憂 安土 敦乎仁 故能愛〕"라고 하였다.

12) 顔子의……물 : ≪論語≫ 〈雍也〉에 孔子가 말하기를 "어질도다, 顔回여! 한 대그릇의 밥과 한 표주박의 물로 누추한 골목에 사는 것을 남들은 그 근심을 견디지 못하는데, 안회는 그 즐거움을 고치지 않으니, 어질도다, 안회여!〔賢哉 顔回 一簞食 一瓢飮 在陋巷 人不堪其憂 回也 不改其樂 賢哉 顔回〕"라고 하였다.

금을 큰 쥐[13]나 교활한 아이[14]에 비유한 유형과 같은 것들이다.

作詩者가 未必皆聖賢이나 當時所取者는 取其意思止於禮義而已라 其言이 未必盡善이니 如比君以碩鼠狡童之類라

21. 詩에는 그 意思가 취할 만한 점을 취한 것이 있으니, 〈無衣〉[15] 시와 같은 경우이다. 시에는 또한 때로 핍진하게 흥을 취한 것도 있고, 한 가지 일이 여러 건의 일을 포함한 것도 있으니, "저 해와 달을 보니, 나의 그리움이 아득하고 아득하네."[16]와 같은 경우이다.

詩는 有取其意思可取者니 如無衣之詩라 亦有時而迫切取興하고 有一事含數件事者니 如瞻彼日月悠悠我思라

22. 치우친 말〔詖辭〕은 편벽되고 가려진 것이며, 지나친 말〔淫辭〕은 매몰된 바가 깊은 것이며, 부정한 말〔邪辭〕은 그 설을 믿어 탐혹에 이른 것이며, 회피하는 말〔遁辭〕은 바르지 않은 것에서 나와 곤궁해지면 바로 달아나는 것이니[17] 墨家 夷之의 말[18]과 같

13) 큰 쥐 : ≪詩經≫ 〈魏風 碩鼠〉를 가리키는 것으로, 군주가 과중하게 세금을 거두어 백성을 잠식하는 것을 큰 쥐가 곡식을 탐하는 것에 비유하여 풍자한 시이다.

14) 교활한 아이 : 鄭나라 太子 忽(昭公)을 풍자한 말로, ≪詩經≫ 〈鄭風 山有扶蘇〉에서는 賢者와 小人을 분별하지 못한 점을, 〈鄭風 狡童〉에서는 賢人과 더불어 국정을 도모하지 않고 權臣이 제멋대로 행하게 한 점을 풍자하였다.

15) 無衣 : ≪詩經≫에는 唐風과 秦風에 모두 〈無衣〉라는 시가 있다. 十三經注疏의 舊說에 의하면 唐風의 〈無衣〉는 晉 武公을 풍자한 시로 曲沃에 봉해진 桓叔의 손자 武公이 晉나라를 멸망시키자 그의 大夫들이 天子의 사신에게 뇌물을 주어 무공을 晉君으로 봉해줄 것을 청한 시라고 하였으며, 秦風의 〈無衣〉는 秦君이 전쟁을 좋아하여 자주 用兵을 하는 것을 풍자한 시라고 하였다.

16) 저……아득하네 : ≪詩經≫ 〈邶風 雄雉〉에 보인다. 이 시는 衛나라 宣公을 풍자한 시로, 선공이 음란하여 국사를 돌보지 않고 군대를 자주 일으켜 大夫들이 오랫동안 부역하여 남녀가 홀로된 것을 근심한 시이다.

17) 치우친……것이니 : ≪孟子≫ 〈公孫丑 上〉에 공손추가 묻기를 "무엇을 知言이라 합니까?"라고 하니, 孟子가 말하기를 "치우친 말에 그의 가려진 바를 알며, 지나친 말에 그의 매몰된 점을 알며, 부정한 말에 그가 道에서 벗어난 것을 알며, 회피하는 말에 그의 논리가 곤궁한 것을 안다.〔詖辭 知其所蔽 淫辭 知其所陷 邪辭 知其所離 遁辭 知其所窮〕"라고 하였다.

18) 墨家……말 : 墨者인 夷之가 孟子를 만나고자 하였는데, 맹자가 거절하였다. 다시 만나기를 청하자, 맹자가 말하기를 "墨者의 喪은 薄葬을 道로 삼는데, 이지가 그 어버이를 장사 지낸 것은 후하게 하였으니, 이는 천하게 여기는 것으로 어버이를 섬긴 것이다."라고 하였다. 이지가 그

은 것이다. 이 네 가지는 楊朱와 墨翟이 겸하여 가지고 있었다.

詖辭는 偏蔽요 淫辭는 陷溺深이요 邪辭는 信其說至於耽惑이요 遁辭는 生於不正하여 窮著便遁이니 如墨者夷之之辭라 此四者는 楊墨兼有라

23. "文으로써 辭를 해치지 말라."[19]라고 하였는데, 이 '文'은 文字의 文이다. 한 글자를 거론하면 文이고, 句를 이룬 것은 辭이다. 시는 한 글자로만 해석할 수 없어서 "周나라의 덕이 어찌 드러나지 않겠는가.〔有周不顯〕"[20]처럼 도리어 다른 해설을 하기도 하니, 본래 글을 짓는 것이 의당 이와 같다.

不以文害辭라한대 文은 文字之文이라 擧一字則是文이요 成句是辭라 詩는 爲解一字不行하여 却遷就他說如有周不顯하니 自是作文이 當如此라

24. "孔子께서 南子를 만나시자, 子路가 기뻐하지 않았다."[21]라고 하였으니, 이는 공자가 본래 衛나라 임금을 만나 道를 행하려 하였는데 도리어 禮가 아니라고 추궁을 당한 것이다.공자가 탄식하기를 "나는 운수가 비색한 사람인지라, 하늘이 싫어하시는구나.〔予所否者 天厭之〕"[22]라고 한 것은 '하늘이 나를 버렸구나.〔天喪予〕'[23]라는 뜻이다. '否'는 否泰의 否이니, 하늘이 우리의 道를 싫어한다는 뜻이다.

말을 전해 듣고 "儒者의 道에 '옛사람이 어린아이를 보호하듯이 한다.'라고 하였으니, 이 말은 무슨 말인가. 나는 사랑에는 차등이 없고, 베풂은 어버이로부터 시작한다고 생각한다."라고 하자, 맹자가 이지는 근본이 둘이라고 비판하였다.(≪孟子≫ 〈滕文公 上〉)

19) 文으로써……말라 : ≪孟子≫ 〈萬章 上〉에 "시를 해설하는 사람은 글자로써 말을 해치지 말며, 말로써 뜻을 해치지 말고, 자신의 생각으로써 본래의 뜻을 유추해야 시의 뜻을 터득할 수 있다.〔說詩者 不以文害辭 不以辭害志 以意逆志 是爲得之〕"라고 하였다.

20) 周나라가……않겠는가 : ≪詩經≫ 〈大雅 文王〉에 보인다. 이 구절에 대해 十三經注疏의 舊說에서는 "周나라의 덕이 밝게 드러나지 않는가.〔周之德 不光明乎〕"라고 하였으며, 朱子의 ≪詩經集傳≫에서는 '不顯'을 '豈不顯'으로 보아 "주나라의 덕이 어찌 드러나지 않겠는가."라고 하였다.

21) 孔子께서……않았다 : ≪論語≫ 〈雍也〉에 "子見南子 子路不說 夫子矢之曰 予所否者 天厭之"라고 하였다. 南子는 衛나라 靈公의 부인으로 淫行이 있었다고 한다.

22) 나는……싫어하시는구나 : 上同. 朱熹는 이 구절을 "내 맹세코 잘못을 하였다면 하늘이 나를 버리시리라."라고 해석하였다.

23) 하늘이……버렸구나 : ≪論語≫ 〈先進〉에 "顔淵이 죽자 공자께서 말하였다. '아! 하늘이 나를 버렸구나. 하늘이 나를 버렸구나.〔噫 天喪予 天喪予〕'"라고 하였다.

子見南子하신대 子路不說(열)이라하니 以孔子本自見衛君行道로 反以非禮見迫이라 孔子嘆予所否者天厭之는 天喪予之意라 否(비)는 否泰之否니 天厭吾道也라

25. 性과 天道, 이것은 子貢이 처음에는 통달하지 못했다가 이 이후로 능히 그것에 통달하였다. 그러므로 이렇게 감탄하는 말을 한 것이니,[24] 공자가 그것을 말하지 않았다는 것을 말하는 것은 아니다. 그 의미가 깊음이 이와 같으니, 사람들이 어찌 쉽게 그 경지에 이를 수 있겠는가.

性與天道는 此子貢初時未達이라가 此後能達之라 故로 發此嘆辭니 非謂孔子不言이라 其意淵奧如此하니 人豈易(이)到리오

26. "孔子가 말하기를 '산골 다리 밑의 암꿩이여, 제때를 만났구나! 제때를 만났구나! 새가 사람의 기색을 살펴보고서 날아올라 빙빙 돈 뒤에 다시 내려앉는구나.'라고 하였는데, 子路가 그 말을 듣고서 다소곳이 공손한 자세로 선 뒤에 그 말을 세 번 읊조리고 일어섰다."[25]라고 하면 문맥이 이와 같이 순조로운데, 아마도 후세 사람들이 竹簡을 편집할 적에 빠뜨리거나 뒤섞은 것이 있는 듯하다. '嗅'자는 옛날 무슨 글자였는지 모르겠으나, 또한 '唄'자와 근사하다.

曰 山梁雌雉여 時哉時哉인저 色斯擧矣하여 翔而後集이라한대 子路聞之하고 竦然共立後에 三嗅而作이라하면 文如此順이어늘 恐後人編簡脫錯이라 嗅字는 又不知古作甚字요 又近唄字①라

① 〈'唄'자는〉 薄과 賣의 반절이다.
薄賣反.

27. 날마다 자기에게 없는 것을 알아내며, 달마다 자기가 능한 것을 잊지 않는 것[26]을

---

24) 性과……것이니 : ≪論語≫ 〈公冶長〉에 子貢이 말하기를 "夫子의 文章은 들을 수 있으나, 부자께서 性과 天道를 말씀하시는 것은 들을 수 없었다.〔夫子之文章 可得而聞也 夫子之言性與天道 不可得而聞也〕"라고 하였다.

25) 孔子가……일어섰다 : ≪論語≫ 〈鄕黨〉에는 "色斯擧矣 翔而後集 曰 山梁雌雉 時哉時哉 子路共之 三嗅而作"으로 되어 있는데, 程子가 앞의 2구를 뒤로 옮겨 해석한 것이다.

26) 날마다……것 : ≪論語≫ 〈子張〉에 子夏가 말하기를 "날마다 자기에게 있지 않은 것을 알아내

요즘 사람들은 하지 않는다.

日知其所亡하며 月無忘其所能을 今人不爲也라

28. 믿음이 독실하지 않으면 德을 준수함을 넓힐 방도가 없다.[27)]

信之不篤이면 執德無由弘이라

29. 일어섰을 적에는 道가 눈앞에 있는 것을 보고, 수레를 탔을 적에는 道가 수레 앞 가로지른 막대기에 의지해 있는 것을 보아야 하니, 그런 뒤에야 유익함을 바랄 수 있다.[28)]

立則見其參於前也요 在輿則見其倚於衡也니 然後可以祈益이라

30. 〈無衣〉[29)]는 만약 王道로써 군대를 출동하고 군사를 쓴다면 나는 나의 창을 수선하여 그대와 짝이 되겠다는 뜻이다.

無衣는 若以王道出軍行師어든 我則修我戈矛하여 與子同仇하리라

31. 〈七月〉[30)]은 豳風의 大意이다. 근심과 사려가 깊고 원대하여 끝까지 오래할 생각

며, 달마다 자기가 능한 것을 잊지 않으면 학문을 좋아한다고 이를 만하다.〔日知其所亡 月無忘其所能 可謂好學也已矣〕"라고 하였다.

27) 믿음이……없다 : ≪論語≫ 〈子張〉에 子張이 말하기를 "德을 준수함이 넓지 못하며, 道를 믿음이 독실하지 못하면 어찌 있다고 말하며 어찌 없다고 말하겠는가.〔執德不弘 信道不篤 焉能爲有焉能爲亡〕"라고 하였다.

28) 일어섰을……있다 : ≪論語≫ 〈衛靈公〉에 子張이 행함〔行〕에 대해 묻자, 孔子가 말하기를 "말이 진실하고 미더우며 행동이 독실하고 공경스러우면 비록 오랑캐의 나라라 하더라도 그 道를 행할 수 있지만, 말이 진실하고 미덥지 못하며 행실이 독실하고 공경스럽지 못하면 비록 자신이 사는 州里라 하더라도 행할 수 있겠는가. 일어섰을 적에는 道가 눈앞에 있는 것을 보고, 수레를 탔을 적에는 道가 수레 앞 가로지른 막대기에 의지해 있는 것을 보아야 하니, 그런 뒤에야 道를 행할 수 있다.〔言忠信 行篤敬 雖蠻貊之邦 行矣 言不忠信 行不篤敬 雖州里 行乎哉 立則見其參於前也 在輿則見其倚於衡也 夫然後行〕"라고 하였다.

29) 無衣 : ≪詩經≫ 〈秦風〉의 편명이다.

30) 七月 : ≪詩經≫ 〈豳風〉의 편명이다.

이 있었으니, 豳國만 이와 같은 데 해당될 뿐만이 아니다. 또한 成王이 變을 당하자, 周公이 끝까지 오래할 의사를 말한 것을 자연스럽게 드러낸 것이기도 하다. '一之日', '二之日'이라는 것은 語辭가 이와 같다. 요즘 사람들도 오히려 어느 때에는 어떻게 하며 또 어떻게 한다고 말하니, 月을 바꾸어 日이라 말했다고 할 수 없다.[31] "아가씨의 마음 상하고 슬퍼하네.〔女心傷悲〕"라는 것은 쑥을 캐며 여자의 일을 할 때로, '슬프다.〔悲〕'라는 것은 사려하는 의사이니, 여자의 일을 할 적에 온 집안사람들에게 필요한 것과 君子를 받드는 것을 사려하여 장차 군자와 함께 누리려는 것이다. 이는 文辭에 집착할 필요가 없으니, 이것이 끝까지 오래할 의사이다.

七月은 豳風大意라 憂思深遠하여 有終久底意니 不惟豳國當如此라 又成王中變하여 自然發起周公言終久意思라 一之日二之日은 語辭如此라 今人尙道甚時如何요 又如何라하니 不可謂變月言日이라 女心傷悲는 采蘩女功之時로 悲則思慮意니 當女功事에 思慮一家之所須와 君子之奉하여 殆及君子同享이라 此不須執辭니 此是終久底意라

32. 올빼미는 악한 새이다. "이미 내 새끼를 잡아갔으니, 내 집을 부수지 말지어다.〔旣取我子 無毁我室〕"[32]라고 한 것은 둥지를 아낌이 심한 것이다. 새에 있어서는 이와 같고, 사람에 있어서는 왕실을 무너뜨리지 않는 것이다. 새끼〔子〕를 管叔과 蔡叔으로 여길 필요는 없으니, 올빼미가 관숙과 채숙이다. 이 한 편은 闕文이 있어 해석하기 어렵다.

鴟鴞는 惡鳥라 謂之旣取我子어니 無毁我室이라함은 言惜巢之甚이라 在鳥如此요 在人則是不壞王室이라 不必以子爲管蔡니 鴟鴞是管蔡라 此一篇은 闕文難解라

33. 〈出車〉에 "찌르르 우는 풀벌레.〔喓喓草蟲〕"[33]라고 한 것은 '남쪽을 정벌하자 서쪽 오랑캐가 원망한다.'[34]라는 의미이니, "잠깐 西戎을 정벌하도다.〔薄伐西戎〕"[35]라고 한

31) 月을……없다 : 十三經注疏에 실린 舊說에 一之日은 周正月이고, 二之日은 殷正月이라고 하여 日을 月로 풀이하였다.

32) 이미……말지어다 : ≪詩經≫ 〈豳風 鴟鴞〉에 보인다.

33) 찌르르……풀벌레 : ≪詩經≫ 〈小雅 出車〉에 보인다.

34) 남쪽을……원망한다 : ≪書經≫ 〈商書 仲虺之誥〉에 "葛伯이 밥을 먹이는 자를 원수로 삼자, 〈湯임금이〉 처음 정벌하기를 葛나라부터 하여 동쪽을 정벌하면 서쪽 오랑캐가 원망하고, 남쪽을 정벌하면 북쪽 오랑캐가 원망하여 이르기를 '어찌하여 유독 우리나라를 뒤에 정벌하는

경우도 이와 같다.

出車에 喓喓草蟲이라함은 意是南征西夷怨이니 薄伐西戎時에도 如此라

34. 〈采薇〉의 '彼爾'[36]는 수자리 서는 사람이다. '수자리 서는 사람 무엇 하나, 常棣의 꽃과 같네.〔戍役維何 維常之華〕'[37]라고 함은 장수와 더불어 서로 받들고 돕는 것이 상체의 꽃과 같다는 말이다. '路'는 路車이고, '君子'는 장수이다. 이 시에 "군자가 의지하는 바요, 小人이 따르는 바이다.〔君子所依 小人所腓〕"라는 것은 군자가 군사들에게 의지하고 소인이 군자를 따르는 것을 비유한 것이다. ≪周易≫ 咸卦에 "감동하는 것이 그 장딴지이면〔咸其腓〕"[38]이라고 하였는데, 腓는 다리의 장딴지가 움직이는 모양이다. '作止'・'柔止'[39]는 시절을 비유한 것이다.

采薇彼爾는 戍役이라 戍役維何오 維常之華로다함은 言與將帥相承副如常棣之華라 路는 路車也요 君子는 將率也라 君子所依요 小人所腓라함은 喻君子之憑依士衆하고 小人則腓也라 易에 咸其腓라하니 腓는 脚肚動貌라 作止柔止는 喻時라

35. 〈皇皇者華〉[40]는 禮樂으로써 전송한 것이다. 임금이 스스로 갈 수 없기 때문에 사신을 보내 사방에 誠意를 효유하였다. 만약 忠信이 없다면 어찌 誠意를 효유할 수 있겠는가. 이 시를 말한 것은 이와 같으니, 시 속에서 뜻을 구할 필요는 없다.

가.'라고 하였으며, 가는 곳의 백성은 室家가 서로 경하하여 이르기를 '우리 임금을 기다렸는데 우리 임금께서 오시니 소생하겠구나.'라고 하였으니, 백성들이 商나라를 받든 지가 오래되었다.〔乃葛伯仇餉 初征自葛 東征 西夷怨 南征 北狄怨 曰 奚獨後予 攸徂之民 室家相慶 曰 徯予后 后來其蘇 民之戴商 厥惟舊哉〕"라고 하였다.

35) 잠깐……정벌하도다 : ≪詩經≫ 〈小雅 出車〉에 보인다.

36) 彼爾 : ≪詩經≫ 〈小雅 采薇〉의 "저것은 무엇인가. 常棣의 꽃이로다.〔彼爾維何 維常之華〕"의 '彼爾'를 가리킨다.

37) 수자리……같네 : ≪詩經≫ 〈小雅 采薇〉에는 "彼爾維何 維常之華"라고 되어 있다.

38) 감동하는……장딴지이면 : ≪周易≫ 咸卦 六二爻辭에 "감동함이 그 장딴지이면 흉하니, 그대로 있으면 길하리라.〔咸其腓 凶 居 吉〕"라고 하였다.

39) 作止・柔止 : ≪詩經≫ 〈小雅 采薇〉의 "고사리를 뜯고 고사리를 뜯음이여, 고사리가 또한 땅에서 나왔으리라.〔采薇采薇 薇亦作止〕"의 '作止'와 "고사리를 뜯고 고사리를 뜯음이여, 고사리가 또한 부드러우리라.〔采薇采薇 薇亦柔止〕"의 '柔止'를 가리킨다.

40) 皇皇者華 : ≪詩經≫ 〈小雅〉의 편명으로, 군주가 使臣을 보내는 것을 읊은 시이다.

皇華는 送之以禮樂이라 君不能自行이라 故로 遣使以諭誠意於四方이라 若無忠信이면 安得誠意리오 言此詩是如此니 不必詩中求라

36. 〈九罭〉의 '물가를 따른다.〔遵渚〕'[41]라는 것은 조정을 풍자한 것이 아닌 듯하다.[42] 이 시는 '公이 돌아가지 않으면 너의 집에서 이틀 밤을 묵는 것이 편안하겠는가? 우리 공이 돌아갈 곳이 어찌 없겠는가?'라는 말이다.

九罭遵渚는 不宜刺朝廷이라 言公之不歸어든 於女信安乎아 得無以我公歸乎아

37. 詩를 만약 天理를 즐거워하고 天命을 아는 것으로써 본다면 일시에 일삼을 바가 전혀 없게 된다. 그 가운데에는 君子의 情意가 이르지 못한 부분도 있다.

詩若還以樂天知命處之면 則一時都無事라 其中也엔 有君子情意不到處라

38. 詩는 원망할 수 있으니,[43] 조롱하고 풍자한 것이 모두 이것이다.

詩는 可以怨이니 譏刺가 總是라

39. 〈小弁〉[44]은 舜의 원망[45]과 다르다. 순은 자신을 원망한 것이고, 〈소반〉은 "내 죄

---

41) 물가를 따른다 : ≪詩經≫ 〈豳風 九罭〉의 "기러기가 날아서 물가를 따르니, 공이 돌아갈 곳이 없으랴. 너에게서는 이틀 밤만 묵을 것이다.〔鴻飛遵渚 公歸無所 於女信處〕"라고 하였다.

42) 조정을……듯하다 : 十三經注疏의 舊說에 周大夫가 조정에서 周公을 알아주지 않음을 풍자한 것이라고 하였다.

43) 詩는……있으니 : ≪論語≫ 〈陽貨〉에 孔子가 말하기를 "너희들은 어찌하여 詩를 배우지 않느냐? 詩는 감정을 일으킬 수 있으며, 득실을 살필 수 있으며, 무리를 지을 수 있으며, 원망할 수 있으며, 가까이는 어버이를 섬길 수 있게 하며, 멀리는 임금을 섬길 수 있게 하고, 새와 짐승, 풀과 나무의 이름을 많이 알게 한다.〔小子 何莫學夫詩 詩可以興 可以觀 可以群 可以怨 邇之事父 遠之事君 多識於鳥獸草木之名〕"라고 하였다.

44) 小弁 : ≪詩經≫ 小雅의 편명이다. 幽王이 참소하는 말을 믿고서 太子 宜臼를 쫓아낸 것에 대해 원망한 시이다.

45) 舜의 원망 : 萬章이 "순임금이 밭에 가서 하늘을 부르며 우셨으니, 어찌하여 우신 것입니까?"라고 묻자, 孟子가 "원망하고 사모하신 것이다.〔怨慕也〕"라고 하였다. 만장이 "부모가 사랑하시면 기뻐하고 잊지 말며, 부모가 미워하시면 더욱 노력하고 원망하지 않아야 하는데, 순임

가 무엇인가."라고 곧장 원망한 것이다.

小弁은 與舜之怨으로 別이라 舜은 是自怨이요 小弁은 直怨我罪伊何라

40. 〈詩의〉 大要는 禮義에 이르러 그치는 것이요, 그 심정은 나라 사람들의 심정이다.

大要則止乎禮義요 其情則是國人之情이라

41. 〈考槃〉[46]은 그 제목을 보면 이미 君子의 마음을 알 수 있으니, 거처하는 것이 이미 편안하여 천하의 일을 결코 다시는 할 수 없음을 안 것이다. 그러나 이처럼 물러나 지내더라도 그의 마음은 자나 깨나 길이 그리워하고 생각하여 임금에게 다시 고할 수 없더라도 초야에서 임금을 잊지 않겠다는 의미이다.

考槃은 觀其名이어든 早已可見君子之心이니 處之已安하여 知天下決然不可復爲라 雖然이나 如此退處라도 至於其心하얀 寤寐間永思念하여 不得復告於君이라도 畎畝不忘君之意라

42. 〈候人〉[47]은 밝은 임금과 어진 신하가 서로 만나는 것에 걸맞지 않음을 말한 것이다. "무성하고 울창하다.〔薈兮蔚兮〕"라는 것은 초목이 무성한 모양이다. 산에 무성하고 울창한 초목이 있으니 아침에 올라가 초목을 베고, 집안에 어리고 예쁜 소녀가 있으니 사람들은 이에 굶주려가면서 그녀를 그리워한다. 무성하고 울창함은 그녀의 재질을 말하고, 어리고 예쁨은 그녀의 덕을 말한다.

候人은 言不稱其君臣相遇라 薈兮蔚兮는 草木蘗茂貌라 山有薈蔚之草木하니 便朝躋而采之요 室有婉孌之少女하니 人便斯飢而思之라 薈蔚은 言其材요 婉孌은 言其德이라

금은 원망했습니까?"라고 묻자, 맹자는 長息과 公明高의 대화를 인용하며 "효자의 마음에는 이러한 근심이 없을 수 없다. '나는 힘을 다해 밭을 갈아 공손히 자식 된 직분을 행했을 뿐이니, 부모께서 나를 사랑하지 않는 것은 나에게 무슨 죄가 있어서인가.〔以孝子之心 爲不若是恝 我竭力耕田 共爲子職而已矣 父母之不我愛 於我何哉〕'라고 여긴 것이다."라는 의미로 풀이하여 답하였다.(≪孟子≫ 〈萬章 上〉)

46) 考槃 : ≪詩經≫ 〈衛風〉의 편명이다.

47) 候人 : ≪詩經≫ 〈曹風〉의 편명으로, 君子를 멀리하고 小人을 가까이 하기를 좋아한 共公을 풍자한 시이다.

43. 白華는 본래 물에 담그면 왕골이 되고 白茅는 본래 묶는 것이니, 각자 쓰임이 있다. 마찬가지로 后와 妾은 각자 본래 직분이 있는데 그대는 도리어 이러한 의리를 멀리한다. 구름이 모여 비와 이슬을 내릴 적에 왕골과 띠풀에 골고루 내린다. 이처럼 왕이 妃와 妾을 예우할 적에도 貴한 이와 賤한 이에게 또한 골고루 내려야 하는데, 우리의 天運이 어려운 까닭에 그대는 똑같이 내리지 않는다. 이 시의 '碩人'은 幽王이다. "저 뽕나무 섶을 베어다가〔樵彼桑薪〕"라는 것은 땔감 중에 좋은 것이다. 申后는 마땅히 禮로써 대우해야 하나 지금은 도리어 야박하게 대우한다. 종 치는 소리가 궁 밖에 들리는 것은 나의 誠意가 도리어 임금을 감동시킬 수 없는 것이니, 이는 두루미가 살 곳을 얻은 것만 못한 것이다. 원앙이 날개를 접는 것은 그 常道가 이와 같다. 나지막한 돌은 높은 것을 밟고 수레에 오르기 위한 것인데, 지금 높은 것을 버리고 낮은 돌을 밟는 것은 申后를 버리고 褒姒를 맞이한 것과 같다.[48)]

白華는 自是漚之爲菅이요 白茅는 自是爲束이니 各自爲用이라 如后妾各自有職分이로되 之子却遠此義理라 雲結爲雨露할새 所以均被菅茅라 王之遇妃妾에 貴賤亦當均被어늘 我天運艱難이라 故之子不猶라 碩人은 幽王也라 樵彼桑薪은 薪之善者也라 申后宜待之以禮나 今反薄이라 鼓聲聞於外는 我之誠意가 反不能感動於君이니 此有鶖得所之不若也라 鴛鴦戢翼은 其常如此라 扁石은 登高以升車어늘 今捨此履卑는 如舍申適褒라

44. 〈丘中有麻〉.[49)] 詩에 대체로 丘를 말하고, 阿를 말하고, 山을 말하는 것은 대부분 朝廷을 비유한 것이다. 丘山은 생물이 자라나 모이는 곳이니, 삼 또한 그 안에서 자란다. '언덕 안이 더욱 풍성하고 아름답다.'라고 말하지 않고, 다만 "언덕 안에 삼이 있다.〔丘中有麻〕"라고 말하였다. 삼은 사람에게 옷을 입힐 수 있어 유용한 식물이니, 賢者가 사람들에게 유익함을 비유한 것이다. 조정에는 마땅히 현자가 있어야 하는데 지금 그곳에 머물러 있는 자는 바로 小人이니, 현자는 도리어 등용되지 못함을 탄식한다는 말이다. "장차 그가 조정에 나오는 것이 더디다.〔將其來施施〕"라는 것은 그가 오면 조정에 현자가 있어서 혜택을 베풀어주기를 생각한 것이다. 보리는 사람이 의지하

---

48) 白華는……같다 : ≪詩經≫ 〈小雅 都人士之什 白華〉에 대한 해석이다. 이 시는 幽王이 褒姒를 얻은 뒤 申后를 축출한 것을 풍자한 시이다.

49) 丘中有麻 : ≪詩經≫ 〈王風〉의 편명으로, 나라 사람들이 추방당한 賢人을 그리워하는 시이다.

여 먹고 사는 것이니, 또한 현자를 비유한다. 그런데 도리어 그가 鄕國에 있으므로 그가 조정에 와서 먹여주기를 생각한 것이다. 오얏은 단지 사람의 입을 즐겁게만 하고 사람을 구제하기에는 부족하니, 소인이 벼슬자리에 있으면서 단지 사람들을 즐겁게만 하고 실제의 공효가 백성에게 미치는 바가 없는 것과 같다. 또 "나에게 패옥을 주겠는가.〔貽我佩玖〕"라는 것은 단지 그것을 즐기고 좋아하되 실용에는 절실하지 않다는 것이다. 현자는 삼과 보리가 사람을 입히고 먹이는 것과 같다.

丘中有麻라 大都言丘言阿言山은 多喩朝廷이라 丘山은 是物所生聚處니 麻是亦生其間이라 不謂丘中更豐美하고 但言丘中有麻라 麻能衣人하여 有用底物이니 喩賢者有益於人이라 言朝廷當有賢者어늘 今彼留는 乃小人이니 賢者却咨嗟不見用이라 將其來施施는 思其來하면 當有賢者하여 以施惠澤也라 麥은 人所賴以食이니 亦喩賢者라 却反在鄕國이라 故思其來食이라 李는 徒能悅人口하고 而不足以濟人이니 如小人在位하여 徒能悅人하고 而無實效及於民이라 又貽我佩玖는 止以其玩好而不切於用이라 賢者則如麻麥之衣食人이라

45. "언덕 안에 삼이 있다."[50]라는 것은 마땅히 있어야 할 곳이 아니라는 말이다.

丘中有麻는 不是所宜有處라①

① 어떤 판본에는 '不'자가 없다.
一本無不字.

46. "碩人이 키가 훤칠하다.〔碩人頎頎〕"[51]라고 하였고 "碩人이 키가 훤칠하다.〔碩人敖敖〕"[52]라고 하였으니, 훤칠하다고 한 두 구는 莊公을 먼저 말한 듯하다. 홑옷을 덧입는 것은 婦人의 복식이 아니다. "農郊에서 머문다.〔說於農郊〕"[53]라는 것은 그가 정사에 부지런함을 말한 것이며, 그 아래에 비로소 莊姜이 翟車를 타고 가서 조회하여 장공을 권면하고 大夫들을 일찍 물러가게 하여 임금을 수고롭게 하지 말라고 한 것을 말하였다. 〈妾으로 하여금〉 교만하여 위로 참람하게 함을 말하지 않고 장공이 정사에

---

50) 언덕……있다 : ≪詩經≫ 〈王風 丘中有麻〉에 보인다.
51) 碩人이……훤칠하다 : ≪詩經≫ 〈衛風 碩人〉 제1장에 보이는데, "碩人其頎"로 되어 있다.
52) 碩人이……훤칠하다 : ≪詩經≫ 〈衛風 碩人〉 제3장에 보인다.
53) 農郊에서 머문다 : ≪詩經≫ 〈衛風 碩人〉 제3장에 보인다.

부지런함을 말하여 장강의 현명한 점과 장강이 노여움을 버리고 시기하여 다투지 않는 마음을 드러낸 것이다. "그물 치는 소리가 출렁출렁 들리니, 철갑상어와 다랑어가 펄떡거리네.〔施罛濊濊 鱣鮪發發〕"[54]라고 한 것은, 그물을 치면서 물고기를 잡으려는 마음이 없어서 큰 물고기를 잡을 수 없음을 말하여 장강은 보답을 받지 못하여 단지 갈대처럼 길쭉길쭉하게 媵妾으로 온 姜氏들은 치장이 성대한 듯함이 있음을 일으킨 것이다. 교만하고 또 위로 참람한 까닭에 庶士가 씩씩하니, 이는 나라 사람들이 민망히 여겨 그를 근심하였음을 말한 것이다. 그물〔施〕은 작은 기물이고, 철갑상어〔鱣〕와 다랑어〔鮪〕는 큰 물고기이다. 葭菼[55]은 뒤섞여 혼잡한 모양이다. 그물 속은 또한 자식이 없음을 가엽게 여기는 의미이다.

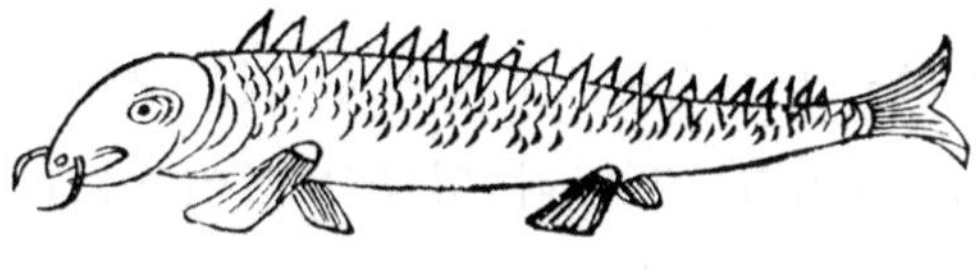

鱣

鮪

碩人頎頎라하고 碩人敖敖라하니 疑頎頎敖敖兩句는 先言莊公이라 衣褧衣는 非婦人服이라 說(세)於農郊는 言其勤政이며 已下始言莊姜翟茀(불)以朝하여 勸勉莊公하고 使大夫夙退하여 無使君勞라 不說使驕上僭하고 却言其勤政하여 見莊姜賢處와 舍怒不妬爭意라 施罛(고)濊濊하니 鱣鮪(전유)發發이라함은 言罛非取魚之意하여 不能得大魚하여 興莊姜不見答하여 徒有葭菼(담)揭揭하여 似庶姜孽孽이라 驕且上僭이라 故庶士有朅하니 言國人閔而憂之也라 罛는 小器也요 鱣鮪는 大魚也라 葭菼은 冗雜貌라 罛中又隱無子意라

47. "자처하여 유순한 데로 돌아가니〔自牧歸荑〕"[56]라는 것은 '몸을 낮추어 자처한다.'[57]는 의미이다. '荑'는 유순하다는 의미이다. 자처하여 유순한 데로 돌아가니, 진실로 아름답고 기이한 것이다. 이는 이 여인이 능히 이처럼 아름다운 것이 아니라, 곧 美人이 선물한 것을 어질게 여긴 것이다. 이처럼 깊이 아름답게 여긴 것은 절실하게 책망한 것이다. 小序에서는 衛나라 임금은 無道하고 夫人은 덕이 없는 것을 풍자한 것이라고

54) 그물……펄떡거리네 : ≪詩經≫ 〈衛風 碩人〉 제4장에 보인다.

55) 葭菼 : '發發'의 잘못인 듯하다.

56) 자처하여……돌아가니 : ≪詩經≫ 〈邶風 靜女〉에 보인다.

57) 몸을……자처한다 : ≪周易≫ 謙卦 初六 〈象傳〉에 "겸손하고 겸손한 군자는 몸을 낮추어 자처하는 것이다.〔謙謙君子 卑以自牧也〕"라고 하였다.

말하였다.

自牧歸荑는 卑以自牧之意라 荑는 柔順意라 自牧歸順하니 信美且異라 此非是女能如此美라 乃賢美人貽之라 如此深美之는 所以切責之라 序言호되 衛君無道하고 夫人無德이라

48. 〈式微〉의 '式'은 발어사이다. '衛나라 임금의 연고가 아니라면〔微衛君之故〕'[58]의 '故' 자는 그의 직분으로써 말한 것이니, 그가 方伯·連帥였기 때문에 中野에서 이슬을 맞은 것이다. '위나라 임금의 몸이 아니라면〔微衛君之躬〕'[59]의 '躬'은 그 사람을 가리킨다. 또 간절히 그 사람을 지적한 것은 仁人·君子가 되기를 그에게 바란 것이다. '泥中'은 진흙길 한가운데이다. 대개 詩意는 넉넉하고 부드럽고 박절하지 않은 것을 귀하게 여기니, 이것이 곧 시를 짓는 방법이다. '임금이 만약 여기에 있지 않았다면 내 어찌 여기에 있겠는가?'라고 한 것은 黎나라 임금을 指斥한 것이다. 이는 곧 돌아가자고 임금을 위협하는 것이며, 또한 박절할 때에 임금을 꾸짖는 것에 가깝다.

式微의 式은 (微)〔辭〕[60]라 微衛君之故의 故字는 以其職而言이니 以其爲方伯連帥라 故暴露於中野라 微衛君之躬은 指其人也라 又切指其人者는 以仁人君子望之라 泥中은 泥塗之中也라 大率詩意貴優柔不迫切니 此乃治詩之法이라 以爲君若不在此면 我胡爲在此리오함은 斥黎君也라 乃是脅君以歸며 又迫切時에 幾乎罵라

49. 〈旄丘〉[61]는 地名이니, 앞이 높고 뒤가 낮은 곳이다. '굵은 마디여.〔誕之節兮〕'라는 것은 칡의 마디가 짧음을 말한다. 칡넝쿨은 뻗어나가 서로 이어지는데 叔과 伯은 무슨 까닭으로 서로 구휼하지 않는가? '何'자의 의미는 黎나라는 衛나라의 서쪽에 있고, 狄나라는 위나라의 북쪽에 있기 때문이다. 우리 여나라의 신하들은 수레가 없지 않으나, 다만 네가 우리와 더불어 마음이 같지 않기 때문이다.

旄丘는 地名이니 前高後下라 誕之節兮는 言葛節短也라 延蔓相屬이어늘 叔伯은 何故로 却不

58) 衛나라……아니라면 : ≪詩經≫ 〈邶風 式微〉에는 "微君之故"로 되어 있다.

59) 위나라……아니라면 : ≪詩經≫ 〈邶風 式微〉에는 "微君之躬"으로 되어 있다.

60) (微)〔辭〕: 저본과 一簑古本, 國中本에는 모두 '微'로 되어 있으나, 中華書局本에 의거하여 '辭'로 바로잡았다.

61) 旄丘 : ≪詩經≫ 〈邶風〉의 편명이다.

相救恤고 何字之①意는 黎在衛之西요 狄在衛之北일새라 我黎之臣子는 非無車나 但汝不與我同故也라

①〈'之'는〉 어떤 판본에는 '文'으로 되어 있다.
一作文.

50. 〈中谷有蓷〉[62]의 '蓷'는 갈대이다. 갈대는 물에 있어야지 골짜기 안에 있어서는 안 되니, 이는 제자리를 잃었다는 의미이다. '脩'자는 길다는 뜻의 脩가 아니라, 아마도 ≪周禮≫에서 말하는 '脩·脯'[63]의 脩와 같은 듯하니, 지나치게 말랐다는 의미이다. '暵'은 말리는 것이다. 그 건조함이 아직 심하지 않으나, 다만 너의 어려운 때를 만나서 나도 곧 좋지 않게 되었다. 습함을 제거하면 그 본성의 습함이 모두 없어지니, 이는 그 은혜로운 마음이 이미 끊어졌음을 말한 것이다. "철철 우니, 슬퍼한들 어찌 미치리오.〔啜其泣矣 何嗟及矣〕"[64]라고 한 것은 시대를 탄식한 것이다.

中谷有蓷의 蓷는 茨葦라 當在水요 不當在谷中이니 是失所意라 脩字는 非脩長之脩요 疑同周禮脩脯之脩니 過於乾底意라 暵은 暴也라 其乾猶未甚이나 但遇爾艱難하여 我便不善이라 去濕이면 則其性之濕都無니 言其恩意已絶이라 啜其泣矣니 何嗟及矣리오함은 嗟時也라

51. "三英이 찬란하다.〔三英粲兮〕"[65]라는 것은 찬란히 밝게 빛나는 모양이다. '英'은 곧 '다섯 곳을 꿰맸다.〔五紽〕'[66]라는 유형과 같으니, 본래 의복의 禮數와 制度이지 三德[67]이 아니다.

三英粲兮는 粲然光明貌라 英은 乃若五紽類니 自是衣服禮數制度요 非三德也라

---

62) 中谷有蓷 : ≪詩經≫ 〈王風〉의 편명이다.

63) 脩·脯 : ≪周禮≫ 〈天官 外饔〉에 "外饔은 外祭祀의 요리를 관장하여 그 脯·脩·刑·膴를 이바지하고, 그 제기를 진설하여 牲體·魚·腊을 채운다.〔外饔 掌外祭祀之割亨 共其脯脩刑膴 陳其鼎俎 實之牲體魚腊〕"라고 하였다.

64) 철철……미치리오 : ≪詩經≫ 〈王風 中谷有蓷〉에 보인다.

65) 三英이 찬란하다 : ≪詩經≫ 〈鄭風 羔裘〉에 보인다.

66) 다섯……꿰맸다 : ≪詩經≫ 〈召南 羔羊〉에서 "크고 작은 양의 가죽이여, 흰 실로 다섯 곳을 꿰맸도다.〔羔羊之皮 素絲五紽〕"라고 하였다.

67) 三德 : 剛克, 柔克, 正直을 가리킨다.

芄蘭

52. '芄蘭'[68]은 덩굴로 자라는 풀이니, 유약하여 스스로 설 수 없어서 어딘가에 의지해 붙어야 가지와 잎을 피울 수 있다. 이는 惠公은 유약한 童子인데 어른의 패물을 차고 있으니, 비록 임금과 成人의 패물을 찼으나 그의 재능은 나보다 지혜롭지 못함을 흥기한 것이다. "띠를 드리우고서 가슴이 두근거리네.〔垂帶悸兮〕"[69]라는 것은 朝廷에 임하여 가슴이 두근거려서 마음을 잡은 것이 안정되지 못한 것이다. '甲'[70]은 뛰어남이니, 재능은 임금이 庶民인 나보다 뛰어날 수 없다는 것이다.

芄蘭은 蔓生草니 柔弱不能自立하여 須依附라야 方成枝葉이라 興惠公柔弱童子로 佩成人之服하니 雖佩人君成人之服이나 其才能은 却不我知라 垂帶悸兮는 臨朝悸悸然하여 執心不定이라 甲은 長也니 才能은 却不能君長我庶民이라

53. '兎爰'[71]은 토끼가 달아난다는 의미이다. 詩序에 '이 시는 周나라를 민망히 여긴 것이다. 桓王이 신의를 잃었기 때문에 제후들이 배반하여 원한을 맺고 禍를 연이어 王의 군대를 패하게 하였다.'라고 하였으니, 도리어 주나라 사람들이 그 禍難을 받은 것이다. '羅'[72]는 본래 토끼를 잡는 그물인데 지금은 도리어 꿩이 그물에 걸렸으니, 제후들이 반역하여 주나라 사람들이 해를 입은 것과 같다.

兎爰은 兎奔走意라 詩序에 閔周라 由桓王失信이라 故諸侯背叛하여 構怨連禍하여 而使王師傷敗라하니 却周人受其禍難이라 羅는 本以罝兎로되 今却雉罹于羅하니 如諸侯不軌하여 周人受害라

54. "수꿩이 날아감이여, 느릿느릿한 날갯짓이로다.〔雄雉于飛 泄泄其羽〕"[73]라고 한 것

68) 芄蘭 : ≪詩經≫ 〈衛風〉의 편명이다.
69) 띠를……두근거리네 : ≪詩經≫ 〈衛風 芄蘭〉 제1장에 보인다.
70) 甲 : ≪詩經≫ 〈衛風 芄蘭〉 제2장 "能不我甲"의 '甲'을 가리킨다.
71) 兎爰 : ≪詩經≫ 〈王風〉의 편명이다.
72) 羅 : ≪詩經≫ 〈王風 兎爰〉 제1장 "雉離于羅"의 '羅'를 가리킨다.
73) 수꿩이……날갯짓이로다 : ≪詩經≫ 〈邶風 雄雉〉 제1장에 보인다.

은 쌍으로 날아간다는 뜻이다. 이는 남자가 원망하는 말이니, 수꿩도 오히려 자기 배필을 얻었는데 자신은 도리어 꿩만도 못하니 나의 그리움이 저절로 이처럼 막혀 있음을 말한 것이다. 다음 장[74)]은 여자의 원망이다. "오르내리는 그 소리여.〔下上其音〕"라는 것은 서로 호응하여 화답하는 말이다. '日月'[75)]은 번갈아 가고 번갈아 오는 의미와 日月陰陽이 서로 짝하면서도 서로 보지 못함과 아침저녁으로 보는 것이 사람의 마음과 생각을 감동시키는 점을 취한 것이니, 이 모든 뜻이 그 사이에 포함되어 있다. '百爾君子'[76)]는 위정자를 책망하여 '너는 어찌하여 德行을 알지 못하는가?'라고 한 것이다. 전국 시대에는 오직 원한을 갚거나 그렇지 않으면 남의 토지를 탐하였으니, 일찍이 義로써 군사를 일으키고 대중을 움직인 적이 없었다. '네가 단지 해치지 않고 탐하지 않으면 어찌 善하지 않겠는가.'[77)]라고 했으니, '忮'는 원한을 갚는 것이고, '求'는 남의 토지를 탐하는 것이다. 만약 義로써 군사를 일으키면 婦人이 무슨 원한이 있겠는가. 부인이 오히려 권면하는 것은 바른 도리이다. 만약 남편이 부역에 종사할 적에 부인이 곧 원망한다고 한다면 무슨 의리가 되겠는가.

雄雉于飛여 泄泄其羽로다함은 雙飛之意라 此男怨之辭니 言雄雉尙得其配匹이어늘 己反不如하니 我之懷思가 自罹此阻隔이라 次章은 女怨이라 下上其音은 相應和之辭라 日月은 取其迭往迭來之意와 又日月陰陽相配而不相見과 又旦暮所見이 動人情思니 總意包其間이라 百爾君子는 責爲政者하여 汝豈不知德行고 戰國間엔 惟是報怨이요 不然이면 貪人土地니 未嘗有以義興師動衆이라 言汝但不忮不求면 何所用而不臧이리오하니 忮는 報怨也요 求는 貪土地也라 若以義發師면 婦人何怨之有리오 婦人猶勉之는 正也라 若謂夫從役에 婦便怨이면 成何義理리오

55. 〈狡童〉과 〈褰裳〉[78)] 이 두 시는 모두 한가지 의미로 별도로 다른 의미가 없다. 그러나 임금을 일러 '교활한 아이〔狡童〕'라고 한 것은 의리에 해로움이 있다. 〈離騷〉의 내용이 임금을 근심하는 마음은 지극하지만, 〈이소〉가 道에 합치되지 않는다고 말하는 것은 뒷부분에서 임금을 날짐승에 비유[79)]했기 때문이다. 그런데 하물며 〈교동〉에

74) 다음 장 : ≪詩經≫ 〈邶風 雄雉〉 제2장을 가리킨다.
75) 日月 : ≪詩經≫ 〈邶風 雄雉〉 제3장 "瞻彼日月"의 '日月'을 가리킨다.
76) 百爾君子 : ≪詩經≫ 〈邶風 雄雉〉 제4장에 보인다.
77) 네가……않겠는가 : ≪詩經≫ 〈邶風 雄雉〉 제4장에 "不忮不求 何用不臧"이라고 한 것을 가리킨다.
78) 狡童과 褰裳 : 모두 ≪詩經≫ 〈鄭風〉의 편명이다.

서 임금을 교활한 아이라고 지목하고 나와 더불지 않는다고 말하였으니,[80] 鄭나라 人臣의 죄는 벌을 받아 마땅하다. 天王은 성스럽고 통명하다고 하였으니, 文王의 마음은 紂도 성스럽고 통명하다고 여겼는데,[81] 어찌 임금을 날짐승에 비유할 수 있겠는가? 그런데 하물며 교활한 아이라고 지목한 것은 말해 무엇 하랴. 다만 시를 지은 사람이 반드시 모두 聖人이 아니고, 孔子가 시를 刪削할 적에 각각 취한 바가 있으니, 이 시는 그가 능히 賢人과 함께 일을 도모하지 못한 점을 취한 것이다.

狡童褰裳此兩節은 都只一意니 別無異義라 然謂君爲狡童은 於義有害라 離騷之中에 憂君之心則至나 然謂之不合道者는 後面比君爲禽이라 又況目之曰狡童하고 言不與我라하니 卽是鄭國人臣罪當誅라 天王聖明이라하니 文王之心은 以紂爲聖明하니 何可比君爲禽이리오 又況目之狡童이리오 但作詩者는 未必皆聖人이요 孔子各有所取니 此則取其不能與賢人圖事라

56. 〈淸人〉 한 편은 그 일을 노래한 것이지만,[82] 그 사이에 情意를 함축하고 있다. '消'·'彭'·'軸'[83]은 지명이 아니겠는가. "왼쪽 사람은 수레를 돌리고 오른쪽 사람은 화살을 뽑거늘, 수레의 가운데 앉은 장군은 용모만 뽐내네.〔左旋右抽 中軍作好〕"라는 것은 굳이 활쏘기를 말한 것이 아니라, 오히려 高克이 나아가기를 禮로써 하지 않았음을 말한 것이다.

---

79) 임금을……비유 : 〈離騷〉에 楚나라 懷王을 빗대어 "수비둘기가 울며 날아가니, 나는 그 경망스러움을 미워한다네.〔雄鳩之鳴逝兮 余猶惡其佻巧〕"라고 한 것을 가리킨다.

80) 교동에서……말하였으니 : ≪詩經≫ 〈鄭風 狡童〉 제1장에 "彼狡童兮 不與我言兮"라고 한 것을 가리킨다.

81) 天王은……여겼는데 : 韓愈의 〈拘幽操〉에 "신의 죄는 벌을 받아 마땅하고, 天王은 성스럽고 통명하네.〔臣罪當誅兮 天王聖明〕"라고 하였다. 商나라 말기 참소로 인해 羑里의 감옥에 갇힌 西伯 文王의 심정을 읊은 것이다.

82) 淸人……것이지만 : ≪詩經≫ 〈鄭風〉의 편명이다. 序에 "〈청인〉은 文公을 풍자한 것이다. 高克이 이익을 좋아하고 자기 임금을 돌아보지 않으니, 문공이 그를 미워하여 멀리하려 하였으나 할 수 없었다. 이에 고극으로 하여금 군사를 거느리고 국경에서 오랑캐를 막게 하여 군사들을 진열하고 河水 가에서 하는 일 없이 놀며 돌아다녔다. 오래도록 부르지 않자, 군사들이 해산하여 돌아가고 고극은 陳나라로 달아났다. 公子는 평소 고극이 나아가기를 禮로써 하지 않고 문공이 물리치기를 道로써 하지 않아 나라를 위태롭게 하고 군대를 멸망시키는 근본이 되었음을 미워하였다. 그러므로 이 시를 지은 것이다.〔淸人 刺文公也 高克好利而不顧其君 文公惡而欲遠之 不能 使高克將兵而禦狄于竟 陳其師旅 翱翔河上 久而不召 衆散而歸 高克奔陳 公子素惡高克進之不以禮 文公退之不以道 危國亡師之本 故作是詩也〕"라고 하였다.

83) 消·彭·軸 : ≪詩經≫ 〈鄭風 淸人〉의 "淸人在彭", "淸人在消", "淸人在軸"의 消·彭·軸을 말한다.

淸人一篇은 却是詠歌其事로되 含情意在其間이라 消彭軸은 莫也是地名가 左旋右抽어늘 中軍作好라함은 不必言射요 猶言高克之進不以禮라

57. 〈摽有梅〉[84]는 급급하여 오직 제때에 미치지 못함을 두려워한 것이다.

摽有梅는 汲汲惟恐不及時라

58. 〈有女同車〉[85]에 대해 예전의 설에는 鄭나라 太子 忽이 齊나라 여자에게 장가들지 않은 것을 풍자한 것이라 하였는데, 후인들은 제나라 여자의 미모를 말한 것이라 하니, 도리어 본래의 의미를 잃었다. 홀이 제나라에 장가들지 않은 것은 제나라가 강대하여 짝이 아니라고 여긴 것이지, 미색으로 인한 것이 아니다. 이 시는 장가들었을 때를 가정해서 말한 것이니, 아래에서 '彼美'[86]를 말하여 끝을 맺었다. 다른 시 가운데도 이와 같은 것이 또한 많다.

有女同車는 前說忽不娶齊女하고 後言齊女하니 却失却本意라 忽不娶齊는 謂齊大非偶요 却不因色이라 此則是設辭니 下言彼美結이라 他詩中似如此者亦多라

59. 〈丰〉[87]은 여러 가지 일을 풍부하게 갖추었다. 이 시의 주된 의미는 남자는 모름지기 여자에게 혼사를 말해야 한다는 것을 말한 것이다. '골목에서 나를 기다린다.'라는 것은 나를 낮추지 않은 것이 아니며, 또 '堂에서 나를 기다린다.'라는 것은 禮가 없는 것이 아니다. '將'[88]은 맞이하는 것이니, 전송하는 것으로 풀이해서는 안 된다. 다만 여자의 집에 일이 있어 맞이할 수 없는 것이다. "비단옷에 홑옷을 덧입고, 비단 치마에 홑치마를 덧입는다.〔衣錦褧衣 裳錦褧裳〕"라는 것은 곧 丈夫이다. 만약 婦人이라면 비단옷이 드러나길 바랄 것이니, 어찌 그 무늬가 드러나는 것을 싫어함이 있겠는가.

---

84) 摽有梅 : ≪詩經≫ 〈召南〉의 편명으로, 男女가 제때에 혼인함을 읊은 시이다.
85) 有女同車 : ≪詩經≫ 〈鄭風〉의 편명으로, 太子 忽이 齊나라와 혼인하지 않은 것을 풍자한 것이다.
86) 彼美 : ≪詩經≫ 〈鄭風 有女同車〉의 "彼美孟姜"을 가리킨다.
87) 丰 : ≪詩經≫ 鄭風의 편명이다.
88) 將 : ≪詩經≫ 〈鄭風 丰〉의 "悔予不將兮"의 '將'을 가리킨다.

옛날의 錦은 아마도 지금의 綾인 듯하다. 홑옷과 비단옷은 서로 부합하는 물건이니, 남녀가 서로 짝하는 것과 같다. '叔이여 伯이여, 짐짓 말에 멍에를 매어 나를 데려가리라.'[89]라고 한 것은 모두 남녀가 혼인할 시기를 놓친 것을 원망하고 그리워하는 뜻을 위주로 한 것이다.

丰은 以諸事豐備라 此詩主意는 言男則須言女라 是俟我於巷은 非不下我며 又俟我於堂은 非不有禮라 將은 迎이니 不可訓作送이라 但女家因事不得將迎也라 衣錦褧錦은 卽是丈夫라 若婦人則惟欲其顯이니 安有惡(오)其文之著리오 古之錦은 疑今之綾이라 是褧錦相副之物이니 如男女相配라 叔兮伯兮여 故駕予與行은 都主男女怨思失期意라

60. 〈東門之楊〉[90]은 혼인은 저녁 무렵부터 하는데 지금 샛별이 빛나도록 친영이 이르지 않음을 말한 것이다. '버들〔楊〕'은 무엇보다 陽氣의 처음을 얻은 것이니, 이는 사람들이 도리어 제때에 미치지 못함을 말한 것이다.

東門之楊은 言婚自昏時어늘 今則明星煌煌而不至라 楊은 最得陽氣之先者니 言人反不及時라

61. 무릇 남녀의 혼인을 말할 적에 대부분 동쪽을 말하니, 동쪽은 生育의 의미를 취한다. 人君은 대부분 남쪽을 말하고, 凶事·喪事는 대부분 북쪽을 말한다. 또 각각 그 나라가 가진 바에 나아가 말하는 경우가 있으니, 周나라 시는 대부분 남쪽을 말하는 것과 같은 경우이다.

凡說婚姻男女엔 多言東하니 東取生育之意라 人君은 多言南하고 凶喪은 多言北이라 又有各就其國所有而言者니 如周詩多言南이라

62. "염소 갖옷에 표범 가죽으로 선을 두른다.〔羔裘豹袪〕"[91]라는 것은 서로 알맞지 않은 것이니, 임금과 신하와 백성은 한 몸이 되어야 하는데 지금 도리어 서로 구휼하지 않는 것과 같다. 백성은 오직 은혜만을 생각하여 "어찌 다른 사람이 없겠는가마는 그

---

89) 叔이여……데려가리라 : ≪詩經≫ 〈鄭風 丰〉에는 "叔兮伯兮 駕予與行"이라고 하여 '故'자가 없다.
90) 東門之楊 : ≪詩經≫ 〈陳風〉의 편명이다.
91) 염소……두른다 : ≪詩經≫ 〈唐風 羔裘〉에 보인다.

대 때문이다.〔豈無他人 惟子之故〕"[92]라고 말한 것이다.

羔裘豹袪는 不是相稱이니 猶君臣民須一體어늘 今反不相恤이라 民則惟惠之懷하여 言豈無他人이리오마는 惟子之故라

63. 〈汾沮洳〉[93]의 '沮洳'는 물에 잠기는 낮고 습한 땅이다. 거기서 자라는 생물이 있더라도 뭇사람들은 또한 그것을 버리고 채집하지 않는데 임금이 가서 그것을 채집하니, 그의 검소함이 너무 지나침을 말한 것이다. 뭇사람이 버린 것이 이와 같은데도 저 사람은 도리어 헤아릴 수 없이 아름답게 여기고 사랑한다. '殊異乎公路'와 '殊異乎公行'은 公道가 아닌 것이 이와 같다는 것이니, 뭇사람이 함께 취하는 바가 아니면 公道가 아니다. '公族'은 公의 무리이다. 公路는 뭇사람이 함께 다니는 길이다.

汾沮洳의 沮洳는 水浸下濕之地라 雖有生物이나 衆人亦棄之不采어늘 而君去采之하니 言其儉嗇太過라 衆人棄之如此로되 彼其之子反美愛之無度라 公路公行은 非公道如此니 非衆人所共取면 卽非公道라 公族은 公類라 公路는 衆人所共由之路라

64. 〈伐檀〉[94]의 '박달나무〔檀〕'는 적합하게 쓰일 만한 재목이니, 君子가 비록 등용되지 못하더라도 청결한 곳에 스스로 몸을 두는 것을 말한다. 박달나무는 아름다운 목재로서 대들보와 마룻대를 만드는 데 쓰여야 하니, 수레바퀴와 바큇살을 만드는 것은 박달나무가 아니라도 만들 수 있다.

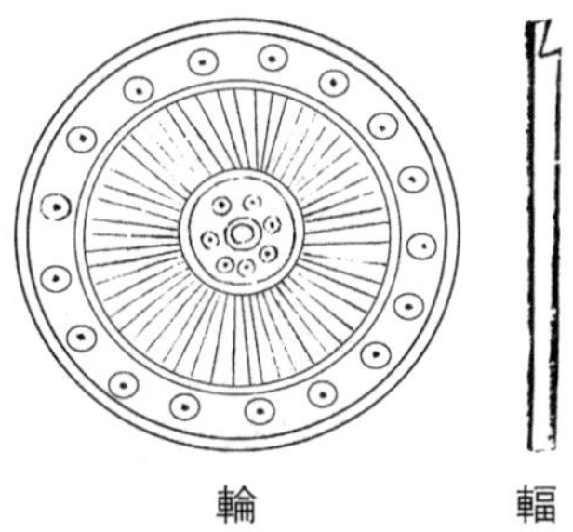

伐檀의 檀은 材可適用者니 言君子雖不得進이라도 亦自致身於清潔之地라 檀은 美材라 須是作梁棟用이니 至於輪輻하얀 非檀可爲라

65. 〈東門之墠〉[95]에서 땅을 깨끗하게 정돈한 것을 '墠'이라 한다. '꼭두서니〔茹藘〕'는

92) 어찌……때문이다 : 上同.

93) 汾沮洳 : ≪詩經≫ 〈魏風〉의 편명이다.

94) 伐檀 : ≪詩經≫ 〈魏風〉의 편명이다.

염색할 수 있다. 이 시는 〈혼인을〉 禮로써 하면 평탄하기가 墠과 같고, 女色으로써 하면 간사하고 막힘이 비탈과 같은데, 백성을 이와 같이 만든 까닭은 바로 "그 집은 가까우나 그 사람은 매우 멀리 있다네."[96]라고 말하는 데 있음을 말한 것이다. 대개 〈丰〉과 〈東門之楊〉은 모두 이미 혼인을 허락한 뒤이지만, 禮가 부족하여 혼인을 할 수 없는 것이다. 혼기를 놓친 뒤에도 윗사람이 또한 사람들로 하여금 禮를 줄이게 하지 않기 때문에 사람들로 하여금 淫奔에 이르게 한 것이다. 婦人의 포, 대추, 밤 등의 폐백을 만약 禮에 맞게 할 때라면 이는 이 집의 혼례 도리를 실천하는 것이다. 어찌 禮로써 이와 같이 하기를 생각하지 않겠는가마는 다만 그대가 나에게 오지 않기 때문에[97] 禮에 맞게 혼인하기를 기다릴 수 없는 것이다.

東門之墠에 除地曰墠이라 茹藘는 可以染色이라 言以禮則坦平如墠하고 以色則姦阻如阪이어늘 所以致民如此者는 正謂其室家則邇나 其人甚遠이라 大抵丰東門之楊은 盡是已許昏後나 以禮不足하여 不能成昏이라 至於過時後하야도 上又不能使人殺(쇄)禮라 故로 使人至淫奔이라 婦人脯脩棗栗을 若以禮時면 則是踐履此室家之道라 豈不思欲得以禮如此리오마는 但子不我卽이라 故待禮不得也라

66. 〈葛屨〉[98]에서 검소하고 인색함은 곧 機巧와 計較로 얻은 것이다. '糾糾'[99]는 굳게 동여맸다는 뜻이다. 칡신을 굳게 동여매는 것은 또한 서리를 밟을 수 있기 때문이라는 말이다. '摻摻'[100]은 귀한 사람이니, 의복에도 貴賤을 분별함을 말한다. ≪禮記≫에 "諸母는 치마를 빨게 하지 않는다."[101]라고 하였다. "허리를 달고 옷깃을 단다.〔褄之襋之〕"[102]라는 것은 깁고 꿰맨다는 뜻이다. '提提'[103]는 字義에 의거하면 수고롭다는 의

95) 東門之墠 : ≪詩經≫ 〈鄭風〉의 편명이다.

96) 그……있다네 : ≪詩經≫ 〈鄭風 東門之墠〉에는 "其室則邇 其人甚遠"으로 되어 있다.

97) 어찌……때문에 : ≪詩經≫ 〈鄭風 東門之墠〉의 "豈不爾思 子不我卽"을 말한 것이다.

98) 葛屨 : ≪詩經≫ 〈魏風〉의 편명이다.

99) 糾糾 : ≪詩經≫ 〈魏風 葛屨〉 "糾糾葛屨"의 '糾糾'를 가리킨다.

100) 摻摻 : ≪詩經≫ 〈魏風 葛屨〉 "摻摻女手"의 '摻摻'을 가리킨다.

101) 諸母는……않는다 : ≪禮記≫ 〈曲禮 上〉에 "嫂叔 간에는 서로 안부를 묻지 않으며, 諸母는 치마를 빨게 하지 않는다.〔嫂叔不通問 諸母不漱裳〕"라고 하였다. 諸母는 庶母이다. 諸母는 上衣를 빨게 할 수 있으나 치마는 빨게 하지 않는다. 치마는 下衣로서 천한 옷이기 때문에 빨게 하지 않으니, 또한 그녀를 존중하는 것이다.

미이다. “완연히 왼쪽으로 피한다.〔宛然左辟〕”[104]라는 것은 옷깃을 오른쪽으로 끼운 것이니, 옛날 오른쪽 소매를 짧게 한 것은 일할 적에 편하게 한 것이라고 한다. 이는 모두 천한 자의 일인데, 상아로 만든 빗치개를 찼으니 이는 귀한 자의 복식이다. 이런 것은 모두 편협한 마음에서 생겨난다.

葛屨에 儉嗇은 便機巧計校所得也라 糾糾는 牢固意라 言牢做葛屨는 亦以履霜이라 摻摻은 貴者니 言衣服亦分貴賤이라 禮에 諸母不漱裳이라 要之襋之는 補綻意라 提提는 據字義면 勞意라 宛然左辟(피)는 右揷衣니 古者에 短右袂는 謂便於事라 此皆賤者之事어늘 却佩象揥하니 貴者之服이라 此等總生於褊心이라

67. 〈無衣〉[105]는 晉나라 曲沃의 武公이 晉나라를 비로소 병합하고 天子의 使臣에게 제후로 봉해달라는 命을 능히 청하였기 때문에 그의 아름답게 여길 만한 점을 찬미한 것이다. 당시 천자의 사신이 와서 晉나라에 이르렀기 때문에 그에게 명을 청한 것이다. ‘七’과 ‘六’[106]은 의복 가운데 하나의 數目인데, 六으로 節度를 삼는 경우는 없다. 이는 오직 그가 능히 命을 청한 한 가지 일만을 찬미한 것이다. 武公은 나라를 찬탈하고 임금을 죽인 것을 부끄러움으로 여기지 않았으니, 의복을 참람하게 사치하는 데 있어서 무엇이 어렵겠는가? 그러나 그의 마음은 편안하지 못하여 命을 청한 뒤에야 편안해졌으니, 이러한 意思는 도리어 취할 만하다. 또 聖人은 그가 이와 같았음을 취했을 뿐만 아니라, 또한 당시의 善을 드러내었다. 비록 大惡이라도 이 시처럼 또한 취할 만한 점이 있다. 魯나라의 風詩는 大惡이 없지 않으나 성인은 그 頌을 기록하고 그 風을 기록하지 않았다.[107] 이는 임금을 위해 숨긴 것이다. 그 頌의 善이 이런 데서 그친 것을 보면 그 나머지는 알 수 있다.

無衣는 武公始幷晉國而能請命於天子之使라 故로 美其可美也라 當時에 使來到國이라 故

102) 허리를……단다 : ≪詩經≫ 〈魏風 葛屨〉에 보인다.

103) 提提 : ≪詩經≫ 〈魏風 葛屨〉 “好人提提”의 ‘提提’를 가리킨다.

104) 완연히……피한다 : ≪詩經≫ 〈魏風 葛屨〉에 보인다.

105) 無衣 : ≪詩經≫ 〈唐風〉의 편명이다.

106) 七과 六 : ≪詩經≫ 〈唐風 無衣〉 “無衣七兮”의 ‘七’과 “無衣六兮”의 ‘六’을 가리킨다.

107) 魯나라의……않았다 : 孔子가 전해오는 시를 산삭하여 ≪詩經≫을 편찬하면서 魯나라의 風은 채록하지 않고 頌만 채록한 것을 가리킨다. ≪시경≫에는 魯風이 없고 魯頌만 있다.

請之라 七與六은 衣中一箇數目인대 無以六爲節이라 此惟美其能請命一事라 以簒國殺君으로 不以爲羞니 至於衣服僭侈하얀 何難이리오 然이나 其心不安하여 至於請命然後安하니 此意思却可取라 又聖人不獨取其如此요 亦以見(현)當時之善이라 雖大惡이라도 有如此詩亦可取라 魯風詩는 非無大惡이나 然聖人錄其頌하고 不錄其風이라 此則爲君諱也라 觀其頌之善止於此면 其他則可知라

68. "느릿느릿 흘러가는 물이여, 흰 돌이 뾰족뾰족하네.〔揚之水 白石鑿鑿〕"[108]라는 것은 介甫(王安石)의 설에 "'흰 옷에 붉은 수를 놓은 옷깃〔素衣朱襮〕'[109]이라는 것은 그 아름다움을 밖으로 드러낸 것이다."라는 것과 같다. 桓叔[110]이 아래에 있었는데 도리어 백성에게 그 덕과 은택을 드러내어 晉나라 사람들로 하여금 그를 따르게 한 것이다.

揚之水여 白石鑿鑿이라함은 同介甫說에 素衣朱襮은 見(현)其美於外라 如桓叔在下로되 反見其德澤於民하여 使晉人從之라

69. 〈采苓〉[111]의 '苓'은 甘草이다. 이 시는 참소를 비유한 것이 매우 좋으니, 만약 首陽山 꼭대기라면 참소가 없을 것이다.

采苓의 苓은 是甘草라 喩讒最好니 若首陽之上이면 却無리라

108) 느릿느릿……뾰족뾰족하네 : ≪詩經≫ 〈唐風 揚之水〉에 보인다.

109) 흰 옷에……옷깃 : 上同.

110) 桓叔 : 晉나라 昭侯가 숙부 成師를 曲沃 땅에 봉하였는데 이 사람을 桓叔이라고 하였다. 환숙의 손자 武公이 晉을 병합하여 임금이 되었다.

111) 采苓 : ≪詩經≫ 〈唐風〉의 편명으로, 讒言을 듣기 좋아하던 晉나라 獻公을 풍자한 시이다.

二程全書 卷31

外書 第二

明 後學 嘉興 徐必達 校正

朱公掞이 묻고 배운 기록에서 수습한 글　朱公掞問學拾遺

1. "나라에 있어도 원망함이 없으며, 집안에 있어도 원망함이 없을 것이다."[1]라고 하였다. 이치에 있어서는 원망함이 없게 할 수 있으나 일에 있어서는 또한 그것이 어려우니, 天地가 이처럼 큰데도 사람들은 오히려 유감으로 여기는 바가 있는 것이다.[2]

在邦無怨하며 在家無怨이라 在理엔 可使無怨이나 於事엔 亦難하니 天地之大也에도 人猶有所憾이라①

① 伯淳의 말이다.
伯淳.

2. 子貢이 仁을 행하는 방법을 질문하였는데 孔子가 仁을 행하는 바탕으로써 일러주었으니,[3] 이는 힘을 다하여 仁을 말한 것이 아니다.

---

1) 나라에……것이다 : ≪論語≫ 〈顏淵〉에서 仲弓이 仁을 묻자, 孔子가 "문을 나서서는 큰 손님을 뵙는 듯이 하며, 백성을 부릴 적에는 큰 제사를 받드는 듯이 하며, 자신이 원하지 않는 것을 남에게 베풀지 말아야 하니, 〈이렇게 하면〉 나라에 있어도 원망함이 없으며, 집안에 있어도 원망함이 없을 것이다.〔出門如見大賓 使民如承大祭 己所不欲 勿施於人 在邦無怨 在家無怨〕"라고 하였다.

2) 天地가……것이다 : ≪中庸≫에 보인다.

3) 子貢이……일러주었으니 : ≪論語≫ 〈衛靈公〉에서 子貢이 仁을 행하는 방법을 묻자, 孔子가 말하기를 "工人이 자신의 일을 잘하려면 반드시 먼저 자기의 연장을 예리하게 해야 하니, 이 나라에 살면서 그 大夫 가운데 賢者를 섬기며, 그 士 가운데 仁한 자를 벗하여야 한다.〔工欲善其事 必先利其器 居是邦也 事其大夫之賢者 友其士之仁者〕"라고 하였다.

子貢問爲仁한대 孔子告以爲仁之資하니 非極力言仁也라①

① 正叔의 말이다.
正叔.

3. 지혜가 거기에 미치더라도 仁으로 능히 그것을 지켜내지 못하면[4] 소득이 없다. 시작도 있고 마침도 있는 것이 先後의 차례이다.

知及之라도 仁不能守之면 無得也라 有始有卒이 先後之序也라

4. 무릇 아래로 인간의 일을 배우는 것이 곧 위로 하늘의 이치를 통달하는 길이다.

凡下學人事가 便是上達天理라①

① 正叔의 말이다.
正叔.

5. '毋意'[5]는 사사로운 생각이 없는 것이다. 그리고 〈孔子는〉 반드시 기필하는 마음이 없고, 굳게 집착하는 마음이 없고, 彼・我를 구분하는 마음이 없었으니, 이는 곧 曾子가 말한 것이다.

毋意는 毋私意也라 毋必爲하고 毋固滯하고 毋彼我하니 乃曾子所言也라①

① 伯淳의 말이다.
伯淳.

---

4) 지혜가……못하면 : ≪論語≫ 〈衛靈公〉에 孔子가 말하기를 "지혜가 거기에 미치더라도 仁으로 능히 그것을 지켜내지 못하면 비록 얻더라도 반드시 잃는다. 지혜가 거기에 미치며 仁으로 능히 그것을 지키더라도 장엄함으로써 백성들에게 임하지 않으면 백성들이 공경하지 않는다. 지혜가 미치며 仁으로 능히 지키며 장엄함으로써 백성들에게 임하더라도 백성들을 禮로써 고무시키지 않으면 善하지 못하다.〔知及之 仁不能守之 雖得之 必失之 知及之 仁能守之 不莊以涖之 則民不敬 知及之 仁能守之 莊以涖之 動之不以禮 未善也〕"라고 하였다.

5) 毋意 : ≪論語≫ 〈子罕〉에 "孔子는 네 가지의 마음이 전혀 없었으니, 사사로운 생각이 없었고, 기필하는 마음이 없었고, 집착하는 마음이 없었고, '나'라고 하는 사사로운 의식이 없었다.〔子絶四 毋意 毋必 毋固 毋我〕"라고 하였다.

6. "사람이 멀리 내다보는 사려가 없으면 반드시 가까운 근심이 있게 된다."[6]라고 하였으니, 사려는 마땅히 일 밖에 있어야 한다.

人無遠慮면 必有近憂라하니 思慮當在事外라①

① 正叔의 말이다.
正叔.

7. 忠은 천하의 크게 공정한 道이고, 恕는 그것을 행하는 방법이다. 忠은 그 體를 말하니 天道이고, 恕는 그 用을 말하니 人道이다.

忠者는 天下大公之道요 恕는 所以行之也라 忠은 言其體니 天道也요 恕는 言其用이니 人道也라①

① 正叔의 말이다.
正叔.

8. "其言之不怍"[7]은 자신이 함부로 말하는 것을 부끄러워하지 않는 것이다.

其言之不怍은 所爲言之不愧라①

① 伯淳의 말이다.
伯淳.

9. 天命을 두려워하면 하늘이 나에게 부여한 소중한 것을 잃지 않을 수 있으며, 大人을 두려워하면 자신도 이처럼 존엄해져서 또한 저절로 남을 외복시킬 수 있으며, 聖人의 말씀을 두려워하면 德을 진전시킬 수 있다.[8]

畏天命이면 則可以不失付畀之重이며 畏大人이면 如此尊嚴而亦自可畏며 畏聖人之言이면

---

6) 사람이……된다 : ≪論語≫ 〈衛靈公〉에 보인다.

7) 其言之不怍 : ≪論語≫ 〈憲問〉에 孔子가 말하기를 "그 말하는 것을 부끄러워하지 않으면 그 말을 실천하기가 어렵다.〔其言之不怍 則爲之也難〕"라고 한 것의 '其言之不怍'을 가리킨다.

8) 天命을……있다 : ≪論語≫ 〈季氏〉에 孔子가 말하기를 "君子는 세 가지 두려워함이 있으니, 天命을 두려워하며, 大人을 두려워하며, 聖人의 말씀을 두려워한다. 小人은 天命을 알지 못하여 두려워하지 않는다. 大人을 함부로 대하며 聖人의 말씀을 업신여긴다.〔君子有三畏 畏天命 畏大人 畏聖人之言 小人不知天命而不畏也 狎大人 侮聖人之言〕"라고 하였다.

則可以進德이라[①]

① 伯淳의 말이다.
伯淳.

10. "周"[9)]는 두루 미친다는 뜻이니, 君子는 두루 친하지만 偏黨하지 않는다.

周는 至也니 君子는 周至而不阿比라[①]

① 正叔의 말이다.
正叔.

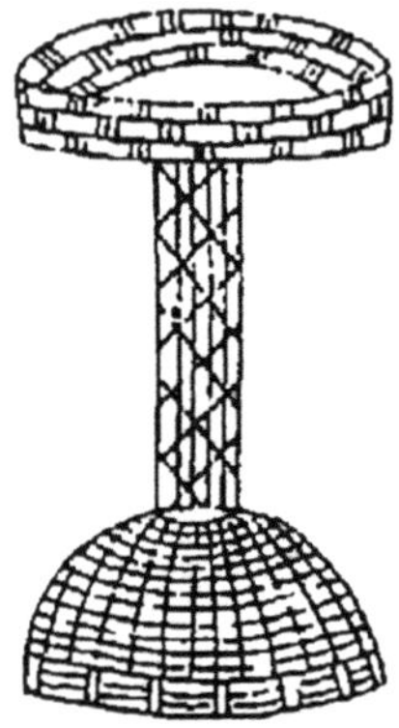
籩

豆

11. "용모를 움직인다.〔動容貌〕"[10)]라는 것은 온몸을 들어 말한 것이다. 용모를 움직이고 주선하는 것이 禮에 맞으면 이에 사나움과 태만함에서 멀어질 것이다. 얼굴빛을 바르게 하면〔正顔色〕 망령되지 않으니, 이에 신실함에 가까워질 것이다. 말을 할 적〔出辭氣〕에 바로 마음속에서 나오면 이에 비루함과 패려함에서 멀어질 것이다. 몸을 바르게 하여 밖에서 구하지 않기 때문에 "祭器를 다루는 소소한 일은 有司가 있다."라고 한 것이다.

動容貌는 擧一身而言也라 動容周旋中禮면 斯遠暴慢矣라 正顔色則不妄이니 斯近信矣라 出辭氣에 正由中出이면 斯遠鄙倍矣라 正身而不外求라 故로 曰 籩豆之事則有司存이라하니라[①]

① 伯淳의 말이다.
伯淳.

9) 周 : ≪論語≫ 〈爲政〉의 "君子는 두루 친하고 편당하지 않으며, 小人은 편당하고 두루 친하지 않는다.〔君子 周而不比 小人 比而不周〕"라고 한 것의 '周'를 가리킨다.

10) 용모를 움직인다 : 曾子가 병환이 있을 때 孟敬子가 문병을 오자, 증자가 말하기를 "새가 장차 죽을 때에는 그 울음소리가 애처롭고 사람이 장차 죽을 때에는 그 말이 착한 법이다. 君子가 귀중히 여기는 道가 세 가지 있으니, 용모를 움직일 적에는 사나움과 태만함을 멀리하며, 얼굴빛을 바르게 할 적에는 신실함에 가깝게 하며, 말을 할 적에는 비루함과 패려함을 멀리해야 한다. 祭器를 다루는 소소한 일은 有司가 있다.〔鳥之將死 其鳴也哀 人之將死 其言也善 君子所貴乎道者三 動容貌 斯遠暴慢矣 正顔色 斯近信矣 出辭氣 斯遠鄙倍矣 籩豆之事則有司存〕"라고 하였다.(≪論語≫ 〈泰伯〉)

12. 다섯 가지 미덕을 높이고 네 가지 악덕을 물리치면 政事에 종사할 수 있다고 하였으니,[11] 정사에 종사함은 나에게 달려 있는 것이다.

尊五美하고 屛四惡이라하니 爲政은 在己니라①

① 伯淳의 말이다.
伯淳.

13. "道를 듣는다."라는 것은 사람이 된 까닭을 아는 것이고, "저녁에 죽어도 괜찮다."라는 것은 헛되이 살지 않는 것이다.[12]

聞道는 知所以爲人也요 夕死可矣는 是不虛生也라①

① 伯淳의 말이다.
伯淳.

14. 性과 天道는 스스로 터득하지 않으면 알 수 없다. 그러므로 "들을 수 없었다."[13]고 말한 것이다.

性與天道는 非自得之則不知라 故로 曰不可得而聞이라하니라①

---

11) 다섯……하였으니 : ≪論語≫ 〈堯曰〉에 子張이 孔子에게 "어떠하여야 政事에 종사할 수 있습니까?"라고 묻자, 공자가 말하기를 "다섯 가지 미덕을 높이고 네 가지 악덕을 물리치면 정사에 종사할 수 있다.〔尊五美 屛四惡 斯可以從政矣〕"라고 하였다. 자장이 다섯 가지 미덕을 묻자, "은혜롭되 허비하지 않으며, 수고롭게 하되 원망을 받지 않으며, 하고자 하되 탐하지 않으며, 태연하면서도 교만하지 않으며, 위엄이 있으면서도 사납지 않은 것이다.〔惠而不費 勞而不怨 欲而不貪 泰而不驕 威而不猛〕"라고 하였다. 또 네 가지 악덕을 묻자, "미리 가르치지도 않고 죽이는 것을 虐이라 하고, 미리 경계하지 않고 공적을 이룩한 것만을 따지는 것을 暴라 하고, 명령을 태만히 하면서도 기한 내에 완성하기를 촉박하게 하는 것을 賊이라 하고, 똑같이 남에게 분배하면서도 출납할 때 인색하게 하는 것을 有司라 한다.〔不敎而殺 謂之虐 不戒視成 謂之暴 慢令致期 謂之賊 猶之與人也 出納之吝 謂之有司〕"라고 하였다.

12) 道를……것이다 : ≪論語≫ 〈里仁〉에 孔子가 말하기를 "아침에 道를 들으면 저녁에 죽어도 괜찮다.〔朝聞道 夕死 可矣〕"라고 하였다.

13) 들을……없었다 : ≪論語≫ 〈公冶長〉에 子貢이 말하기를 "夫子의 文章은 들을 수 있으나, 夫子께서 性과 天道를 말씀하시는 것은 들을 수 없었다.〔夫子之文章 可得而聞也 夫子之言性與天道 不可得而聞也〕"라고 하였다.

① 伯淳의 말이다.
伯淳.

15. 예컨대 "形而上, 그것을 道라 한다.〔形而上者謂之道〕"[14)]라는 문장에서 '謂'자를 옮겨 '之'자 아래에 두어서는 안 되니, 이것이 孔子의 문장이다.

如形而上者謂之道에 不可移謂字在之字下니 此孔子文章이라①

① 伯淳의 말이다.
伯淳.

16. '弘'은 너그럽고 넓다는 뜻이고, '毅'는 분발하는 모양이다. 너그럽되 분발하지 않으면 법도가 없고, 분발하되 너그럽지 않으면 좁고 비루하다.[15)]

弘은 寬廣也요 毅는 奮然也라 弘而不毅면 則無規矩요 毅而不弘이면 則隘陋라①

① 伯淳의 말이다.
伯淳.

17. 君子는 장엄함으로써 자신을 지켜서 남과 다투지 않는다.[16)]

君子는 以矜莊自持하여 不與人爭이라①

① 正叔의 말이다.
正叔.

---

14) 形而上……한다 : ≪周易≫ 〈繫辭傳 上〉에 "그러므로 形而上, 그것을 道라 하고, 形而下, 그것을 器라 하고, 化하여 裁制하는 것, 그것을 變이라 하고, 미루어 행하는 것, 그것을 通이라 하고, 들어서 천하의 백성에게 조처하는 것, 그것을 事業이라 한다.〔形而上者 謂之道 形而下者 謂之器 化而裁之 謂之變 推而行之 謂之通 擧而措之天下之民 謂之事業〕"라고 하였다.

15) 弘은……비루하다 : ≪論語≫ 〈泰伯〉에 曾子가 말하기를 "士는 도량이 넓고 의지가 굳세지 않으면 안 되니, 책임이 무겁고 갈 길이 멀기 때문이다. 仁으로써 자기의 책임을 삼으니 임무가 막중하지 않은가. 죽은 뒤에야 끝이 나니 갈 길이 멀지 않은가.〔士不可以不弘毅 任重而道遠 仁以爲己任 不亦重乎 死而後已 不亦遠乎〕"라고 하였다.

16) 君子는……않는다 : ≪論語≫ 〈衛靈公〉에 孔子가 말하기를 "君子는 장엄하되 남과 다투지 않으며, 화락하게 대중과 함께 하되 편당하지 않는다.〔矜而不爭 群而不黨〕"라고 하였다.

18. 九思[17]는 각각 그 한 가지에 전일한 것이다.

九思는 各專其一이라①

① 伯淳의 말이다.
伯淳.

19. "어찌하여 이 道를 말미암지 않는가?"[18]라는 것은 "벗어날 수 있으면 도가 아니다."[19]라는 뜻이다.

何莫由斯道也는 可離非道라①

① 伯淳의 말이다.
伯淳.

20. "저는 벼슬하는 것을 아직 자신할 수 없습니다."[20]라고 하였으니, 먼저 벼슬살이를 자신할 수 없으면 무엇으로써 남을 다스리겠는가.

吾斯之未能信이라하니 不先自信이면 何以治人이리오①

① 伯淳의 말이다.
伯淳.

---

17) 九思 : ≪論語≫ 〈季氏〉에 孔子가 말하기를 "君子는 아홉 가지 생각함이 있으니, 볼 적에는 분명하게 보기를 생각하며, 들을 적에는 총명하게 듣기를 생각하며, 얼굴빛은 온화하게 하기를 생각하며, 용모는 공손하게 하기를 생각하며, 말할 적에는 진심을 다하기를 생각하며, 일할 적에는 공경하게 하기를 생각하며, 의심스러울 적에는 묻기를 생각하며, 성낼 적에는 어려움을 당할 것을 생각하며, 이득을 보면 義를 생각한다.〔君子有九思 視思明 聽思聰 色思溫 貌思恭 言思忠 事思敬 疑思問 忿思難 見得思義〕"라고 하였다.

18) 어찌하여……않는가 : ≪論語≫ 〈雍也〉에 孔子가 말하기를 "누구인들 나갈 적에 문을 통하지 않을 수 있겠는가. 그런데 어찌하여 이 道를 말미암지 않는가.〔誰能出不由戶 何莫由斯道也〕"라고 하였다.

19) 벗어날……아니다 : ≪中庸≫에 "道라는 것은 잠시도 벗어날 수 없으니, 벗어날 수 있으면 도가 아니다.〔道也者 不可須臾離也 可離 非道也〕"라고 하였다.

20) 저는……없습니다 : 孔子가 漆雕開에게 벼슬을 하도록 권하자, 그가 대답하기를 "저는 벼슬하는 것을 아직 자신할 수 없습니다.〔吾斯之未能信〕"라고 하자, 공자가 기뻐하였다.(≪論語≫ 〈公冶長〉)

21. "仁에 거처하는 것이 아름답다."[21]라고 하였으니, '里'는 사람이 머물러 사는 것이다.

里仁爲美라하니 里는 人之所止라①

① 伯淳의 말이다.
伯淳.

22. "어진 이의 행동을 보고 그와 같아지기를 생각한다."[22]라고 하였으니, 큰일을 이루는 자는 또한 이와 같이 한다. "어질지 못한 이의 행동을 보면 내면으로 자신을 반성한다."라고 하였으니, 대개 학문은 자기에게 달려 있지 않음이 없다.

見賢便思齊라하니 有爲者는 亦若是라 見不賢而內自省이라하니 蓋莫不在己라①

① 伯淳의 말이다.
伯淳.

23. 삶의 이치는 본래 정직하다. '罔'은 정직하지 않은 것이니, 그러면서도 살아있는 것은 요행히 죽음을 면한 것이다.[23]

生理는 本直이라 罔은 不直也니 亦生者는 幸而免也라①

① 伯淳의 말이다.
伯淳.

24. 道를 아는 것은 도가 저기에 있어서 내가 그것을 아는 것이고, 도를 좋아하는 것은 비록 독실히 좋아하더라도 그것을 아직 소유하지 못한 것이고, 도를 즐거워하는

---

21) 仁에……아름답다 : ≪論語≫ 〈里仁〉에 孔子가 말하기를 "仁에 거처하는 것이 아름다우니, 잘 선택하여 仁에 처하지 않는다면 어찌 지혜롭다고 하겠는가.〔里仁爲美 擇不處仁 焉得知〕"라고 하였다.

22) 어진……생각한다 : ≪論語≫ 〈里仁〉에 孔子가 말하기를 "어진 이의 행동을 보면 그와 같아지기를 생각하며, 어질지 못한 이의 행동을 보면 내면으로 자신을 반성한다.〔見賢思齊焉 見不賢而內自省也〕"라고 하였다.

23) 삶의……것이다 : ≪論語≫ 〈雍也〉에 孔子가 말하기를 "사람의 삶은 정직해야 하니, 정직하지 않은 삶은 요행히 죽음을 면한 것이다.〔人之生也直 罔之生也 幸而免〕"라고 하였다.

데 이르면 나의 소유가 되는 것이다.[24)]

知之者는 在彼而我知之也요 好之者는 雖篤而未能有之요 至於樂之면 則爲己之所有라①

① 正叔의 말이다.
正叔.

25. '民'[25)]은 또한 人이다. '사람의 도리에 힘쓴다.〔務人之義〕'라는 것은 곧 지혜이다. 귀신에 대해서는 공경하지 않으면 지혜롭지 않은 것이고, 멀리하지 않으면 함부로 하는 데에 이르니, 공경하되 멀리하는 것이 지혜롭게 되는 방법이다.

民亦人也라 務人之義는 乃知也라 鬼神은 不敬則是不知요 不遠則至於瀆하니 敬而遠之가 所以爲知라①

① 伯淳의 말이다.
伯淳.

26. 어려운 일을 먼저 하는 것[26)]은 자기의 사욕을 이기는 것[27)]이다.

先難은 克己也라①

① 伯淳의 말이다.
伯淳.

27. 聖은 곧 仁이 德을 이룩한 것이다. 仁이 聖이 된다는 말은 이를테면 나무를 조각

24) 道를……것이다 : ≪論語≫ 〈雍也〉에 "道를 아는 것은 도를 좋아하는 것만 못하고, 도를 좋아하는 것은 도를 즐거워하는 것만 못하다.〔知之者不如好之者 好之者不如樂之者〕"라고 하였다.

25) 民 : 樊遲가 智를 묻자, 孔子가 말하기를 "사람이 지켜야 할 도리를 힘쓰고, 귀신을 공경하되 멀리하면 지혜롭다고 할 만하다.〔務民之義 敬鬼神而遠之 可謂知矣〕"라고 한 문장의 '民'을 가리킨다.(≪論語≫ 〈雍也〉)

26) 어려운……것 : 樊遲가 仁에 대해 묻자, "仁者는 어려운 일을 먼저 하고 얻는 것을 뒤에 하니, 이렇게 하면 仁이라고 할 수 있다.〔仁者先難而後獲 可謂仁矣〕"라고 하였다.(≪論語≫ 〈雍也〉)

27) 자기의……것 : ≪論語≫ 〈顏淵〉에 "顏淵이 仁을 묻자, 孔子가 말하였다. '자기의 사욕을 물리쳐 禮로 돌아가는 것이 仁을 행하는 방법이니, 하루하루 사욕을 극복해 예로 돌아가면 천하 사람들이 그의 仁을 허여할 것이다. 仁을 행하는 것은 자기에게 달려 있으니, 남을 통해 하는 것이겠는가.〔克己復禮爲仁 一日克己復禮 天下歸仁焉 爲仁由己 而由人乎哉〕'"라고 하였다.

하여 龍을 만드는 것과 같다. 나무가 곧 仁이고, 용이 곧 聖이니, 나무를 가리켜 용이라 하는 것이 옳겠는가. 그러므로 널리 은혜를 베풀어 많은 사람을 구제하는 것은 곧 聖의 일이다. 仁을 거론해 말한다면 "능히 가까운 데에서 어떤 일을 취하여 비유한다."라는 것이 이것이다.[28)]

聖은 乃仁之成德이라 謂仁爲聖은 譬猶雕木爲龍이라 木이 乃仁也요 龍이 乃聖也니 指木爲龍이 可乎아 故로 博施濟衆은 乃聖之事라 擧仁而言之면 則能近取譬가 是也라①

① 伯淳의 말이다.
伯淳.

28. "능히 가까운 데에서 어떤 일을 취하여 비유한다."[29)]라는 것은 내 몸에 돌이켜 보는 것을 말한다.

能近取譬는 反身之謂也라①

① 伯淳의 말이다.
伯淳.

29. "능하면서 능하지 못한 이에게 물으며, 학식이 많으면서 적은 이에게 물으며, 있어도 없는 듯이 하고, 가득 차도 텅 빈 듯이 하며, 남이 침범해도 따지지 않는다."라는 것은 顔子가 여기에 해당한다.[30)]

---

28) 聖은……이것이다 : 子貢이 "백성에게 은혜를 널리 베풀어 많은 사람을 구제함이 있다면 어떠합니까? 仁하다고 할 수 있습니까?〔如有博施於民而能濟衆 何如 可謂仁乎〕"라고 묻자, 孔子가 "어찌 仁을 일삼는 데 그치겠는가. 반드시 聖일 것이다. 堯·舜도 오히려 그것을 부족하게 여기셨다. 仁者는 자신이 어느 지위에 서고자 하면 남을 그 자리에 세워주며, 자신이 어느 경지에 도달하고자 하면 남을 거기에 도달하게 해준다. 능히 가까운 데에서 어떤 일을 취하여 비유할 수 있으면 仁을 행하는 방법이라고 말할 수 있다.〔何事於仁 必也聖乎 堯舜 其猶病諸 夫仁者 己欲立而立人 己欲達而達人 能近取譬 可謂仁之方也已〕"라고 하였다.(≪論語≫ 〈雍也〉)

29) 능히……비유한다 : 上同.

30) 능하면서……해당한다 : ≪論語≫ 〈泰伯〉에 曾子가 말하기를 "능하면서 능하지 못한 이에게 물으며, 학식이 많으면서 적은 이에게 물으며, 있어도 없는 듯이 하고, 가득 차도 텅 빈 듯이 하며, 남이 침범해도 따지지 않는 것을 옛날 내 벗이 일찍이 이런 일에 종사하였다.〔以能問於不能 以多問於寡 有若無 實若虛 犯而不校 昔者 吾友嘗從事於斯矣〕"라고 하였는데, 여기서 말하는 '벗'이 顔回를 가리킨다고 본 것이다.

以能問於不能하며 以多問於寡하며 有若無하며 實若虛하며 犯而不校는 顔子當之라①

① 正叔의 말이다.
正叔.

30. 저 사람의 일이 옳으면 내가 마땅히 그를 본받아야 하나, 저 사람의 일이 옳지 않다면 내가 또한 어찌 그와 따지겠는가. 이런 까닭에 君子는 남과 따진 적이 없다.

彼之事是면 則吾當師之나 彼之事非是면 則吾又何校焉이리오 是以로 君子는 未嘗校也라①

① 伯淳의 말이다.
伯淳.

31. 司馬牛가 仁을 묻자, 孔子가 말하기를 "仁者는 그 말을 신중히 한다."라고 하였다.[31] 사마우는 말이 많았기 때문에 이렇게 언급한 것이다. 그러나 聖人의 말씀이 또한 여기에서 그쳤으니 옳다.

司馬牛가 問仁한대 子曰 仁者는 其言也訒이라하니라 司馬牛는 多言이라 故로 及此라 然이나 聖人之言이 亦止此하니 爲是라①

① 正叔의 말이다.
正叔.

32. 가난한 자는 원망하지 않으면 아첨하니, 아첨은 원망보다 더욱 심하다.[32] 이는 대체로 자신을 지키는 것이 굳세지 않으면서 어떤 일을 하는 것이 있기 때문이다.

貧은 不怨則諂이니 諂은 尤甚於怨이라 蓋守不固而有所爲也일새라①

---

31) 司馬牛가……하였다 : 司馬牛가 仁을 묻자, 孔子가 "仁者는 그 말을 신중히 한다.〔仁者 其言也訒〕"라고 하였다. 사마우가 "그 말을 신중히 하면 이것을 仁이라고 말할 수 있습니까?〔其言也訒 斯謂之仁矣乎〕"라고 하자, 공자가 "이것을 행하기가 어려우니, 말을 신중히 하지 않을 수 있겠는가.〔爲之難 言之得無訒乎〕"라고 하였다.(≪論語≫ 〈顔淵〉)

32) 가난한……심하다 : ≪論語≫ 〈學而〉에 子貢이 "가난하되 아첨함이 없으며, 부유하되 교만함이 없으면 어떻습니까?〔貧而無諂 富而無驕 何如〕"라고 하자, 孔子가 말하기를 "괜찮으나 가난하면서도 즐거워하며, 부유하면서도 禮를 좋아하는 자만 못하다.〔可也 未若貧而樂 富而好禮者也〕"라고 하였다.

① 伯淳의 말이다.
伯淳.

33. 君子는 善을 행하여 위로 天理에 통달함이 있을 뿐이고, 小人은 不善을 행하여 아래로 人事에 통달함이 있을 뿐이다.[33)]

君子는 爲善하여 只有上達이요 小人은 爲不善하여 只有下達이라①

① 伯淳의 말이다.
伯淳.

34. "옛날의 학자들은 자기를 위한 학문을 하였다."[34)]라고 하였는데, 자기를 위한 학문을 하였다는 것은 학문이 자기에게 달려 있다는 말이다.

古之學者는 爲己라한대 爲己는 在己也라①

① 伯淳의 말이다.
伯淳.

35. "하늘을 원망하지 않으며 남을 탓하지 않는다."[35)]라는 것은 이치상 마땅히 이와 같아야 한다는 말이다.

不怨天하며 不尤人이라함은 在理에 當如此라①

① 伯淳의 말이다.
伯淳.

---

33) 君子는……뿐이다 : ≪論語≫ 〈憲問〉에 孔子가 말하기를 "君子는 위로 天理에 통달하고, 小人은 아래로 人事에 통달한다.〔君子上達 小人下達〕"라고 하였다.

34) 옛날의……하였다 : ≪論語≫ 〈憲問〉에 孔子가 말하기를 "옛날의 학자들은 자기를 위한 학문을 하였는데, 요즘의 학자들은 남에게 보이기 위한 학문을 한다.〔古之學者 爲己 今之學者 爲人〕"라고 하였다.

35) 하늘을……않는다 : 孔子가 "나를 알아주는 이가 없구나!〔莫我知也夫〕"라고 하자, 子貢이 "어찌하여 夫子를 알아주는 이가 없다 하십니까?"라고 하였다. 공자가 말하기를 "하늘을 원망하지 않으며 남을 탓하지 않고, 아래로 인간의 일을 배우고 위로 하늘의 이치를 통달하니, 나를 알아주는 이는 하늘일 것이다.〔不怨天 不尤人 下學而上達 知我者 其天乎〕"라고 하였다.(≪論語≫ 〈憲問〉)

36. 남에게서 취하여 善을 행하기를 좋아하는 것은 곧 남이 善을 행하도록 도와주는 것이다.[36] 남이 善을 행하도록 돕는 것이 곧 公이다.

樂取於人爲善은 便是與人爲善이라 與人爲善이 乃公也①

① 正叔의 말이다.
正叔.

37. 性善을 알고 忠信으로 근본을 삼으면 이는 그 大體를 먼저 확립한 것이다.[37]

知性善하고 以忠信爲本이면 此先立其大者라①

① 伯淳의 말이다.
伯淳.

38. 公孫丑가 孟子에게 묻기를 "만일 齊나라 卿相의 지위에 오르시면 아마도 그 임무를 감당할 수 없어서 마음을 동요하는 바가 있을 듯합니다."라고 하였다.[38] 北宮黝의 용기[39]는 또한 지킴을 알지 못한 것이고, 孟施舍의 용기[40]는 氣를 지킬 줄 알지만 지

36) 남에게서……것이다 : ≪孟子≫ 〈公孫丑 上〉에 舜임금에 대해 "善을 남과 함께하여 자신을 버리고 남을 따르며, 남에게서 취하여 善을 행하기를 좋아하였다. 밭을 갈고 곡식을 심으며 질그릇을 굽고 물고기를 잡을 때부터 황제가 되어서까지 남에게서 취하지 않음이 없었다. 남에게서 취하여 善을 행함은 남이 善을 행하도록 도와주는 것이다. 그러므로 君子는 남이 善을 행하도록 도와주는 것보다 더 훌륭한 것이 없다.〔善與人同 舍己從人 樂取於人以爲善 自耕稼陶漁以至爲帝 無非取於人者 取諸人以爲善 是與人爲善者也 故君子莫大乎與人爲善〕"라고 하였다.

37) 그……것이다 : ≪孟子≫ 〈告子 上〉에 "먼저 그 대체를 세우면 그 소체가 빼앗을 수 없으니, 이것이 大人이 되는 것이다.〔先立乎其大者 則其小者弗能奪也 此爲大人而已矣〕"라고 하였다.

38) 公孫丑가……하였다 : ≪孟子≫ 〈公孫丑 上〉에 公孫丑가 묻기를 "夫子께서 齊나라의 卿相에 올라 道를 행할 수 있게 되신다면 비록 이를 말미암아 霸道와 王道를 행하더라도 이상할 것이 없습니다. 이와 같다면 마음을 동요하시겠습니까? 동요하지 않으시겠습니까?〔夫子加齊之卿相得行道焉 雖由此霸王 不異矣 如此則動心 否乎〕"라고 하자, 孟子가 말하기를 "마음을 동요하지 않을 것이다. 나는 40세에 마음을 동요하지 않았다.〔否 我四十不動心〕"라고 하였다.

39) 北宮黝의 용기 : 北宮黝는 칼로 몸을 찔러도 흔들리지 않고 눈을 찔러도 피하지 않으며, 남에게 모욕을 당하는 것을 마치 저자에서 종아리를 맞는 것처럼 생각하여 褐寬博에게도 萬乘의 군주에게도 모욕을 받지 않으며, 만승의 군주를 찌르는 것을 마치 갈관박을 찌르는 것처럼 여겼다. 두려운 제후가 없어 험담이 이르면 반드시 보복하였다.(≪孟子≫ 〈公孫丑 上〉)

킴이 요약됨을 알지 못한 것이다. 曾子가 용기를 말한 것[41]은 곧 지킴이 요약된 것이고, 지킴이 요약된 것은 곧 義이니, 孟子의 용기와 같다.

公孫丑가 問孟子호되 加齊之卿相이면 恐有所不勝而動心이라 北宮黝之勇氣는 亦不知守也요 孟施舍之勇은 知守氣而不知守約也라 曾子之所謂勇은 乃守約이요 守約은 乃義也니 與孟子之勇으로 同이라①

① 伯淳의 말이다
伯淳.

39. 告子가 "말에서 얻지 못하거든 마음에서 구하지 말라."라고 한 것[42]은 대개 義가 내부에 있음을 알지 못한 것이다. 志는 氣를 거느리니, 그 志를 유지하여 안정시키는 것과 그 氣를 포악하고 어지럽게 하지 않는 것은 두 가지 일이다. 志가 전일하면 氣를 움직이고, 氣가 전일하면 志를 움직인다. 그러나 志가 氣를 움직이는 경우가 많다. 만약 志가 오로지 지나치고 편벽된 것에 있다면 어찌 氣를 움직이지 않겠는가. 氣가 오로지 기뻐하고 성내는 것에 있다면 어찌 志를 움직이지 않겠는가. 그러므로 넘어지거나 달려가는 것은 도리어 그 마음을 움직이니, 志는 마음이 움직여 어디로 가는 것이다.

告子의 不得於言이어든 勿求於心은 蓋不知義在內也라 志는 帥氣也니 持定其志와 無暴亂其氣는 兩事也라 志專一則動氣하고 氣專一則動志라 然이나 志動氣爲多라 且若志專在淫辟이면 豈不動氣리오 氣專在喜怒면 豈不動志리오 故로 蹶者趨者는 反動其心하니 志者는 心之所之也라①

---

40) 孟施舍의 용기 : 孟施舍는 "이기지 못함을 보되 이기는 것처럼 여기니, 적을 헤아린 뒤에 나아가며 승리를 생각한 뒤에 교전한다면 이는 三軍을 두려워하는 것이다. 내 어찌 반드시 이길 수 있으리오. 두려움을 없게 할 뿐이다."라고 하였다.(≪孟子≫ 〈公孫丑 上〉)

41) 曾子가……것 : ≪孟子≫ 〈公孫丑 上〉에 "옛날에 曾子가 子襄에게 말하였다. '그대는 勇을 좋아하는가? 내 일찍이 夫子에게 大勇을 들었으니, 스스로 돌이켜 정직하지 못하면 비록 褐寬博이라도 내 그를 두렵게 할 수 없으며, 스스로 돌이켜 정직하다면 비록 천만 명이라도 내가 가서 대적할 수 있다.'〔昔者 曾子謂子襄曰 子好勇乎 吾嘗聞大勇於夫子矣 自反而不縮 雖褐寬博 吾不惴焉 自反而縮 雖千萬人 吾往矣〕"라고 하였다.

42) 告子가……것 : 公孫丑가 孟子의 不動心과 告子의 不動心에 대해 묻자, 맹자가 "告子가 말하기를 '말에서 얻지 못하거든 마음에서 구하지 말며, 마음에서 얻지 못하거든 氣에서 구하지 말라.'라고 하였다. '마음에서 얻지 못하거든 氣에서 구하지 말라.'는 것은 괜찮지만, '말에서 얻지 못하거든 마음에서 구하지 말라.'는 것은 불가하다. 무릇 志는 氣의 장수요, 氣는 몸에 꽉 차 있는 것이니, 志가 지극한 것이고, 氣는 그 다음이다. 그러므로 '그 志를 잘 잡고 그리고 그 氣를 해치지 말라.'고 한 것이다."라고 하였다.(≪孟子≫ 〈公孫丑 上〉)

① 伯淳의 말이다.
伯淳.

40. 曾子가 道義를 지킨 것[43]부터 이하는 모두 독실하게 안으로부터 근본을 바르게 하는 학문을 말한 것이니, 사람을 관찰할 적에 그의 말을 알 수가 있다. 가려지고 매몰되고 회피하고 곤궁한 것[44]은 모두 근본에서 벗어난 것이다. "宰我·子貢은 說辭를 잘하였고, 冉牛·閔子·顏淵은 德行을 잘 말하였는데, 孔子는 이것을 겸하였다."[45]라고 한 것은 대개 德이 있는 자는 반드시 훌륭한 말이 있기 때문이다.[46] 그러나 공자는 "나는 辭命에 있어서는 능하지 못하다."[47]라고 하였으니, 공자는 말을 숭상하지 않은 것이다. ≪周易≫에 이른바 "입을 숭상함이 窮한 것이다."[48]라는 뜻이다.

自曾子守義로는 皆說篤實自內正本之學이니 則觀人에 可以知言이라 蔽陷遁窮은 皆離本也라 宰我子貢은 善爲說辭하고 冉牛閔子顏淵은 善言德行이러니 孔子兼之라함은 蓋有德者는 必有言이나 而曰我於辭命不能者라하니 不尙言也라 易에 所謂尙口乃窮也라①

① 伯淳의 말이다.
伯淳.

41. 宰我·子貢·有若은 그 지혜가 족히 聖人을 알 만하였으니, 지혜가 낮다 하더라도

43) 曾子가……것 : ≪孟子≫ 〈公孫丑 上〉 제2장(不動心章) 중간에 曾子의 말을 인용한 부분을 가리킨다.

44) 가려지고……것 : ≪孟子≫ 〈公孫丑 上〉에 공손추가 묻기를 "무엇을 知言이라 합니까?"라고 하니, 孟子가 말하기를 "치우친 말에 그의 가려진 바를 알며, 지나친 말에 그의 매몰된 점을 알며, 부정한 말에 그가 道에서 벗어난 것을 알며, 회피하는 말에 그의 논리가 곤궁한 것을 알 수 있으니, 마음에서 생겨나 정사에 해를 끼치며 정사에 드러나 일에 해를 끼치니, 聖人이 다시 나오셔도 반드시 내 말을 따를 것이다.〔詖辭 知其所蔽 淫辭 知其所陷 邪辭 知其所離 遁辭 知其所窮 生於其心 害於其政 發於其政 害於其事 聖人復起 必從吾言矣〕"라고 하였다.

45) 宰我……겸하였다 : 公孫丑가 孟子에게 한 말로, ≪孟子≫ 〈公孫丑 上〉에 보인다.

46) 德이……때문이다 : ≪論語≫ 〈憲問〉에 孔子가 말하기를 "德이 있는 자는 반드시 훌륭한 말이 있지만, 훌륭한 말을 하는 자가 반드시 덕이 있지는 않다.〔有德者 必有言 有言者 不必有德〕"라고 하였다.

47) 나는……못하다 : ≪孟子≫ 〈公孫丑 上〉에 보인다.

48) 입을……것이다 : ≪周易≫ 困卦 〈彖傳〉에 "'말을 하면 믿지 않으리라.'라는 것은 입을 숭상함이 窮한 것이다.〔有言不信 尙口乃窮也〕"라고 하였다.

그들이 좋아하는 사람에게 아첨하는 데에는 이르지 않았을 것이다.[49] 孔子의 道로써 天地를 통섭하였다면 참으로 堯・舜보다 나았을 것이다. 인류가 생긴 이후를 살펴보건대 夫子와 같은 분이 있었던가. 그러나 그 점을 다 논하지 않았으니, 단지 그들이 좋아하는 사람에게 아첨하는 데까지는 이르지 않았다고 한 것이다.

宰我子貢有若은 其智足以知聖人이니 汙曲亦不至阿其所好라 以孔子之道로 彌綸天壤이면 固賢於堯舜이요 而觀生民以來컨대 有如夫子者乎아 然而未爲盡論하니 但不至阿其所好也라①

① 伯淳의 말이다.
伯淳.

42. "마음이 머무는 곳은 교화가 신묘해진다."[50]라는 것은 나에게 달려 있는 것이고, "지나가는 곳은 교화가 된다."[51]라는 것은 남에게까지 미친 것이다.

所存者神은 在己也요 所過者化는 及物也라①

① 伯淳의 말이다.
伯淳.

43. '기뻐함〔驩虞〕'[52]은 조작한 바가 있어서 그러한 것이니, 어찌 오래 갈 수 있겠는가. "밭을 갈아 곡식을 먹고 우물을 파서 물을 마시니, 임금의 힘이 나에게 무슨 상관있으랴."[53]라는 것은 하늘의 자연스러움과 같으니, 이것이 곧 王者의 政事이다.

---

49) 宰我……것이다 : 이는 孟子의 말로, ≪孟子≫ 〈公孫丑 上〉에 보인다. 이어서 맹자는 宰我・子貢・有若이 孔子에 대해 논한 것을 거론하였는데, 재아는 공자가 堯・舜보다 훨씬 낫다고 하였고, 자공은 인류가 태어난 이래로 공자 같은 분이 없다고 하였고, 유약은 인류가 태어난 이래로 공자보다 더 훌륭한 분은 없다고 하였다.

50) 마음이……신묘해진다 : ≪孟子≫ 〈盡心 上〉에 "君子는 지나가는 곳은 교화가 되며, 마음이 머무는 곳은 교화가 신묘해진다. 그러므로 上下가 천지와 더불어 함께 흐르니, 어찌 조금 보탬이 있다고 하겠는가.〔夫君子 所過者化 所存者神 上下與天地同流 豈曰小補之哉〕"라고 하였다.

51) 지나가는……된다 : 上同.

52) 기뻐함 : ≪孟子≫ 〈盡心 上〉에 孟子가 말하기를 "霸者의 백성은 기뻐하고 王者의 백성은 담담하게 만족한다.〔霸者之民 驩虞如也 王者之民 皞皞如也〕"라고 하였다.

53) 밭을……상관있으랴 : 堯임금 때에 어떤 노인이 길가에서 흙덩이를 치며 노래하기를 "나는 해가 뜨면 일하고 해가 지면 쉬며, 우물 파서 물을 마시고 밭 갈아 곡식을 먹으니, 임금의 힘이 나에게 무슨 상관있으랴.〔吾日出而作 日入而息 鑿井而飮 耕田而食 帝力於我何哉〕"라고 하였

驪虞는 有所造爲而然이니 豈能久也리오 耕田鑿井하니 帝力何有於我哉리오함은 如天之自然이니 乃王者之政이라①

① 伯淳의 말이다.
伯淳.

44. 物色과 外形은 본래 타고난 것이다. 聖人은 人倫의 지극한 분이다. 그러므로 외형과 물색대로 실천할 수 있다.[54)]

色形은 所有也라 聖人은 人倫之至라 故로 可以踐形이라①

① 伯淳의 말이다.
伯淳.

45. "등에 넘쳐흐른다."[55)]라는 것은 본성으로 하는 것이 두터운 것이다.

盎於背는 厚也라①

① 正叔의 말이다.
正叔.

46. "이 사람은 또한 망령된 사람이다."[56)]라는 것은 義로써 판단한 것이다. 聖人의 경

다.(≪帝王通歷≫)

54) 物色과……있다 : ≪孟子≫ 〈盡心 上〉에 孟子가 말하기를 "外形과 物色은 타고난 天性이니, 오직 聖人인 뒤에야 외형과 물색대로 실천할 수 있다.〔形色 天性也 惟聖人然後 可以踐形〕"라고 하였다.

55) 등에 넘쳐흐른다 : ≪孟子≫ 〈盡心 上〉에 "君子가 本性으로 하는 것은 仁義禮智가 마음속에 근본을 하여 그것이 겉으로 드러날 적에 얼굴에 환히 드러나고 등에 넘쳐흐르며, 四體에 베풀어져서 四體가 말하지 않아도 저절로 안다.〔君子所性 仁義禮智根於心 其生色也 睟然見於面 盎於背 施於四體 四體不言而喩〕"라고 하였다.

56) 이……사람이다 : ≪孟子≫ 〈離婁 下〉에 "여기에 어떤 사람이 있는데, 그가 나를 橫逆으로써 대하면, 君子는 반드시 스스로 돌이켜 '내가 필시 不仁했으며 내가 반드시 無禮했을 것이다. 그렇지 않다면 이런 일이 어찌 나에게 이를 수 있겠는가.'라고 한다. 스스로 돌이켜 仁하였으며, 스스로 돌이켜 禮가 있었는데도 그 橫逆이 이와 같으면 군자는 반드시 스스로 돌이켜 '내가 필시 성실하지 못했을 것이다.'라고 한다. 스스로 돌이켜 성실하였는데 그 橫逆이 이와 같으면, 군자는 말하기를 '이 또한 망령된 사람일 뿐이다.'라고 할 것이다. 이와 같다면 禽獸와 어찌 구별되겠는가. 금수에게 또 무엇을 꾸짖을 것인가.〔有人於此 其待我以橫逆 則君子必自反也 我必不仁也

우에는 天地처럼 만물을 포용하니, 단지 그런 사람을 불쌍히 여길 따름이다.

此亦妄人也는 是以義斷이라 在聖人하얀 如天地涵容이니 但哀矜而已라①

① 子厚(張載)의 말이다.
子厚.

47. "스스로 돌이켜 성실하였는데 橫逆이 오히려 이와 같으면, 君子는 말하기를 '또 무엇을 꾸짖을 것인가?'라고 한다."[57]라는 것은 이 한 가지 일이 이미 처리된 것이다. 聖人이 그런 사람을 불쌍히 여기는 것은 또한 별도의 한 가지 일이다.

自反而忠이로되 而橫逆者가 猶若是어든 君子曰 又何難焉이리오함은 此一事已處了라 若聖人哀矜은 又別一事라①

① 正叔의 말이다.
正叔.

48. "띠를 내려가지 않는다."[58]라는 것은 말이 비근한 것이다.

不下帶는 言近也라①

① 正叔의 말이다.
正叔.

49. "상서롭지 못하다."[59]라는 것은 흉하다는 뜻이다. 君子는 남을 완성시키기를 좋아

必無禮也 此物奚宜至哉 其自反而仁矣 自反而有禮矣 其橫逆 由是也 君子必自反也 我必不忠 自反而忠矣 其橫逆 由是也 君子曰 此亦妄人也已矣 如此 則與禽獸奚擇哉 於禽獸 又何難焉]"라고 하였다.

57) 스스로……한다 : 上同.

58) 띠를……않는다 : ≪孟子≫ 〈盡心 下〉에 孟子가 말하기를 "말이 비근하면서도 뜻이 심원한 것은 善한 말이요, 지킴이 요약되면서도 베풂이 넓은 것은 善한 道이니, 君子의 말은 띠를 내려가지 않지만 道가 보존되어 있다.[言近而指遠者 善言也 守約而施博者 善道也 君子之言也 不下帶而道存焉]"라고 하였다.

59) 상서롭지 못하다 : ≪孟子≫ 〈離婁 下〉에 孟子가 말하기를 "말에 실상이 없는 것이 상서롭지 못하니, 상서롭지 못함의 실제는 어진 이를 은폐하는 것이 이에 해당된다.[言無實不祥 不祥之實 蔽賢者當之]"라고 하였다.

하므로 길하고, 小人은 남을 무너뜨리기를 좋아하므로 흉하다.

不祥은 凶也라 君子는 好成物이라 故로 吉하고 小人은 好敗物이라 故로 凶이라①

① 正叔의 말이다.
正叔.

50. 해와 달의 밝은 빛은 빛을 용납하는 곳에는 비추지 않음이 없다.[60)]

日月之明은 但容光者엔 無不照라①

① 正叔의 말이다.
正叔.

51. 백성을 보호하기를 어린아이 보호하듯[61)] 하는 것, 이것이 大人이 되는 까닭이다. '어린아이의 마음을 잃지 않는다.'[62)]라는 것은 백성을 보호하기를 어린아이 보호하듯 하는 것이 위대한 것만 못하다.

保民如赤子가 此所以爲大人이라 謂不失嬰兒之心은 不若保民如赤子爲大라

52. "湯·武는 본성을 회복하였다.〔湯武 反之也〕"[63)]라고 하고, "湯·武는 본성을 몸소

---

60) 해와……없다 : ≪孟子≫ 〈盡心 上〉에 孟子가 말하기를 "孔子께서 東山에 올라 魯나라를 작게 여겼고, 太山에 올라 천하를 작게 여기셨다. 그러므로 바다를 본 자에게는 큰물이 되기가 어렵고, 聖人의 문하에서 배운 자에게는 훌륭한 말이 되기가 어렵다. 물을 보는 데에는 방법이 있으니, 반드시 그 여울을 보아야 한다. 해와 달은 밝은 빛이 있으니, 빛을 용납하는 곳은 반드시 비춘다. 흐르는 물의 속성은 웅덩이를 채우지 않으면 흘러가지 않는다. 君子가 道에 지향을 둔 경우도 내면에 가득 차 겉으로 드러나 文章을 이루지 않으면 통달하지 못한다.〔孔子登東山而小魯 登太山而小天下 故觀於海者 難爲水 遊於聖人之門者 難爲言 觀水有術 必觀其瀾 日月有明 容光 必照焉 流水之爲物也 不盈科不行 君子之志於道也 不成章不達〕"라고 하였다.

61) 백성을……보호하듯 : 본래 ≪書經≫ 〈周書 康誥〉에 "若保赤子"라고 한 것으로, ≪孟子≫ 〈滕文公 上〉에서 墨者 夷子가 이 말을 인용하여 "儒者의 道에 '옛사람이 어린아이를 보호하듯이 한다.'라고 하였으니, 이 말은 무슨 말인가. 나는 생각하기를 사랑에는 차등이 없고, 베풂은 어버이로부터 시작한다고 여긴다.〔儒者之道 古之人 若保赤子 此言 何謂也 之則以爲愛無差等 施由親始〕"라고 하자, 孟子가 이 말을 반박하였다.

62) 어린아이의……않는다 : ≪孟子≫ 〈離婁 下〉에 "大人이란 어린아이의 마음을 잃어버리지 않은 자이다.〔大人者 不失其赤子之心者也〕"라고 하였다.

실천하였다.〔湯武 身之也〕”[64]라고 하였으니, ‘身’은 실천하는 것이고, ‘反’은 회복하는 것이다. 회복하면 聖人의 경지에 이른다.

湯武는 反之也라하고 湯武는 身之也라하니 身은 踐履也요 反은 復(복)也라 復則至聖人之地라①

① 伯淳의 말이다.
伯淳.

53. 羞惡之心은 하지 않는 바가 있는 것이다. 머물 바를 아는 것이 곧 義의 단서이다.[65]

羞惡(오)則有所不爲라 知所止가 乃義之端이라①

① 伯淳의 말이다.
伯淳.

54. 舜임금은 온갖 사물의 이치에 밝으며 人倫에 특히 밝았다. 그런 뒤에 仁義를 말미암아 행하였다.[66]

舜은 明於庶物하며 察於人倫이라 然後에 由仁義行이라①

① 正叔의 말이다.
正叔.

55. 仁, 그것을 미루어 남에게 미칠 적에 ‘우리 집 노인을 존경하고서 남의 집 노인을 존경한다.’[67]와 같은 경우는 사람에게는 가능하지만 다른 생물에게는 불가하다. 통틀

---

63) 湯·武는……회복하였다 : ≪孟子≫ 〈盡心 下〉에 “堯·舜은 본성대로 하셨고, 湯·武는 본성을 회복하셨다.〔堯舜 性者也 湯武 反之也〕”라고 하였다.

64) 湯·武는……실천하였다 : ≪孟子≫ 〈盡心 上〉에 “堯·舜은 본성대로 하셨고, 湯·武는 본성을 몸소 실천하셨다.〔堯舜 性之也 湯武 身之也〕”라고 하였다.

65) 羞惡之心은……단서이다 : ≪孟子≫ 〈公孫丑 上〉에 “羞惡之心 義之端也”라고 하였다.

66) 舜임금은……행하였다 : ≪孟子≫ 〈離婁 下〉에 孟子가 말하기를 “舜임금은 온갖 사물의 이치에 밝으시며 人倫에 특히 밝으셨으니, 仁義를 말미암아 행하신 것이요, 仁義를 행하려는 것이 아니었다.〔舜 明於庶物 察於人倫 由仁義行 非行仁義也〕”라고 하였다.

67) 우리……존경한다 : ≪孟子≫ 〈梁惠王 上〉에 “우리 집 노인을 존경하고서 남의 집 노인을 존경하며, 우리 집 어린이를 사랑하고서 남의 집 어린이를 사랑하면 천하를 손바닥에 놓고 움직

어 말하면 모두 仁이지만, 나누어 말하면 차서가 있다.

仁推之及人에 若老吾老以及人之老는 於民則可커니와 於物則不可라 統而言之면 則皆仁이나 分而言之면 則有序라①

① 正叔의 말이다.
正叔.

56. ≪周易≫ 坤卦 六二爻 〈文言傳〉에 말한 것[68]은 坤의 道이다. 誠은 統體가 되고, 敬은 用이 된다. 敬하면 내면이 저절로 바르게 된다. 誠은 內外를 합한 道이니,[69] 만물이 형체를 움직이기 때문에 義함으로써 외면을 방정하게 한다.

坤六二文言云云은 坤道也라 誠爲統體요 敬爲用이라 敬則內自直이라 誠은 合內外之道니 則萬物流形이라 故로 義以方外라

57. 聖人이 재계하는 것은 敬이니, 그 德을 신묘하게 밝히는 것이다.[70] 惡人이 재계하는 것 또한 敬이다. 그러므로 上帝를 섬길 수 있다.[71]

聖人齋戒는 敬也니 以神明其德이라 惡人齋戒도 亦敬也라 故로 可以事上帝라

일 수 있다.〔老吾老 以及人之老 幼吾幼 以及人之幼 天下 可運於掌〕"라고 하였다.

68) 周易……것 : "直은 그 바름이요, 方은 그 義이니, 君子가 敬함으로써 내면을 바르게 하고 義함으로써 외면을 방정하게 하여 敬과 義가 확립되면 德이 외롭지 않으니, '六二爻는 곧고 방정하고 위대한지라, 익히지 않아도 이롭지 않음이 없다.'라는 것은 그가 행하는 바를 의심하지 않는 것이다.〔直其正也 方其義也 君子敬以直內 義以方外 敬義立而德不孤 直方大 不習无不利 則不疑其所行也〕"

69) 誠은……道이니 : ≪中庸≫에 "誠은 스스로 자기를 완성하는 것일 뿐만 아니라 남을 완성시켜 주는 것이다. 자기를 완성하는 것은 仁이고 남을 완성시켜 주는 것은 智이니, 〈이 仁과 智는〉 본성의 德이므로 내외를 합한 도이다. 그러므로 때에 따라 조치하는 것의 適宜한 것이다.〔誠者非自成己而已也 所以成物也 成己 仁也 成物 知也 性之德也 合內外之道也 故時措之宜也〕"라고 하였다.

70) 聖人이……것이다 : ≪周易≫ 〈繫辭傳 上〉에 孔子가 易을 만든 까닭을 말하며 "그러므로 하늘의 道에 밝고 백성의 연고를 살펴서 이에 神物을 일으켜 백성들의 씀을 앞서서 개발하니, 聖人이 이로써 재계하여 그 덕을 神明하게 한 것이다.〔是以明於天之道而察於民之故 是興神物 以前民用 聖人以此齋戒 以神明其德夫〕"라고 하였다.

71) 惡人이……있다 : ≪孟子≫ 〈離婁 下〉에 孟子가 말하기를 "西子가 불결한 것을 뒤집어쓰고 있으면 사람들이 모두 코를 막고 지나간다. 비록 추악한 사람이 있을지라도 목욕재계를 하면 上帝에게 제사지낼 수 있다.〔西子蒙不潔 則人皆掩鼻而過之 雖有惡人 齊戒沐浴 則可以祀上帝〕"라고 하였다.

58. 기미를 미리 보면 길흉을 알 수 있으니, 기미를 미리 보지 못하기 때문에 흉함을 부르는 것이다.[72)]

先見則吉可知니 不見이라 故致凶이라①

① 伯淳의 말이다.
伯淳.

59. "그윽이 神明을 도와 蓍草를 내었다."[73)]라는 것은 시초를 써서 卦를 뽑은 것이지, 시초가 있은 뒤에 卦를 그렸다는 말이 아니다.

幽贊於神明而生蓍는 用蓍以求卦요 非謂有蓍而後畫卦라①

① 伯淳의 말이다.
伯淳.

60. '祇'[74)]는 '底'와 같다. 底자로 보면 '이르다〔至〕'는 뜻이니, 뉘우침에 이름이 없다는 말이다.

祇는 與底同이라 使底면 至也니 無至於悔라①

① 伯淳의 말이다.
伯淳.

---

72) 기미를……것이다 : ≪周易≫ 〈繫辭傳 下〉에 孔子가 말하기를 "기미를 아는 것이 신묘하도다. 군자는 위로 사귀되 아첨하지 않고 아래로 사귀되 모독하지 않으니, 기미를 아는 것이다. 幾는 動함의 은미함으로 吉・凶이 먼저 나타난 것이니, 군자는 기미를 보고 일어나서 하루가 마치기를 기다리지 않는다.〔知幾其神乎 君子上交不諂 下交不瀆 其知幾乎 幾者 動之微 吉之先見者也 君子見幾而作 不俟終日〕"라고 하였다.

73) 그윽이……내었다 : ≪周易≫ 〈說卦傳〉에 "옛날 聖人이 易을 지을 적에 그윽이 神明을 도와 蓍草를 내었고, 하늘에서 셋을 취하고 땅에서 둘을 취하여 이에 의거하여 數를 일으키고, 陰陽이 변하는 것을 보아 卦를 세우고, 剛柔를 발휘하여 爻를 낳으니, 道德에 화순하고 義에 맞게 하며, 이치를 궁구하고 性을 극진히 하여 命에 이른다.〔昔者聖人之作易也 幽贊於神明而生蓍 參天兩地而倚數 觀變於陰陽而立卦 發揮於剛柔而生爻 和順於道德而理於義 窮理盡性 以至於命〕"라고 하였다.

74) 祇 : ≪周易≫ 復卦 初九爻辭에 "오래지 않아 돌아오는지라 뉘우침에 이름이 없으니, 크게 善하여 吉하다.〔不遠復 无祇悔 元吉〕"라고 한 것의 '祇'자를 가리킨다.

61. "巽으로써 權道를 행한다."[75]라는 것은 義理가 순응하는 곳에서 權道를 행하는 것이다.

巽以行權은 義理所順處에 所以行權이라①

① 伯淳의 말이다.
伯淳.

62. "편안한 바를 편안히 여긴다."[76]라는 것은 이치의 편안한 바를 편안히 여기는 것이다.

安安은 安於理之所安者라①

① 伯淳의 말이다.
伯淳.

63. 聖人은 허물이 없다. 湯·武는 본성을 회복하였으니, 그 처음에는 반드시 허물이 없었던 것이 아니다. 이른바 "日蝕·月蝕과 같다."라는 것이 곧 군자의 허물이다.[77]

聖人은 無過라 湯武는 反之也니 其始엔 未必無過라 所謂如日月之食이 乃君子之過라

64. 人心은 人欲이고, 道心은 天理이다.[78]

---

75) 巽으로써……행한다 : ≪周易≫ 〈繫辭傳 下〉에 "井卦로써 義를 분변하고, 巽卦로써 權道를 행한다.〔井以辨義 巽以行權〕"라고 하였다.

76) 편안한……여긴다 : ≪禮記≫ 〈曲禮 上〉에 "어진 이는 친하게 지내면서도 그를 공경하며, 두려워하면서도 그를 사랑하며, 사랑하면서도 그의 악함을 알며, 미워하면서도 그의 선함을 알며, 재물을 모으면서도 능히 흩어서 베풀며, 편안한 바를 편안히 여기면서도 능히 옮겨간다.〔賢者 狎而敬之 畏而愛之 愛而知其惡 憎而知其善 積而能散 安安而能遷〕"라고 하였다.

77) 이른바……허물이다 : ≪論語≫ 〈子張〉에 子貢이 말하기를 "君子의 허물은 日蝕·月蝕과 같아서 허물이 있으면 사람들이 모두 보게 되고, 허물을 고치면 사람들이 모두 우러러본다.〔君子之過也 如日月之食焉 過也 人皆見之 更也 人皆仰之〕"라고 하였다.

78) 人心은……天理이다 : ≪書經≫ 〈虞書 大禹謨〉에 "人心은 오직 위태롭고 道心은 오직 은미하니, 오직 앎을 정밀하게 하고 오직 마음을 전일하게 하여야 진실로 그 中道를 잡을 수 있다.〔人心惟危 道心惟微 惟精惟一 允執厥中〕"라고 하였다.

人心은 人欲이요 道心은 天理라

顏淵

65. ≪大學≫의 道는 자기의 明德을 밝히는 데 있으니, 明德은 곧 至善에 머무는 것이다. 앎이 지극해지면 자연히 생각이 진실해진다. 顏子는 不善함이 있으면 일찍이 알지 못한 적이 없었으니, 앎이 지극한 것이다. 앎이 지극하였기 때문에 일찍이 불선을 다시 행함이 없었다.[79] 다른 사람들이 불선을 다시 행하는 것은 앎이 지극하지 못하기 때문이다.

大學之道는 在明其明德이니 明德은 乃止於至善也라 知旣至면 自然意誠이라 顏子는 有不善이면 未嘗不知니 知之至也라 知之至라 故로 未嘗復行이라 他人復行은 知之不至也일새라①

① 正叔의 말이다.
正叔.

66. "앎을 극진히 하는 것은 사물의 이치에 이르는 데 달려 있다.〔致知在格物〕"[80]라고 하였는데, '格'은 이른다는 뜻이고, '物'은 일이다. 일에는 모두 이치가 있으니, 그 이치에 이르는 것이 곧 '格物'이다. 그러나 앎을 극진히 하는 것은 앎을 기르는 바에 달려 있으니, 앎을 기르는 것은 '寡欲' 두 글자보다 더 나은 것이 없다.

致知는 在格物이라한대 格은 至也요 物은 事也라 事皆有理니 至其理가 乃格物也라 然이나 致知는 在所養이니 養知는 莫過於寡欲二字라①

① 正叔의 말이다.
正叔.

---

79) 顏子는……없었다 : ≪周易≫ 〈繫辭傳 下〉에 孔子가 말하기를 "顏氏의 아들은 거의 道에 가깝구나. 不善함이 있으면 알지 못한 적이 없고, 알면 다시 행하지 않았다. ≪周易≫에 '오래지 않아 돌아오는지라 뉘우침에 이름이 없으니, 크게 善하여 吉하다.'라고 하였다.〔顏氏之子 其殆庶幾乎 有不善 未嘗不知 知之 未嘗復行也 易曰 不遠復 无祗悔 元吉〕"라고 하였다.

80) 앎을……있다 : ≪大學≫에 보인다.

67. "君子의 남들이 미칠 수 없는 경지, 그것은 오직 남들이 보지 못하는 바에 있도다. ≪詩經≫의 시에 말하기를 '너의 방 안에 홀로 있을 때를 살펴보니, 오히려 남들이 볼 수 없는 屋漏에서도 부끄러운 짓을 하지 않네.'라고 하였다."[81]라는 것은 군자의 愼獨이다.

君子所不可及者는 其惟人之所不見乎인저 詩曰 相在爾室혼대 尙不愧於屋漏라함은 君子愼獨이라①

① 伯淳의 말이다.
伯淳.

68. 敬하면 저절로 깊이 사색하듯 자세를 엄숙하게 하며 말을 안정되게 하니, 그의 德은 백성을 편안하게 할 수 있다.[82]

敬하면 則自然儼若思하며 安定辭하니 其德은 可以安民이라①

① 伯淳의 말이다.
伯淳.

69. "남음이 있다."[83]라는 것은 곧 지나침이다. '慥'는 독실한 모양이다.

有餘는 便是過라 慥는 篤實貌라

70. 그 이치를 바르게 하면 온갖 일이 한결같아지니, 하나의 道로써 모든 것을 꿰뚫는다.

正其理면 則萬事一이니 一以貫之也라①

① 正叔의 말이다.
正叔.

---

81) 君子의……하였다 : ≪中庸≫에 보인다.

82) 敬하면……있다 : ≪禮記≫ 〈曲禮〉에 "불경하지 말아서 깊이 사색하듯 자세를 엄숙하게 하며 말을 안정되게 하면 백성을 편안하게 할 수 있다.〔毋不敬 儼若思 安定辭 安民哉〕"라고 하였다.

83) 남음이 있다 : ≪中庸≫에 "〈君子는〉 떳떳한 덕을 행하며 떳떳한 말을 삼가서 행실에 부족한 점이 있으면 그것에 힘쓰지 않음이 없고, 말에 남음이 있으면 감히 그 말을 다하지 않아서 말이 행실을 돌아보고 행실이 말을 돌아본다. 그러니 군자가 어찌 마음가짐을 독실하게 하지 않겠는가.〔庸德之行 庸言之謹 有所不足 不敢不勉 有餘 不敢盡 言顧行 行顧言 君子胡不慥慥爾〕"라고 하였다.

71. "君子로서 그때그때 中道에 맞게 한다."[84)]라는 것은 어느 때인들 중도에 맞지 않음이 없는 것이다.

君子而時中은 無時不中이라①

① 伯淳의 말이다.
伯淳.

72. 荀子가 말하기를 "마음을 기르는 데는 誠보다 더 좋은 것이 없다."[85)]라고 하였는데, 周茂叔(周敦頤)이 말하기를 "순자는 원래 誠을 알지 못하였다."라고 하였으며, 伯淳이 말하기를 "이미 誠한데 마음을 어찌 기를 필요가 있는가. 순자는 誠을 알지 못한 것이다."라고 하였다.

荀子曰 養心莫善於誠이라한대 周茂叔謂호되 荀子元不識誠이라하고 伯淳曰 旣誠矣어늘 心焉用養邪아 荀子不知誠이라하니라

---

84) 君子로서……한다 : ≪中庸≫에 "君子가 中庸을 행하는 것은 군자로서 그때그때 중도에 맞게 하는 것이며, 小人이 중용을 하는 것은 소인으로서 거리낌이 없는 것이다.〔君子之中庸也 君子而時中 小人之中庸也 小人而無忌憚也〕"라고 하였다. 이에 대해 程頤는 小人에게 중용이 있을 수 없으므로 '小人之中庸也'의 '中庸' 앞에 '反'이 빠진 것이라고 하였다.(≪遺書≫ 〈伊川先生語 一 入關語錄〉)

85) 마음을……없다 : ≪荀子≫ 〈不苟篇〉에 "군자가 마음을 기르는 데는 誠보다 더 좋은 것이 없으니, 誠을 극진히 하는 것은 다른 일이 없다. 오직 仁을 지키고, 義를 행하는 것일 뿐이다.〔君子養心莫善於誠 致誠則無它事矣 唯仁之爲守 唯義之爲行〕"라고 하였다.

二程全書 卷32

外書 第三

明 後學 嘉興 徐必達 校正

陳氏[1]의 기록에서 수습한 글　陳氏本拾遺

1. "아침에 道를 들으면 저녁에 죽어도 괜찮다."[2]라고 한 것은 죽음이 올바름을 얻었기 때문이다.

朝聞道면 夕死라도 可矣라함은 死得是也일새라

2. "3개월 동안 仁을 어기지 않았다."[3]라는 것은 그 기간이 오래되었다는 말이다. 이 경지를 지나면 "마음이 하고자 하는 바를 따라도 법도를 넘지 않았다."[4]라는 것이니, 聖人의 경지이다. 성인은 온전하여 쉬거나 끊어짐이 없다. 그러므로 '三月'을 말하지 않는다. 이는 顔回가 아직 仁에 머물지 못함을 孔子가 애석해 한 것이다.

三月不違仁은 言其久라 過此면 則從心不踰矩니 聖人也라 聖人則渾然無間斷이라 故로 不言三月이라 此孔子所以惜其未止也라

---

1) 陳氏 : 陳淵(?~1145)이다. 자는 幾叟・知默, 호는 默堂이며, 南劍州 沙縣 사람이다. 陳瓘의 從孫이며, 楊時의 사위이다. 처음에 二程의 문하에서 수학하다가 뒤에 楊時에게 배웠다. 1135년 樞密院編修官이 되었으나 秦檜에게 미움을 사 좌천되었고, 1137년 胡安國의 천거로 진사가 되어 監察御史・右正言 등을 지냈다.

2) 아침에……괜찮다 : ≪論語≫ 〈里仁〉에 보인다.

3) 3개월……않았다 : ≪論語≫ 〈雍也〉에 孔子가 말하기를 "顔回는 그 마음이 3개월 동안 仁을 어기지 않고, 그 나머지 사람들은 하루에 한 번, 한 달에 한 번 仁을 어기지 않는 데에 이를 뿐이다.〔回也 其心三月不違仁 其餘則日月至焉而已矣〕"라고 하였다.

4) 마음이……않았다 : ≪論語≫ 〈爲政〉에 孔子가 말하기를 "일흔 살에는 마음이 하고자 하는 바를 좇아도 법도를 넘지 않았다.〔七十而從心所欲 不踰矩〕"라고 하였다.

3. 聖人은 天地의 이치를 운용하는 분이다.

聖人은 天地之用也라

4. "마음을 기르는 데에는 욕심을 적게 하는 것보다 더 좋은 것이 없다."[5]라고 하였다. 대부분의 욕심은 모두 외부로부터 생겨나니, 공정하면 욕심도 적어질 것이다.

養心은 莫善於寡欲이라하니라 多欲은 皆自外來니 公이면 欲亦寡矣라

5. "詩에서 흥기한다."[6]라는 것은 性情을 읊조리면서 道德의 마음을 함양하고 창달하여 감동하는 것이니, "나는 曾點의 지향을 허여한다."[7]라고 한 기상이 있다.

興於詩者는 吟咏性情하여 涵暢道德之中而歆動之니 有吾與點之氣象이라

6. "늙은이를 편안하게 해주고, 벗들에게 미덥게 하고, 젊은이를 감싸주고자 한다."[8] 라는 것은 곧 天道이다.

老者安之하고 朋友信之하고 少者懷之라함은 乃天道也라

7. 孟子를 통해 ≪周易≫을 관찰할 수 있다.[9]

---

5) 마음을……없다 : ≪孟子≫ 〈盡心 下〉에 보인다.

6) 詩에서 흥기한다 : ≪論語≫ 〈泰伯〉에 孔子가 말하기를 "詩에서 감정을 흥기하며, 禮에서 자신의 자세를 확립하며, 樂에서 덕성을 완성한다.〔興於詩 立於禮 成於樂〕"라고 하였다.

7) 나는……허여한다 : 孔子가 제자들에게 각자의 포부를 물었을 때 曾點이 답하기를 "늦은 봄에 봄옷이 완성되면 冠을 쓴 어른 5~6명과 童子 6~7명과 함께 沂水에서 목욕하고 舞雩에서 바람 쐬고 노래하면서 돌아오고자 합니다."라고 하였다. 이에 공자가 감탄하며 "나는 點의 지향을 허여한다."라고 하였다.(≪論語≫ 〈先進〉)

8) 늙은이를……한다 : 孔子가 子路와 顔淵에게 지향을 물어보자, 자로는 "수레와 말과 가벼운 갖옷을 벗과 함께 쓰다가 해지더라도 유감이 없고자 합니다.〔願車馬衣輕裘 與朋友共 敝之而無憾〕"라고 하였고, 안연은 "잘하는 것을 자랑함이 없으며, 공로를 과시함이 없고자 합니다.〔願無伐善 無施勞〕"라고 하였다. 자로가 공자의 지향에 대해 듣기를 청하자 "늙은이를 편안하게 해주고, 벗들에게 미덥게 하고, 젊은이를 감싸주고자 한다.〔老者安之 朋友信之 少者懷之〕"라고 하였다.(≪論語≫ 〈公冶長〉)

由孟子로 可以觀易이라

8. "復卦에서 天地의 마음을 볼 수 있다."[10]라는 것을 한마디 말로써 포괄하면 천지는 만물을 낳는 것으로써 마음을 삼는다는 것이다.

復에 其見天地之心이라함을 一言以蔽之면 天地는 以生物爲心이라

9. 聖人은 한 가지 일도 天時에 순응하지 않음이 없다. 그러므로 동짓날에 關門을 닫는다.[11]

聖人은 無一事不順天時라 故로 至日閉關이라

10. 사람의 四肢 중 하나가 병이 들어 아픔과 가려움을 알지 못하는 것을 '不仁'이라고 한다. 사람이 不仁한 것이 또한 이와 같으니, 대개 仁의 道가 자기에게 있다는 것을 알지 못하는 것이다. 仁의 道가 자기에게 있다는 것을 알아서 그것을 따르는 것이 곧 仁이다.

人之一肢病하여 不知痛癢을 謂之不仁이라 人之不仁이 亦猶是也니 蓋不知仁道之在己也라 知仁道之在己而由之가 乃仁也라

11. '克'[12]은 '이긴다'는 뜻이다. 이기기 어려운 것은 자기의 사욕만 한 것이 없다. 자기의 사욕을 이기면 자기 몸에 仁을 소유할 수 있으니, 이것이 "자기 몸에 돌이켜보아

---

9) 孟子를……있다 : 孟子는 ≪周易≫에 대해 언급한 것이 없는데, 程子가 이렇게 말한 것을 두고서 조선 학자들의 추측이 난무하였다. 李榘의 ≪活齋集≫ 권4에 〈由孟子可以觀易〉이라는 글이 있는데, 이 글에 맹자가 평생 품었던 생각과 행한 도는 進退消長의 의리와 吉凶悔吝의 도가 유통하고 변화하는 속에서 참으로 '時' 한 자를 터득한 것이었다고 하였다.

10) 復卦에서……있다 : ≪周易≫ 復卦 〈彖傳〉에 보인다.

11) 동짓날에……닫는다 : ≪周易≫ 復卦 〈象傳〉에 "우레가 땅 가운데 있음이 復이니, 先王이 이를 보고서 동짓날에 關門을 닫아 장사꾼과 여행자가 다니지 못하게 하며 임금은 사방을 시찰하지 않는다.〔雷在地中 復 先王以 至日閉關 商旅不行 后不省方〕"라고 하였다.

12) 克 : ≪論語≫ 〈顔淵〉의 '克己復禮'의 克을 가리킨다.

誠하다."[13)]라는 것이다. 仁을 말하는 모든 것은 仁을 자기 몸에 능히 소유한 경우이다. 반드시 誠이 자기 몸에 있게 한 뒤에 자기의 사욕을 이기게 된다. 禮는 또한 理이니,[14)] 그것을 자기 몸에 소유하면 이치에 맞지 않음이 없게 된다. 君子는 자기 혼자만 알고 있는 생각을 삼가서 敬함으로써 내면을 바르게 하고 義함으로써 외면을 방정하게 하니, 그러므로 자기의 사욕을 이겨 禮로 돌아가게 되는 것이다. 자기의 사욕을 이겨 禮로 돌아가면 일마다 모두 仁하게 된다. 그러므로 "천하 사람들이 그의 仁을 허여할 것이다."[15)]라고 한 것이다.

사람에게는 보는 것이 가장 먼저이다. 禮가 아닌데도 보면 이른바 '눈을 뜨면 곧 잘못된다.'라는 것이다. 다음은 듣는 것, 다음은 말하는 것, 다음은 움직이는 것이니 先後의 순서가 있다. 사람이 자기의 사욕을 능히 이기면 마음이 넓어지고 신체가 펴져서 하늘을 우러러보아도 부끄럽지 않고 남을 굽어보아도 부끄럽지 않으니 그 즐거움을 알 만하다. 그러나 그침이 있으면 부족하게 된다.

克者는 勝也라 難勝은 莫如己라 勝己之私면 則能有諸己니 是反身而誠者也라 凡言仁者는 能有諸己也라① 必誠之在己然後에 爲克己라 禮亦理也니 有諸己면 則無不中於理라 君子愼獨하여 敬以直內하고 義以方外하니 所以爲克己復禮也라 克己復禮면 則事事皆仁이라 故曰 天下歸仁이라하니라 人之視最先이라 非禮而視면 則所謂開目便錯了라 次聽이요 次言이요 次動이니 有先後之序라 人能克己②면 則心廣體胖하여 仰不愧하고 俯不怍하니 其樂可知라 有息則餒矣라

① 어떤 판본에는 "克을 말하는 모든 것은 아직 자기 몸에 능히 소유하지 못한 경우이다." 라고 되어 있다.
一作"凡言克者, 未能有諸己也."

---

13) 자기……誠하다 : ≪孟子≫ 〈盡心 上〉에 孟子가 말하기를 "만물이 모두 나에게 갖추어져 있으니, 나의 몸에 돌이켜보아 誠하면 즐거움이 이보다 더 클 수 없고, 恕를 힘써 행하면 仁을 구함이 이보다 가까울 수 없다.〔萬物皆備於我矣 反身而誠 樂莫大焉 强恕而行 求仁莫近焉〕"라고 하였다.

14) 禮는……理이니 : 禮는 天理之節文과 人事之儀則 두 가지로 보는데, 본성의 덕인 仁義禮智로 보면 性이고 곧 理이다.

15) 천하……것이다 : ≪論語≫ 〈顔淵〉에서 顔淵이 仁을 묻자, 孔子가 말하기를 "자기의 사욕을 이겨 禮로 돌아가는 것이 仁을 행하는 방법이니, 하루하루 사욕을 극복해 예로 돌아가면 천하 사람들이 그의 仁을 허여할 것이다. 仁을 행하는 것은 자기에게 달려 있으니, 남을 통해 하는 것이겠는가.〔克己復禮爲仁 一日克己復禮 天下歸仁焉 爲仁由己 而由人乎哉〕"라고 하였다. 안연이 仁을 행하는 조목을 묻자, 孔子가 "禮가 아니면 보지 말며, 禮가 아니면 듣지 말며, 禮가 아니면 말하지 말며, 禮가 아니면 행동하지 마는 것이다.〔非禮勿視 非禮勿聽 非禮勿言 非禮勿動〕"라고 하였다.

②〈人能克己는〉 어떤 판본에는 '人能克仁'으로 되어 있다.

一作克仁.

12. "한마디 말로 나라를 흥하게 할 수 있다."[16]라는 것은 공정함이고, "한마디 말로 나라를 잃을 수 있다."라는 것은 사사로움이다. 공정함은 명철함을 낳는다.[17]

一言可以興邦은 公也요 一言可以喪邦은 私也라 公生明이라

13. "高明함을 지극히 하고서 中庸을 말미암는다."[18]라는 것은 두 가지 일이 아니다. 중용은 하늘의 이치이다. 하늘의 이치는 참으로 고명하니, 고명함을 지극히 하지 않으면 족히 중용을 말미암을 수 없다. 중용은 곧 고명함의 극치이다.

極高明而道中庸은 非二事라 中庸은 天理也라 天理는 固高明이니 不極乎高明이면 不足以道中庸이라 中庸은 乃高明之極이라①

---

16) 한……있다 : ≪論語≫ 〈子路〉에 定公이 묻기를 "한마디 말로 나라를 흥하게 할 수 있다고 하니, 그런 것이 있습니까?〔一言而可以興邦 有諸〕"라고 하자, 孔子가 말하기를 "말은 이와 같이 기약할 수 없거니와, 사람들의 말에 '임금 노릇하기가 어려우며 신하 노릇하기가 쉽지 않다.'라고 하니, 만일 임금 노릇하기가 어려운 줄 안다면 한마디 말로 나라를 흥하게 함을 기약할 수 없겠습니까.〔言不可以若是其幾也 人之言曰 爲君難 爲臣不易 如知爲君之難也 不幾乎一言而興邦乎〕"라고 하였다. 정공이 "한마디 말로 나라를 잃을 수 있다고 하니, 그런 것이 있습니까?〔一言而喪邦 有諸〕"라고 하자, 공자가 말하기를 "말은 이와 같이 기필할 수 없거니와, 사람들의 말에 '나는 임금된 것은 즐거울 것이 없고, 오직 내가 말을 하면 어기지 않는 것이 즐겁다.'라고 합니다. 만일 임금의 말이 善한데도 아무도 어기는 이가 없다면 또한 좋지 않겠습니까. 만일 임금의 말이 不善한데도 아무도 어기는 이가 없다면 한마디 말로 나라를 잃게 됨을 기약할 수 없겠습니까.〔言不可以若是其幾也 人之言曰 予無樂乎爲君 唯其言而莫予違也 如其善而莫之違也 不亦善乎 如不善而莫之違也 不幾乎一言而喪邦乎〕"라고 하였다.

17) 공정함은……낳는다 : ≪荀子≫ 〈不苟篇〉에 "공정함은 명철함을 낳으며, 치우침은 어둠을 낳으며, 단정하고 근실함은 통달함을 낳으며, 속이고 거짓됨은 막힘을 낳으며, 誠信은 신령스러움을 낳으며, 과장과 허망함은 미혹됨을 낳으니, 이 여섯 가지는 君子가 삼가야 할 바이고 禹와 桀이 구분되는 이유이다.〔公生明 偏生闇 端愨生通 詐僞生塞 誠信生神 夸誕生惑 此六生者 君子愼之 而禹桀所以分也〕"라고 하였다.

18) 高明함을……말미암는다 : ≪中庸≫에 "그러므로 君子는 德性을 드높이면서 問學을 말미암는다. 그러니 덕성은 광대하게 하기를 극진히 하고서 지식은 정미하게 하기를 극진히 하며, 덕성은 고명하게 하기를 지극히 하고서 지식은 中庸을 말미암으며, 이미 알고 있는 것을 익숙히 하고서 새로운 지식을 알아 나가며, 이미 능히 할 수 있는 것을 돈독히 하고서 아직까지 제대로 삼가지 못하는 禮를 숭상해 나간다.〔故君子尊德性而道問學 致廣大而盡精微 極高明而道中庸 溫故而知新 敦厚以崇禮〕"라고 하였다.

① 伯淳의 말이다.
伯淳.

14. 君子에게는 義도 있고 命도 있다. "구하면 얻게 되고 내버려두면 잃게 된다. 이런 구함은 얻음에 유익함이 있으니, 자신에게 있는 것을 구하기 때문이다."[19]라고 하였으니, 이는 義를 말한 것이다. "구하는 데에 道가 있고 얻는 데에 命이 있다. 이런 구함은 얻음에 유익함이 없으니, 밖에 있는 것을 구하기 때문이다."라고 하였으니, 이는 命을 말한 것이다. 聖人에게는 오직 義만 있고 命이 없다. "한 가지 일이라도 不義를 행하며 한 사람이라도 죄 없는 이를 죽여서 천하를 얻는 것은 하지 않는다."[20]라고 하였으니, 이는 義만 말하고 命을 말하지 않은 것이다.

君子는 有義有命이라 求則得之하고 舍則失之라 是求는 有益於得也니 求在我者也일새라하니 此言義也요 求之有道하고 得之有命이라 是求는 無益於得也니 求在外者也일새라하니 此言命也라 至於聖人하얀 則惟有義而無命이라 行一不義하며 殺一不辜而得天下는 不爲也라하니 此言義不言命也라

15. "人心은 오직 위태롭다."[21]라는 것은 人欲이고, "道心은 오직 은미하다."라는 것은 天理이다.

人心惟危는 人欲也요 道心惟微는 天理也라

---

19) 구하면……때문이다 : ≪孟子≫ 〈盡心 上〉에 孟子가 말하기를 "구하면 얻게 되고 내버려두면 잃게 된다. 이런 구함은 얻음에 유익함이 있으니, 자신에게 있는 것을 구하기 때문이다. 구하는 데에 道가 있고, 얻는 데에 命이 있다. 이런 구함은 얻음에 유익함이 없으니, 밖에 있는 것을 구하기 때문이다.〔求則得之 舍則失之 是求 有益於得也 求在我者也 求之有道 得之有命 是求 無益於得也 求在外者也〕"라고 하였다.

20) 한……않는다 : ≪孟子≫ 〈公孫丑 上〉에서 孟子가 伯夷·伊尹과 孔子의 같은 점에 대해 말하기를 "百里되는 땅을 얻어서 임금 노릇을 하면 모두 제후들에게 조회를 받고 천하를 소유할 수 있을 것이지만, 한 가지 일이라도 不義를 행하며 한 사람이라도 죄 없는 이를 죽여서 천하를 얻음은 모두 하시지 않을 것이니, 이것은 같은 점이다.〔得百里之地而君之 皆能以朝諸侯有天下 行一不義 殺一不辜而得天下 皆不爲也 是則同〕"라고 하였다.

21) 人心은……위태롭다 : ≪書經≫ 〈虞書 大禹謨〉에 "人心은 오직 위태롭고 道心은 오직 은미하니, 오직 앎을 정밀하게 하고 오직 마음을 전일하게 하여야 진실로 그 中道를 잡을 수 있다.〔人心惟危 道心惟微 惟精惟一 允執厥中〕"라고 하였다.

16. 惡을 행하는 사람은 일찍이 사려가 있음을 알지 못한 것이다. 사려가 있으면 善을 행한다. 사려가 두 번에 이르면 자세히 살핀 것이니, 세 번에 이르면 미혹된다.[22]

爲惡之人은 未嘗知有思라 有思則爲善矣라 思至於再則已審이니 三則惑矣라

17. "그 등에 그친다."[23]라는 것은 보이지 않는 곳에서 욕심을 그치는 것이니, 만약 욕심이 저기에 보이는데 그친다면 시행하는 것이 각각 달라질 것이다. "그 그칠 곳에 그치는 것은 제자리에 그치기 때문이다."[24]와 같은 경우는 그침이 각각 제자리에 합당한 것이다. 聖人은 온갖 변화에 응하여도 곤궁하지 않은 분이니, 일이 각각 제자리에 그친다. 거울이 여기에 있어서 사물의 美醜가 저절로 저기에 드러나는 것과 같으니, 성인은 거기에 관여하지 않는다. "그쳐야 할 때에는 그치고, 가야 할 때에는 간다."[25]라고 하였는데, '가야 할 때'라는 것은 '그쳐야 할 때'를 상대하여 말한 것이니, 또한 제자리에 그치는 것이다.

艮其背는 止欲於無見이니 若欲見於彼而止之면 所施各異라 若艮其止는 止其所也일새라함은 止各當其所也라 聖人은 所以應萬變而不窮①者니 事各止當其所也라 若鑑在此하여 而物之姸媸가 自見於彼也니 聖人不與焉이라 時止則止하고 時行則行이라한대 時行은 對時止而言이니 亦止其所也라

① 〈窮은〉 어떤 판본에는 '勞'로 되어 있다.
一作勞.

18. "艮은 사려가 그 지위를 벗어나지 않는다."[26]라는 것은 곧 제자리에 그치는 것이

---

22) 惡을……미혹된다 : 季文子가 세 번 사려한 뒤에 행하자, 孔子가 그것을 듣고 "두 번만 사려하는 것이 옳다.〔再斯可矣〕"라고 하였다.(≪論語≫ 〈公冶長〉)

23) 그……그친다 : ≪周易≫ 艮卦 卦辭에 "그 등에 그치면 그 몸을 보지 못하며 그 뜰에 가면서도 그 사람을 보지 못하여 허물이 없으리라.〔艮其背 不獲其身 行其庭 不見其人 无咎〕"라고 하였다.

24) 그……때문이다 : ≪周易≫ 艮卦 〈彖傳〉에 보인다.

25) 그쳐야……간다 : 上同.

26) 艮은……않는다 : ≪周易≫ 艮卦 〈象傳〉에 "山을 겸한 것이 艮이니, 君子는 그 상을 보고서 사려가 그 지위를 벗어나지 않는다.〔兼山 艮 君子以 思不出其位〕"라고 하였다.

니,[27] 動과 靜이 그 때를 잃지 않아 모두 제자리에 그치는 것이다. "그 등에 그친다."[28]라는 것은 곧 그침이다. 등은 욕심이 없고 사사로움이 없기 때문에 그칠 수 있다.

艮은 思不出其位라함은 乃止其所也니 動靜不失其時하여 皆止其所也라 艮其背는 乃止也라 背는 無欲無私也라 故로 可止라

19. "나에게 몇 년의 수명을 더해주어 50세가 되어서 ≪周易≫을 배운다면"[29]이라고 하였으니, 당시 孔子의 나이는 아직 50세가 되지 않은 것이다. 공자가 ≪주역≫의 道를 아직 발명하지 않았을 적에는 ≪八索≫[30] 같은 책에 잘못되고 혼란스러움이 없을 수 없었다. 공자가 ≪주역≫의 도를 찬술한 뒤에 ≪팔색≫을 물리쳤으니, ≪주역≫의 도에 허물이나 잘못이 없을 수 있었다. '배운다〔學〕', '큰 허물〔大過〕'이라고 말한 것은 모두 겸사이다.

加我數年하여 五十以學易이라하니 時年未五十也라 孔子未發明易道之時엔 如八索之類에 不能無謬亂이라 旣贊易道에 黜八索하니 則易之道에 可以無過謬라 言學與大는 皆謙也라

20. 子貢은 孔子의 덕과 훌륭함을 잘 형용하였다.[31] 온화함은 남을 접하는 것이고, 선량함은 곧 善한 마음이고, 공손함은 남을 업신여기지 않는 것이고, 검소함은 욕심이 없는 것이고, 겸양함은 이기기를 좋아하지 않는 것이니, 이런 점으로 이 나라에 이르러 반드시 政事를 듣게 된 것이다.

---

27) 제자리에……것이니 : ≪周易≫ 艮卦 〈彖傳〉에 "그 그칠 곳에 그치는 것은 제자리에 그치기 때문이다.〔艮其止 止其所也〕"라고 하였다.

28) 그 등에 그친다 : ≪周易≫ 艮卦 卦辭에 보인다.

29) 나에게……배운다면 : ≪論語≫ 〈述而〉에 孔子가 말하기를 "하늘이 나에게 몇 년의 수명을 더해주어 50세가 되어서 ≪周易≫을 배운다면 큰 허물이 없을 것이다.〔加我數年 五十以學易 可以無大過矣〕"라고 하였다.

30) 八索 : 上古 시대 ≪周易≫의 八卦를 해설한 책으로, 그 글은 전하지 않는다.

31) 子貢은……형용하였다 : 子禽이 子貢에게 묻기를 "夫子께서 이 나라에 이르러서는 반드시 그 政事를 들으시니, 부자께서 듣기를 구하신 것입니까? 아니면 위정자가 그런 배려를 한 것입니까?"라고 하자, 자공이 말하기를 "부자께서는 온화하고 선량하고 공손하고 검소하고 겸양함으로써 그것을 얻으신 것이니, 부자가 그것을 구한 것은 다른 사람이 구한 것과 다르다.〔夫子 溫良恭儉讓以得之 夫子之求之也 其諸異乎人之求之與〕"라고 하였다.(≪論語≫ 〈學而〉)

子貢은 善形容孔子德美라 溫은 以接物이요 良은 乃善心이요 恭은 則不侮요 儉은 則無欲이요 讓은 則不好勝이니 至於是邦에 宜必聞政이라

21. 孔子는 태어나면서부터 이치를 아신 분인데, 15세 이후의 일은 모두 배워서 알았다고 한 것은 사람들을 가르치기 위한 말이다. 30세에는 자립한 바가 있었고, 40세에는 능히 미혹되지 않았고, 50세에는 天命을 알았으나 天命에 이르지는 못했고, 60세에는 하나를 들으면 백을 알았으니, 귀가 순하여 마음으로 통달한 것이다. 평범한 사람은 한 마디 말을 들으면 그 한 마디 말에 빠지고, 한 가지 일을 들으면 그 한 가지 일에 빠져서 능히 이치를 꿰뚫어보지 못한다. 귀가 순한 자는 남의 말을 들으면 깨달아 어느 것인들 통하지 않음이 없다. 70세에는 마음이 하고자 하는 바를 따랐고, 그런 뒤에 天命에 이르렀다.[32)]

孔子는 生而知之者也어늘 自十五以下로 事皆學而知之者는 所以敎人也라 三十에 有所立하고 四十에 能不惑하고 五十에 知天命而未至命하고 六十에 聞一以知百하니 耳順心通也라 凡人은 聞一言則滯於一言하고 一事則滯於一事하여 不能貫通이라 耳順者는 聞言則喩하여 無所不通이라 七十에 從心하고 然後에 至於命이라

22. "잘하는 것을 자랑함이 없고자 한다."[33)]라는 것은 사사롭지 않은 것이고, "공로를 과시함이 없고자 한다."라는 것은 仁이니, 顔子의 지향은 커서 더할 것이 없다고 할 만하다. 그러나 孔子의 말씀으로 살펴보면 안자의 말은 마음을 둔 데에서 나왔다. "늙은이를 편안하게 해주고, 벗들에게 미덥게 하고, 젊은이를 감싸주고자 한다."라는 말은 天地의 교화가 만물에 부여되어 자신은 수고롭지 않은 것과 같으니, 이것이 聖人이 행하는 바이다. 오늘날에는 굴레와 고삐로 말을 제어하면서도 소를 제어하지는 않

---

32) 15세……이르렀다 : ≪論語≫ 〈爲政〉에 보인다.

33) 잘하는……한다 : 孔子가 子路와 顔淵에게 지향을 물어보자, 자로는 "수레와 말과 가벼운 갖옷을 벗과 함께 쓰다가 해지더라도 유감이 없고자 합니다.〔願車馬衣輕裘 與朋友共 敝之而無憾〕"라고 하였고, 안연은 "잘하는 것을 자랑함이 없으며, 공로를 과시함이 없고자 합니다.〔願無伐善無施勞〕"라고 하였다. 자로가 공자의 지향에 대해 듣기를 청하자 "늙은이를 편안하게 해주고, 벗들에게 미덥게 하고, 젊은이를 감싸주고자 한다.〔老者安之 朋友信之 少者懷之〕"라고 하였다. (≪論語≫ 〈公冶長〉)

으니, 사람들은 모두 굴레와 고삐로 제어하는 것이 사람에게 달려 있다는 것만 알고, 굴레와 고삐가 생겨난 것이 말에서 말미암은 줄은 알지 못한다. 성인의 교화도 이와 같다.

願無伐善은 則不私矣요 無施勞는 則仁矣니 顔子之志는 則可謂大而無以加矣라 然이나 以孔子之言觀之면 則顔子之言은 出於有心也라 至於老者安之하고 朋友信之하고 少者懷之하얀 猶天地之化가 付與萬物하여 而己不勞焉이니 此聖人之所爲也라 今夫羈靮以御馬하고 而不以制牛하니 人皆知羈靮之制在乎人하고 而不知羈靮之生由於馬라 聖人之化도 亦由是也라

23. 孔子가 南子를 만난 것[34)]은 禮에 따라 마땅히 만나야 하는 경우이다. 南子가 공자를 만나고자 한 것은 또한 그의 善한 마음이니, 聖人이 어찌 물리칠 수 있겠는가? 子路는 그것을 기뻐하지 않았기 때문에 공자가 그에게 말하기를 "나는 운수가 비색한 사람인지라, 하늘이 싫어하시는구나."[35)]라고 하였으니, 이는 나로 하여금 이런 상황에 이르게 한 것이 天命임을 말한 것이다.

孔子之見南子는 禮當見之也라 南子之欲見孔子는 亦其善心也니 聖人이 豈得而拒之리오 子路不悅이라 故로 夫子陳之曰 予所否塞者라 天厭之라하니 言使我至此者가 天命也라

24. 孔子가 말하기를 "그대들은 내가 무엇을 숨긴다고 생각하는가? 나는 그대들에게 숨기는 것이 없다."라고 하였으니,[36)] 이는 아는 것이 없음을 말한 것이다. 聖人이 사람을 가르칠 적에는 자신을 낮추어 나아감이 이와 같으나, 오히려 사람들이 高遠하다고 여겨 가까이 하지 않을까 염려하였다. 성인의 말씀은 반드시 내려서 스스로 낮추니, 이렇게 하지 않으면 사람들이 가까이 하지 않는다. 賢人의 말은 반드시 끌어올려 스스로 높이니, 이렇게 하지 않으면 道가 높아지지 않는다. 공자와 맹자를 관찰하면 이런 점을 알 수 있다.

---

34) 孔子가……것 : ≪論語≫ 〈雍也〉에 보인다.

35) 나는……싫어하시는구나 : 朱熹는 이 구절을 "내 맹세코 잘못을 하였다면 하늘이 나를 버리시리라."라고 해석하였다.

36) 孔子가……하였으니 : ≪論語≫ 〈述而〉에 孔子가 말하기를 "그대들은 내가 무엇을 숨긴다고 생각하는가? 나는 그대들에게 숨기는 것이 없다. 행하고서 그대들에게 보여주지 않은 것이 없는 사람이 바로 나이다.〔二三子 以我爲隱乎 吾無隱乎爾 吾無行而不與二三子者 是丘也〕"라고 하였다.

孔子曰 二三子는 以我爲隱乎아 吾無隱乎爾라하니 無知之謂也라 聖人之敎人에 俯就之若此로되 猶恐衆人以爲高遠而不親也라 聖人之言은 必降而自卑니 不如此則人不親이라 賢人之言은 必引而自高하니 不如此則道不尊이라 觀孔子孟子면 則可見矣라

25. "그 兩端을 거론하여 다 말해준다."[37)]라는 것은 樊遲가 仁을 묻자 孔子가 "사람을 사랑하는 것이다."라고 하고, 智를 묻자 "사람을 아는 것이다."라고 한 것[38)]과 같다. 그 淺近함을 거론하는 경우는 일반인들이 다 아는 것이지만, 그 高遠함을 지극히 말하는 경우는 비록 聖人일지라도 또한 이와 같을 것이다. 성인과 일반인이 모두 그러하지 않음이 없으니, 終始와 兩端을 모두 극진히 말해주는 것이다.

叩其兩端者는 如樊遲問仁에 子曰 愛人이라하고 問知에 子曰 知人이라 擧其近者는 衆人之所知나 極其遠者는 雖聖人이라도 亦如是矣라 其與人이 莫不皆然이니 終始兩端을 皆竭盡矣라

26. 聖人은 자신을 낮출수록 道가 높아지고, 賢人은 자신을 높이지 않으면 道가 존귀해지지 않으니, 이것이 성인과 현인의 구분이다. '술에 곤란을 당하지 않는다.'[39)]라는 말이 이런 예이다.

聖人은 愈自卑而道已高요 賢人은 不高則道不尊이니 聖賢之分也라 不爲酒困이 是也라

27. 子路·冉有·公西華는 모두 나라를 얻어 다스리고자 하였다.[40)] 그러므로 孔子가

---

37) 그……말해준다 : ≪論語≫ 〈子罕〉에 孔子가 말하기를 "내가 아는 것이 있던가. 나는 아는 것이 없다. 그러나 어떤 비루한 사람이 나에게 물으면 그가 무지한 사람이더라도 나는 그 兩端을 거론하여 다 말해준다.〔吾有知乎哉 無知也 有鄙夫問於我 空空如也 我叩其兩端而竭焉〕"라고 하였다.

38) 樊遲가……것 : 樊遲가 仁을 묻자, 孔子가 말하기를 "사람을 사랑하는 것이다.〔愛人〕"라고 하였다. 智를 묻자, 공자가 말하기를 "사람을 아는 것이다.〔知人〕"라고 하였다. 번지가 그 말을 깨닫지 못하자, 공자가 말하기를 "정직한 사람을 등용하고 여러 부정한 사람을 물리치면 부정한 자로 하여금 정직하게 할 수 있다.〔擧直錯諸枉 能使枉者直〕"라고 하였다.(≪論語≫ 〈顔淵〉)

39) 술에……않는다 : 孔子가 말하기를 "나가서는 公卿을 섬기고, 들어와서는 父兄을 섬기며, 喪事를 감히 힘쓰지 않음이 없으며, 술에 곤란을 당하지 않는 것, 이 중에 무엇이 나에게 있던가.〔出則事公卿 入則事父兄 喪事 不敢不勉 不爲酒困 何有於我哉〕"라고 하였다.(≪論語≫ 〈子罕〉)

40) 子路……하였다 : 孔子가 제자들에게 각자의 포부를 묻자 子路는 "千乘의 제후국이 대국 사이에서 속박을 받아 전란이 일어나고 기근이 들었을 경우에 제가 그 나라를 다스리면 3년 만에

취하지 않은 것이다. 曾點은 狂者이니, 반드시 聖人의 일을 능히 하지는 않으나 공자의 지향을 능히 알았다. 그러므로 "沂水에서 목욕하고 舞雩에서 바람 쐬고 노래하면서 돌아오겠습니다."라고 하였으니,[41] 도를 즐거워하며 제자리를 얻었음을 말한 것이다. 공자의 지향은 "늙은이를 편안하게 해주고, 벗들에게 미덥게 하고, 젊은이를 감싸주고자 한다."라는 데 있었으니,[42] 만물로 하여금 그들의 본성을 이루지 않음이 없게 하는 것이다. 증점은 그것을 알았다. 그러므로 공자가 감탄하며 말하기를 "나는 증점의 지향을 허여한다."라고 말한 것이다.

子路冉有公西華는 皆欲得國而治之라 故로 孔子不取라 曾點은 狂者也니 未必能爲聖人之事나 而能知孔子之志라 故曰 浴乎沂하여 風乎舞雩하여 詠而歸하리라하니 言樂而得其所也라 孔子之志는 在於老者安之하고 朋友信之하고 少者懷之하니 使萬物莫不遂其性이라 曾點知之라 故로 孔子喟然嘆曰 吾與點也라하니라

28. 仲尼의 "3년이면 성취함이 있을 것이다."[43]라는 말은 周나라의 舊典을 따르겠다는 말이다.

仲尼三年有成은 因周之舊라

29. 기뻐하고 노여워함이 일에 있으면 이치상 마땅히 기뻐하고 노여워해야 하지만, 기뻐하고 노여워함이 血氣에 있지 않으면 남에게 옮기지 않는다.[44]

백성들이 용기를 갖게 할 수 있고, 도의로 향할 바를 알게 할 수 있습니다."라고 하였고, 冉有는 "사방 60~70리, 혹은 50~60리 쯤 되는 나라를 다스릴 경우, 3년 만에 백성들을 풍족하게 할 수 있으며 그 禮樂은 君子를 기다리겠습니다."라고 하였으며, 公西華는 "제가 능하다는 말이 아니라 배우기를 원합니다. 종묘의 일과 제후들이 회합할 때에 玄端服을 입고 章甫冠을 쓰고 조금 돕는 자가 되기를 원합니다."라고 하였다.(≪論語≫ 〈先進〉)

41) 曾點은……하였으니 : 曾點은 "늦은 봄에 봄옷이 완성되면 冠을 쓴 어른 5~6명과 童子 6~7명과 함께 沂水에서 목욕하고 舞雩에서 바람 쐬고 노래하면서 돌아오고자 합니다."라고 하였다. 이에 공자가 감탄하며 "나는 點의 지향을 허여한다."라고 하였다.(≪論語≫ 〈先進〉)

42) 공자의……있었으니 : ≪論語≫ 〈公冶長〉에 보인다.

43) 3년이면……것이다 : ≪論語≫ 〈子路〉에 孔子가 말하기를 "만일 나를 등용하는 자가 있다면 1년만 하더라도 괜찮아질 것이니, 3년이면 성취함이 있을 것이다.〔苟有用我者 朞月而已 可也 三年 有成〕"라고 하였다.

44) 기뻐하고……않는다 : 顔回의 不遷怒에 대해 말한 것이다.(≪論語≫ 〈雍也〉)

喜怒在事면 則理之當喜怒也어니와 不在血氣면 則不遷이라

30. 義理에 위배됨이 없으면 가난하더라도 즐겁고, 의리에 위배됨이 있으면 불만스러워 즐겁지 않다.

於義理에 無害면 雖貧이나 亦樂하고 有害면 則慊慊①不樂이라

① 어떤 판본에는 '則'자가 있다.
一有則字.

31. 桀溺이 말하기를 '천하의 도가 쇠퇴하고 어지러워 無道한 형세가 도도한 것이 모두 그러하다. 孔子가 비록 그 가르침을 행하고자 하나 누가 변화하여 그런 형세를 바꿀 수 있겠는가.' 하니, 공자가 말하기를 '만일 천하에 道가 있다면 나는 다스릴 바가 없어서 사람들과 더불어 바꾸려 하지 않을 것이다. 지금 사방을 두루 돌아다니는 까닭은 지금 시대는 道가 없기 때문이다.' 하였다.[45] 聖人은 감히 천하를 잊는 마음을 가지지 못하니, 그것이 불가함을 알면서도 오히려 그것을 행하기 때문에 그 말씀이 이와 같았던 것이다.

桀溺言호되 天下衰亂하여 無道者滔滔가 皆是也라 孔子가 雖欲行其教나 而誰可以化而易之리오하니 孔子言호되 如使天下有道면 我則無所治하여 不與易之也라 今所以周流四方은 爲時無道故也라 聖人은 不敢有忘天下之心하니 知其不可而猶爲之라 故로 其言如此라

---

45) 桀溺이……하였다 : 長沮와 桀溺이 함께 밭을 갈고 있었는데, 孔子가 그 곁을 지나다가 子路를 시켜 나루가 어디냐고 물었다. 장저가 "수레 고삐를 잡고 있는 사람은 누구인가?"라고 묻자, 자로가 "孔丘입니다."라고 대답하였다. 그가 "魯나라의 공구인가?"라고 묻자, "그렇습니다."라고 대답하니, "그렇다면 나루가 어디 있는지 알 것이다."라고 하였다. 이에 자로는 다시 걸익에게 가서 물었다. 걸익이 "그대는 누구인가?"라고 묻자, "仲由입니다."라고 대답하였다. 그가 "노나라 공구의 제자인가?"라고 묻자, "그렇습니다."라고 대답하였다. 그러자 걸익이 "도도한 강물처럼 천하가 모두 휩쓸려 가는데, 누구와 더불어 시속을 바꾸겠는가. 또 그대는 사람을 피하는 인물을 따르는 것보다 세상을 피해 사는 인물을 따르는 것이 낫지 않겠는가?"라고 하고는 씨 뿌리는 일을 멈추지 않았다. 자로가 돌아와 아뢰자, 공자가 서글피 말하기를 "鳥獸와는 함께 무리 지어 살 수 없으니, 내가 이 세상 사람들과 더불어 살지 않고 누구와 더불어 살겠는가. 천하에 道가 있으면 나도 그들과 더불어 바꾸려 하지 않을 것이다.〔天下有道 丘不與易也〕"라고 하였다.(≪論語≫ 〈微子〉)

子路問津

32. 二帝와 三王[46]의 道는 후세에 더할 것이 없으니, 孔子가 평소 말씀한 것이므로 제자들이 모아서 기록한 것이다.[47] 공자가 나라를 얻었더라도 이와 같았을 것이다.

二帝三王之道는 後世無以加焉이니 孔子之所常言이라 故로 弟子聚而記之라 夫子得邦家라도 亦猶是也라①

① 《論語》〈堯曰〉篇을 말한다.
堯曰篇

33. 말해주면 공경히 받아들이기 때문에 게을리하지 않는 것이니, 그가 배우기 좋아함을 말한 것이다.[48]

語之而敬이라 故로 不惰하니 言其好學也라

34. "바라보면 앞에 있다."[49]라는 것은 過를 말하고, "홀연히 뒤에 있다."라는 것은 不

46) 二帝와 三王 : 二帝는 堯·舜을 말하고, 三王은 夏나라 禹임금, 殷나라 湯임금, 周나라 文王·武王을 가리킨다.

47) 二帝와……것이다 : 《論語》〈堯曰〉 제1장을 말한다.

48) 말해주면……것이다 : 《論語》〈子罕〉에 孔子가 말하기를 "말해주면 게을리하지 않는 자는 顔回일 것이다.〔語之而不惰者 其回也與〕"라고 하였다.

及을 말한다. "서 있는 바가 우뚝함이 있는 듯하였다."라는 것은 聖人의 中이다.

瞻之在前은 過者요 忽然在後는 不及也라 如有所立卓爾는 聖人之中也라

35. "夫子가 계시는데, 제가 어찌 감히 죽겠습니까."[50]라고 하였으니, 죽는 것이 마땅하더라도 먼저 죽는 것은 顏回가 마땅히 해야 할 바가 아니다. 마땅히 해야 할 것은 위로 天子에게 고하고, 아래로 方伯에게 고하여 그 죄를 성토하는 것이다.

子在어시니 回何敢死리잇가하니 死當爲라도 先死는 非回之所當爲라 所當爲者는 上告天子하고 下告方伯하여 以討其罪爾라

36. 앞 시대의 좋은 점을 들어서 이에 준하여 줄이거나 보태니, 이것이 成法이다. 鄭나라 음악은 사람의 마음을 음탕하게 하고, 말을 잘하는 사람은 사람들을 위태하게 한다.[51] 그러므로 이를 멀리한 것이니, 그런 뒤에 成法을 지킬 수 있다.

擧前代之善者하여 準此以損益之하니 此成法也라 鄭聲은 使人淫溺하고 佞人은 使人危殆라 故로 遠之하니 然後에 可守成法이라

---

49) 바라보면……있다 : ≪論語≫ 〈子罕〉에 "顏淵이 탄식하며 말하였다. '〈夫子의 道는〉 우러러볼수록 더욱 높고, 뚫고 들어갈수록 더욱 견고하며, 바라보면 앞에 있다가 홀연히 뒤에 있다. 夫子께서 차근차근 사람을 잘 인도하여 文으로써 나의 지식을 넓혀주고 禮로써 나의 행동을 단속해주셨다. 〈공부를〉 그만두고자 해도 그만둘 수 없어 이미 나의 재주를 다하였더니, 서 있는 바가 우뚝함이 있는 듯하였다. 그래서 그곳으로 가고자 하였지만 말미암을 길이 없었다. 〔仰之彌高 鑽之彌堅 瞻之在前 忽焉在後 夫子循循然善誘人 博我以文 約我以禮 欲罷不能 旣竭吾才 如有所立卓爾 雖欲從之 末由也已〕'"라고 하였다.

50) 夫子가……죽겠습니까 : ≪論語≫ 〈先進〉에 "孔子가 匡 땅에서 경계하는 마음을 품고 계실 적에 顏淵이 뒤처졌는데, 〈만나고 나서〉 공자가 말하기를 '나는 네가 죽은 줄만 알았다.'라고 하니, 안연이 말하였다. '부자가 계시는데, 제가 어찌 감히 죽겠습니까.'〔子畏於匡 顏淵後 子曰 吾以女爲死矣 曰 子在 回何敢死〕"라고 하였다.

51) 鄭나라……한다 : ≪論語≫ 〈衛靈公〉에 顏淵이 나라를 다스리는 것을 묻자, 孔子가 말하기를 "夏나라의 책력을 행하며, 殷나라의 수레를 타며, 周나라의 면류관을 쓰며, 음악은 韶舞를 쓰며, 鄭나라 음악을 추방하고 말 잘하는 사람을 멀리해야 하니, 정나라 음악은 음탕하고 말을 잘하는 사람은 위태롭기 때문이다.〔行夏之時 乘殷之輅 服周之冕 樂則韶舞 放鄭聲 遠佞人 鄭聲 淫 佞人 殆〕"라고 하였다.

37. "한계를 넘지 않는다."[52)]라는 것은 법도를 넘지 않는 것이다. '小德'은 법도 안에서 출입한다. '大德'은 孔子와 같고, '小德'은 顏子와 같으니, 하나의 不善이 있더라도 이 또한 법도 안에서 출입하는 것이다.

不踰閑者는 不踰矩也라 小德은 出入於法度之中이라 大德은 如孔子요 小德은 如顏子니 有一不善이라도 是亦出入也라

38. 聖人의 가르침은 자기 자식에게 사사로이 후하게 한 적이 없다. "詩를 배웠느냐? 禮를 배웠느냐?"[53)]라고 한 것은 단지 알려줄 수 있는 것이 이와 같을 뿐이니, 배움은 반드시 자기 스스로 하고자 함을 기다려야 한다.

聖人之教는 未嘗私厚其子라 學詩學禮는 止可告之若此니 學必待其自肯이라

39. 孔子는 惡人과도 말을 하였다. 그러므로 겸손한 언사로 화를 면하였다. "말은 신의를 기필하지 않으며, 행동은 과단성을 기필하지 않고, 오직 義가 있는 바에 따른다."[54)]라고 하였으니, 이것을 말한 것이다. 그런데 공자는 일찍이 벼슬하고자 하지 않은 적이 없었지만, 陽虎의 시대에 벼슬하는 것은 할 수 없었다. "나는 장차 벼슬을 할 것이다."[55)]라고 한 것은 신의가 없는 말을 한 것이 아니다.

---

52) 한계를……않는다 : ≪論語≫ 〈子張〉에 子夏가 말하기를 "大德이 한계를 넘지 않으면 小德은 출입하여도 괜찮다.〔大德不踰閑 小德出入可也〕"라고 하였다.

53) 詩를……배웠느냐 : 陳亢이 伯魚에게 묻기를 "그대는 또한 夫子에게 남다른 말씀을 들은 것이 있는가?〔子亦有異聞乎〕"라고 하자, 백어가 "없었네. 일찍이 夫子가 홀로 서 계실 때 내가 종종걸음으로 뜰을 지나는데, '詩를 배웠느냐?' 하시기에 '아직 못 배웠습니다.' 하였더니, '시를 배우지 않으면 말을 할 수 없다.' 하시기에 내가 물러나와 시를 배웠네. 다른 날에 또 夫子가 홀로 서 계실 때 내가 종종걸음으로 뜰을 지나는데, '禮를 배웠느냐?' 하시기에 '아직 못 배웠습니다.' 하였더니, '禮를 배우지 않으면 자립할 수 없다.' 하시기에 내가 물러나와 예를 배웠네. 이 두 가지를 들었다네.〔未也 嘗獨立 鯉趨而過庭 曰 學詩乎 對曰 未也 不學詩 無以言 鯉退而學詩 他日又獨立 鯉趨而過庭 曰 學禮乎 對曰 未也 不學禮 無以立 鯉退而學禮 聞斯二者〕"라고 하였다. 진항이 물러나와 기뻐하며 말하기를 "하나를 물어서 셋을 들었으니, 詩를 배워야 함을 듣고 禮를 배워야 함을 들었으며, 또 君子가 자기 자식을 멀리하는 것을 들었다.〔問一得三 聞詩聞禮 又聞君子之遠其子也〕"라고 하였다.(≪論語≫ 〈季氏〉)

54) 말은……따른다 : ≪孟子≫ 〈離婁 下〉에 孟子가 말하기를 "大人은 말은 신의를 기필하지 않으며, 행동은 과단성을 기필하지 않고, 오직 義가 있는 바에 따른다.〔大人者 言不必信 行不必果 惟義所在〕"라고 하였다.

孔子與惡人言이라 故로 以遜辭免禍라 言不必信하며 行不必果요 惟義所在라하니 此之謂也라 然而孔子未嘗不欲仕로되 但仕於陽虎之時則不可라 吾將仕矣라함은 未爲非信也라

40. "公山弗擾가 나를 부르는 것이 어찌 공연히 부르는 것이겠는가?"라고 하였으니,[56] 이것이 공자의 의도였다. 그가 비록 반란을 일으켜 나를 불렀지만 그의 마음은 공연히 그러는 것이 아닐 것이니, 가서 그를 가르쳐 善으로 옮겨가게 하여 반란을 일으키지 않게 하면 그만이다. 이는 義에 있어 갈 만한 이치가 있는 것이지만, 공자는 또한 실제로 그가 고칠 수 없다는 것을 알아서 가지 않은 경우가 있었으니, 佛肹이 부를 적에도 그러하였다.[57]

公山召我가 而豈徒哉리오하니 是孔子意라 他雖叛而召我나 其心不徒然이니 往而敎之遷善하여 使不叛則已라 此則於義에 直有可往之理나 而孔子亦有實知其不能改而不往者니 佛肹(필힐)召亦然이라

41. 禘제사[58]는 降神酒를 따르는 것 이후로는 모두 볼 것이 없으니, 처음부터 끝까지

55) 나는……것이다 : 陽貨가 孔子를 만나고자 하였는데, 공자가 만나주지 않았다. 양화가 공자에게 삶은 돼지를 선물로 보내니, 공자도 그가 없는 틈을 타서 사례하러 가다가 길에서 마주쳤다. 양화가 공자에게 "보배를 품고서 그 나라를 어지럽히는 것을 仁이라고 할 수 있습니까?〔懷其寶而迷其邦 可謂仁乎〕"라고 하니, 공자가 "그렇다고 할 수 없습니다.〔不可〕"라고 하였다. 양화가 "종사하기를 좋아하면서 자주 때를 놓치는 것을 智라고 할 수 있습니까?〔好從事而亟失時 可謂智乎〕"라고 하니, 공자가 "그렇다고 할 수 없습니다.〔不可〕"라고 하였다. 양화가 "해와 달이 흘러가니, 세월은 나를 기다려 주지 않습니다.〔日月逝矣 歲不我與〕"라고 하니, 공자가 "알았습니다. 나는 장차 벼슬을 할 것입니다.〔諾 吾將仕矣〕"라고 하였다.(≪論語≫ 〈陽貨〉)

56) 公山弗擾가……하였으니 : 公山弗擾가 費邑을 근거로 반란을 일으키고 孔子를 부르니, 孔子가 가려고 하였다. 이에 子路가 기뻐하지 않으며 말하기를 "가실 곳이 없으면 그만이지, 하필이면 公山氏에게 가려고 하십니까?〔末之也已 何必公山氏之之也〕"라고 하자, 孔子가 말하기를 "나를 부르는 자인데 어찌 공연히 부르겠느냐. 나를 써주는 자가 있다면, 내가 東周를 만들겠는가.〔夫召我者 而豈徒哉 如有用我者 吾其爲東周乎〕"라고 하였다.(≪論語≫ 〈陽貨〉)

57) 佛肹이……그러하였다 : 中牟邑을 가지고 반란을 일으킨 佛肹이 孔子를 부르자, 공자가 가려하였다. 이에 子路가 어째서 君子가 어울릴 만한 자가 아닌데도 가려하시냐고 묻자, 공자가 "단단함을 말하지 않았는가. 갈아도 얇아지지 않는다고. 흰 것을 말하지 않았는가. 검은 물을 들여도 검어지지 않는다고. 내가 어찌 박과 같아서 한 곳에 매달린 채 따먹지 못하게 하는 존재이겠는가.〔不曰堅乎 磨而不磷 不曰白乎 涅而不緇 吾豈匏瓜也哉 焉能繫而不食〕"라고 하였다.(≪論語≫ 〈陽貨〉)

모두 잘못되었기 때문이다.[59] 孔子가 보고 싶지 않다고 한 말[60]을 알면 天下를 다스림에 있어 온갖 일은 각각 그 명분을 바르게 해야 함을 알게 될 것이니, 그러면 천하를 다스리는 것은 손바닥 위에 올려놓고 보는 것처럼 쉬울 것이다.[61]

禘自旣灌而往으론 皆不足觀하니 從首至末히 皆非也일새라 知孔子不欲觀之說이면 則於天下에 知萬事各正其名이니 則其治如示諸掌이라

42. 하늘에 죄를 얻으면 이때에는 빌 곳이 없으니, 어찌 아랫목 신에게 아첨하겠으며, 어찌 부엌 신에게 아첨하겠는가. 아랫목은 존귀한 자가 거처하는 곳이니, 貴臣을 비유한다. 부엌은 한 집안의 중요한 곳이니, 권세가를 비유한다.[62]

獲罪於天이면 時無所祈禱니 何爲媚奧하며 何爲媚竈리오 奧는 尊者所居니 喩貴臣이라 竈는 一家所切이니 喩當權이라

43. 孔子 문하의 제자들은 공자가 세상을 떠난 뒤 각자 흩어졌는데, 다만 曾子는 다른 점이 있었다. 子夏와 子張 같은 이는 공자를 섬기던 예로써 有若을 섬기고자 하였으나, 오직 증자만은 불가하다고 말하였다. 子貢 이상은 반드시 모두 수긍하지 않았을

58) 禘제사 : 禘제사는 여러 가지 설이 있는데, 여기서는 王者가 始祖의 사당에서 시조의 윗대 조상을 추존하여 지내는 제사를 말한다.

59) 처음부터……때문이다 : 禘제사는 본래 周나라 천자가 太廟에서 지내는 제사인데 魯나라 사당에서 文王을 모셔놓고 周公을 배향하여 禘제사를 지내는 것이 처음부터 잘못되었다는 것이며, 또 처음에는 魯나라 君臣이 정성껏 제사를 지내 볼 만한 점이 있었는데 후에는 점점 해이해져 볼 만한 점이 전혀 없게 되었기 때문에 모두 잘못이라는 것이다.

60) 孔子가……말 : ≪論語≫ 〈八佾〉에 孔子가 말하기를 "禘제사는 降神酒를 따르는 것 이후로는 내 보고 싶지 않다.〔禘自旣灌而往者 吾不欲觀之矣〕"라고 하였다.

61) 천하를……것이다 : 혹자가 禘제사의 내용을 묻자, 孔子가 말하기를 "모르겠다. 그 내용을 아는 자는 천하를 다스림에 있어 아마도 여기에 올려놓고 보는 것과 같을 것이다.〔不知也 知其說者之於天下也 其如示諸斯乎〕"라고 하고서, 자기 손바닥을 가리켰다.(≪論語≫ 〈八佾〉) 또 ≪中庸≫에 "郊제사와 社제사의 禮 및 禘제사와 嘗제사의 의리에 밝으면 나라를 다스림은 손바닥 위에 올려놓고 보는 것처럼 쉬울 것이다.〔明乎郊社之禮 禘嘗之義 治國 其如示諸掌乎〕"라고 하였다.

62) 하늘에……비유한다 : 王孫賈가 묻기를 "사람들이 아랫목 신에게 잘 보이기보다는 차라리 부엌 신에게 잘 보이는 것이 낫다고 하니, 무슨 말입니까?〔與其媚於奧 寧媚於竈 何謂也〕"라고 하니, 孔子가 말하기를 "그렇지 않다. 하늘에 죄를 얻으면 빌 곳이 없다.〔不然 獲罪於天 無所禱也〕"라고 하였다.(≪論語≫ 〈八佾〉)

것이다. 내가 유배지인 涪陵에서 돌아온 뒤 문인들이 모두 지리해진 것을 보았으니, 훗날 내가 죽은 뒤에는 또 어떻게 될지 모르겠다. 다만 유배지에서 몇 통의 서신을 받았을 때 각자 매우 진보한 점이 있었다. 공자의 제자가 매우 많았으나 또한 모두 공자의 道에 합치될 수는 없었다. 예컨대 子路는 "夫子의 우활하심이여!"[63]라고 하고, 또 "가실 곳이 없으면 그만입니다."[64]라고 하였다. 그러나 그가 물러나 사색함에 미쳐서는 끝내 공자의 도에 합치되었다. 문인들의 서신으로 인해 자연히 생각이 여기에 미쳤을 뿐이다.

孔門弟子는 自孔子沒後로 各自離散이나 只有曾子便別이라 如子夏子張은 欲以所事孔子로 事有若이로되 獨曾子便道不可라 自子貢以上은 必皆不肯이라 某自涪陵歸하여 見門人皆已支離하니 不知他日身後又何如也라 但得箇信時에 便自有長進處라 孔子弟子甚多나 亦不能皆合於孔子라 如子路言子之迂也라하고 又曰 末之也已나 及其退思하얀 終合於孔子라 只爲他信하여 便自然思量到也라①

① 이 한 단락은 莆田本에 보인다.
此一段, 莆田本.

44. "모두 문하에 있지 않다."[65]라는 것은 지금 이곳에 있지 않다는 말이다.

---

63) 夫子의 우활하심이여 : 子路가 말하기를 "衛나라 임금이 夫子를 기다려 정사를 하려고 하니, 부자께서는 장차 무엇을 먼저 하시겠습니까?"라고 하자, 공자가 말하기를 "반드시 명분을 바로잡겠다.〔必也正名乎〕"라고 하였다. 자로가 말하기를 "이러하십니다. 부자의 우활하심이여! 어떻게 바로잡으시겠습니까?〔有是哉 子之迂也 奚其正〕"라고 하자, 공자가 말하기를 "비루하구나, 由여! 군자는 자기가 알지 못하는 것에 대해서는 말하지 않는 법이다. 명분이 바르지 않으면 말이 순하지 못하고, 말이 순하지 못하면 일이 이루어지지 않고, 일이 이루어지지 않으면 禮樂이 일어나지 못하고, 예악이 일어나지 못하면 형벌이 알맞지 못하고, 형벌이 알맞지 못하면 백성들이 손발을 둘 곳이 없어진다. 그러므로 군자가 명분을 내걸면 반드시 말할 수 있어야 하며, 말할 수 있으면 반드시 행할 수 있어야 하니, 군자는 그 말에 대하여 구차히 함이 없을 뿐이다.〔野哉 由也 君子於其所不知 蓋闕如也 名不正 則言不順 言不順 則事不成 事不成 則禮樂不興 禮樂不興 則刑罰不中 刑罰不中 則民無所措手足 故君子名之 必可言也 言之 必可行也 君子於其言無所苟而已矣〕"라고 하였다.(≪論語≫ 〈子路〉)

64) 가실……그만입니다 : 公山弗擾가 費邑을 근거로 반란을 일으키고 孔子를 부르니, 孔子가 가려고 하였다. 이에 子路가 기뻐하지 않으며 말하기를 "가실 곳이 없으면 그만이지, 하필이면 公山氏에게 가려고 하십니까?〔末之也已 何必公山氏之之也〕"라고 하자, 孔子가 말하기를 "나를 부르는 자인데 어찌 공연히 부르겠느냐. 나를 써 주는 자가 있다면, 내가 東周를 만들겠는가.〔夫召我者 而豈徒哉 如有用我者 吾其爲東周乎〕"라고 하였다.(≪論語≫ 〈陽貨〉)

皆不及門은 今不在焉이라

45. "德은 외롭지 않아, 반드시 이웃이 있다."[66]라고 하였으니, 하나의 덕이 확립되면 온갖 선함이 이를 따른다.

德不孤라 必有隣이라하니 一德立而百善從之라

46. "棠棣 꽃이여, 바람에 펄럭이는구나. 어찌 그대를 그리워하지 않으리오마는 집이 멀기 때문이다."[67]라고 하였는데, 이 시에서는 단지 멀지 않다는 뜻을 취할 뿐이다.

棠棣之華여 偏其反而로다 豈不爾思리오마는 室是遠而라한대 只取不遠之意라

47. "산골 다리 밑의 암꿩이여, 제때를 만났구나! 제때를 만났구나!"[68]라고 하였으니, 이는 산골 다리 밑에 있는 암꿩도 제때를 얻었는데 백성이 제때를 얻지 못했음을 聖人이 탄식한 말이다. 子路가 이를 살피지 못하고 이에 꿩을 잡아 올리니, 성인이 세 번 냄새를 맡고 일어나서 자로로 하여금 나의 뜻이 이런 데에 있지 않다는 것을 알게 한 것이다.

山梁雌雉가 時哉時哉인저라하니 此聖人嘆雉在山梁得其時어늘 而民不得其時也라 子路不察하고 乃共之하니 三嗅而作하여 使子路知我意不在是也라

---

65) 모두……않다 : 孔子가 말하기를 "陳나라와 蔡나라에서 나를 따르던 자들이 모두 문하에 있지 않구나! 德行에는 顔淵·閔子騫·冉伯牛·仲弓이었고, 言語에는 宰我·子貢이었고, 政事에는 冉有·季路였고, 文學에는 子游·子夏였다.〔從我於陳蔡者皆不及門也 德行 顔淵閔子騫冉伯牛仲弓 言語 宰我子貢 政事 冉有季路 文學 子游子夏〕"라고 하였다.

66) 德은……있다 : ≪論語≫ 〈里仁〉에 보인다.

67) 棠棣……때문이다 : "唐逮 꽃이여, 바람에 펄럭이는구나. 어찌 그대를 그리워하지 않으리오마는 집이 멀기 때문이다.〔唐棣之華 偏其反而 豈不爾思 室是遠而〕"라는 시에 대해 孔子가 말하기를 "그리워하지 않을지언정 어찌 집이 멂이 있겠는가?〔未之思也 夫何遠之有〕"라고 하였다.(≪論語≫ 〈子罕〉)

68) 산골……만났구나 : ≪論語≫ 〈鄕黨〉에 "새가 사람의 기색을 살펴 날아올라 빙빙 돈 뒤에 다시 내려앉았다. 孔子가 말하기를 '산골 다리 밑의 암꿩이여, 제때를 만났구나! 제때를 만났구나!' 라고 하였다. 子路가 그 꿩을 잡아 올리니, 세 번 냄새를 맡고 일어나셨다.〔色斯擧矣 翔而後集 曰 山梁雌雉 時哉時哉 子路共之 三嗅而作〕"라고 하였다.

48. '毋意'[69]의 '毋'는 금지하는 말이 아니다. 聖人은 이 네 가지를 아예 끊었으니, 어찌 금지할 필요가 있겠는가. '毋意'는 '毋我'와 서로 가깝고, '毋固'는 '毋必'과 서로 가깝지만 다른 점을 분별해야 한다. 意와 志는 다르니, 志는 마음이 보존된 곳이고 意는 마음이 발동하는 곳이다. 예컨대 "부모님의 의도를 먼저 헤아려 그 心志를 받든다."[70]라는 것처럼 저절로 구별된다. 意가 발하여 합당한 것은 곧 理이지, 意가 아니다. 발하여 합당하지 않은 것이 私意이다. 또 선생에게 묻기를 "성인은 理에 마음을 두고 意에 마음을 두지 않는 것이 아닙니까?"라고 하자, 선생이 말하기를 "그렇다."라고 하였다.

毋意의 毋는 非禁止之辭라 聖人絶此四者하니 何用禁止리오 毋意는 與毋我로 相近하고 毋固는 與毋必로 相近이로되 須要分別不同이라 意與志別이니 志는 是所存處요 意는 是發動處라 如先意承志하여 自別也라 意發而當은 即是理也요 非意也라 發而不當이 是私意也라 又問호되 聖人은 莫是任理而不任意否잇가 曰 是라

69) 毋意 : ≪論語≫ 〈子罕〉에 "孔子는 네 가지의 마음이 전혀 없었으니, 사사로운 생각이 없었고, 기필하는 마음이 없었고, 집착하는 마음이 없었고, '나'라고 하는 사사로운 의식이 없었다.〔子絶四 毋意 毋必 毋固 毋我〕"라고 하였다.

70) 부모님의……받든다 : 曾子가 말하기를 "孝에는 세 가지가 있으니, 가장 큰 효는 어버이를 높이는 것이고, 그 다음은 어버이를 욕되게 하지 않는 것이고, 마지막은 잘 봉양하는 것이다.〔孝有三 大孝尊親 其次弗辱 其下能養〕"라고 하자, 公明儀가 증자에게 "夫子는 효라고 할 수 있습니까?〔夫子可以爲孝乎〕"라고 묻자, 증자가 "이 무슨 말인가. 이 무슨 말인가. 君子가 이른바 孝라는 것은 부모님의 의도를 먼저 헤아려 그 心志를 받들며, 道에 맞게 부모님께 효유하는 것이다. 나는 단지 봉양만 하는 자이니, 어찌 능히 효라 할 수 있겠는가?〔是何言與 是何言與 君子之所謂孝者 先意承志 諭父母於道 參直養者也 安能爲孝乎〕"라고 하였다.(≪禮記≫ 〈祭義〉)

二程全書 卷33

外書 第四

明 後學 嘉興 徐必達 校正

程氏의 학문에서 수습한 글　程氏學拾遺

李參이 기록하다

李參錄

1. '格物'[1)]의 '格'은 '이른다'는 뜻이고, '物'은 만나는 모든 일이 모두 物이니, 사물의 이치에 끝까지 이르고자 하는 것이다. 사물의 이치에 끝까지 이르는 것은 다른 것이 없으니, 오직 사유하는 것일 뿐이다. '사유는 지혜를 말하니, 지혜는 성스러움을 낳는다.'[2)]고 하였으니, 聖人도 스스로 사유하여 터득하는데, 하물며 일반인이 사물의 이치에 있어서야 더 말할 것이 있겠는가.

格物者의 格은 至也요 物者는 凡遇事皆物也니 欲以窮至物理也라 窮至物理는 無他라 唯思而已矣라 思曰睿요 睿作聖이라하니 聖人亦自思而得이온 況於事物乎아

2. "오직 聖人이라야 外形과 物色대로 실천할 수 있다."[3)]라는 것은, 사람은 태어나서

1) 格物 : ≪大學≫에 보인다.

2) 사유는……낳는다 : ≪書經≫ 〈洪範〉에 "두 번째 五事는, 첫 번째는 貌, 두 번째는 言, 세 번째는 視, 네 번째는 聽, 다섯 번째는 思라고 하는 것이다. 貌는 공손함〔恭〕을 말하고, 言은 순종함〔從〕을 말하고, 視는 밝게 봄〔明〕을 말하고, 聽은 밝게 들음〔聰〕을 말하고, 思는 지혜〔睿〕를 말한다. 공손함은 엄정함을 낳고, 순종함은 조리를 낳고, 밝게 봄은 명철함을 낳고, 밝게 들음은 헤아림을 낳고, 지혜는 성스러움을 낳는다.〔二五事 一曰貌 二曰言 三曰視 四曰聽 五曰思 貌曰恭 言曰從 視曰明 聽曰聰 思曰睿 恭作肅 從作乂 明作哲 聰作謀 睿作聖〕"라고 하였다.

3) 오직……있다 : ≪孟子≫ 〈盡心 上〉에 孟子가 말하기를 "外形과 物色은 타고난 天性이니, 오직 聖人인 뒤에야 외형과 물색대로 실천할 수 있다.〔形色 天性也 惟聖人然後 可以踐形〕"라고 하였다.

五行의 빼어난 氣를 품부받아 머리는 둥글고 다리는 모나서 天地를 닮았으니, 외형과 물색은 天性이다. 오직 성인이라야 사람의 道를 능히 극진히 하는 것을 할 수 있다. 그러므로 외형과 물색대로 실천할 수 있는 것이다. 사람의 道는 君臣·父子·兄弟·夫婦의 유형이 모두 이것이다.

惟聖人可以踐形者는 人生稟五行之秀氣하여 頭圓足方以肖天地하니 則形色은 天性也라 惟聖人이라야 爲能盡人之道라 故로 可以踐形이라 人道者는 君臣父子兄弟夫婦之類가 皆是也라

3. "오직 仁者라야 남을 좋아하며, 남을 미워할 수 있다."[4]라고 하였으니, 仁者는 마음을 공정하게 쓰기 때문에 남을 좋아하고 미워할 수 있는 것이다. 公은 仁에 매우 가깝다. 사람이 사욕을 좇으면 忠하지 않고, 公理를 따르면 忠하다. 公理를 남에게 베푸는 것이 恕를 행하는 것이다.

唯仁者라야 能好人하며 能惡(오)人이라하니 仁者는 用心以公이라 故로 能好惡人이라 公은 最近仁이라 人循私欲則不忠이요 公理則忠矣라 以公理施於人이 所以恕也라

4. "천하 사람들이 性을 말하는 것은 이미 그러한 자취일 뿐이니, 이미 그러한 자취는 順利로써 근본을 삼는다."[5]라고 하였는데, '故'는 '舊'의 뜻이니, 무릇 사물이 처음 생겨날 적에 일찍이 순리로 主를 삼지 않은 적이 없다는 말이다. '利'라고 말한 것은 오직 해침이 없다는 말이니, 한 편의 의리가 모두 순리대로 하고자 하는 것일 따름이다.

天下之言性也는 則故而已矣니 故者는 以利爲本이라한대 故者는 舊也니 言凡物之初에 未嘗不以順利爲主라 謂之利者는 唯不害之謂也니 一篇之義가 皆欲順利之而已라

5. "文王은 道를 보고서도 보지 못한 듯이 여기셨다."[6]라고 한 것은 천하에 다스리는

---

4) 오직……있다 : ≪論語≫ 〈里仁〉에 보인다.

5) 천하……삼는다 : ≪孟子≫ 〈離婁 下〉에 맹자가 말하기를 "천하 사람들이 性을 말하는 것은 이미 그러한 자취일 뿐이니, 이미 그러한 자취는 순리로써 근본을 삼는다.〔天下之言性也 則故而已矣 故者 以利爲本〕"라고 하였다.

6) 文王은……여기셨다 : ≪孟子≫ 〈離婁 下〉에 孟子가 말하기를 "文王은 백성을 다친 사람처럼 여겼으며, 道를 보고서도 아직 보지 못한 듯이 여기셨다. 武王은 가까운 이를 친압하지 않으셨으

道가 있어 태평한 것을 바라보면서도 보지 못한 듯이 여겼음을 말한다. "武王은 가까운 이를 친압하지 않으셨고, 멀리 있는 자를 잊지 않으셨다."라고 한 것은 멀리 있는 사람과 가까이 있는 사람을 대하는 일을 말한다.

文王은 望道而未之見이라함은 謂望天下有治道太平而未得見也라 武王은 不泄邇하며 不忘遠者는 謂遠邇之人之事也라

6. "사람의 마음이 똑같이 여긴다는 것은 무엇인가? 理와 義를 말한다."[7]라고 하였으니, 무엇을 理라 하며, 무엇을 義라 하는가? 배우는 자는 마땅히 이 점을 깊이 사유하여야 한다.

人心之所同然者는 何也오 謂理也義也라하니 何謂理며 何謂義아 學者는 當深思라

7. 漢나라의 儒者들은 학문에 종사하는 자가 수백 명이었으니, 풍속이 그러할 뿐만 아니라 또한 모두 독실하게 실천하는 君子였다. 晉나라 사람들이 고원한 이치를 숭상한 것은 말할 것도 못된다.

漢之儒者는 所以從學者가 數百人이니 非惟風俗이요 亦皆篤行君子也라 晉人高尙은 不足道矣라

8. 質夫(劉絢)[8]가 말하였다.

"마음을 극진히 하여 본성을 아는 것[9]은 佛家에도 이러한 데에 이르는 자가 있지

며, 멀리 있는 자를 잊지 않으셨다.〔文王視民如傷 望道而未之見 武王不泄邇 不忘遠〕"라고 하였다.

7) 사람의……말한다 : ≪孟子≫ 〈告子 上〉에 "그러므로 말하기를 '입이 맛에 있어서 똑같이 즐김이 있으며, 귀가 소리에 있어서 똑같이 들음이 있으며, 눈이 색에 있어서 똑같이 아름답게 여김이 있다.'고 하는 것이니, 마음에 이르러서만 홀로 똑같이 생각함이 없겠는가? 마음이 똑같이 여긴다는 것은 무엇인가? 理와 義를 말한다. 聖人은 우리 마음에 똑같이 생각하는 바를 먼저 알았다. 그러므로 理와 義가 우리 마음을 즐겁게 해주는 것은 고기가 우리 입을 즐겁게 하는 것과 같다.〔故曰 口之於味也 有同耆焉 耳之於聲也 有同聽焉 目之於色也 有同美焉 至於心 獨無所同然乎 心之所同然者 何也 謂理也義也 聖人 先得我心之所同然耳 故理義之悅我心 猶芻豢之悅我口〕"라고 하였다.

8) 質夫 : 劉絢(1045~1087)이다. 質夫는 그의 자이며, 河南 사람이다. 음직으로 壽安縣主簿가 되어 長子縣令을 지냈고, 京兆府敎授・太學博士 등을 역임하였다. 二程에게 수학하였으며, 李籲와 함께 程子 문하에서 명망이 높았다.

만, 마음을 보존하여 본성을 기르는 것[10]은 불가에서는 본래 이러한 데에 이르지 않습니다."

선생이 말하였다.

"마음을 극진히 하여 본성을 알면 마음을 보존하여 기르는 것을 빌리지 않아도 聖人일 것이다."

質夫曰 盡心知性은 佛亦有至此者로되 存心養性은 佛本不至此니이다 先生曰 盡心知性이면 不假存養이라도 其惟聖人乎인저

9. 質夫가 말하기를 "돌아오기를 자주하여[11] 그치지 않으면 마침내 돌아옴에 혼미한[12] 데에 이른다."라고 하였다.

質夫云호되 頻復不已면 遂至迷復이라

9) 마음을……것 : ≪孟子≫ 〈盡心 上〉에 孟子가 말하기를 "자기의 마음을 극진히 하는 자는 자기의 본성을 알게 되니, 자기의 본성을 알면 하늘을 알게 된다. 자기 마음을 보존하여 자기의 본성을 기르는 것은 하늘을 섬기는 것이요, 요절하거나 장수함에 의심하지 않아 몸을 닦고 天命을 기다림은 命을 세우는 것이다.〔盡其心者 知其性也 知其性 則知天矣 存其心 養其性 所以事天也 殀壽不貳 修身以俟之 所以立命也〕"라고 하였다.

10) 마음을……것 : 上同.

11) 돌아오기를 자주하여 : ≪周易≫ 復卦 六三爻辭에 "돌아오기를 자주함이니, 위태로우나 허물이 없으리라.〔頻復 厲 无咎〕"라고 하였다.

12) 돌아옴에 혼미한 : ≪周易≫ 復卦 上六爻辭에 "돌아옴에 혼미하므로 흉하다.〔迷復 凶〕"라고 하였다.

二程全書 卷33

外書 第五

明 後學 嘉興 徐必達 校正

馮氏[1)]의 기록에서 수습한 글　　馮氏本拾遺

1. ≪春秋≫에 災異를 기록한 것은 우연히 그렇게 쓴 것이 아닌 듯하다. "서리가 내렸다.〔霜隕〕"라고 말하지 않고 "서리를 내렸다.〔隕霜〕"[2)]라고 말하였으며, "夷伯의 사당이 벼락을 맞았다.〔夷伯之廟震〕"라고 말하지 않고 "이백의 사당에 벼락이 쳤다.〔震夷伯之廟〕"[3)]라고 말하였으니, 분명 사람에게 의미를 둔 것이다. 하늘과 사람의 이치는 본래 서로 합치됨이 있으니, 사람의 일에서 이겨내면 하늘은 재앙을 내리지 않고, 사람의 일에서 이겨내지 못하면 하늘은 재앙을 내린다. 사람의 일은 항상 하늘의 이치를 따르지만 하늘의 변화는 사람의 일에 호응하지 않는다. 예컨대 큰 추위와 무더위와 장마는 하늘의 변함없는 이치이다. 그러나 사람의 기운이 왕성하면 질병에 걸리지 않지만 기운이 허약하면 반드시 질병에 걸린다. 하늘이 굳이 해를 끼치고자 하는 것이 아니라 사람의 일과 덕이 이겨내지 못하는 것이다. 漢나라 儒者들의 학문과 같은 것은 모두 견강부회한 것이니 믿을 수 없다.

春秋에 書災異는 蓋非偶然이라 不云霜隕하고 而云隕霜이라하며 不云夷伯之廟震하고 而云震夷伯之廟라하니 分明是有意於人也라 天人之理는 自有相合하니 人事勝이면 則天不爲災하고 人事不勝이면 則天爲災라 人事常隨天理나 天變非應人事라 如祈寒暑雨는 天之常理라 然이나 人

---

1) 馮氏 : 馮理이다. 자는 聖先, 호는 東皐이며, 汝州 사람이다. 程頤에게 수학하였다. 그의 아들 馮忠恕는 尹焞에게 배웠으며 ≪涪陵記善≫을 지었다.

2) 서리를 내렸다 : ≪春秋左氏傳≫ 僖公 33년과 定公 元年에 보인다.

3) 이백의……쳤다 : ≪春秋左氏傳≫ 僖公 15년 조에 "그믐 己卯日에 夷伯의 사당에 벼락이 쳤다.〔己卯晦 震夷伯之廟〕"라고 하였다. 夷伯은 魯나라 대부 展氏의 조부이다.

氣壯이면 則不爲疾이로되 氣羸弱이면 則必有疾이라 非天固欲爲害요 人事德不勝也라 如漢儒之學은 皆牽合附會하니 不可信이라

2. 孔子가 ≪周易≫의 道를 밝힌 뒤로 제대로 ≪주역≫을 읽은 사람이 다시는 없었다. 先儒의 설 중 서책에 보이지 않는 경우는 설이 있었다고 해도 알 수가 없고, 서책에 보이는 것은 모두 극진하지 않다. 王輔嗣(王弼)[4)]와 韓康伯(韓伯)[5)] 같은 이는 단지 莊子와 老子의 설로써 ≪주역≫을 해설하였으니, 이 무슨 도리인가! 나는 ≪易傳≫에 대해 매우 일찍 공부에 착수하였는데, 배우는 자들이 찾아와 질문한 것 중에도 헤아려볼 만한 점이 꽤 있었지만 서책에는 드러내려 하지 않았다.

自孔子贊易之後로 更無人會讀易이라 先儒不見於書者는 有則不可知요 見於書者는 皆未盡이라 如王輔嗣韓康伯은 只以莊老解之니 是何道理오 某於易傳에 殺曾下工夫로되 如學者見問에 儘有可商量이나 書則未欲出之也라

3. 요즘 사람들은 ≪周易≫을 볼 적에 모두 ≪주역≫이 어떤 책인지를 알지 못한 채 단지 그 글에 나아가 천착한다. 만약 생각이 익숙하지 않으면 그 글에 하나의 德을 더해도 많다고 느끼지 못하고, 그 글에 하나의 德을 줄여도 적다고 느끼지 못할 것이다. 비유컨대 이 책상을 알지 못하면 한쪽 다리를 줄이더라도 부족함을 알지 못하고, 한쪽 다리를 더하더라도 많음을 알지 못하는 것과 같다. 만약 이를 안다면 자연히 더할 수도 줄일 수도 없을 것이다.

今時人看易에 皆不識得易是何物하고 只就上穿鑿이라 若念得不熟與면 就上添一德이라도 亦不覺多하고 就上減一德이라도 亦不覺少라 譬如不識此兀子면 若減一隻脚이라도 亦不知是少하고 添一隻脚이라도 亦不知是多라 若識이면 則自添減不得也라

4) 王輔嗣 : 王弼(226~249)이다. 輔嗣는 그의 자이며, 삼국시대 魏나라 山陽 사람이다. 何晏에게 인정받아 尙書郞에 등용되었고, 하안·夏侯玄 등과 교유하면서 玄學淸談의 풍조를 열었다. 저술로 ≪老子注≫·≪老子指略≫·≪周易注≫·≪周易略例≫ 등이 있다.

5) 韓康伯 : 韓伯(332~380)이다. 康伯은 그의 자이며, 潁川 長社 사람이다. 東晉 때 司徒左西屬과 豫章太守, 吏部尙書 등을 역임하였다. 王弼의 ≪周易經注≫를 이어 〈繫辭傳〉과 〈說卦傳〉, 〈序卦傳〉, 〈雜卦傳〉에 주를 달았는데, 孔穎達 등이 편찬한 ≪周易正義≫의 注에 채택되었다.

4. 庶母도 神主를 만들어야 한다. 다만 사당에는 들일 수 없으니, 아들이 私室에서 제사 지내야 한다. 신주의 제도는 하나이니, 대개 典範이 있어 늘리거나 줄일 수 없다. 늘리거나 줄이면 신주의 제도는 성립되지 않는다.

庶母亦當爲主라 但不可入廟니 子當祀於私室이라 主之制度則一이니 蓋有法象하여 不可增損이라 增損則不成矣라

5. "제사를 지낼 적에는 살아계신 듯이 한다."[6]라는 것은 자기 선조를 제사 지내는 것을 말하며, "神을 제사 지낼 적에는 그 神이 계신 듯이 한다."[7]라는 것은 그 외의 제사 지내는 대상을 말하니, 天地·山川의 神과 같은 것이 모두 이것이다.

祭如在는 言祭自己祖先이요 祭神如神在는 言其他所祭者니 如天地山川이 皆是也라

6. "그 귀신이 아니다."[8]라는 것은 자기가 제사 지내지 않아야 할 대상임을 말한 것이다. 그것이 그릇된 줄 알면서도 행하는 것은 용기가 없는 것이다. "용기가 없다."[9]라는 것은 비록 위의 문장을 인한 것이지만 이 한 가지 일에 그치는 것은 아니다.

非其鬼는 言己不當祭者라 旣知其非로되 然且爲之는 是無勇也라 無勇이 雖因上文이나 然不止於此一事라

7. ≪論語≫와 ≪孟子≫는 많이 읽으면 저절로 의미가 넉넉해지니, 배우는 자는 모름지기 글을 완미하여야 한다. 만약 言語만 가지고 풀이한다면 의미가 넉넉하지 않게 된다. 내가 처음 이 두 책에 대한 해설서를 지었는데, 이윽고 생각해보니 또한 군더더기인 듯하다. 다만 약간의 先儒들이 잘못 이해한 곳은 정리해 나가려고 해야 한다.

論語孟子는 只剩讀着이면 便自意足하니 學者須是玩味라 若以語言解著이면 意便不足이라

---

6) 제사를……한다 : ≪論語≫ 〈八佾〉에 보인다.

7) 神을……한다 : 上同.

8) 그……아니다 : ≪論語≫ 〈爲政〉에 孔子가 말하기를 "그 제사 지내야 할 귀신이 아닌데도 제사 지내는 것은 아첨함이요, 義를 보고서도 행하지 않는 것은 용기가 없는 것이다.〔非其鬼而祭之 諂也 見義不爲 無勇也〕"라고 하였다.

9) 용기가 없다 : 上同.

某始作此二書文字러니 旣而思之컨대 又似剩이라 只有些先儒錯會處는 却待與整理過라

8. 내가 일찍이 생각건대, 세간에는 세 가지 일이 있는데 그 공부는 매한가지이다. 國家가 하늘에 영원한 天命을 기원하는 것, 道家에서 불로장생하는 것, 儒者가 聖人의 경지에 들어가는 것은 道理가 모두 한가지이다.

某嘗謂호되 世間有三事나 工夫一般이라 國家之祈天永命과 道家之長生久視와 儒者之入于聖人은 理道皆一이라

9. 釋氏의 학문은 마치 대롱으로 하늘을 엿보는 것과 같아서 한 곳으로만 곧장 본다. 그들이 이치를 터득하지 못한 것이 아니라고 말하지만 도리어 전체를 보지 못한 것이다.

釋氏之學은 正似用管窺天하여 一直便見이라 道他不是不得이나 只是却不見全體라

10. 神異하고 怪異한 일[10]을 믿지는 않더라도 지나치게 배척해서는 안 되니, 모름지기 도리를 알아야 한다. 만약 지나치게 배척하기만 하고 도리를 알지 못하면 그런 일을 만난 뒤에는 어떻게 처치할 것인가.

不信神怪事라도 亦不得便放猛이니 須是知道理라 若是直放猛하고 不知道理면 撞出來後에 如何處置리오

11. ≪禮記≫ 〈月令〉은 참으로 한 부의 좋은 글이지만 독파하기가 쉽지 않다. 柳子厚(柳宗元)가 이 글을 논파한 것[11]은 옳지 않다. 봄에 상을 주고 가을에 형벌을 행하는

---

10) 神異하고……일 : ≪論語≫ 〈述而〉에 "孔子께서는 怪異한 일과 勇力의 일과 悖亂의 일과 鬼神의 일을 말씀하지 않으셨다.〔子不語怪力亂神〕"라고 하였다.

11) 柳子厚가……것 : 柳宗元은 〈時令論〉에서 ≪禮記≫ 〈月令〉에 대해 논하였다. 유종원은 政令을 만드는 데에는 때를 기다려서 행할 것이 있고, 때를 기다리지 않고 행해야 할 것이 있는데, 〈월령〉에서 말하는 것 중 일부는 때를 기다려서 행해야 하는 것이 타당하지만, 일부는 때를 기다리지 않고 행해야 하는 것임에도 때를 한정지었으니, 이는 옳지 않다고 하였다. 또 時令에 어긋나게 행했을 적에 생기는 변고에 대해 말한 것은 聖人에게서 나온 말이 아니라고 하였다. 유종원은 聖人의 가르침은 中道를 세워 후세 사람들에게 보여주는 것이고, 仁·義·禮·智·信 이 다섯 가지를 항상 실천해야 한다고 하면서 〈월령〉의 無益함을 주장하였다.

것[12]은 단지 大綱이 이 와 같음을 거론한 것이다. 예컨대 ≪孟子≫에 "湯임금은 中道를 잡으셨으며, 文王은 백성을 다친 사람처럼 여기셨으며, 武王은 가까운 이를 친압하지 않고, 멀리 있는 이를 잊지 않으셨다."[13]라고 한 것이 聖人은 각각 일컬을 만한 일이 한 가지만 있다는 것이 아니지 않은가. 다만 한 부분에 의거하여 말한 것일 따름이다. 또 "겨울에는 뜨거운 물을 마시고, 여름에는 찬 물을 마신다."[14]라는 것이 겨울에는 찬 물을 마실 수 없고, 여름에는 뜨거운 물을 마실 수 없다는 것이 아니지 않은가.

月令은 儘是一部好書나 未易(이)破他라 柳子厚破得他不是라 若春行賞하고 秋行刑은 只是擧大綱如此라 如云호되 湯執中하시며 文王視民如傷하시며 武王不泄邇하시며 不忘遠이러시다함이 不成聖人各只有一事可稱也아 且據一處言之耳라 又如冬日則飮湯하고 夏日則飮水가 不成冬日不得飮水하고 夏日不得飮湯也아

12. 四時에 불을 취하는 나무를 바꾸는 것은 그렇게 하지 않을 수 없기 때문이다. 대개 물이 근심이 되는 것은 항상 적고, 불이 근심이 되는 것은 항상 많으니, "蒼龍星이 나타나면 기우제를 지낸다."[15]라는 말에서 알 수 있다. 寒食에 불을 금하는 것은 장차

12) 봄에……것 : ≪禮記≫ 〈月令〉에 "立春日에 天子가 친히 三公·九卿·諸侯·大夫를 거느리고서 東郊에서 봄을 맞이하고 돌아와 조정에서 公卿·諸侯·大夫에게 상을 준다.〔立春之日 天子親帥三公九卿諸侯大夫 以迎春於東郊 還反 賞公卿諸侯大夫於朝〕"라고 하였으며, "立秋日에 天子가 친히 三公·九卿·諸侯·大夫를 거느리고서 西郊에서 가을을 맞이하고 돌아와 조정에서 軍帥·武人에게 상을 내린다. 천자가 이에 장수에게 명하여 군사를 선발하고 병기를 수선하여 날랜 병사를 뽑아 훈련시켜 전적으로 맡겨 공을 세우게 하여 不義한 자를 정벌하게 하며, 포학하고 태만한 자를 문책하고 벌주게 하여 好惡를 밝혀 저 遠方을 복종시킨다.〔立秋之日 天子親帥三公九卿諸侯大夫 以迎秋於西郊 還反 賞軍帥武人於朝 天子乃命將帥 選士厲兵 簡練桀俊 專任有功 以征不義 詰誅暴慢 以明好惡 順彼遠方〕"라고 하였다.

13) 湯임금은……않으셨다 : ≪孟子≫ 〈離婁 下〉에 孟子가 말하기를 "禹임금은 맛있는 술을 싫어하고 善言을 좋아하셨다. 湯임금은 中道를 잡으시며, 어진 이를 세우되 일정한 方所가 없으셨다. 文王은 백성을 다친 사람처럼 여겼으며, 道를 보고서도 아직 보지 못한 듯이 여기셨다. 武王은 가까운 이를 친압하지 않으셨으며, 멀리 있는 자를 잊지 않으셨다. 周公은 세 王을 겸할 것을 생각하여 네 가지 일을 시행하시되, 부합하지 않는 것이 있으면 우러러 생각하여 밤으로써 날을 이어, 다행히 터득하면 그대로 앉아 날이 새기를 기다리셨다.〔禹惡旨酒而好善言 湯執中 立賢無方 文王視民如傷 望道而未之見 武王不泄邇 不忘遠 周公思兼三王 以施四事 其有不合者 仰而思之 夜以繼日 幸而得之 坐以待旦〕"라고 하였다.

14) 겨울에는……마신다 : 孟季子가 義는 外面에 있는 것이라고 하자, 公都子가 말하기를 "겨울에는 뜨거운 물을 마시고, 여름에는 찬 물을 마시니, 그렇다면 마시고 먹는 것 또한 외면에 있다는 것이로다.〔冬日則飮湯 夏日則飮水 然則飮食亦在外也〕"라고 하였다.(≪孟子≫ 〈告子 上〉)

새로운 불을 낼 적에는 반드시 천하의 불을 모두 끈 뒤에 내기 때문이다. 세간의 풍속[16]은 그릇됨이 심한 듯하다. 四時에 불을 취할 적에 사용하는 나무가 각각 다른 것은 반드시 철에 알맞은 것에 의거한 것일 터이니, 모두 고찰할 필요는 없다.

四時改火는 不得不然일새라 蓋水之爲患은 常少요 火之爲患은 常多하니 龍見而雩로 可見이라 寒食禁火는 只是將出新火에 必盡熄天下之火然後出之也일새라 世間風俗은 蓋訛謬之甚耳라 四時取火에 用木各異는 必据時之所宜니 不必盡考也라

13. 儒者는 마땅히 人事를 말해야지, 運數가 있음을 말해서는 안 된다. 곧장 어쩔 수 없는 지점에 이른 뒤에는 命으로 돌리는 것이 옳다.

儒者는 只合言人事요 不合言有數라 直到不得已處然後엔 歸之於命이 可也라

14. 顔子는 不善함이 있으면 알지 못한 적이 없으며, 불선함이 있는 줄 알면 다시 행하지 않았다.[17] 안자와 같은 경지에 어찌 불선함이 있겠는가. 이른바 불선함이란 단지 약간의 잘못이 있는 것이니, 〈안자는〉 잘못하자마자 곧 능히 그것을 알았고, 알자마자 곧 다시는 싹터 나오지 않게 하였다. 안자는 대체로 聖人과 모두 동일하였으나, 단지 이 점에 곧 分別이 있었다. 만약 이 점이 없었다면 바로 성인의 경지였을 것이다. 曾子의 三省[18]은 긴밀하게 검속한 것이고, 안자는 능히 3개월이나 仁을 어기지

---

15) 蒼龍星이……지낸다 : ≪春秋左氏傳≫ 桓公 5년 조에 "무릇 제사는 경칩이 되면 郊祭를 지내고, 蒼龍星이 나타나면 雩祭를 지내고, 가을의 쌀쌀한 기운이 비로소 일어나면 嘗祭를 지내고, 벌레가 땅 속으로 들어가면 烝祭를 지낸다. 시기가 지난 뒤에 제사를 지내면 기록한다.〔凡祀 啓蟄而郊 龍見而雩 始殺而嘗 閉蟄而烝 過則書〕"라고 하였다. 창룡성은 夏曆 4월에 나타나니, 이때는 불의 기운이 성하여 비가 내려야 만물이 무성하기 때문에 기우제를 지내는 것이다.

16) 세간의 풍속 : 불에 타 죽은 介子推를 추모하기 위해서 불을 피우지 않고 찬 음식을 먹던 것을 가리킨다. 개자추는 晉 文公의 신하로, 문공의 망명 시절에 호종한 공이 있었으나 포상을 받지 못하여 산속에 은거하였다. 문공은 그가 나오지 않자 산에 불을 지르면 그가 나올 것이라 생각하여 불을 질렀지만, 개자추는 끝내 나오지 않고 타 죽었다.(≪新序≫ 〈節士〉)

17) 顔子는……않았다 : ≪周易≫ 〈繫辭傳 下〉에 孔子가 말하기를 "顔氏의 아들은 거의 道에 가까울 것이다. 不善함이 있으면 알지 못한 적이 없고, 알면 다시 행하지 않았다. ≪周易≫에 이르기를 '멀리 가지 않고 돌아오는지라 뉘우침에 이름이 없으니, 크게 善하여 吉하다.' 하였다.〔顔氏之子 其殆庶幾乎 有不善 未嘗不知 知之 未嘗復行也 易曰 不遠復 无祇悔 元吉〕"라고 하였다.

18) 三省 : 曾子가 자신을 성찰한 세 조목으로, ≪論語≫ 〈學而〉에서 曾子가 "나는 날마다 세 가지로 내 몸을 살피니, 남을 위하여 도모할 적에 충성스럽지 않았던가? 벗과 더불어 사귈 적에

않았다. 이런 경지에 이르면 공부가 더욱 어려워지고 바로 험준해져서 다시 크게 힘을 쓰려고 해도 쓸 수가 없다.

顔子는 有不善이면 未嘗不知하며 知之면 未嘗復行이라 如顔子地位에 豈有不善이리오 所謂不善者는 只是微有差失이니 纔差失이면 便能知之요 知之면 便更不萌作이라 顔子는 大率與聖人皆同이로되 只這便有分別이라 若無則便是聖人이라 曾子三省은 只是緊約束이요 顔子便能三月之久라 到這些地位하얀 工夫尤難하고 直是峻絶하여 又大段着力不得이라

15. 合葬은 반드시 元妃로써 해야 하고, 配享은 반드시 宗子의 嫡母로써 해야 하니, 이는 바꿀 수 없는 도리이다.

合葬은 須以元妃요 配享은 須以宗子之嫡母니 此不易之道라

미덥지 못했던가? 전수받은 것을 익히지 않았던가?〔吾日三省吾身 爲人謀而不忠乎 與朋友交而不信乎 傳不習乎〕"라고 하였다. ≪遺書≫ 〈二先生語 八〉에서는 '傳不習乎'를 '지식을 익숙하게 하지 않고서 남에게 전해주는 것이다.'라고 하였다.

二程全書 卷34

外書 第六

明 後學 嘉興 徐必達 校正

羅氏[1)]의 기록에서 수습한 글　　羅氏本拾遺

1. 무릇 책을 볼 적에는 각각 門庭이 있다. ≪詩經≫·≪周易≫·≪春秋≫는 문구만 따라 보아서는 안 되며, ≪尙書≫·≪論語≫는 문구를 따라 볼 수 있다.

凡看書에 各有門庭이라 詩易春秋는 不可逐句看이며 尙書論語는 可以逐句看이라

2. "신으신 붉은 신이 편안하고 장중하구나."[2)]라는 것은 周公의 한 기상을 형용한 것이니, 孟子가 이른바 "환히 얼굴에 드러나고 등에 넘쳐흐르며, 四肢가 말하지 않아도 저절로 깨닫는다."[3)]라고 한 의미이다. "온화한 모습으로 궁중에 계시며, 엄숙한 모습으로 사당에 계시네."[4)]라는 것은 또한 文王의 기상을 형용한 것이다. 대저 옛사람이 聖人을 형용한 것은 이런 유형이 많다. "저 찬란한 은하수여, 하늘에 문장을 만들었

---

1) 羅氏 : 羅從彦(1072~1135)이다. 자는 仲素, 호는 豫章, 시호는 文質이며, 南劍 사람이다. 어려서 吳儀에게 배웠고, 뒤에 程頤와 楊時를 사사하였다. 楊時·李侗과 함께 南劍三先生으로 불렸다. 1130년 特科에 급제하여 博羅縣主簿가 되었으며, 임기를 마친 후 羅浮山에 들어가 학문을 연구하였다. 楊時의 학문을 李侗에게 전하였고, 李侗은 다시 朱熹에게 전하였다.

2) 신으신……장중하구나 : ≪詩經≫ 〈豳風 狼跋〉에 보인다. 이 시는 周公이 비방을 받을 적에 일상적인 처신을 변치 않고 편안하고 장중하게 처신한 것을 칭송한 시이다.

3) 환히……깨닫는다 : ≪孟子≫ 〈盡心 上〉에 "君子의 本性은 仁義禮智가 마음속에 근본을 하여 그것이 겉으로 드러날 적에 환히 얼굴에 드러나고 등에 넘쳐흐르며, 四肢에 베풀어져서 四肢가 말하지 않아도 저절로 깨닫는다.〔君子所性 仁義禮智根於心 其生色也 睟然見於面 盎於背 施於四體 四體不言而喩〕"라고 하였다.

4) 온화한……계시네 : ≪詩經≫ 〈大雅 思齊〉에 보인다. 이 시는 文王이 聖人이 된 까닭을 읊은 시이다. ≪詩經≫에는 "雝雝在宮 肅肅在廟"로 되어 있다.

네."[5]라는 것 또한 성인을 형용한 것이다.

赤舃几几는 只是形容周公一箇氣象이니 乃孟子所謂睟面盎背하며 四體不言而喩之意라 雍雍在宮하며 肅肅在廟라함은 亦只是形容文王氣象이라 大抵古人形容聖人은 多此類라 如倬彼雲漢이여 爲章于天이라함은 亦是形容聖人也라

3. "자신의 지식을 쓰지 않고 자신의 지혜를 쓰지 않았다."[6]라는 것은 文王이 백성을 교화한 것과 백성들이 그것을 날마다 쓰면서도 알지 못한 것이 모두 天理를 말미암았음을 말한 것이다.

不識不知는 言文王化其民과 日用不知가 皆由天理也라

4. "子游와 함께 들었다."라는 것은 마땅히 "子游에게 들었다."라고 보아야 한다.[7] 만약 두 사람이 함께 들었다면 어찌 한 사람은 그 연유를 알고 한 사람은 그 연유를 알지 못할 수 있겠는가.[8]

---

5) 저……만들었네 : ≪詩經≫ 〈大雅 棫樸〉에 보인다. 이 시는 文王이 훌륭한 인물을 관직에 임용한 것을 읊은 시이다.

6) 자신의……않았다 : ≪詩經≫ 〈大雅 皇矣〉에 보인다.

7) 子游와……한다 : 有子가 曾子에게 묻기를 "벼슬을 잃었을 때의 처신을 夫子께 들었는가?〔問喪於夫子乎〕"라고 하자, 증자가 말하기를 "들었네. 벼슬을 잃으면 빨리 가난해지도록 해야 하며, 죽으면 빨리 썩도록 해야 한다고 하셨네.〔聞之矣 喪欲速貧 死欲速朽〕"라고 하였다. 유자가 말하기를 "이는 君子의 말씀이 아니네.〔是非君子之言也〕"라고 하자, 증자가 말하기를 "나는 부자께 들었네.〔參也聞諸夫子也〕"라고 하였다. 유자가 또 말하기를 "이는 군자의 말씀이 아니네.〔是非君子之言也〕"라고 하자, 증자가 말하기를 "나는 子游와 함께 들었네.〔參也與子游聞之〕"라고 하였다. 유자가 말하기를 "그런가. 그렇다면 부자께서 까닭이 있어 그렇게 말씀하셨을 것이네.〔然 然則夫子有爲言之也〕"라고 하였다.(≪禮記≫ 〈檀弓 上〉) 여기서 "나는 子游와 함께 들었네.〔參也與子游聞之〕"라는 것을 "나는 子游에게 들었다.〔參也於子游聞之〕"라고 보아야 한다는 말이다.

8) 만약……있겠는가 : 曾子가 有子의 말을 子游에게 고하자, 자유가 말하기를 "유자의 말이 夫子의 말씀과 너무나도 비슷하다. 옛날 부자께서 宋나라에 계실 적에 桓司馬(桓魋)가 자기의 石槨을 만드는 데 3년이 되도록 완성하지 못하는 것을 보고 부자께서 말씀하시기를 '이와 같이 사치스럽게 하기보다는 죽어서 빨리 썩도록 하는 것이 낫겠다.〔若是其靡也 死不如速朽之愈也〕'라고 하였으니, '죽으면 빨리 썩도록 해야 한다.'라는 것은 환사마 때문에 말씀하신 것이다. 南宮敬叔이 벼슬을 잃고 魯나라를 떠났다가 돌아올 적에 보배를 싣고 와서 임금에게 조회하자, 부자께서 말씀하시기를 '이와 같이 재물을 쓰기보다는 벼슬을 잃으면 빨리 가난해지도록 하는 것이 낫겠다.〔若是其貨也 喪不如速貧之愈也〕'라고 하였으니, '벼슬을 잃으면 빨리 가난해지도록 해야 한다.'라는 것은 경숙 때문에 말씀하신 것이다."라고 하였다.(≪禮記≫ 〈檀弓 上〉) 子游는 공자가

與子游聞之는 當作於子游聞之라 若兩人同聞이면 安得一箇知하고 一箇不知리오

5. '利'[9]자는 뒤의 '암말〔牝馬〕'과 연관하여 뜻을 풀이하지 않는다. 만일 "암말의 貞함이 이롭다."라고 말한다면 坤卦에는 곧 三德[10]만 있게 된다.

利字는 不聯牝馬爲義라 如云利牝馬之貞이면 則坤便只有三德이라

6. 陰은 반드시 陽을 따르니, 그런 뒤에 마침내 경사가 있다.[11]

陰必從陽하니 然後에 乃終有慶也라

7. '황색〔黃〕'은 중앙의 색깔이고, '치마〔裳〕'는 의당 아래에 있는 것이니, 〈中을 지키고 아래에 거처하면〉 크게 선하여 길할 것이라는 말이다.[12]

黃은 中色이요 裳은 宜在下니 則元吉이리라

8. 다른 괘에는 모두 '悔'·'凶'·'咎'자가 있지만 오직 謙卦에는 있지 않다. 다른 괘는 기다림이 있고 나서 형통하지만 오직 謙卦는 곧바로 형통하기 때문이다.

他卦는 皆有悔凶咎나 惟謙은 未嘗有라 他卦는 有待而亨이나 惟謙은 則便亨일새라

9. 謙卦는 君子가 끝마침이 있는 것이다. 그러므로 길하다고 말하지 않은 것이다. 많은 것을 덜어서 적은 것에 더해주는 것이 天理이다. 六二爻辭의 "겸손함을 울린다.〔鳴

말한 연유를 알았지만 曾子는 알지 못한 것을 가리킨다.

9) 利 : ≪周易≫ 坤卦 卦辭 "坤 元亨利牝馬之貞"의 '利'를 가리킨다.

10) 三德 : 元·亨·利·貞의 四德 중에서 元·亨·貞의 三德을 가리킨다.

11) 마침내……있다 : ≪周易≫ 坤卦 〈彖傳〉에 "먼저 하면 혼미하여 道를 잃고 뒤에 하면 순하여 떳떳함을 얻으리니, 西南은 벗을 얻는다는 것은 바로 同類와 함께 행함이요, 東北은 벗을 잃는다는 것은 마침내 경사가 있다는 것이다.〔先迷 失道 後順 得常 西南得朋 乃與類行 東北喪朋 乃終有慶〕"라고 하였다.

12) 황색은……말이다 : ≪周易≫ 坤卦 六五爻辭에 "황색 치마처럼 하면 크게 선하여 길하리라.〔黃裳 元吉〕"라고 하였다.

謙〕”[13]라는 것은 中에 처하고 正을 얻어 德이 있는 것이다. 그러므로 “겸손함을 울린다.”라는 것은 곧 “中心에서 얻는 것이다.”[14]라는 뜻이다. 上六爻辭의 “겸손함을 울린다.”[15]라는 것은 곧 구함이 있는 것이다. 구함이 있음이 작으면 자기 나라의 邑國을 정벌하는 데에서 그칠 따름이다. 그러므로 “뜻을 얻지 못함이다.”[16]라고 한 것이다.

謙은 君子所以有終이라 故로 不言吉이라 裒取其多而增益其寡가 天理也라 六二鳴謙은 處中得正而有德者라 故로 鳴謙者는 乃中心得也라 上六鳴謙은 乃有求者也라 有求之小면 止於征國邑而已라 故曰 志未得也라

10. 蹇卦는 “〈君子가〉 그 象을 보고서 자기 몸에 돌이켜 德을 닦는다.”[17]라는 뜻이다. 그러므로 가는 것은 외부에 있으니 외부에 있으면 반드시 어렵고, 오는 것은 내부에 있으니 내부에 있으면 명예가 있다.[18] “끝내 허물이 없다.〔無尤〕”[19], “오면 연합한다.〔來連〕”[20], “벗이 온다.〔朋來〕”[21], “오면 여유롭다.〔來碩〕”[22]라는 것은 모두 자기 몸에 돌이켜 덕을 닦는 것을 말한 것이다. “어려운 상황에 어려워한다.〔蹇蹇〕”[23]라는 것은

13) 겸손함을 울린다 : ≪周易≫ 謙卦 六二爻辭에 “겸손함을 울림이니, 貞하고 吉하다.〔鳴謙 貞吉〕”라고 하였다.

14) 中心에서……것이다 : ≪周易≫ 謙卦 六二 〈象傳〉에 “‘鳴謙貞吉’은 中心에서 얻는 것이다.〔鳴謙貞吉 中心得也〕”라고 하였다.

15) 겸손함을 울린다 : ≪周易≫ 謙卦 上六爻辭에 “겸손함을 울림이니, 군대를 출동하여 자기 나라의 邑國을 정벌함이 이롭다.〔鳴謙 利用行師 征邑國〕”라고 하였다. 여기서 말하는 邑國은 나라를 가리키는 것이 아니고, 자신이 사사로이 소유한 곳을 지칭한다.

16) 뜻을……못함이다 : ≪周易≫ 謙卦 上六 〈象傳〉에 “‘鳴謙’은 뜻을 얻지 못함이니, 군대를 출동하여 읍국을 정벌하여야 한다.〔鳴謙 志未得也 可用行師 征邑國也〕”라고 하였다.

17) 그……닦는다 : ≪周易≫ 蹇卦 〈象傳〉에 “산 위에 물이 있음이 蹇이니, 君子가 그 象을 보고서 자기 몸에 돌이켜 德을 닦는다.〔山上有水 蹇 君子以 反身修德〕”라고 하였다.

18) 가는……있다 : 蹇卦 初六爻辭에 “나아가면 어렵고 나아가지 않으면 명예롭다.〔往蹇來譽〕”라고 하였다.

19) 끝내……없다 : ≪周易≫ 蹇卦 六二 〈象傳〉에 “‘王臣蹇蹇’은 끝내 허물이 없으리라.〔王臣蹇蹇 終无尤也〕”라고 하였다.

20) 오면……연합한다 : ≪周易≫ 蹇卦 六四爻辭에 “가면 어렵고 오면 연합하리라.〔往蹇 來連〕”라고 하였다.

21) 벗이 온다 : ≪周易≫ 蹇卦 九五爻辭에 “크게 어려움에 벗이 오도다.〔大蹇 朋來〕”라고 하였다.

22) 오면 여유롭다 : ≪周易≫ 蹇卦 上六爻辭에 “가면 어렵고 오면 여유로워 길하리니, 大人을 봄이 이롭다.〔往蹇 來碩 吉 利見大人〕”라고 하였다.

갑자기 나아가지 않고 안으로 돌아보는 象이다. 갑자기 나아가 밖으로 나가면 일이 없을 것이다. '連'은 平聲이니, 연합하면 곤궁함이 없게 된다. "벗이 온다.〔朋來〕"라는 것은 대중이 오는 것이니, 벗이 옴에 그리워하는 마음이 있음을 면치 못함을 말한 것이다. "오면 여유롭다.〔來碩〕"라는 데에 이르러서는 와서 大人의 일에 처하는 것이기 때문에 "貴人을 따른다.〔從貴〕"[24]라고 한 것이다.

蹇은 以反身修德이라 故로 往者在外也하니 在外必蹇이요 來者在內也니 在內則有譽라 無尤來連朋來來碩은 皆反身修德之謂也라 蹇蹇은 不暴進하고 內顧之象也라 暴進出外면 則無事矣라 連은 音平이니 連則無窮也라 朋來則衆來니 言朋來未免於有思也라 至於來碩하얀 則來處於大人之事也라 故曰從貴라

11. 闔闢이 바로 易이니, 한 번 닫히고 한 번 열림을 變이라 이른다.[25]

闔闢便是易이니 一闔一闢을 謂之變이라

12. 堯가 九族을 친애한 것[26]은 큰 덕을 밝힌 사람으로서 먼저 한 일이다. 대개 천하와 국가를 소유한 자는 사람을 알아보는 것을 어렵게 여기고, 賢人을 친히 하는 것을 급선무로 삼는다.

堯之親九族은 以明俊德之人爲先이라 蓋有天下國家者는 以知人으로 爲難하고 以親賢으로 爲急이라

---

23) 어려운……어려워한다 : ≪周易≫ 蹇卦 六二爻辭에 "왕의 신하가 어려운 상황에 어려워함은 자신의 연고가 아니다.〔王臣蹇蹇 匪躬之故〕"라고 하였다.

24) 貴人을 따른다 : ≪周易≫ 蹇卦 上六 〈象傳〉에 "가면 어렵고 오면 여유로움은 뜻이 안에 있는 것이요, 大人을 봄이 이로움은 귀인을 따르는 것이다.〔往蹇來碩 志在內也 利見大人 以從貴也〕"라고 하였다.

25) 한……이른다 : ≪周易≫ 〈繫辭傳 上〉에 "문을 닫음을 坤이라 이르고, 문을 엶을 乾이라 이르며, 한 번 닫히고 한 번 열림을 變이라 이르고, 끊임없이 왕래함을 通이라 이른다.〔闔戶謂之坤 闢戶謂之乾 一闔一闢謂之變 往來不窮謂之通〕"라고 하였다.

26) 堯가……것 : ≪書經≫ 〈堯典〉에 "능히 큰 德을 밝혀 九族을 친애하셨다.〔克明峻德 以親九族〕"라고 하였다. 九族은 자신을 중심으로 위로는 高祖, 아래로는 玄孫까지의 親族을 말한다.

13. 잘 배우는 자는 문자에 얽매이지 않으려고 한다. 그러므로 글의 뜻을 풀이하는 것이 어긋나더라도 도리가 통행할 만한 것은 해롭게 여기지 않는다.

善學者는 要不爲文字所梏이라 故로 文義雖解錯이라도 而道理可通行者는 不害也라

14. ≪論語≫는 曾子와 有子의 제자들이 論撰한 책이다. 그것을 알 수 있는 까닭은 증자와 유자만은 이름을 쓰지 않았기 때문이다.

論語는 曾子有子弟子論譔이라 所以知者는 唯曾子有子不名일새라①

① 伊川의 말이다.
伊川.

15. "배우고 그것을 수시로 익힌다."[27]라는 것은 "새매가 날갯짓을 익힌다."[28]라는 의미이니, "子路는 좋은 말을 듣고 아직 실행하지 못했으면 또다시 좋은 말을 들을까 두려워하였다."[29]라고 하였다. 기쁨〔說〕은 마음속에 있는 것이고, 즐거움〔樂〕은 發散을 주로 하니 외부에 있는 것이다.[30]

學而時習之는 鷹乃學習之義니 子路는 有聞이요 未之能行하얀 唯恐有聞이라 說(열)은 在心이요 樂은 主發散이니 在外라①

① 伊川의 말이다.
伊川.

16. 孝悌는 자신을 낳아준 분들을 근본으로 하는 것이니, 곧 仁을 행하는 근본이다. 효도하고 공경할 적에 이치에 맞지 않는 경우가 있어 간혹 윗사람을 범하는 데 이르

---

27) 배우고……익힌다 : ≪論語≫ 〈學而〉에 보인다.

28) 새매가……익힌다 : ≪禮記≫ 〈月令〉에 "따뜻한 바람이 비로소 불어오고, 귀뚜라미는 벽 속에 있으며, 새매는 날갯짓을 익히고, 썩은 풀이 변하여 반딧불이가 된다.〔溫風始至 蟋蟀居壁 鷹乃學習 腐草爲螢〕"라고 하였다.

29) 子路는……두려워하였다 : ≪論語≫ 〈公冶長〉에 보인다.

30) 기쁨은……것이다 : '기쁨'은 ≪論語≫ 〈學而〉의 "學而時習之 不亦說乎"의 '說'을 가리키며, '즐거움'은 "有朋自遠方來 不亦樂乎"의 '樂'을 가리킨다.

기도 하지만, 또한 그런 경우는 드물다. 孟子가 말하기를 "무엇인들 섬김이 되지 않겠는가마는 어버이를 섬김이 섬김의 근본이요, 무엇인들 지킴이 되지 않겠는가마는 자신을 지킴이 지킴의 근본이다."[31)]라고 하였으니, 그 자신을 실추시키지 않고 어버이를 섬기는 것이 곧 진실한 효도이다. 이를 미루어보면 또한 仁을 행하는 근본을 알 수 있다.

孝弟는 本其所以生이니 乃爲仁之本이라 孝弟에 有不中理하여 或至於犯上이나 然亦鮮矣라 孟子曰 孰不爲事리오마는 事親이 事之本也요 孰不爲守리오마는 守身이 守之本也라하니 不失其身而事親이 乃誠孝也라 推此면 亦可以知爲仁之本이라①

① 明道의 말이다.
明道.

17. "일을 공경히 하고 자신을 믿게 한다."[32)] 이하의 일은 그 자신이 마음에 보존할 바만을 논하고 다스리는 도구에는 미치지 않았다. 그러므로 禮樂刑政을 언급하지 않은 것이다.

敬事而信以下事는 論其所存하고 未及治具라 故로 不及禮樂刑政이라①

① 伊川의 말이다.
伊川.

18. "행하고 여력이 있으면"[33)]이라는 것은 마땅히 그 근본을 먼저 세워야 한다는 것이니, 근본이 있은 뒤에 글을 배우라는 말이다. 그러나 근본이 있으면 글은 저절로 지극해질 것이다.

---

31) 무엇인들……근본이다 : ≪孟子≫ 〈離婁 上〉에 보인다.

32) 일을……한다 : ≪論語≫ 〈學而〉에 孔子가 말하기를 "千乘의 나라를 다스리되 일을 공경히 하고 자신을 믿게 하며, 쓰기를 절도 있게 하고 사람을 사랑하며, 백성을 부리기를 時宜에 맞게 하여야 한다.〔道千乘之國 敬事而信 節用而愛人 使民以時〕"라고 하였다.

33) 행하고……있으면 : ≪論語≫ 〈學而〉에 孔子가 말하기를 "弟子가 들어가서는 효도하고 나와서는 공경하며, 행실을 삼가고 말을 믿음직스럽게 하며, 널리 사람들을 사랑하되 仁한 사람을 친히 해야 하니, 이것을 행하고 여력이 있으면 글을 배워라.〔弟子入則孝 出則弟 謹而信 汎愛衆而親仁 行有餘力 則以學文〕"라고 하였다.

行有餘力者는 當先立其本也니 有本而後學文이라 然이나 有本이면 則文自至矣라①

① 明道의 말이다.
明道.

19. "몸을 바친다.〔致身〕"[34]라는 것은 '힘을 다한다.〔致力〕'라는 말과 같으니, 곧 몸을 의탁하는 것[35]이다.

致身은 猶言致力이니 乃委質(지)也라①

① 明道의 말이다.
明道.

20. 사람이 안정되고 중후하면 학문이 견고해진다.[36]

人安重이면 則學堅固라①

① 伊川의 말이다.
伊川.

21. "禮의 用은 和가 귀하다."[37]라고 하였다. 그러나 행하지 않아야 할 것이 있으니,

---

34) 몸을 바친다 : ≪論語≫ 〈學而〉에 子夏가 말하기를 "어진 이를 어질게 여기되 안색을 바꾸며, 부모를 섬기되 능히 그 힘을 다하며, 임금을 섬기되 능히 그 몸을 바치며, 벗과 더불어 사귀되 말할 적에 신의가 있으면 비록 배우지 않았다고 말하더라도 나는 반드시 그를 배웠다고 할 것이다.〔賢賢易色 事父母 能竭其力 事君 能致其身 與朋友交 言而有信 雖曰未學 吾必謂之學矣〕"라고 한 것의 "致其身"을 가리킨다.

35) 몸을……것 : 원문의 委質는 예물을 바치는 것으로, 임금에게 예를 올리고 충성을 맹세한다는 뜻이다. 또한 자신의 몸을 임금에게 맡기는 것을 뜻한다.

36) 사람이……견고해진다 : ≪論語≫ 〈學而〉에서 孔子가 "君子가 중후하지 않으면 위엄이 없으니, 학문을 하더라도 견고하지 않다. 忠信을 위주로 하며, 자기와 지향을 같이 하지 않는 자를 벗하지 말며, 허물이 있으면 고치기를 꺼리지 말아야 한다.〔君子不重則不威 學則不固 主忠信 無友不如己者 過則勿憚改〕"라고 하였다.

37) 禮의……귀하다 : ≪論語≫ 〈學而〉에 有子가 말하기를 "禮의 用은 和가 귀하니, 先王의 道는 이것을 아름답게 여겼는지라, 크고 작은 일이 모두 이것을 말미암았다. 그러나 행하지 않아야 할 것이 있으니, 和가 귀한 것인 줄만을 알아서 和만 하고 禮로써 그것을 절제하지 않는다면 이 또한 행할 수 없는 것이다.〔禮之用 和爲貴 先王之道 斯爲美 小大由之 有所不行 知和而和 不以禮

그것은 和에만 치우치는 것이다.

禮之用이 和爲貴라 有不可行者니 偏也라①

① 伊川의 말이다.
伊川.

22. "가난하면서도 능히 즐거워하며 부유하면서도 능히 禮를 좋아한다."[38]라는 것은 貧富에 따라 다스리는 바가 이와 같아야 한다는 말이다. 子貢이 切磋琢磨를 인용한 것[39]은 대개 처지에 따라 자신을 다스리는 것을 말한 것이다. 만약 가난한데도 禮를 좋아한다고 말하면 비천한 데에 이르고, 부유한데도 즐겁다고 말하면 교만한 데에 이른다. 그러나 가난하면서도 즐거워하는 것은 禮를 좋아하지 않으면 할 수가 없고, 부유하면서도 禮을 좋아하는 것은 즐겁지 않으면 할 수가 없다.

貧而能樂하며 富而能好禮는 隨貧富所治當如此라 子貢引切磋琢磨는 蓋治之之謂也라 若貧而言好禮면 則至於卑하며 富而言樂이면 則至於驕라 然이나 貧而樂은 非好禮不能이요 富而好禮는 非樂不能이라①

① 明道의 말이다.
明道.

23. 政事를 德으로써 한[40] 뒤에 人爲가 없게 된다.

節之 亦不可行也〕"라고 하였다.

38) 가난하면서도……좋아한다 : ≪論語≫ 〈學而〉에 子貢이 "가난하되 아첨함이 없으며, 부유하되 교만함이 없으면 어떻습니까?〔貧而無諂 富而無驕 何如〕"라고 하자, 孔子가 말하기를 "괜찮으나 가난하면서도 즐거워하며, 부유하면서도 禮를 좋아하는 자만 못하다.〔可也 未若貧而樂 富而好禮者也〕"라고 하였다. 자공이 "≪詩經≫에 '자른 듯하고 갈아낸 듯하며, 쪼아낸 듯하고 다듬은 듯하네.'라고 하였으니, 이를 말한 것이군요.〔詩云 如切如磋 如琢如磨 其斯之謂與〕"라고 하자, 공자가 "賜는 비로소 더불어 시를 말할 만하구나. 지나간 것을 말해주자 다가올 것을 아는구나.〔賜也 始可與言詩已矣 告諸往而知來者〕"라고 하였다.

39) 子貢이……것 : 上同.

40) 政事를……한 : ≪論語≫ 〈爲政〉에 孔子가 말하기를 "政事를 德으로써 하는 것은 비유하자면 북극성이 제자리에 있으면 뭇별들이 그에게로 향하는 것과 같다.〔爲政以德 譬如北辰居其所 而衆星共之〕"라고 하였다.

爲政以德然後에 無爲라①

① 伊川의 말이다.
伊川.

24. 顔回는 孔子의 道에 대해 기뻐하지 않은 바가 없었다. 그러므로 어리석은 사람처럼 보였던 것이다. 물러간 뒤에 그가 자득한 바를 살펴보니 또한 충분히 열어서 발명하였다. 그러므로 "어리석지 않다."라고 말한 것이다.[41)]

回는 於孔子之道에 無所不說(열)이라 故로 如愚라 退而省其所自得하니 亦足以開發矣라 故曰不愚라

25. "그가 하는 행위를 본다."라는 것은 그가 행하는 바이며, "그가 그런 행위를 하는 이유를 관찰한다."라는 것은 그가 따르는 바이며, "그의 마음이 편안히 여기는 바를 살펴본다."라는 것은 그가 처하는 바이다.[42)] 그가 처하는 바를 살펴보면 그의 마음이 보존한 것을 알 수 있다. 자신을 살피는 자가 능히 남의 말을 잘 알아듣고 이치를 궁구하면 이로써 남을 관찰하기를 聖人처럼 할 수 있을 것이다.

視其所以는 所爲也요 觀其所由는 所從也요 察其所安은 所處也라 察其所處면 則見其心之所存이라 在己者가 能知言窮理면 則能以此察人如聖人也라①

① 明道의 말이다.
明道.

26. "君子는 그릇처럼 국한되지 않는다."[43)]라고 한 것은 어느 곳인들 베풀지 않는 바

41) 顔回는……것이다 : ≪論語≫ 〈爲政〉에 孔子가 顔回에 대해 "내가 回와 더불어 종일 이야기를 하였으나, 내 말을 어기지 않아 어리석은 사람인 듯하였다. 물러간 뒤에 그의 사생활을 살펴보았는데, 또한 충분히 발명하니, 回는 어리석지 않구나.〔吾與回言終日 不違如愚 退而省其私 亦足以發 回也不愚〕"라고 하였다.

42) 그가……바이다 : ≪論語≫ 〈爲政〉에 孔子가 말하기를 "그가 하는 행위를 보며, 그런 행위를 하는 이유를 살피며, 그의 마음이 편안히 여기는 바를 살펴보면 사람들이 어찌 자신을 숨길 수 있겠는가! 사람들이 어찌 자신을 숨길 수 있겠는가!〔視其所以 觀其所由 察其所安 人焉廋哉 人焉廋哉〕"라고 하였다.

가 없다는 것이다. 한 가지 재주와 한 가지 기예 같은 것이 그릇처럼 국한된 것이다.

君子不器는 無所不施也라 若一才一藝는 則器也라①

① 伊川의 말이다.
伊川.

27. 子貢이 君子에 대해 묻자, 孔子가 "그 말보다 먼저 행하고, 그런 뒤에 말이 행동을 따르면 군자가 될 수 있다."라고 하였으니,[44] 자공이 말이 많았던 점을 인하여 계발한 것이다.

子貢問君子한대 孔子告以先行其言이요 而後從之면 而可以爲君子하니 因子貢多言而發也라①

① 伊川의 말이다.
伊川.

28. "그 말보다 먼저 행하고, 그런 뒤에 말이 행동을 따른다."라는 것은 사람을 관찰하는 자가 '저 사람이 능히 그의 말보다 먼저 행하면 내가 그러한 뒤에 그를 신뢰한다.' 라고 하는 것을 일컫는다.

先行其言이요 而後從之라함은 謂觀人者가 彼能先行其言이면 吾然後信之라①

① 伊川의 말이다.
伊川.

29. '周'는 周旋함을 말하고, '不比'는 서로 사사로이 편당하지 않음을 말한다.[45]

周는 謂周旋이요 不比는 謂不相私比也라①

① 伊川의 말이다.
伊川.

---

43) 君子는……않는다 : ≪論語≫ 〈爲政〉에 보인다.

44) 子貢이……하였으니 : ≪論語≫ 〈爲政〉에 子貢이 君子에 대해 묻자, 孔子가 말하기를 "그 말보다 먼저 행하고, 그런 뒤에 말이 행동을 따른다.〔先行其言 而後從之〕"라고 하였다.

45) 周는……말한다 : ≪論語≫ 〈爲政〉에 "君子는 두루 친하고 편당하지 않으며, 小人은 편당하고 두루 친하지 않는다.〔君子 周而不比 小人 比而不周〕"라고 하였다.

30. 배우기만 하고 사색하지 않으면 터득함이 없기 때문에 얻음이 없고, 사색하기만 하고 배우지 않으면 진보하지 않기 때문에 위태롭다.[46] 널리 배우며, 자세히 질문하며, 신중히 사유하며, 명확히 분변하며, 독실히 실천하는 것, 이 다섯 가지 중에 하나라도 폐지하면 학문이 아니다.

學而不思則無得이라 故罔이라 思而不學則不進이라 故殆라 博學之하며 審問之하며 愼思之하며 明辯之하며 篤行之 五者에 廢其一이면 非學也라①

① 伊川의 말이다.
伊川.

31. '허물〔尤〕'은 죄가 밖으로부터 이르는 것이고, '후회〔悔〕'는 이치가 안으로부터 나오는 것이다. 天爵을 닦으면 人爵이 이르니,[47] 祿이 그 가운데에 있을 것이다.[48] 子張이 祿을 구하는 방법을 배우려고 하였기 때문에 이런 말을 하여 그의 마음을 안정시켜 利祿에 동요되지 않게 한 것이다. 顔回와 閔子騫 같은 이는 그렇지 않았을 것이다. 君子는 道를 도모하고 먹고 사는 것을 도모하지 않으니, 학문을 해도 祿이 그 가운데에 있다.[49] 그러나 학문을 하더라도 반드시 祿을 얻지는 못하니, 농사를 지어도 반드시 먹을 것을 얻지 못하여 또한 굶주림이 그 가운데 있기도 하는 것과 같다. 군자는

---

46) 배우기만……위태롭다 : ≪論語≫ 〈爲政〉에 孔子가 말하기를 "배우기만 하고 사색하지 않으면 얻음이 없고, 사색하기만 하고 배우지 않으면 위태롭다.〔學而不思則罔 思而不學則殆〕"라고 하였다.

47) 天爵을……이르니 : ≪孟子≫ 〈告子 上〉에 孟子가 말하기를 "天爵도 있고 人爵도 있으니, 仁義忠信하여 善을 즐거워하며 게을리하지 않는 것은 天爵이고, 公卿大夫는 人爵이다. 옛사람은 그 天爵을 닦아 人爵이 따라왔다.〔有天爵者 有人爵者 仁義忠信 樂善不倦 此天爵也 公卿大夫 此人爵也 古之人修其天爵而人爵從之〕"라고 하였다.

48) 허물은……것이다 : 子張이 祿을 구하는 방법을 배우려 하자, 孔子가 말하기를 "많이 듣고 의심스러운 것을 빼놓고 그 나머지를 삼가서 말하면 허물이 적을 것이며, 많이 보고서 위태로운 것을 빼놓고 그 나머지를 삼가서 행하면 후회하는 일이 적을 것이니, 말은 허물을 적게 하고 행실은 후회를 적게 하면 祿이 그 가운데 있을 것이다.〔多聞闕疑 愼言其餘則寡尤 多見闕殆 愼行其餘則寡悔 言寡尤 行寡悔 祿在其中矣〕"라고 하였다.(≪論語≫ 〈爲政〉)

49) 君子는……있다 : ≪論語≫ 〈衛靈公〉에 孔子가 말하기를 "군자는 道를 도모하고 먹고 사는 것을 도모하지 않는다. 농사를 지어도 굶주림이 그 가운데 있고, 학문을 해도 祿이 그 가운데 있으니, 군자는 道를 걱정하고 가난함을 걱정하지 않는다.〔君子謀道 不謀食 耕也 餒在其中矣 學也 祿在其中矣 君子憂道 不憂貧〕"라고 하였다.

이와 같음을 알기 때문에 道를 근심하지 가난함을 근심하지 않는다. 이것이 祿을 구하는 방법을 일러준 까닭이다.

尤는 罪自外至也요 悔는 理自內出也라 修天爵則人爵至하니 祿在其中矣라 子張學干祿이라 故로 告之以此하여 使定其心而不爲利祿動이라 若顔閔則不然矣라 君子는 謀道不謀食하니 學也에 祿在其中矣라 然이나 學不必得祿하니 猶耕之不必得食하여 亦有餒在其中矣라 君子知其如此라 故로 憂道不憂貧이라 此所以告干祿也라①

① 伊川의 말이다.
伊川.

32. 사치함은 문채로부터 생겨나니, 문채가 지나치면 사치함이 되고 부족하면 검소함이 된다. 문채는 실질에 알맞게 하여 수식한 것이니, 문채는 실질과 상대하여 이미 두 가지 일이 된다. 사치함은 또한 문채가 지나친 것이니 근본과의 거리가 멀며, 검소함은 바로 문채가 부족한 것이니 이것이 禮의 근본이 되는 까닭이다.[50)]

奢는 自文生이니 文過則爲奢요 不足則爲儉이라 文者는 稱實而爲飾이니 文對實已爲兩物이라 奢는 又文之過니 則去本遠矣요 儉은 乃文不足이니 此所以爲禮之本이라①

① 伊川의 말이다.
伊川.

33. 仁이라는 것은 활쏘기와 같으니, 활을 쏘아 적중하지 않더라도 자기를 이긴 자를 원망하지 않고 자기에게 돌이켜 원인을 찾을 따름이니,[51)] 어찌 다툼이 있겠는가. 그러므로 "그 경쟁이 군자다운 것이다."[52)]라고 한 것이다.

---

50) 사치함은……까닭이다 : ≪論語≫ 〈八佾〉에 林放이 禮의 근본을 묻자, 孔子가 말하기를 "훌륭하구나, 그대의 질문이여! 禮는 사치하기보다는 차라리 검소한 편이 낫고, 喪은 형식적으로 잘 치르기보다는 차라리 슬퍼하는 것이 낫다.〔大哉問 禮 與其奢也寧儉 喪 與其易也寧戚〕"라고 하였다.

51) 仁이라는……따름이니 : ≪孟子≫ 〈公孫丑 上〉에 "仁이라는 것은 활쏘기와 같으니, 활을 쏘는 자는 자기를 바르게 한 뒤에 활을 쏘아 활을 쏜 것이 적중하지 않더라도 자기를 이긴 자를 원망하지 않고 자기에게 돌이켜 원인을 찾을 따름이다.〔仁者如射 射者正己而後發 發而不中 不怨勝己者 反求諸己而已矣〕"라고 하였다.

52) 그……것이다 : ≪論語≫ 〈八佾〉에 孔子가 말하기를 "君子는 다투는 것이 없으나, 반드시 활쏘

仁者는 如射하니 射而不中이라도 不怨勝己者요 反求諸己而已니 豈有爭也리오 故曰 其爭也 君子라하니라①

① 伊川의 말이다.
伊川.

34. '下而飮'[53)]이라는 것은 활터를 내려와 벌주를 마신다는 말이 아니라, 활 쏘는 장소를 벗어나서 벌주를 마신다는 말이다. 만약 활터를 내려와 벌주를 마시는 것이라면 욕됨이 심하니, 이런 禮는 없다.

下而飮은 非謂下堂而飮이요 離去射位而飮也라 若下堂而飮이면 則辱之甚이니 無此라①

① 伊川의 말이다.
伊川.

35. '素'는 바탕을 비유하고, '繪'는 禮를 비유한다. 무릇 그림 그리는 일은 먼저 흰 바탕을 마련하고서 채색을 더하는 것이니, 아름다운 바탕이 있고서 다시 禮로써 문채나게 하는 것과 같다.[54)]

素는 喩質이요 繪는 喩禮라 凡繪는 先施素地而加采하니 如有美質而更文之以禮라①

① 伊川의 말이다.
伊川.

기에서는 경쟁을 한다. 〈상대방에게〉 揖하고 사양하고서 활터에 올라가 〈활을 쏘고〉 활 쏘는 장소를 벗어나 벌주를 마시니, 이러한 경쟁이 군자다운 것이다.〔君子無所爭 必也射乎 揖讓而升 下而飮 其爭也君子〕"라고 하였다.

53) 下而飮 : 上同.

54) 素는……같다 : 子夏가 묻기를 "'예쁜 웃음에 보조개가 예쁘며, 아름다운 눈에 눈동자가 선명함이여. 흰 바탕에 채색을 하였네.'라고 하였으니, 무엇을 말한 것입니까?〔巧笑倩兮 美目盼兮 素以爲絢兮 何謂也〕"라고 하자, 孔子가 말하기를 "그림 그리는 일은 흰 바탕을 마련한 뒤에 하는 것이다.〔繪事後素〕"라고 하였다. 자하가 말하기를 "禮는 뒤로군요.〔禮後乎〕"라고 하자, 공자가 말하기를 "나를 흥기시키는 자는 商이로구나. 비로소 함께 詩를 말할 만하다.〔起予者 商也 始可與言詩已矣〕"라고 하였다.(≪論語≫ 〈八佾〉)

36. 鬱鬯酒를 따라서 降神하는 것은 禘제사의 시작이다. “울창주를 따른 이후로는”[55] 이라는 말은 시작부터 마칠 때까지 모두 볼 만한 것이 없다는 것이니 魯나라에서 禘제사를 지내는 것이 禮가 아님을 말한 것이다. “알지 못하겠다.”[56]라는 것은 노나라를 위해 허물을 숨긴 말인 듯하다. 만약 이 일부터 바로잡는다면 천하를 다스리는 데 있어 손바닥 위의 물건을 가리키는 것처럼 쉽다는 말이다.

灌以降神은 禘之始也라 旣灌而往者는 自始以至終히 皆無足觀이니 言魯祭之非禮也라 不知者는 蓋爲魯諱라 如自此事而正之면 其於天下에 如指掌之易(이)라①

① 伊川의 말이다.
伊川.

37. ‘爲力’[57]은 ‘爲功’이라는 말과 같다. 활쏘기에는 다섯 가지 미덕[58]이 있으니, 힘을 쓰는 것〔爲功〕이 똑같지 않기 때문에 “동등하지 않다.”라고 말한 것이다. 이른바 다섯 가지 미덕이란 德行을 살피는 것, 邪正을 구별하는 것, 威儀를 분별하는 것 등등이다.

爲力은 猶言爲功이라 射有五善하니 爲功不一이라 故曰不同科라 所謂五善者는 觀德行과 別邪正과 辨威儀云云이라①

① 伊川의 말이다.
伊川.

38. 임금을 섬길 적에 禮를 극진히 하는 것을 다른 사람이 말할 경우에는 반드시 “小

---

55) 울창주를……이후로는 : ≪論語≫ 〈八佾〉에 孔子가 말하기를 “禘제사는 鬱鬯酒를 따른 이후로는 내 보고 싶지 않다.〔禘自旣灌而往者 吾不欲觀之矣〕”라고 하였다.

56) 알지 못하겠다 : 혹자가 禘제사의 내용을 묻자, 孔子가 말하기를 “알지 못하겠다. 그 내용을 아는 자는 천하를 다스림에 있어 여기에다 올려놓고 보는 것처럼 쉬울 것이다.〔不知也 知其說者之於天下也 其如示諸斯乎〕”라고 하고서 자기 손바닥을 가리켰다.(≪論語≫ 〈八佾〉)

57) 爲力 : ≪論語≫ 〈八佾〉에 孔子가 말하기를 “활을 쏘는 데에 가죽 뚫는 것을 주로 하지 않음은 힘을 쓰는 것이 동등하지 않기 때문이니, 이것이 옛날의 활쏘는 道이다.〔射不主皮 爲力不同科 古之道也〕”라고 한 것의 “爲力”을 가리킨다.

58) 다섯……미덕 : 漢나라 馬融의 설에 “활쏘기에 五善이 있으니 첫째가 和志이고, 둘째가 和容이고, 셋째가 主皮이고, 넷째가 和頌이고, 다섯째가 興舞이다.”라고 하였다.(何晏, ≪論語集解≫) 뒤에 程子가 말한 觀德行・別邪正・辨威儀는 이를 풀이한 말인 듯하다.

人들은 아첨한다고 여길 것이다."라고 할 것이지만, 聖人은 道가 크기 때문에 단지 "사람들은 아첨한다고 여길 것이다."라고 한 것이다.[59]

事君盡禮를 在他人言之엔 必曰小人以爲諂也로되 聖人道弘라 故로 止曰人以爲諂也라①

① 伊川의 말이다.
伊川.

39. "淑女를 얻어서 君子의 짝이 된 것을 즐거워하며 여색에 빠지지 않은 것이다."[60] 라는 것은 "즐거워하되 지나치지 않는다."[61]라는 것이고, "窈窕淑女를 서글퍼하고 어진 인재를 생각하나,[62] 구하여도 얻지 못하는지라 이리저리 몸을 뒤척이네.[63]"라는 것은 "슬퍼하되 善을 해치지 않는다."라는 것이다.

樂得淑女하여 以配君子하며 不淫其色이라함은 是樂而不淫이요 哀窈窕하고 思賢才나 求之不得이라 展轉反側이라함은 是哀而不傷이라①

① 明道의 말이다.
明道.

40. "이미 이루어진 일인지라 말하지 않는다."라는 것으로부터 "이미 지나간 일인지라 탓하지 않는다."라는 것[64]까지는 대개 의미가 서로 비슷하니, 거듭 말하여 그를 깊이

---

59) 임금을……것이다 : ≪論語≫ 〈八佾〉에 孔子가 말하기를 "임금을 섬길 적에 禮를 극진히 하는 것을 사람들은 아첨한다고 여길 것이다.〔事君盡禮 人以爲諂也〕"라고 하였다.

60) 淑女를……것이다 : ≪詩經≫ 〈周南 關雎〉 小序에 "〈關雎〉는 淑女를 얻어서 君子의 짝이 된 것을 즐거워한 시이니, 근심이 어진 이를 진출시키는 데 있어서 여색에 빠지지 않은 것이다. 窈窕淑女를 서글퍼하고 어진 인재를 생각하여 善을 해치려는 마음이 없다. 이것이 〈관저〉의 뜻이다.〔關雎 樂得淑女 以配君子 憂在進賢 不淫其色 哀窈窕 思賢才 而無傷善之心焉 是關雎之義也〕"라고 하였다.

61) 즐거워하되……않는다 : ≪論語≫ 〈八佾〉에 孔子가 말하기를 〈關雎〉는 "즐거워하되 지나치지 않고, 슬퍼하되 善을 해치지 않는다.〔關雎 樂而不淫 哀而不傷〕"라고 하였다.

62) 窈窕淑女를……생각하니 : ≪詩經≫ 〈周南 關雎〉 小序에 보인다.

63) 구하여도……뒤척이네 : ≪詩經≫ 〈周南 關雎〉 제2장에 보인다.

64) 이미 이루어진……것 : 哀公이 宰我에게 社를 묻자, 재아가 대답하기를 "夏后氏는 소나무를 〈社主로〉 사용하였고, 殷나라 사람들은 잣나무를 〈社主로〉 사용하였고, 周나라 사람들은 밤나무를 〈社主로〉 사용하였으니, 〈밤나무를 사용한 것은〉 백성들로 하여금 전율하게 하기 위해

책망한 것이다. 요즘 사람들이 어떤 한 가지 일을 애석해 할 적에 그것을 재삼 말하지 않음이 없는 것과 같다.

成事不說로 至既往不咎者는 大概相似하니 重言之하여 所以深責之也라 如今人嗟惜一事에 未嘗不再三言之也라①

① 伊川의 말이다.
伊川.

41. 成湯이 桀을 내쳤을 적에 부끄러운 덕이 있었는데, 武王 또한 그러하였다. 그러므로 지극히 善하지는 못한 것이다.[65] 堯·舜·湯·武는 그 법도가 하나이니, 정벌한 것은 그가 하고자 한 것이 아니고, 만난 시대가 그러했기 때문이다.

成湯放桀에 惟有慙德한대 武王亦然이라 故로 未盡善이라 堯舜湯武는 其揆一也니 征伐은 非其所欲이요 所遇之時가 然耳일새라①

① 伊川의 말이다.
伊川.

42. '里'[66]는 거처한다는 뜻이다. 仁을 택하여 거처하는 것이 아름답다.

里는 居也라 擇仁而處之가 爲美라①

① 明道의 말이다.
明道.

43. "지혜로운 자는 仁을 이롭게 여긴다."[67]라고 하였으니, 지혜로운 자는 仁을 이로

서입니다.〔夏后氏以松 殷人以柏 周人以栗 曰 使民戰栗〕"라고 하였다. 孔子가 이를 듣고 말하기를 "이미 이루어진 일인지라 말하지 않으며, 끝난 일인지라 간하지 않으며, 이미 지나간 일인지라 탓하지 않는다.〔成事不說 遂事不諫 既往不咎〕"라고 하였다.(≪論語≫ 〈八佾〉)

65) 成湯이……것이다 : 孔子가 韶를 평하기를 "지극히 아름답고, 또 지극히 선하다.〔盡美矣 又盡善也〕"라고 하였고, 武를 평하기를 "지극히 아름다우나, 지극히 선하지는 못하다.〔盡美矣 未盡善也〕"라고 하였다.(≪論語≫ 〈八佾〉) 韶는 舜임금의 음악이고, 武는 武王의 음악이다.

66) 里 : ≪論語≫ 〈里仁〉 "里仁爲美 擇不處仁 焉得知"의 '里'를 가리킨다.

67) 지혜로운……여긴다 : ≪論語≫ 〈里仁〉에 孔子가 말하기를 "不仁한 자는 오랫동안 곤궁한 데

움으로 여겨 仁을 행한다. 명성이 있기를 바라서 仁을 행하는 부류와 같은 경우도 모두 仁을 이롭게 여긴 것이다.

知者는 利仁이라하니 知者는 以仁爲利而行之라 至若欲有名而爲之之類도 皆是以爲利也라

44. 지혜로운 자는 仁이 아름다운 줄 아니, 그것을 택하여 행하는 것이 "仁을 이롭게 여긴다."[68]라는 것이다. 마음속에 그 仁을 가지고 있기 때문에 '이롭게 여긴다.'라고 말한 것이다.

知者는 知仁爲美하니 擇而行之가 是利仁也라 心有其仁이라 故曰利라①

① 伊川의 말이다.
伊川.

45. "君子는 德을 생각한다."라는 것은 善이 있는 곳을 생각하는 것이고, "小人은 처할 곳을 생각한다."라는 것은 일이 있는 곳을 생각하는 것이고, "군자는 법도를 생각한다."라는 것은 법도가 있는 곳을 생각하는 것이고, "소인은 은혜를 생각한다."라는 것은 이로움이 있는 곳을 생각하는 것이다.[69]

君子懷德은 惟善之所在요 小人懷土는 惟事之所在요 君子懷刑은 惟法之所在요 小人懷惠는 惟利之所在라①

① 伊川의 말이다.
伊川.

46. 子貢이 "저는 어떻습니까?"라고 물은 것은 자공이 자기의 장점을 스스로 뽐낸 것인데, 공자는 '너는 瑚·璉의 그릇과 같다.'고 답하였다.[70] 다만 瑚·璉은 종묘에서 禮

처할 수 없으며 장구하게 즐거움에 처할 수 없으니, 仁者는 仁을 편안히 여기고 智者는 仁을 이롭게 여긴다.〔不仁者不可以久處約 不可以長處樂 仁者安人 知者利仁〕"라고 하였다.

68) 仁을……여긴다 : 上同.

69) 君子는……것이다 : ≪論語≫ 〈里仁〉에 孔子가 말하기를 "君子는 德을 생각하고 小人은 처할 곳을 생각하며, 군자는 법도를 생각하고 소인은 은혜를 생각한다.〔君子懷德 小人懷土 君子懷刑 小人懷惠〕"라고 하였다.

容을 베풀 만한 것이고, 자공의 재주는 四方에 사신으로 갈 만하고 賓客과 더불어 대화를 나누게 할 만할 따름이다.

子貢問賜也何如는 賜自矜其長이어늘 而孔子以瑚璉之器答者라 但瑚璉은 可施禮容於宗廟요 如子貢之才는 可使於四方이며 可使與賓客言而已라①

① 伊川의 말이다.
伊川.

47. 능히 벼슬살이를 자신하지 못하면 남을 다스릴 수 없으니, 孔子가 그런 까닭에 漆彫開의 대답에 기뻐한 것이다.[71)]

未能自信이면 不可以治人이니 孔子所以說(열)漆雕開之對라①

① 明道의 말이다.
明道.

48. 子貢은 항상 사람을 비교하였다. 그러므로 孔子가 "나는 그럴 겨를이 없다."[72)]라고 답하고, 또 "너와 顔回는 누가 더 나으냐?"[73)]라고 물었으니, 이는 자공이 사람을 비교하는 것을 억제한 것이다.

子貢常方人이라 故로 孔子答以不暇하고 而又問호되 與回也로 孰愈오하니 所以抑其方人也라

70) 子貢이……답하였다 : 子貢이 "저는 어떻습니까?"라고 묻자, 孔子가 "너는 그릇이다."라고 하였다. "어떤 그릇입니까?"라고 묻자, "瑚・璉이다."라고 하였다.(≪論語≫ 〈公冶長〉)

71) 孔子가……것이다 : 孔子가 漆雕開에게 벼슬을 하도록 권하자, 그가 대답하기를 "저는 벼슬하는 것을 아직 자신할 수 없습니다.〔吾斯之未能信〕"라고 하자, 공자가 기뻐하였다.(≪論語≫ 〈公冶長〉)

72) 나는……없다 : 子貢이 사람을 비교하니, 孔子가 말하기를 "賜(子貢)는 어진가보다. 나는 그럴 겨를이 없다.〔賜也 賢乎哉 夫我則不暇〕"라고 하였다.(≪論語≫ 〈憲問〉)

73) 너와……나으냐 : 孔子가 子貢에게 "너와 顔回는 누가 더 나으냐?〔女與回也 孰愈〕"라고 묻자, 자공이 "제가 어떻게 감히 안회를 바라보겠습니까? 안회는 하나를 들으면 열을 알고, 저는 하나를 들으면 둘을 압니다.〔賜也何敢望回 回也 聞一以知十 賜也 聞一以知二〕"라고 하였다. 이에 공자가 "같지 않다. 나는 네가 그만 못함을 인정한다.〔弗如也 吾與女弗如也〕"라고 하였다.(≪論語≫ 〈公冶長〉)

49. "하나를 들으면 열을 안다."[74]라는 것과 "하나를 들으면 둘을 안다."라는 것은 많고 적음을 들어 말한 것이다. 孔子가 "나는 네가 그만 못함을 인정한다."라고 하였으니, 가령 자공이 그 말씀을 깨달았다면 그 말씀이 면려하는 데 의도가 있음을 알았을 것이고, 깨닫지 못했다면 또한 안회를 사모하게 할 수 있으니, 모두 가르침이 있는 것이다.

聞一知十과 聞一知二는 擧多少而言也라 曰吾與女弗如也라하니 使子貢喩其言이면 知其在勉이요 不喩면 則亦可使慕之니 皆有敎也라

50. "남이 나에게 가하기를 원하지 않는다."[75]라는 것은 "자기에게 베풀어서 원치 않는다."[76]라는 것이다. "남에게 가함이 없다."라는 것은 "자기가 원하지 않는 것을 남에게 베풀지 마는 것이다."[77]라는 것이다. 이는 "잘하는 것을 자랑함이 없으며, 공로를 과시함이 없는"[78] 사람이 능히 할 수 있는 일이다. 그러므로 子貢이 미칠 바가 아니다.

不欲人之加諸我者는 施諸己而不願者也라 無加諸人者는 己所不欲을 勿施於人者也라 此는 無伐善無施勞者가 能之라 故로 非子貢所及이라①

① 伊川의 말이다.
伊川.

---

74) 하나를……안다 : 上同.

75) 남이……않는다 : 子貢이 말하기를 "저는 남이 나에게 가하기를 원하지 않는 일을 저도 남에게 가함이 없고자 합니다.〔我不欲人之加諸我也 吾亦欲無加諸人〕"라고 하자, 孔子가 말하기를 "賜야! 그것은 네가 미칠 바가 아니다.〔賜也 非爾所及也〕"라고 하였다.(≪論語≫ 〈公冶長〉)

76) 자기에게……않는다 : ≪中庸≫에 "忠恕는 道와의 거리가 멀지 않으니, 자기에게 베풀어서 원치 않는 것을 또한 남에게 베풀지 마는 것이다.〔忠恕 違道不遠 施諸己而不願 亦勿施於人〕"라고 하였다.

77) 자기가……것이다 : 子貢이 "한 마디 말로서 종신토록 행할 만한 것이 있습니까?〔有一言而可以終身行之者乎〕"라고 묻자, 孔子가 말하기를 "그것은 恕일 것이다. 자기가 원하지 않는 것을 남에게 베풀지 마는 것이다.〔其恕乎 己所不欲 勿施於人〕"라고 하였다.(≪論語≫ 〈衛靈公〉)

78) 잘하는……없는 : 孔子가 子路와 顔淵에게 지향을 물어보자, 자로는 "수레와 말과 가벼운 갖옷을 벗과 함께 쓰다가 해지더라도 유감이 없고자 합니다.〔願車馬衣輕裘 與朋友共 敝之而無憾〕"라고 하였고, 안연은 "잘하는 것을 자랑함이 없으며, 공로를 과시함이 없고자 합니다.〔願無伐善無施勞〕"라고 하였다. 자로가 공자의 지향에 대해 듣기를 청하자 "늙은이를 편안하게 해주고, 벗들에게 미덥게 하고, 젊은이를 감싸주고자 한다.〔老者安之 朋友信之 少者懷之〕"라고 하였다.(≪論語≫ 〈公冶長〉)

51. "夫子께서 性과 天道를 말씀하시는 것은 들을 수 없었다."[79]라고 하였는데, 오직 子貢만이 그 이치를 직접 통달하였기 때문에 능히 이런 감탄하고 찬미하는 말을 한 것이니, 평범한 사람은 들을 수 없었다는 말이다.

夫子言性與天道는 不可得而聞이라한대 唯子貢이 親達其理라 故로 能爲是嘆美之辭니 言衆人不得聞也라①

① 伊川의 말이다.
伊川.

52. '蔡'[80]는 '采'와 같다. 大夫는 采地를 소유하니 기둥머리의 두공에 산 문양을 새겨 넣고 들보의 동자기둥에 마름풀을 그리는 일을 하는 것은 지혜롭지 못하다. 기둥머리의 두공에 산 문양을 새겨 넣고 들보의 동자기둥에 마름풀을 그리는 일은 諸侯의 일이다.

蔡는 與采로 同이라 大夫有采地하니 而爲山節藻梲(절)之事는 不知也라 山節藻梲은 諸侯之事也라①

① 伊川의 말이다.
伊川.

53. "3개월 동안 仁을 어기지 않았다."[81]라는 것은 仁을 지키는 것이 오래되었다는 말이다. 그러나 이것이 德을 완성한 일은 아니다.

---

79) 夫子께서……없었다 : ≪論語≫ 〈公冶長〉에 子貢이 말하기를 "夫子의 文章은 들을 수 있으나, 부자께서 性과 天道를 말씀하시는 것은 들을 수 없었다.〔夫子之文章 可得而聞也 夫子之言性與天道 不可得而聞也〕"라고 하였다.

80) 蔡 : 孔子가 말하기를 "臧文仲이 采地를 소유하고서 기둥머리의 두공에 산 문양을 새겨 넣고 들보의 동자기둥에 마름풀을 그렸으니, 어찌 지혜롭다 하겠는가.〔臧文仲居蔡 山節藻梲 何如其知也〕"라고 한 것의 '蔡'를 가리킨다.(≪論語≫ 〈公冶長〉)

81) 3개월……않았다 : ≪論語≫ 〈雍也〉에 孔子가 말하기를 "顔回는 그 마음이 3개월 동안 仁을 어기지 않고, 그 나머지 사람들은 하루에 한 번, 한 달에 한 번 仁을 어기지 않는 데에 이를 뿐이다.〔回也 其心三月不違仁 其餘則日月至焉而已矣〕"라고 하였다.

三月不違仁은 言其久也라 然이나 非成德之事라

54. "祝官인 鮀의 말재주"[82)]라는 것은 이른바 "말을 교묘하게 하는 것"[83)]이고, "宋나라 朝의 미모"라는 것은 이른바 "안색을 꾸미는 것"이다. 쇠미한 세상을 당해서는 이러한 자가 아니면 환난을 면하기 어렵다.

祝鮀之佞은 所謂巧言이요 宋朝之美는 所謂令色이라 當衰世하얀 非此면 難免이라①

① 伊川의 말이다.
伊川.

55. '상등의 지혜〔上知〕'[84)]는 高遠한 일이니, 中人 이하에게 말해줄 수 있는 바가 아니다.[85)] 이는 대개 분수를 뛰어넘는 일이기 때문이다.

上知는 高遠之事니 非中人以下所可告라 蓋踰涯分也일새라①

① 伊川의 말이다.
伊川.

56. 사람들이 마땅하게 여기는 것을 힘쓰고, 그들이 원하는 바를 주어서 모이게 하고, 그들이 싫어하는 바를 베풀지 말아야 한다.[86)] 사람이 귀신을 가까이 하여 친압하는

---

82) 祝官인……말재주 : ≪論語≫ 〈雍也〉에 孔子가 말하기를 "祝官인 鮀의 말재주와 宋나라 朝와 같은 미모를 갖고 있지 않으면 지금 세상에서 환난을 면하기 어렵다.〔不有祝鮀之佞 而有宋朝之美 難乎免於今之世矣〕"라고 하였다.

83) 말을……것 : ≪論語≫ 〈學而〉에 孔子가 말하기를 "말을 교묘하게 하고 안색을 꾸미는 사람은 仁한 이가 드물다.〔巧言令色 鮮矣仁〕"라고 하였다.

84) 상등의 지혜 : ≪論語≫ 〈陽貨〉에 孔子가 말하기를 "오직 上智와 下愚는 변화시킬 수 없다.〔唯上知與下愚 不移〕"라고 하였다.

85) 中人……아니다 : ≪論語≫ 〈雍也〉에 孔子가 말하기를 "中人 이상은 높은 이치를 말해줄 수 있으나, 中人 이하는 높은 이치를 말해줄 수 없다.〔中人以上 可以語上也 中人以下 不可以語上也〕"라고 하였다.

86) 원하는……한다 : ≪孟子≫ 〈離婁 上〉에 孟子가 말하기를 "桀·紂가 천하를 잃은 것은 백성을 잃었기 때문이니, 백성을 잃었다는 것은 그들의 마음을 잃은 것이다. 천하를 얻는 데 방법이 있으니, 백성을 얻으면 천하를 얻을 것이다. 백성을 얻는 데 방법이 있으니, 그들의 마음을

까닭은 대개 귀신에 미혹되기 때문이다. 그러므로 자기가 제사 지내야 할 귀신이 아닌데도 제사를 지내고, 淫祀를 행하여 복을 구하는 경우가 있는 것이다. 지혜로운 자는 귀신을 공경하되 멀리한다.[87)]

民之所宜者를 務之요 所欲을 與之聚요 所惡(오)를 勿施爾也라 人之所以近鬼神而褻之者는 蓋惑也일새라 故로 有非鬼而祭之하고 淫祀以求福이라 知者는 則敬而遠之라①

① 明道의 말이다.
明道.

57. 智는 물이 흘러가는 것과 같고, 仁은 산이 안정된 것과 같다. 動과 靜은 仁과 智의 體이니, 動하면 자연히 즐겁고 靜하면 자연히 오래 산다. 仁과 智를 체득함이 깊은 자가 아니면 이와 같이 형용할 수 없다.[88)]

知는 如水之流요 仁은 如山之安이라 動靜은 仁知之體也니 動則自樂이요 靜則自壽라 非體仁知之深者면 不能如此形容之라①

① 伊川의 말이다.
伊川.

58. 모난 술잔이라는 기물은 그 法制를 얻지 못하면 모난 술잔이 되지 않는다.[89)] 하나의 기물을 거론하였지만 천하의 만물이 모두 그렇지 않음이 없다. 천하의 일 또한 이와 같다.

얻으면 백성을 얻을 것이다. 그들의 마음을 얻는 데 방법이 있으니, 원하는 바를 주어서 모이게 하고, 싫어하는 바를 베풀지 말아야 한다.〔桀紂之失天下也 失其民也 失其民者 失其心也 得天下有道 得其民 斯得天下矣 得其民有道 得其心 斯得民矣 得其心有道 所欲 與之聚之 所惡 勿施爾也〕"라고 하였다.

87) 지혜로운……멀리한다 : ≪論語≫ 〈雍也〉에서 樊遲가 智를 묻자, 孔子가 말하기를 "사람이 지켜야 할 도리를 힘쓰고, 귀신을 공경하되 멀리하면 지혜롭다고 할 만하다.〔務民之義 敬鬼神而遠之 可謂知矣〕"라고 하였다.

88) 智는……없다 : ≪論語≫ 〈雍也〉에 孔子가 말하기를 "智者는 물을 좋아하고 仁者는 산을 좋아하며, 智者는 動的이며 仁者는 靜的이며, 智者는 즐겁고 仁者는 오래 산다.〔知者樂水 仁者樂山 知者動 仁者靜 知者樂 仁者壽〕"라고 하였다.

89) 모난……않는다 : ≪論語≫ 〈雍也〉에 孔子가 말하기를 "모난 그릇이 모나지 않으면 모난 그릇이라고 할 수 있겠는가. 모난 그릇이라고 할 수 있겠는가.〔觚不觚 觚哉 觚哉〕"라고 하였다.

觚之爲器는 不得其法制면 則非觚矣라 擧一器로되 而天下之物이 莫不皆然이라 天下之事도 亦猶是也라①

① 伊川의 말이다.
伊川.

59. 宰我가 말하기를 "만일 우물 속에 사람이 빠졌다고 말한다면 仁者는 마땅히 그를 따라 내려가야 하겠지요?"라고 하자, 孔子가 말하기를 "군자에 대해서는 우물까지 가게 할 수는 있으나 그가 행하는 바가 아닌 것으로써 우물에 빠지게 할 수는 없으며,[90] 그 방도로써 속일 수는 있으나 道가 아닌 것으로써 터무니없이 속이기는 어렵다.[91]

宰我言호되 如井中有人이면 仁者는 當下從之否잇가 子曰 君子는 可使之往이언정 不可陷以非其所履며 可欺以其方이언정 難罔以非其道라①

① 明道의 말이다.
明道.

60. 文을 널리 배우되 禮로써 그것을 자신에게 요약하지 않으면 반드시 등한시하는 데에 이를 것이다.[92] 이른바 禮로써 그것을 요약한다는 것은 능히 禮를 지켜서 법도를 따르는 것이다. 이치를 아는 경지에 미치지 못할 적에는 단지 道를 어기지 않을 수 있을 따름이다. "많이 듣고서 그중에 좋은 것을 택하여 따르며, 많이 보고서 기억해 두는 것이 이치를 알고서 행하는 것의 다음이다."[93]라는 것이 이와 서로 가깝다. 顔淵이

---

90) 宰我가……없으며 : 宰我가 "仁者는 우물에 사람이 빠졌다고 누군가 말하더라도 그는 우물에 빠진 사람을 따라 들어가 구해야 하겠지요?〔仁者 雖告之曰 井有仁焉 其從之也〕"라고 묻자, 孔子가 말하기를 "어찌 그렇게 하겠는가. 君子에 대해서는 누가 그곳으로 가게 할 수는 있으나 우물에 빠지게 할 수는 없으며, 이치가 있는 말로 속일 수는 있으나 터무니없는 말로 속일 수는 없다.〔何爲其然也 君子可逝也 不可陷也 可欺也 不可罔也〕"라고 하였다.(≪論語≫ 〈雍也〉)

91) 그……어렵다 : ≪孟子≫ 〈萬章 上〉에 "군자는 그 방도로써 속일 수는 있으나 道가 아닌 것으로써 터무니없이 속이기는 어렵다.〔君子可欺以其方 難罔以非其道〕"라고 하였다.

92) 文을……것이다 : ≪論語≫ 〈雍也〉에 孔子가 말하기를 "君子가 文에 대해 널리 배우고 禮로써 자신을 요약한다면 또한 道에 어긋나지 않을 것이다.〔君子博學於文 約之以禮 亦可以弗畔矣夫〕"라고 하였다.

93) 많이……다음이다 : ≪論語≫ 〈述而〉에 孔子가 말하기를 "이치를 알지 못하면서 함부로 행동하는 것이 있는가? 나는 이러한 일이 없노라. 많이 듣고서 그 좋은 것을 가려서 따르며, 많이

말하기를 "文으로써 나의 지식을 넓혀주고 禮로써 나의 행동을 단속해주시니 그만두고자 해도 그만둘 수 없었다."[94]라고 하였는데, 이는 이미 이치를 알아서 나아감이 그치지 않는 것이다.

博學於文이요 而不約之以禮면 必至於汗漫이라 所謂約之以禮者는 能守禮而由於規矩者也라 未及知之也엔 止可以不畔而已라 多聞하여 擇其善者而從之하며 多見而識之가 知之次也라함이 與此로 相近이라 顔淵曰 博我以文하시고 約我以禮하시니 欲罷不能이라한대 是已知之而進不止者也라①

① 明道의 말이다.
明道.

61. 中庸의 德은 잠시도 벗어날 수 없는데,[95] 사람들 중에 그 道를 오랫동안 행하는 사람이 드물다.[96]

中庸之德은 不可須臾離어늘 民鮮有久行其道者也라①

① 伊川의 말이다.
伊川.

62. 聖은 大小가 없으나, 仁의 경우에는 上·下·大·小를 겸하여 말하였다. 백성에게

보고서 기억해 두는 것이 알고서 행하는 것의 다음이다.〔蓋有不知而作之者 我無是也 多聞 擇其善者而從之 多見而識之 知之次也〕"라고 하였다.

94) 文으로써……없었다 : ≪論語≫ 〈子罕〉에 "顔淵이 탄식하며 말하였다. '〈夫子의 道는〉 우러러볼수록 더욱 높고, 뚫고 들어갈수록 더욱 견고하며, 바라보면 앞에 있다가 홀연히 뒤에 있다. 夫子께서 차근차근 사람을 잘 인도하여 文으로써 나의 지식을 넓혀주고 禮로써 나의 행동을 단속해주셨다. 〈공부를〉 그만두고자 해도 그만둘 수 없어 이미 나의 재주를 다하였더니, 서 있는 바가 우뚝함이 있는 듯하였다. 그래서 그곳으로 가고자 하였지만 말미암을 길이 없었다.〔仰之彌高 鑽之彌堅 瞻之在前 忽焉在後 夫子循循然善誘人 博我以文 約我以禮 欲罷不能 旣竭吾才 如有所立卓爾 雖欲從之 末由也已〕'"라고 하였다.

95) 中庸의……없는데 : ≪中庸≫에 "道라는 것은 잠시도 벗어날 수 없으니, 벗어날 수 있으면 도가 아니다.〔道也者 不可須臾離也 可離 非道也〕"라고 하였다.

96) 사람들……드물다 : ≪論語≫ 〈雍也〉에 "中庸의 德이 지극하구나. 사람들 중에 오랫동안 그 도를 행하는 사람이 드물다.〔中庸之爲德也 其至矣乎 民鮮久矣〕"라고 하였고, ≪中庸≫에 "中庸은 지극하구나. 사람들 중에 능히 오랫동안 그 도를 행하는 사람이 드물다.〔中庸 其至矣乎 民鮮能久矣〕"라고 하였다.

은혜를 널리 베풀어 많은 사람을 구제하는 것[97] 또한 仁이며, 사람을 사랑하는 것[98] 또한 仁이다. "堯·舜도 오히려 그것을 부족하게 여기셨다."라는 것은 또한 그 일을 어렵게 여겼다는 말과 같다. '博'은 넓어서 끝이 없는 것이고 '衆'은 많아서 다함이 없는 것이다. 聖人은 반드시 천하에 한 사람도 악한 이가 없고, 한 사물도 제자리를 얻지 못함이 없게 하고자 하였다. 그러나 또한 그것이 가능하지 않기 때문에 "부족하게 여기셨다."라고 한 것이다. "자신을 닦아서 백성을 편안하게 한다."[99]라는 것 또한 이와 같다.

聖則無大小나 至於仁하야 兼上下大小而言之라 博施濟衆도 亦仁也요 愛人도 亦仁也라 堯舜其猶病諸者는 猶難之也라 博則廣而無極이요 衆則多而無窮이라 聖人은 必欲使天下無一人之惡하고 無一物不得其所라 然이나 亦不能이라 故로 曰病諸라 修己以安百姓도 亦猶是也라①

① 伊川의 말이다.
伊川.

63. 사람들은 文采에 대해 모두 "나는 남과 같다."라고 말하지 않고, 모두 "내가 남보다 낫다."라고 말한다. 그러나 君子의 道를 몸소 실천하는 것에 이르러서는 나는 그런 사람을 아직 보지 못하였다.[100]

人於文采에 皆不曰吾猶人也요 皆曰勝於人爾로되 至於躬行君子하야 則吾未見其人也라①

---

97) 백성에게……것 : 子貢이 "백성에게 은혜를 널리 베풀어 많은 사람을 구제할 수 있으면 어떠합니까? 仁하다고 할 수 있습니까?〔如有博施於民而能濟衆 何如 可謂仁乎〕"라고 묻자, 孔子가 "어찌 仁을 일삼는 데 그치겠는가. 반드시 聖일 것이다. 堯·舜도 오히려 그것을 부족하게 여기셨다.〔何事於仁 必也聖乎 堯舜 其猶病諸〕"라고 하였다.(≪論語≫ 〈雍也〉)

98) 사람을……것 : 樊遲가 仁을 묻자, 孔子가 말하기를 "사람을 사랑하는 것이다.〔愛人〕"라고 하였다.(≪論語≫ 〈顔淵〉)

99) 자신을……한다 : 子路가 君子에 대해 묻자, 孔子가 "군자는 敬으로써 자신을 닦는 사람이다.〔修己以敬〕"라고 하였다. 자로가 "이와 같을 뿐입니까?"라고 하자, "자신을 닦아서 남을 편안하게 한다.〔修己以安人〕"라고 하였다. 다시 "이와 같을 뿐입니까?"라고 하자, "자신을 닦아서 백성을 편안하게 함은 堯·舜도 오히려 부족하게 여기셨다.〔修己以安百姓 堯舜其猶病諸〕"라고 하였다.(≪論語≫ 〈憲問〉)

100) 사람들은……못하였다 : ≪論語≫ 〈述而〉에 孔子가 말하기를 "文은 내 남과 같지 않겠는가마는, 君子의 道를 몸소 실천함은 내가 아직까지 얻음이 있지 않다.〔文莫吾猶人也 躬行君子 則吾未之有得〕"라고 하였다.

① 伊川의 말이다.
伊川.

64. 泰伯은 王季가 현명하여 반드시 기초를 열어 王業을 이룩할 수 있음을 알았다. 그러므로 천하를 위하여 세 번 사양하였으니,[101] 이는 그의 공정함을 말한 것이다.

泰伯는 知王季之賢이 必能開基成王業이라 故로 爲天下而三讓之하니 言其公也라①

① 明道의 말이다.
明道.

65. 泰伯이 세 번 천하를 양보한 것은 文王을 세우면 道가 천하를 덮을 것이기 때문에 태백이 천하의 일로써 그 자리를 양보한 것이다. 반드시 혁명을 해야 하는 것은 아니니, 가령 紂가 현명하였다면 문왕은 三公이 되었을 것이다.

泰伯三以天下讓者는 立文王이면 則道被天下라 故로 泰伯以天下之故而讓之也라 不必革命이니 使紂賢이면 文王爲三公矣라①

① 伊川의 말이다.
伊川.

66. 무릇 사람에게 따지는 바가 있는 것은 모두 사사로운 생각 때문이다. 孟子가 말하기를 "오직 仁者라야 大國을 가지고 小國을 섬길 수 있다."[102]라고 하였으니, 仁者는 남의 선함을 바라고 남의 악함을 불쌍히 여겨 大·小·强·弱을 따지지 않고 섬긴다. 그러므로 천하를 보존할 수 있는 것이다. 남이 침범해도 따지지 않는 것[103]은 또한

---

101) 천하를……사양하였으니 : ≪論語≫ 〈泰伯〉에 孔子가 말하기를 "泰伯은 지극한 덕이 있다고 이를 만하다. 세 번 천하를 사양하였으나 백성들이 그 덕을 칭송할 수 없었다.〔泰伯 其可謂至德也已矣 三以天下讓 民無得而稱焉〕"라고 하였다.

102) 오직……있다 : ≪孟子≫ 〈梁惠王 下〉에 보인다.

103) 남이……것 : ≪論語≫ 〈泰伯〉에 曾子가 말하기를 "능하면서 능하지 못한 이에게 물으며, 학식이 많으면서 적은 이에게 물으며, 있어도 없는 듯이 하고, 가득 차도 텅 빈 듯이 하며, 남이 침범해도 따지지 않는 것을 옛날 내 벗이 일찍이 이런 일에 종사하였다.〔以能問於不能 以多問於寡 有若無 實若虛 犯而不校 昔者 吾友嘗從事於斯矣〕"라고 하였는데, 여기서 말하는 '벗'은 顔回를 가리킨다.

天命을 즐거워하고 이치에 순응하는 것이다.

凡人有所計校者는 皆私意也라 孟子曰 惟仁者라야 爲能以大事小라하니 仁者는 欲人之善而矜人之惡하여 不計較小大强弱而事之라 故로 能保天下라 犯而不校는 亦樂天順理者也라①

① 伊川의 말이다.
伊川.

67. 사람이면서도 仁하지 않은 것을 君子는 마땅히 가르치고 길러야 한다. 가르치고 기르는 것을 극진히 하지 않으면서도 심하게 미워하기만 하면 반드시 亂을 일으키는 데에 이른다.[104)]

人而不仁을 君子當敎養之라 不盡敎養하되 而惟疾之甚이면 必至於亂이라①

① 明道의 말이다.
明道.

68. 배운 지 3년이 되어도 善에 이르지 못한 것은 잘 배우지 못한 것이다.

爲學三年이로되 而不至於善은 是不善學也라①

① 明道의 말이다.
明道.

69. '亂'[105)]은 '다스린다'는 뜻이다. 樂師 摯가 처음 벼슬할 적에 〈關雎〉의 음악을 다스렸는데 그 소리가 성대하게 귀에 가득하였다는 것[106)]은 그를 아름답게 여긴 것이다.

亂은 治也라 師摯始에 治關雎之樂한대 其聲이 洋洋乎盈耳哉라함은 美之也라①

104) 사람이면서도……이른다 : ≪論語≫ 〈泰伯〉에 孔子가 말하기를 "용맹을 좋아하고 가난을 싫어하는 경우도 亂을 일으키고, 사람이면서도 仁하지 않은 것을 미워함이 너무 심한 경우도 亂을 일으킨다.〔好勇疾貧 亂也 人而不仁 疾之已甚 亂也〕"라고 하였다.

105) 亂 : ≪論語≫ 〈泰伯〉 "關雎之亂"의 '亂'을 가리킨다. 朱熹는 亂를 樂의 卒章으로 보았다.

106) 樂師……것 : ≪論語≫ 〈泰伯〉에 孔子가 말하기를 "樂師인 摯가 처음 벼슬할 적에 〈關雎〉를 다스렸는데, 그 소리가 성대하게 귀에 가득하였다.〔師摯之始 關雎之亂 洋洋乎盈耳哉〕"라고 하였다.

① 明道의 말이다.
明道.

70. "성대하게 귀에 가득하다."[107]라는 것은 아름답다는 뜻이다. 孔子가 魯나라에 돌아와 음악이 바르게 되자 雅와 頌이 각각 제자리를 얻었다. 그 뒤에 太師부터 그 아래의 사람들이 河內로 들어가고 바다를 건너간 것[108]은 음악이 바르게 되었는데도 노나라가 그것을 쓰지 않고 악사를 추방하였기 때문이다.

洋洋盈耳는 美也라 孔子反魯에 樂正하여 雅頌이 各得其所라 其後에 自太師而下가 入河蹈海는 由樂正이로되 魯不用하고 而放棄之也일새라①

① 伊川의 말이다.
伊川.

71. "禹임금은 내가 흠잡을 것이 없다."[109]라는 것은 德이 순수하고 완전하여 비난하고 흠잡을 만한 것이 없음을 말한다.

禹는 吾無間然矣로다함은 言德純完하여 無可非間이라①

① 明道의 말이다.
明道.

72. "孔子께서는 利를 드물게 말씀하셨다."[110]라는 것은 사람으로 하여금 利를 버리고

---

107) 성대하게……가득하다 : 上同.

108) 太師부터……것 : ≪論語≫ 〈微子〉에 "太師 摯는 齊나라로 가고, 亞飯干은 楚나라로 가고, 三飯 繚는 蔡나라로 가고, 四飯缺은 秦나라로 가고, 북을 치는 方叔은 河內로 들어가고, 小鼓를 흔드는 武는 漢中으로 들어가고, 少師 陽과 경쇠를 치는 襄은 海島로 들어갔다.〔大師摯適齊 亞飯干適楚 三飯繚適蔡 四飯缺適秦 鼓方叔入於河 播鼗武入於漢 少師陽擊磬襄入於海〕"라고 하였다.

109) 禹임금은……없다 : ≪論語≫ 〈泰伯〉에 孔子가 말하기를 "禹임금은 내가 흠잡을 것이 없다. 음식을 간소하게 드시면서도 귀신에게 효를 지극히 하시며, 의복을 검소하게 하시면서도 제례복은 아름다움을 지극히 하시며, 궁실은 낮게 지었으면서도 治水에는 힘을 다하셨으니, 우임금은 내가 흠잡을 것이 없으시다.〔禹 吾無間然矣 菲飮食而致孝乎鬼神 惡衣服而致美乎黻冕 卑宮室而盡力乎溝洫 禹 吾無間然矣〕"라고 하였다.

110) 孔子께서는……말씀하셨다 : ≪論語≫ 〈子罕〉에 "孔子께서는 利와 命과 仁을 드물게 말씀하셨다.〔子罕言利與命與仁〕"라고 하였다.

해로움으로 나아가게 한 것이 아니다. 이는 사람들은 마땅히 利로써 마음을 삼지 말아야 한다는 뜻이다. ≪周易≫에 이르기를 "利는 義에 화합함이다."[111]라고 하였으니, 義를 통해 利를 이룩하는 것이 이에 옳다. 공자가 仁을 드물게 말씀한 것은 그 道가 크기 때문이다. ≪論語≫ 한 책에 仁을 말한 것이 어찌 적겠는가. 대개 仁은 중대한 일인지라 門人들이 일일이 기록하였지만 평생 동안 말씀한 것이 이와 같으니 또한 많이 말씀하지 않은 것이다.

子罕言利는 非使人去利而就害也라 蓋人不當以利爲心이라 易曰 利者는 義之和라하니 以義而致利가 斯可矣라 罕言仁者는 以其道大故也라 論語一部에 言仁이 豈少哉리오 蓋仁者는 大事라 門人一一紀錄이로되 盡平生所言如此하니 亦不爲多也라①

① 伊川의 말이다.
伊川.

73. "내가 아는 것이 있던가. 나는 아는 것이 없다."[112]라는 것은 사람들에게 모두 다 말해주었으나 그들이 알지 못한 것이다. 이는 "나는 그대들에게 숨기는 것이 없다."[113]라는 말과 같다.

吾有知乎哉아 無知也者는 盡以告人이나 他無知也라 與吾無隱乎爾로 同이라①

① 伊川의 말이다.
伊川.

74. '叩'[114]는 나아간다는 뜻이다. '兩端'은 '兩頭'라는 말과 같으니, 처음부터 끝까지

---

111) 利는……화합함이다 : ≪周易≫ 乾卦 〈文言傳〉에 "元은 善의 으뜸이요, 亨은 아름다움의 모임이요, 利는 義에 화합함이요, 貞은 일의 근간이다.〔元者 善之長也 亨者 嘉之會也 利者 義之和也 貞者 事之幹也〕"라고 하였다.

112) 내가……없다 : ≪論語≫ 〈子罕〉에 孔子가 말하기를 "내가 아는 것이 있던가? 나는 아는 것이 없다. 그러나 어떤 비루한 사람이 나에게 물으면 그가 무지한 사람이더라도 나는 그 兩端을 거론하여 다 말해준다.〔吾有知乎哉 無知也 有鄙夫問於我 空空如也 我叩其兩端而竭焉〕"라고 하였다.

113) 나는……없다 : ≪論語≫ 〈述而〉에 孔子가 말하기를 "그대들은 내가 무엇을 숨긴다고 생각하는가? 나는 그대들에게 숨기는 것이 없다. 행하고서 그대들에게 보여주지 않은 것이 없는 자가 바로 나이다.〔二三子 以我爲隱乎 吾無隱乎爾 吾無行而不與二三子者 是丘也〕"라고 하였다.

114) 叩 : ≪論語≫ 〈子罕〉의 "我叩其兩端而竭焉"의 '叩'를 가리킨다.

비루한 사람에게 말해줌을 이른다.

叩는 就也라 兩端은 猶言兩頭니 謂始終告鄙夫也라①

① 伊川의 말이다.
伊川.

75. "봉황새가 날아오지 않으며 黃河에서 河圖가 나오지 않으니, 나도 끝이로구나."[115) 라는 말은 "바라는 것이 이를 적에는 조짐이 반드시 먼저 있다."[116)라는 뜻이다.

鳳鳥不至하며 河不出圖하니 吾已矣夫者는 嗜欲將至에 有開必先也라①

① 伊川의 말이다.
伊川.

76. "더불어 배움을 함께 할 수 있다."[117)라는 것은 道를 구하는 것이고, "더불어 道에 나아갈 수 있다."라는 것은 그가 나아갈 바를 아는 것이고, "더불어 道의 경지에 설 수 있다."라는 것은 의지를 독실하게 하고 굳게 지켜 변하지 않는 것이다. '權'은 權衡〔저울〕이라고 할 때의 '權'과 같으니, 물건을 저울질하여 그 輕重을 아는 것이다. 일반인은 저울이 없으면 輕重을 알 수 없지만 聖人은 저울을 이용하지 않아도 輕重을 알 수 있으니, 성인은 곧 저울이기 때문이다.

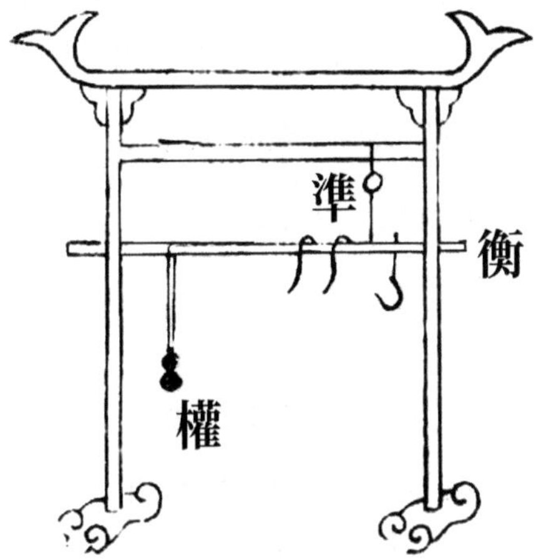

權과 衡

可與共學은 所以求之也요 可與適道는 知其所往也요 可與立者는 篤志固執而不變也라 權은

115) 봉황새가……끝이로구나 : 孔子의 말로, ≪論語≫ 〈子罕〉에 보인다.

116) 하고자……있다 : ≪禮記≫ 〈孔子閒居〉에 보인다.

117) 더불어……있다 : ≪論語≫ 〈子罕〉에 孔子가 말하기를 "더불어 배움을 함께 할 수는 있어도 더불어 道에 나아갈 수는 없고, 더불어 道에 나아갈 수는 있어도 더불어 道의 경지에 설 수는 없고, 더불어 道의 경지에 설 수는 있어도 더불어 權道를 행할 수는 없다.〔可與共學 未可與適道 可與適道 未可與立 可與立 未可與權〕"라고 하였다.

與權衡之權으로 同이니 稱物而知其輕重者也라 人無權衡이면 則不能知輕重이나 聖人則不以權衡而知輕重矣니 聖人則權衡也일새라①

① 伊川의 말이다.
伊川.

77. 잠자리에 들고 식사를 할 적에는 말을 하는 것이 합당하지 않으니, 이때에는 반드시 재계하듯이 해야 하고, 祭飯할 적에는 공경히 해야 한다.[118)]

寢食엔 不當言語니 時必齊如也요 臨祭則敬也라①

① 明道의 말이다.
明道.

78. "새가 사람의 기색을 살펴보고서 날아오른다."[119)]라는 것은 후회함에 이르지 않은 것이고, "빙빙 돈 뒤에 내려앉는다."라는 것은 처할 곳을 살펴서 택한 것이다.

色斯擧矣는 不至悔吝이요 翔而後集은 審擇其處라①

① 明道의 말이다.
明道.

79. 산골 다리 밑의 암꿩도 제때를 얻어 자기 本性대로 살고 있는데, 사람은 난세를 만나 도리어 제자리를 얻지 못하였다. 子路는 그 의미를 알지 못했기 때문에 꿩을 잡아서 올린 것이다. 孔子는 자로로 하여금 자신이 한 말을 살펴 그 의미를 찾게 하였다. 그러므로 세 번 냄새를 맡고 일어나 자로가 그 뜻을 알기를 바란 것이다.[120)]

---

118) 잠자리에……한다 : ≪論語≫ 〈鄕黨〉에 "〈孔子께서는〉 식사할 적에 말씀하지 않으시며, 잠자리에서 말씀하지 않으셨다. 비록 거친 밥과 나물국이라도 반드시 祭飯하시되, 반드시 재계하듯이 하셨다.〔食不語 寢不言 雖疏食菜羹 瓜祭 必齊如也〕"라고 하였다. 祭飯은 끼니때마다 밥 먹기 전에 밥을 조금씩 떼어서 神에게 감사의 뜻을 표하는 일이다.

119) 새가……날아오른다 : ≪論語≫ 〈鄕黨〉에 "새가 사람의 기색을 살펴보고서 날아올라 빙빙 돈 뒤에 다시 내려앉았다. 孔子가 말하기를 '산골 다리 밑의 암꿩이여, 제때를 만났구나! 제때를 만났구나!'라고 하였다. 子路가 그 꿩을 잡아 올리니, 세 번 냄새를 맡고 일어나셨다.〔色斯擧矣 翔而後集 曰 山梁雌雉 時哉時哉 子路共之 三嗅而作〕"라고 하였다.

山梁雌雉得其時하여 遂其性이로되 而人逢亂世하여 反不得其所라 子路不達이라 故로 共具之라 孔子俾子路로 復審言詳意라 故로 三嗅而起하여 庶子路知之也라①

① 伊川의 말이다.
伊川.

80. '先進'은 前輩라는 말과 같고, '後進'은 後輩라는 말과 같다. 선배들이 禮樂에 대하여 한 것은 그 誠意가 있어 질박하기 때문에 "野人 같다."라고 한 것이다. 후배들이 禮樂에 대하여 한 것은 외적인 용모나 태도를 익혀 문채 나게 하는 것이었기 때문에 "君子 같다."라고 말한 것이다. 孔子는 당시 문채에 치우친 폐해를 근심하여 질박함으로써 그것을 구제하고자 하였다. 그러므로 "만약 禮樂을 쓴다면 나는 선배들이 하던 것을 따르겠다."라고 말한 것이니, 그 誠意가 많은 것을 취한 것이다.[121)]

先進은 猶言前輩也요 後進은 猶言後輩也라 先進之於禮樂은 有其誠意而質也라 故曰野人이라 後進之於禮樂은 習其容止而文者也라 故曰君子라 孔子患時之文弊하여 而欲救之以質이라 故曰 如用之면 則吾從先進하리라하니 取其誠意之多也라①

① 明道의 말이다.
明道.

81. "선배들이 禮樂에 대해서 한 것은 野人 같다."라는 것은 그것이 질박하다는 말이고, "후배들이 禮樂에 대해서 한 것은 君子 같다."라는 것은 그것이 마땅함을 얻었다는 말이다. 周나라 말기의 文에 치우친 폐해를 당시 사람들은 마땅함을 얻었다고 스스로 말하면서 옛사람을 질박하다고 여겼기 때문에 孔子는 옛사람을 따르고자 한 것이니, 옛사람이 질박했다는 말은 아니다.

先進於禮樂에 野人也라함은 謂其質朴이요 後進於禮樂에 君子也라함은 謂其得宜라 周末文弊를

---

120) 산골……것이다 : 上同.

121) 先進은……것이다 : 이 단락은 ≪論語≫ 〈先進〉에 孔子가 말하기를 "사람들은 '선배들이 禮樂에 대하여 한 것은 野人 같고, 후배들이 禮樂에 대하여 한 것은 君子 같다.'라고 하는데, 만약 禮樂을 쓴다면 나는 선배들이 하던 것을 따르겠다.〔先進於禮樂 野人也 後進於禮樂 君子也 如用之則吾從先進〕"라고 한 것을 풀이한 것이다.

當時之人은 自謂得宜하고 而以古人爲質朴이라 故로 孔子欲從古人이니 古人非質朴也라①

① 伊川의 말이다.
伊川.

82. "陳나라와 蔡나라에서 나를 따르던 자들이 모두 문하에 있지 않다."[122]라는 것은 이때에 모두 孔子의 문하에 있지 않아서 그 사람들을 그리워했다는 말이다. 그러므로 顔子 이하 10人에 대해 德行이 있는 자, 政事에 뛰어난 자, 言語에 뛰어난 자, 文學에 뛰어난 자로 헤아린 것이니, 모두 진나라와 채나라에서 공자를 따르던 자들이다.

從我於陳蔡者가 皆不及門이라함은 言此時皆無及孔子之門者하여 思其人이라 故로 數顔子以下十人에 有德行者와 政事者와 言語者와 文學者하니 皆從於陳蔡者也라①

① 明道의 말이다.
明道.

83. 四科[123]에 지목된 사람은 곧 陳나라와 蔡나라에서 孔子를 따르던 자들일 뿐이다. 門人 중에 어진 자가 참으로 이 10人에서 그치지 않으니, 曾子는 道를 전했는데도 이 10人 중에 들어 있지 않다. 그러므로 이들을 공자 문하의 十哲이라고 하는 설은 세속의 의론임을 알 수 있다.

四科는 乃從夫子於陳蔡者爾라 門人之賢者가 固不止此니 曾子傳道而不與焉이라 故로 知十哲은 世俗之論也라①

① 明道의 말이다.
明道.

---

122) 陳나라와……않다 : 孔子가 말하기를 "陳나라와 蔡나라에서 나를 따르던 자들이 모두 문하에 있지 않구나! 德行에는 顔淵·閔子騫·冉伯牛·仲弓이었고, 言語에는 宰我·子貢이었고, 政事에는 冉有·季路였고, 文學에는 子游·子夏였다.〔從我於陳蔡者皆不及門也 德行 顔淵閔子騫冉伯牛仲弓 言語 宰我子貢 政事 冉有季路 文學 子游子夏〕"라고 하였다.(≪論語≫ 〈先進〉)

123) 四科 : 陳나라와 蔡나라에서 孔子를 따르던 제자들의 장점을 德行·言語·政事·文學 네 가지로 분류한 것을 가리킨다.

聖門四科

84. 閔子騫은 부모 형제에 대해 그 道를 극진히 하여 처신했기 때문에 사람들이 비난하거나 트집을 잡는 말이 없었다.[124]

閔子之於父母昆弟에 盡其道而處之라 故로 人無非間之言이라①

① 伊川의 말이다.
伊川.

85. "지나침은 미치지 못함과 같다."[125]라고 하였는데, 琴張과 曾晳[126] 같은 狂者는 모두 지나친 자들이다. 그렇게 말하면서도 행동이 말을 따르지 못하니, 이는 실상이 없는 것이다.

---

124) 閔子騫은……없었다 : 《論語》〈先進〉에 孔子가 말하기를 "효성스럽구나. 閔子騫이여! 사람들이 그의 부모 형제가 그를 칭찬하는 말에 트집을 잡지 못하는구나.〔孝哉 閔子騫 人不間於其父母昆弟之言〕"라고 하였다.

125) 지나침은……같다 : 孔子의 말로, 《論語》〈先進〉에 보인다.

126) 琴張과 曾晳 : 琴張은 琴牢이고, 曾晳은 曾參의 부친 曾點이다. 《孟子》〈盡心 下〉에 맹자가 萬章에게 말하기를 "琴張·曾晳·牧皮 같은 사람이 공자께서 이른바 狂이라고 하는 자들이다."라고 하였다. 琴張은 子桑戶의 喪에 노래를 불렀고, 曾晳은 季武子가 죽었을 때 문에 기대어 노래를 불렀다고 한다.

過猶不及이라한대 如琴張曾晳之狂은 皆過也라 然而行不掩焉하니 是無實也라①

① 明道의 말이다.
明道.

86. 재주가 뛰어난 자는 中道에 지나치니, 지나치면 마음이 들락날락한다. 재주가 보잘것없는 자는 中道에 미치지 못하니, 마음이 게을러져 일을 그만둔다.

才高者는 過하니 過則一出一入이라 卑者는 不及이니 則怠惰廢弛라①

① 明道의 말이다.
明道.

87. 師(子張)의 지나침과 商(子夏)의 미치지 못함은 그 유폐가 楊朱와 墨翟을 낳았다. 양주는 義에서 나왔고, 묵적은 仁에서 나왔다. 仁과 義는 천하의 아름다운 도리이지만 이와 같은 자들은 털끝만큼의 잘못으로 천 리만큼이나 어긋난 것이다.

師商의 過不及은 其弊爲楊墨이라 楊出於義요 墨出於仁이라 仁義는 雖天下之美나 然如此者는 失之毫釐에 謬以千里라①

① 伊川의 말이다.
伊川.

88. 曾子는 孔子보다 한참 어렸고 처음에는 노둔하였다. 그러나 그가 나중에 道를 밝힌 것을 살펴보건대 어찌 노둔하다 하겠는가.

曾子少孔子요 始也魯로되 觀其後明道컨대 豈魯也哉리오①

① 明道의 말이다.
明道.

89. 善人은 호걸스럽고 특별히 뛰어난 士人이 아니면 스스로 도달할 수 없는 경지지만, 聖賢의 자취를 따르지 않으면 또한 성현의 깊은 경지에는 들어가지 못한다.[127)]

그러므로 聖人이 나라를 다스린 것이 반드시 1백 년에 이르러야 이에 잔악한 사람을 교화시키고 死刑을 없앨 수 있는 것이다.[128] 孟子는 樂正子를 善人이며 信人이라고 하였다.[129] 善을 자기 몸에 소유하는 것을 信이라고 하는데, 능히 善을 가득 채워야 성현에 이를 수 있다. 그러나 그 시작은 반드시 성현의 자취를 따른 뒤에야 들어갈 수 있다. '論篤'은 말이 돈독하고 심후한 것이니, 사람을 취할 적에 오직 말이 돈독하고 심후한 자를 허여한다면 그가 군자다운 사람인지 얼굴만 장엄하게 하는 자인지 알 수가 없다.[130] 언론이 돈독하다고 하여 마침내 그를 허여해서는 안 되니, 반드시 그의 행동과 일을 관찰해야 옳다.

善人은 非豪傑特立之士면 不能自達者也로되 苟不履聖賢之迹이면 則亦不入其奧라 故로 爲邦必至於百年이라야 乃可以勝殘去殺也라 孟子는 以樂正子로 爲善人信人이라 有諸已之謂信한대 能充實之라야 可以至於聖賢이라 然이나 其始는 必循轍迹而後能入也라 論篤은 言之篤厚者也니 取於人者에 惟言之篤厚者를 是與면 君子者乎아 色莊者乎아 未可知也라 不可以論篤遂與之니 必觀其行事라야 乃可也라①

① 明道의 말이다.
明道.

127) 善人은……못한다 : 子張이 善人의 道를 묻자, 孔子가 "예전 성현의 자취를 따르지는 않지만 스스로 악행을 저지르지도 않는다. 그러나 또한 聖人의 경지에는 들어가지 못한다.〔不踐迹亦不入於室〕"라고 하였다.(≪論語≫ 〈先進〉)

128) 나라를……것이다 : ≪論語≫ 〈子路〉에 孔子가 말하기를 "'善人이 나라를 1백 년 동안 다스리면 또한 잔악한 사람을 교화시키고 死刑을 없앨 수 있다.'라고 하니, 참으로 옳구나, 이 말이여!〔善人爲邦百年 亦可以勝殘去殺矣 誠哉 是言也〕"라고 하였다.

129) 孟子는……하였다 : 浩生不害가 樂正子는 어떤 사람인지 묻자, 孟子가 善人이며 信人이라고 하였다. 다시 善과 信에 대해 묻자, 맹자가 말하기를 "누구나 하고자 하는 것을 善이라 하고, 善을 자기 몸에 소유하는 것을 信이라 하고, 善을 행하여 가득 찬 것을 美라 하고, 가득 차서 겉으로 빛이 나는 것을 大라 하고, 大하면서 인위적인 노력없이 자연스럽게 자신을 변화시키는 것을 聖이라 하고, 聖하여 사람들이 알 수 없는 것을 神이라 한다. 악정자는 두 가지(善·信)의 중간이요, 네 가지(神·聖·大·美)의 아래이다.〔可欲之謂善 有諸已之謂信 充實之謂美 充實而有光輝之謂大 大而化之之謂聖 聖而不可知之之謂神 樂正子 二之中 四之下也〕"라고 하였다.(≪孟子≫ 〈盡心 下〉)

130) 論篤은……없다 : ≪論語≫ 〈先進〉에 孔子가 말하기를 "言論이 돈독한 사람을 허여한다면 그는 군자다운 자일까? 얼굴빛만 장엄하게 하는 자일까?〔論篤是與 君子者乎 色莊者乎〕"라고 하였다.

90. "하루하루 자기의 사욕을 극복해 禮로 돌아가면 천하 사람들이 그의 仁을 허여할 것이다."[131)]라는 것은 어느 날 능히 자기의 사욕을 극복해 禮로 돌아가면 천하 사람들이 그의 仁을 칭송한다는 말이니, 하루 동안 극기복례하는 것을 말하는 것이 아니다.

一日克己復禮면 天下歸仁者는 言一旦能克己復禮면 則天下稱其仁이니 非一日之間也라[①]

① 伊川의 말이다.
伊川.

91. 子路의 말은 믿음직하였다. 그러므로 한 마디 말로 獄事를 결단할 수 있었다.[132)]

子路之言은 信이라 故로 片言에 可以折獄이라[①]

① 伊川의 말이다.
伊川.

92. '宿'[133)]은 미리 정한다는 말이니, '하룻밤을 묵는다.〔一宿〕'라고 할 때의 '宿'이 아니다.

宿은 謂預也니 非一宿之宿也라[①]

① 伊川의 말이다.
伊川.

93. 子張은 仁이 부족하여 誠心으로 백성을 사랑함이 없었으니, 반드시 게을러져서 마음을 극진히 하지 않을 사람이다. 그러므로 孔子가 그의 질문을 인하여 일러준 것이다.[134)]

---

131) 하루하루……것이다 : ≪論語≫ 〈顔淵〉에 "顔淵이 仁을 묻자, 孔子가 말하였다. '자기의 사욕을 극복해 禮로 돌아가는 것이 仁을 행하는 방법이니, 하루하루 자기의 사욕을 극복해 禮로 돌아가면 천하 사람들이 그의 仁을 허여할 것이다. 仁을 행하는 것은 자기에게 달려 있으니, 남을 통해 하는 것이겠는가.〔克己復禮爲仁 一日克己復禮 天下歸仁焉 爲仁由己 而由人乎哉〕'"라고 하였다.

132) 子路의……있었다 : ≪論語≫ 〈顔淵〉에 孔子가 말하기를 "한 마디 말에 獄事를 결단할 수 있는 자는 아마도 仲由일 것이다. 자로는 미리 승낙함이 없다.〔片言 可以折獄者 其由也與 子路無宿諾〕"라고 하였다.

133) 宿 : 上同. 朱熹는 '宿'을 '留'의 뜻으로 보았다.

子張少仁하여 無誠心愛民하니 則必倦而不盡心者也라 故로 孔子因問而告之라①

① 伊川의 말이다.
伊川.

94. "솔선하며 힘써야 한다."[135]라는 것은 옛날 周公이 백성을 가르치고 보호한 것이다. ≪周易≫에 이르기를 "백성을 도와준다."[136]라고 하였으니, 가르치고 보호하고 도와주는 것이 솔선하는 것이다. '勞'는 힘쓰는 것이니, 또한 노력하여 힘쓰는 것이다.

先之勞之者는 昔周公師保萬民이라 易曰 以左右民이라하니 師保左右가 先之也라 勞는 勉也니 又勞勉之라①

① 伊川의 말이다.
伊川.

95. 子路가 政事에 대해 묻자 孔子가 〈솔선하며 힘써야 한다고〉 말해 주었고, 더 자세히 말해 주기를 청하자 "게을리하지 말아야 한다."라고 했을 뿐 다시 말해 준 것이 없으니,[137] 짐짓 그로 하여금 깊이 생각하게 한 것이다.

子路問政에 孔子旣告之矣요 及請益에 則曰無倦而已요 未嘗復有所告니 姑使深思之也라①

① 明道의 말이다.
明道.

96. 무릇 물체가 있고 형체가 있으면 이름이 있고, 이름이 있으면 이치가 있다. 만일

---

134) 孔子가……것이다 : 子張이 政事를 묻자, 孔子가 말하기를 "마음가짐에 게으름이 없어야 하고, 忠으로써 행해야 한다.〔居之無倦 行之以忠〕"라고 하였다.(≪論語≫ 〈顏淵〉)

135) 솔선하며……한다 : 子路가 政事를 묻자, 孔子가 말하기를 "솔선하며 힘써야 한다.〔先之勞之〕"라고 하였다. 더 말씀해 주기를 청하자, "게을리하지 말아야 한다.〔無倦〕"라고 하였다.(≪論語≫ 〈子路〉)

136) 백성을 도와준다 : ≪周易≫ 泰卦 〈象傳〉에 "天地가 사귐이 泰이니, 군주가 보고서 천지의 道를 財成하며 천지의 마땅함을 輔相하여 백성을 도와준다.〔天地交泰 后以 財成天地之道 輔相天地之宜 以左右民〕"라고 하였다.

137) 子路가……없으니 : 각주 135번 참조.

큰 것을 작은 것이라 하고, 높은 것을 낮은 것이라 하면 말이 순하지 않아 사람들이 손발을 둘 곳이 없는 지경에 이른다.[138)]

凡有物有形이면 則有名이요 有名則有理라 如以大爲小하고 以高爲下면 則言不順하여 至於民無所措手足也라

① 伊川의 말이다.
伊川.

97. 〈선생에게 물었다.〉

"'만일 나를 등용하는 자가 있다면 1년만 정치를 하더라도 괜찮아질 것이니, 3년이면 성취함이 있을 것이다.'[139)]라는 말은 어떻습니까?"

선생이 말하였다.

"옛날 經筵에 참석했을 적에 일찍이 그 내용을 말하고서 인하여 '폐하께서 만약 1년 만에 성취되는 일로써 신에게 물으시면, 신은 바로 1년 만에 성취되는 일로써 대답할 것이며, 만약 3년 만에 성취되는 일로써 신에게 물으시면, 신은 바로 3년 만에 성취되는 일로써 대답할 것입니다.'라고 하였다. 1년이면 된다는 것은 大綱을 정돈하는 것이고, 성취함이 있으려면 3년은 되어야 한다. 그러나 1년이니 3년이니 하는 설이 오늘날의 세상에서는 또한 같지 않으니, 모름지기 처음부터 정리를 하는 것이 옳다. 漢나라 公孫弘은 '3년 만에 교화되는 것을 신은 더디다고 생각합니다.'라고 하였고, 李石은 唐 文宗에게 '폐하께서 치적을 독촉하는 것이 너무 급합니다.'라고 하였으니, 모두 경솔한 말로 그들은 본래 1년이나 3년 만에 성취되는 일을 알지 못한 것이다."

苟有用我者면 朞月而已라도 可也니 三年이면 有成이라함은 如何잇가 曰 昔在經筵時에 嘗說하고 因言陛下若以朞月之事問臣이면 臣便以朞月之事對하며 若以三年之事問臣이면 臣便以三年之事對로소이다 朞月而已者는 整頓大綱也요 若夫有成은 則在三年也라 然이나 朞月三年之說이

---

138) 무릇……이른다 : 孔子가 子路에게 名分을 바로잡는 것에 대해 말하기를 "명분이 바르지 못하면 말이 순하지 못하고, 말이 순하지 못하면 일이 이루어지지 못하고, 일이 이루어지지 못하면 禮樂이 일어나지 못하고, 예악이 일어나지 못하면 형벌이 알맞지 못하고, 형벌이 알맞지 못하면 백성들이 손발을 둘 곳이 없어진다.〔名不正 則言不順 言不順 則事不成 事不成 則禮樂不興 禮樂不興 則刑罰不中 刑罰不中 則民無所措手足〕"라고 하였다.(≪論語≫ 〈子路〉)

139) 만일……것이다 : 孔子의 말로, ≪論語≫ 〈子路〉에 보인다.

今世又不同하니 須從頭整理가 可也라 漢公孫弘言호되 三年而化를 臣竊遲之라하고 李石對唐文宗호되 以爲陛下責治太急이라하니 皆率爾之言으로 本不知朞月三年之事라①

① 伊川의 말이다.
伊川.

98. 30년이 1世가 되니, 서른 살의 장성한 자는 아내를 맞이한다.[140] "반드시 한 세대가 지난 뒤에야 사람들이 仁해질 것이다."[141]라는 것은 교화가 무젖은 것이다.

三十年爲一世니 三十壯有室也라 必世而後仁은 化浹也라①

① 伊川의 말이다.
伊川.

99. 冉子가 季氏의 소행을 政事를 행한 것이라고 하자, 孔子가 그를 억제하며 "그것은 그의 집안일이었을 것이다."라고 하였다.[142] 이는 계씨의 집안일일 뿐인데 그것을 정사라고 하는 것은 참람하니, 만일 국정이 있었다면 내가 등용되지는 않았으나 오히려 참여하여 들었을 것임을 말한 것이다.

冉子謂季氏之所行爲政이라하니 孔子抑之曰 其事也라하니 言季氏之家事而已어늘 謂之政者는 僭也니 如國有政인댄 吾雖不用이나 猶當與聞之也라①

① 伊川의 말이다.
伊川.

100. "말은 신의를 기필하지 않으며, 행동은 과단성을 기필하지 않고, 오직 義가 있는

---

140) 서른……맞이한다 : ≪禮記≫ 〈曲禮 上〉에 "서른 살을 '壯'이라 하니, 아내를 맞이한다.〔三十曰壯 有室〕"라고 하였다.

141) 반드시……것이다 : ≪論語≫ 〈子路〉에 孔子가 말하기를 "만일 王者가 있더라도 반드시 한 세대가 지난 뒤에야 사람들이 仁해질 것이다.〔如有王者 必世而後仁〕"라고 하였다.

142) 冉子가……하였다 : 冉子가 조정에서 물러나오자 孔子가 "어찌하여 늦었는가?〔何晏也〕"라고 물으니, 염자가 "國政이 있어서 늦었습니다.〔有政〕"라고 대답하였다. 공자가 말하기를 "그것은 그의 집안일이었을 것이다. 만일 국정이 있었다면 비록 내가 등용되지는 않았으나 내가 참여하여 들었을 것이다.〔其事也 如有政 雖不吾以 吾其與聞之〕"라고 하였다.(≪論語≫ 〈子路〉)

바에 따른다."[143]라는 것은 大人의 일이다. "말은 신의를 기필하며, 행동은 과단성을 기필하여 경직된 것"[144]은 小人의 일이다. 이 小人은 大人과 상대하여 小人인 것이지, 惡을 행하는 小人은 아니다. 그러므로 또한 士가 될 수 있다.

言不必信하며 行不必果요 唯義所在라함은 大人之事라 言必信하며 行必果하여 硜硜然은 小人之事라 小人은 對大人爲小요 非爲惡之小人也라 故로 亦可以爲士라①

① 明道의 말이다.
明道.

101. '剛'은 견고함의 體이고, 발분하여 용기가 있는 것을 '毅'라 하고, '木'은 질박함이고, '訥'은 어눌함이다.[145] 이 네 가지는 "말을 교묘하게 하고 안색을 꾸민다."[146]라는 것에 비교하면 仁에 가까우니, 또한 "中道의 인재를 얻을 수 없으면 狂者나 狷者와 함께 할 것이다."[147]라는 의미와 같다.

剛者는 堅之體요 發而有勇曰毅요 木者는 質朴이요 訥者는 遲鈍이라 此四者는 比之巧言令

---

143) 말은……따른다 : ≪孟子≫ 〈離婁 下〉에 孟子가 말하기를 "大人은 말은 신의를 기필하지 않으며, 행동은 과단성을 기필하지 않고, 오직 義가 있는 바에 따른다.〔大人者 言不必信 行不必果 惟義所在〕"라고 하였다.

144) 말은……것 : 子貢이 묻기를 "어떠해야 士라고 할 수 있습니까?〔何如 斯可謂之士矣〕"라고 하자, 孔子가 말하기를 "처신할 적에 염치가 있으며 四方에 사신으로 가서 君命을 욕되게 하지 않으면 士라고 할 수 있다.〔行己有恥 使於四方 不辱君命 可謂士矣〕"라고 하였다. 자공이 말하기를 "감히 그 다음을 묻겠습니다.〔敢問其次〕"라고 하자, 공자가 말하기를 "종족이 효성스럽다고 칭찬하고 향당에서 공손하다고 칭찬하는 사람이다.〔宗族稱孝焉 鄕黨稱弟焉〕"라고 하였다. 자공이 말하기를 "감히 그 다음을 묻겠습니다.〔敢問其次〕"라고 하자, 공자가 말하기를 "말은 반드시 미덥게 하며, 행동은 반드시 과단성 있게 하는 것은 경직된 小人이지만, 그래도 그 다음이 될 만하다.〔言必信 行必果 硜硜然小人哉 抑亦可以爲次矣〕"라고 하였다. 자공이 말하기를 "지금 정사에 종사하는 자들은 어떻습니까?〔今之從政者 何如〕"라고 하자, 공자가 말하기를 "아! 斗筲 정도의 좁은 소견을 가진 사람들을 굳이 따질 것이 뭐가 있겠는가.〔噫 斗筲之人 何足算也〕"라고 하였다.(≪論語≫ 〈子路〉)

145) 剛은……어눌함이다 : ≪論語≫ 〈子路〉에 공자가 말하기를 "강하고 굳세고 질박하고 어눌함이 仁에 가깝다."라고 하였다.

146) 말을……꾸민다 : ≪論語≫ 〈學而〉에 孔子가 말하기를 "말을 교묘하게 하고 안색을 꾸미는 사람은 仁한 이가 드물다.〔巧言令色 鮮矣仁〕"라고 하였다.

147) 中道의……것이다 : ≪論語≫ 〈子路〉에 孔子가 말하기를 "中道의 인재를 얻어서 함께 할 수 없다면 반드시 狂者나 狷者와 함께 할 것이다. 狂者는 진취적이고, 狷者는 하지 않는 바가 있다.〔不得中行而與之 必也狂狷乎 狂者進取 狷者有所不爲也〕"라고 하였다.

色이면 則近於仁이니 亦猶不得中行而與狂狷也라①

① 伊川의 말이다.
伊川.

102. '切切'은 물체가 서로 마찰하는 것처럼 절실한 것이고, '偲偲'는 의사를 표명하는 것이다. 이 말은 子路에게 일러준 것이므로 "간절하게 권면하며 화락해야 한다."라고 한 것이다.[148)]

切切은 如體之相磨요 偲偲는 則以意라 此言告子路라 故曰 切切偲偲하며 怡怡如也라①

① 明道의 말이다.
明道.

103. "善人이 7년 동안 백성을 가르치면 또한 전쟁터에 나아가게 할 수 있다."[149)]라고 한 것은 聖人이 그 정도 시간이면 괜찮다고 헤아린 것이니, "小國은 5년, 大國은 7년"[150)]이라고 말한 것과 같다.

善人이 教民七年이면 亦可以卽戎이라함은 聖人度(탁)其時可矣니 如小國五年이요 大國七年云이라①

① 伊川의 말이다.
伊川.

104. 原憲은 孔子의 高弟였는데, 질문에 극진하지 못한 점이 있다. 대개 이기려 하고, 자랑하고, 원망하고, 욕심부리는 네 가지가 없는 뒤에야 仁이라고 할 수 있다. 이 네

148) 切切은……것이다 : 子路가 묻기를 "어떠하여야 士라고 할 수 있습니까?〔何如 斯可謂之士矣〕"라고 묻자, 孔子가 말하기를 "간절하게 권면하며 화락하면 士라고 할 수 있다. 벗에게는 간절하게 권면해야 하고, 형제에게는 화락해야 한다.〔切切偲偲 怡怡如也 可謂士矣 朋友切切偲偲 兄弟怡怡〕"라고 하였다.(≪論語≫ 〈子路〉)

149) 善人이……있다 : ≪論語≫ 〈子路〉에 보인다.

150) 小國은……7년 : ≪孟子≫ 〈離婁 上〉에 "文王을 본받으면 大國은 5년, 소국은 7년이면 반드시 천하에서 정사를 펼칠 것이다.〔師文王 大國五年 小國七年 必爲政於天下矣〕"라고 하였는데, 이를 잘못 인용한 것이다.

가지가 있으나 이를 행하지 않는 것은 이 네 가지가 없는 경지에는 이르지 못한 것이므로 단지 "그것은 어려운 일이다."라고만 말해준 것이다.[151)]

原憲은 孔子高弟로되 問有所未盡이라 蓋克伐怨欲四者無然後에 可以爲仁이라 有而不行은 未至於無라 故로 止告之以爲難이라①

① 伊川의 말이다.
伊川.

105. "나라에 道가 있을 때에 녹만 먹으며, 나라에 道가 없을 때에 녹만 먹는 것이 부끄러운 일이다."[152)]라고 하였는데, 이는 범범하게 거론한 것이다. "정직하다, 史魚여!"[153)]라고 한 것은 "君子답다, 蘧伯玉이여!"[154)]라는 것만 못하다. 그렇다면 〈나라에 도가 있을 적에는〉 말을 고상하게 하고 행실을 고상하게 하며, 〈나라에 도가 없을 적에는〉 행실을 고상하게 하되 말은 공손하게 하는 것이 곧 孔子의 일이다.[155)] '危'는 '獨'과 같으니, 뭇사람과 달라서 편안하지 않은 것을 말한다. 나라에 도가 없을 적에는 행실이 고상하더라도 말은 공손하게 하지 않을 수 없다.

邦有道에 穀하며 邦無道에 穀이 恥也라한대 此汎擧也라 直哉史魚는 不若君子哉蘧伯玉이라 然則危言危行하며 危行言遜이 乃孔子事也라 危는 猶獨也니 與衆異不安之謂라 邦無道에 行雖危而言不可不遜也라①

---

151) 原憲은……것이다 : ≪論語≫ 〈憲問〉에 原憲이 "이기려 하고, 자랑하고, 원망하고, 욕심부리는 것을 행하지 않으면 仁이라고 할 수 있습니까?〔克伐怨欲 不行焉 可以爲仁矣〕"라고 묻자, 孔子가 "그것이 어려운 일이라고 할 수는 있으나, 仁인지는 내 알지 못하겠다.〔可以爲難矣 仁則吾不知也〕"라고 하였다.

152) 나라에……일이다 : 原憲이 부끄러움에 대해 묻자, 孔子가 답한 말이다.(≪論語≫ 〈憲問〉)

153) 정직하다 史魚여 : ≪論語≫ 〈衛靈公〉에 孔子가 말하기를 "정직하다, 史魚여! 나라에 道가 있을 때에도 화살처럼 곧으며, 나라에 道가 없을 때에도 화살처럼 곧구나.〔直哉 史魚 邦有道 如矢 邦無道 如矢〕"라고 하였다.

154) 君子답다 蘧伯玉이여 : ≪論語≫ 〈衛靈公〉에 孔子가 말하기를 "君子답다, 蘧伯玉이여! 나라에 道가 있으면 벼슬하고, 나라에 道가 없으면 거두어서 감추는구나.〔君子哉 蘧伯玉 邦有道則仕 邦無道則可卷而懷之〕"라고 하였다.

155) 말을……일이다 : ≪論語≫ 〈憲問〉에 孔子가 말하기를 "나라에 道가 있을 때에는 말을 고상하게 하고 행실을 고상하게 하며, 나라에 道가 없을 때에는 행실을 고상하게 하되 말은 공손하게 해야 한다.〔邦有道 危言危行 邦無道 危行言孫〕"라고 하였다.

① 明道의 말이다.
明道.

106. "정직하다, 史魚여!"[156]라는 것은 "君子답다, 蘧伯玉이여!"[157]라는 것만 못하다. "거두어서 감추어둔다."[158]라는 것은 곧 "행실을 고상하게 하되 말은 공손하게 한다."[159]라는 것이다. 행실을 고상하게 하는 자는 그 행실을 엄숙하게 하되 구차하지 않으며, 말은 공손하게 한다.

直哉史魚는 不若君子哉蘧伯玉이라 卷而懷之는 乃危行言遜也라 危行者는 嚴厲其行而不苟며 言則當遜이라①

① 伊川의 말이다.
伊川.

107. "晉 文公은 남을 속이고 바르게 행하지 않았으며, 齊 桓公은 바르게 행하고 남을 속이지 않았다."[160]라고 하였는데, 이는 孔子가 ≪春秋≫를 지으면서 말한 것이다. 진 문공은 실제로는 周王에게 충성하는 마음이 있었으나 왕을 부르는 일이 순리에 맞지 않음을 알지 못했다.[161] 그러므로 속임이 그의 바름을 덮었다. 제 환공이 楚나라를 정벌할 적에 包茅를 바치지 않은 것을 책망하였으니,[162] 비록 그의 마음이 반드시 왕

156) 정직하다 史魚여 : ≪論語≫ 〈衛靈公〉에 보인다.

157) 君子답다 蘧伯玉이여 : ≪論語≫ 〈衛靈公〉에 보인다.

158) 거두어서 감추어둔다 : 上同.

159) 행실을……한다 : ≪論語≫ 〈憲問〉에 보인다.

160) 晉……않았다 : 孔子의 말로, ≪論語≫ 〈憲問〉에 보인다.

161) 진……못했다 : ≪春秋左氏傳≫ 僖公 18년 傳에 "이번 會合에 晉侯가 王을 불러 제후를 거느리고 朝見하고, 또 王에게 사냥하게 하였다. 이에 대해 仲尼는 '신하로서 임금을 부른 것은 교훈이 될 수 없다.'라고 하였다. 그러므로 經에 '天王이 河陽에서 사냥하였다.'라고 기록한 것이니, 이는 王이 사냥할 땅이 아님을 말한 것이고, 또 晉 文公의 덕을 밝힌 것이다.〔是會也 晉侯召王 以諸侯見 且使王狩 仲尼曰 以臣召君 不可以訓 故書曰 天王狩于河陽 言非其地也 且明德也〕"라고 하였다.

162) 제……책망하였으니 : 齊 桓公이 諸侯의 군대를 거느리고 楚나라를 토벌하자 楚子가 군중으로 사신을 보내 그 연유를 물었다. 管仲은 초나라가 包茅를 바치지 않아 술을 거를 수 없어 天王의 제사를 지내지 못하였고, 昭王이 巡狩하다가 漢水에서 익사하여 돌아오지 못했기 때문이라고 대답하였다.(≪春秋左氏傳≫ 僖公 4년)

을 높이려 한 것은 아니었지만 그 일은 바른 것이었다. 그러므로 바름이 그의 속임을 덮었다. 공자는 그 점을 말하여 경계로 삼은 것이다. 여기서 말하는 '바름〔正〕'이란 그 일을 바르게 행하는 것일 뿐, 크게 바른 도리〔大正〕는 아니다. 이는 또한 管仲의 仁[163]과 같으니, 단지 일의 공효로써 말한 것일 뿐이다.

晉文公은 譎而不正하고 齊桓公은 正而不譎이라한대 此爲作春秋而言也라 晉文公實有勤王之心이나 而不知召王之爲不順이라 故로 譎掩其正이라 齊桓公伐楚에 責包茅하니 雖其心未必尊王이나 而其事則正이라 故로 正掩其譎이라 孔子言之以爲戒라 正者는 正行其事耳요 非大正也라 亦猶管仲之仁이니 止以事功而言也라①

① 伊川의 말이다.
伊川.

108. 〈선생에게 물었다.〉

"齊 桓公이 公子 糾를 죽였는데 管仲은 죽지 않고 그를 따랐으니,[164] 형을 죽인 사람을 참으로 따를 수 있습니까?"

선생이 말하였다.

"桓公과 公子 糾는 襄公의 두 아우이니, 환공이 형이고 공자 규가 아우이다. 양공이 죽으면 환공이 당연히 즉위해야 하니, 이는 ≪春秋≫를 통해 알 수 있다. ≪춘추≫에서 환공을 기록할 적에 '齊 小白'이라고 하였으니, 마땅히 제나라를 소유해야 함을 말한 것이다. 공자 규의 경우에는 단지 '糾'라고 하고 '齊'자를 붙이지 않았으니, 제나라를 소유해서는 안 됨을 말한 것이고, '子'자를 붙이지 않은 것은 임금의 嗣子가 아님을

---

163) 管仲의 仁 : 子路가 "齊 桓公이 公子 糾를 죽이자, 召忽은 죽고 管仲은 죽지 않았으니, 관중은 仁하지 못합니다."라고 하자, 孔子가 "환공이 제후들을 규합하되, 兵車를 쓰지 않은 것은 관중의 힘이었으니, 누가 그의 仁만 하겠는가? 누가 그의 仁만 하겠는가?"라고 하였다.(≪論語≫ 〈憲問〉)

164) 齊……따랐으니 : 춘추시대 齊 襄公이 無道하여 鮑叔牙가 公子 小白을 받들고 莒나라로 망명하였고, 無知가 양공을 시해하자 管仲과 召忽이 公子 糾를 받들고 魯나라로 망명하였다. 노나라에서 공자 규를 제나라로 보내 임금으로 세우려 하였는데 공자 소백이 먼저 제나라로 들어가 즉위하니, 곧 桓公이다. 환공이 공자 규는 노나라에서 죽이고 관중과 소홀은 제나라로 보내줄 것을 요청하였다. 이에 노나라에서 공자 규를 죽이니, 소홀은 그를 위해 죽고 관중은 포로가 되기를 요청하였다. 그 뒤 포숙아의 건의로 관중은 승상이 되어 환공을 섬겼다.(≪春秋左氏傳≫ 莊公 8, 9년)

말한 것이다.[165] ≪春秋公羊傳≫과 ≪春秋穀梁傳≫ 및 그 注 네 곳에는 모두 '納糾'라고 기록하였는데,[166] ≪春秋左氏傳≫에만 '納子糾'라고 하였으니,[167] 이는 잘못이다. 그러나 '제나라 사람이 자규를 잡아 죽였다.〔齊人取子糾殺之〕'[168]라고 기록한 것은, 제나라 대부가 일찍이 蔇 땅에서 魯나라와 맹약하여[169] 이미 자규를 받아들여 제나라의 임금으로 삼고자 하였는데 또한 그를 죽였으므로 '子'자를 붙인 것이니, 이는 두 나라[170]의 죄이다. 管氏가 처음에 자규를 섬긴 것은 바르지 않은 것이요, 끝에 바름을 따른 것은 의로운 것이다. 召忽은 섬기던 사람을 저버리지 않았으니 또한 의롭다. 魏徵과 王珪가 李建成의 난에 죽지 않고 太宗을 따른 경우[171]는 義를 해친 것이라 할 만하다.

桓公殺公子糾어늘 管仲不死而從之하니 殺兄之人을 固可從乎잇가 曰 桓公子糾는 襄公之二弟也니 桓公兄而子糾弟也라 襄公死면 則桓公當立이니 此以春秋知之也라 春秋에 書桓公호되 則曰齊小白이라하니 言當有齊國也라 於子糾엔 則止曰糾라하고 不言齊하니 以不當有齊也요 不言子는 非君嗣子也라 公穀并注四處에 皆書納糾한대 左傳獨言子糾하니 誤也라 然이나 書齊人取子糾殺之者는 齊大夫嘗與魯盟于(旣)〔蔇〕[172]하여 旣欲納糾以爲君이라가 又殺之라 故로 書子하니 是二罪也라 管氏가 始事糾는 不正也요 終從於正은 義也라 召忽은 不負所事도 亦義也라 如魏徵王珪가 不死建成之難하고 而從太宗은 可謂害於義矣라[①]

① 伊川의 말이다.
伊川.

---

165) 춘추에서……것이다 : ≪春秋≫ 莊公 9년 조에 "夏 公伐齊 納糾 齊小白入于齊"라고 하였다.

166) 春秋公羊傳과……기록하였는데 : ≪春秋公羊傳≫과 ≪春秋穀梁傳≫의 莊公 9년 조에 "夏 公伐齊 納糾"라고 하였다.

167) 春秋左氏傳에만……하였으니 : ≪春秋左氏傳≫ 莊公 9년 조에 "夏 公伐齊 納子糾"라고 하였다.

168) 제나라……죽였다 : ≪春秋≫ 莊公 9년 9월 조에 보인다.

169) 제나라 대부가……맹약하여 : ≪春秋≫ 莊公 9년 조에 "魯나라 임금이 제나라 대부와 蔇에서 맹약하였다.〔公及齊大夫盟于蔇〕"라고 하였다.

170) 두 나라 : 魯나라와 齊나라를 가리킨다.

171) 魏徵과……경우 : 魏徵과 王珪는 본래 唐 高祖의 장남 李建成의 측근이었다. 차남 李世民이 권력 다툼의 과정에서 이건성을 죽이고 고조에게 양위를 받았는데, 그들의 재주를 높이 사서 죽이지 않고 중용하였다.

172) (旣)〔蔇〕 : 저본에는 '旣'로 되어 있으나, ≪春秋≫에 의거하여 '蔇'로 바로잡았다.

109. "君子固窮"[173)]이라는 것은 그 곤궁할 적의 도를 굳게 지키는 것이다.

君子固窮者는 固守其窮也라①

① 伊川의 말이다.
伊川.

在陳絶糧

110. "지혜가 이치를 아는 데에 미치더라도 仁으로써 능히 그것을 지키지 못하면"[174)] 이라고 하였으니, 이는 中人 이하의 경우를 말한다. 만약 진실로 이치를 안다면 행하지 못할 것이 없다.

---

173) 君子固窮 : 孔子가 衛나라를 떠나 陳나라에 있을 때 양식이 떨어지자 따르던 사람들이 병들어 일어나지 못하였다. 子路가 불만스러운 얼굴로 말하기를 "君子도 곤궁할 때가 있습니까?〔君子亦有窮乎〕"라고 하자, 공자가 말하기를 "君子는 곤궁할 적에도 道를 굳게 지키니, 小人은 곤궁하면 제멋대로 행동한다.〔君子固窮 小人窮斯濫矣〕"라고 하였다.(≪論語≫ 〈衛靈公〉) ≪論語注疏≫에서는 '君子固窮'을 '군자도 또한 곤궁한 때가 있다.〔君子固亦有窮時〕'라고 하였으나, 伊川은 달리 해석한 것이다.

174) 지혜가……못하면 : ≪論語≫ 〈衛靈公〉에 孔子가 말하기를 "지혜가 이치를 아는 데에 미치더라도 仁으로써 능히 그것을 지키지 못하면 이치를 터득하더라도 반드시 잃는다. 지혜가 이치를 아는 데에 미치며 仁으로써 능히 그것을 지키더라도 장엄함으로써 백성에 임하지 않으면 백성이 그를 공경하지 않는다. 지혜가 이치를 아는 데에 미치며 仁으로써 능히 지키며 장엄함으로써 백성에 임하더라도 백성을 禮로써 고무시키지 않는다면 아직 善하지 않은 것이다.〔知及之 仁不能守之 雖得之 必失之 知及之 仁能守之 不莊以涖之 則民不敬 知及之 仁能守之 莊以涖之 動之不以禮 未善也〕"라고 하였다.

知及之라도 仁不能守之라하니 此言中人以下也라 若夫眞知면 未有不能行者라①

① 伊川의 말이다.
伊川.

111. "사람이 仁을 행하는 것에 대해서는 물과 불을 두려워하는 것보다 심하니, 물과 불은 오히려 밟다가 죽는 자가 있다."[175)]라는 것은 사람들이 仁을 행하지 않음을 말한 것이다.

民於爲仁에 甚於畏水火니 水火는 猶有蹈而死者라함은 言民之不爲仁也라①

① 伊川의 말이다.
伊川.

112. 仁을 행하는 것은 자기에게 달려 있으니, 양보할 바가 없다.[176)]

爲仁在己하니 無所與讓也라①

① 明道의 말이다.
明道.

113. '諒'[177)]은 '信'과 의미가 다르다. 大體를 따르는 것이 信이며, '亮'[178)]은 반드시 행하는 것이다.

諒은 與信異라 自大體是信이요 亮은 必爲也라①

① 明道의 말이다.

---

175) 사람이……있다 : ≪論語≫ 〈衛靈公〉에 孔子가 말하기를 "사람이 仁에 대해서는 물과 불보다도 심하니, 나는 물과 불은 밟다가 죽는 자를 보았지만, 仁을 행하다가 죽는 자는 보지 못하였다.〔民之於仁也 甚於水火 水火 吾見蹈而死者矣 未見蹈仁而死者也〕"라고 하였다.

176) 仁을……없다 : ≪論語≫ 〈衛靈公〉에 孔子가 말하기를 "仁을 당해서는 스승에게도 양보하지 않는다.〔當仁 不讓於師〕"라고 하였다.

177) 諒 : ≪論語≫ 〈衛靈公〉에 孔子가 "君子는 올바르고 견고하되 무턱대고 信義만을 고집하지 않는다.〔君子 貞而不諒〕"라고 한 문장의 '諒'을 가리킨다.

178) 亮 : 이 '亮'자는 '諒'자와 통용되므로 '貞而不諒'의 '諒'을 해석한 것이다.

明道.

114. '諒'[179]은 굳게 잡는 것이다. '亮'과 같은 뜻이니, 古字에 통용되었다. 孟子가 말하기를 "君子가 신실하지 못하다면 어떻게 일을 집행하겠는가."[180]라고 하였다.

諒은 固執也라 與亮同이니 古字通用이라 孟子曰 君子不亮이면 烏乎執이리오①

① 伊川의 말이다.
伊川.

115. "性은 서로 가깝다."[181]라는 것은 "습관에 의해 서로 멀어진다."라는 것에 상대하여 말한 것이니, 서로 가깝다는 것은 서로 비슷하다는 것과 같다. 上智와 下愚는 재질이니, 性은 모두 善하다. 自暴自棄한 뒤에는 변화시킬 수 없으니, 그렇지 않다면 변화시킬 수 있다.[182]

性相近은 對習相遠而言이니 相近은 猶相似也라 上智下愚는 才也니 性則皆善이라 自暴自棄然後엔 不可移니 不然則可移라①

① 伊川의 말이다.
伊川.

116. "내가 東周를 만들겠는가."[183]라고 하였으니, 만약 孔子를 등용하였다면 반드시 王道를 행했을 것이고, 東周 시대의 쇠퇴함과 어지러움은 만들려고 하지 않았을 것이다. 또한 혁명을 말한 것은 아니다.

---

179) 諒 : ≪論語≫ 〈衛靈公〉의 "君子 貞而不諒"의 '諒'을 가리킨다.

180) 君子가……집행하겠는가 : ≪孟子≫ 〈告子 下〉에 "君子不亮 惡乎執"이라고 하였다.

181) 性은……가깝다 : ≪論語≫ 〈陽貨〉에 孔子가 말하기를 "性은 서로 가까우나 습관에 의해 서로 멀어진다.〔性相近也 習相遠也〕"라고 하였다.

182) 上智와……있다 : ≪論語≫ 〈陽貨〉에 孔子가 말하기를 "오직 지극히 지혜로운 자와 지극히 어리석은 자는 변화시킬 수 없다.〔唯上知與下愚 不移〕"라고 하였다.

183) 나는……것이다 : 費邑을 가지고 반란을 일으킨 公山弗擾가 孔子를 부르자, 공자가 가려 하였다. 이에 子路가 기뻐하지 않으며 하필 公山氏에게 가려 하시냐고 묻자, 공자가 "나를 부르는 자가 어찌 까닭없이 부르겠는가. 나를 써주는 자가 있다면, 내가 東周를 만들겠는가.〔夫召我者 而豈徒哉 如有用我者 吾其爲東周乎〕"라고 하였다.(≪論語≫ 〈陽貨〉)

吾其爲東周乎아하니 若用孔子면 必行王道요 東周衰亂은 所不肯爲也니 亦非革命之謂也라①

① 明道의 말이다.
明道.

117. "공손하면 업신여김을 당하지 않는다."[184]라고 하였으니, 한결같이 공손하면 仁道가 극진해진다. 또 너그러움으로써 민심을 얻고, 미덥게 하여 남들이 의지하는 바가 되고, 민첩하여 功이 있고, 은혜로써 남들을 부리게 되는 것, 이 다섯 가지를 천하에 행하면 그의 仁을 알 수 있다.

恭則不侮라하니 蓋一恭則仁道盡矣라 又寬以得衆하고 信爲人所任하고 敏而有功하고 惠以使人하여 行五者於天下면 其仁을 可知矣라①

① 明道의 말이다.
明道.

118. 佛肹이 孔子를 부른 것[185]은 반드시 공연히 그런 것이 아니니, 공자가 가는 것이 義에 맞다. 그러나 결국 가지 않은 것은 그는 끝내 함께 큰일을 할 만한 자가 아님을 헤아렸기 때문이다.

佛肹(필힐)召子는 必不徒然이니 其往이 義也라 然이나 終不往者는 度(탁)其終不足與有爲也일새라

---

184) 공손하면……않는다 : 子張이 孔子에게 仁을 묻자, 공자가 말하기를 "능히 다섯 가지를 천하에 행할 수 있으면 仁이 된다.〔能行五者於天下 爲仁矣〕"라고 하였다. 자장이 가르침을 청하자, 공자가 말하기를 "공손함, 너그러움, 미더움, 민첩함, 은혜로움이니, 공손하면 업신여김을 당하지 않게 되고, 너그러우면 민심을 얻게 되고, 미더우면 남들이 그에게 의지하게 되고, 민첩하면 功이 있게 되고, 은혜로우면 충분히 남들을 부릴 수 있게 된다.〔恭寬信敏惠 恭則不侮 寬則得衆 信則人任焉 敏則有功 惠則足以使人〕"라고 하였다.(≪論語≫ 〈陽貨〉)

185) 佛肹이……것 : 中牟邑을 가지고 반란을 일으킨 佛肹이 孔子를 부르자, 공자가 가려 하였다. 이에 子路가 어째서 君子가 어울릴 만한 자가 아닌데도 가려하시냐고 묻자, 공자가 "단단함을 말하지 않았는가. 갈아도 얇아지지 않는다고. 흰 것을 말하지 않았는가. 검은 물을 들여도 검어지지 않는다고. 내가 어찌 박과 같아서 한 곳에 매달린 채 따먹지 못하게 하겠는가?〔不曰堅乎 磨而不磷 不曰白乎 涅而不緇 吾豈匏瓜也哉 焉能繫而不食〕"라고 하였다.(≪論語≫ 〈陽貨〉)

119. 六言과 六蔽[186]는 바로 "공손하되 禮가 없으면 수고롭다."[187], "너그러우면서도 엄하고, 강하면서도 사나움이 없다."[188]라는 뜻과 같다. 대개 仁을 좋아하면서도 배움을 좋아하지 않는 것이 곧 어리석게 되는 까닭이니, 仁을 능히 행하는데도 어리석게 되는 것이 아니라, 단지 仁을 좋아하기만 하고 배움을 알지 못해서 어리석게 되는 것이다.

六言六蔽는 正與恭而無禮則勞와 寬而栗剛而無虐之義라 蓋好仁而不好學이 乃所以愚니 非能仁而愚요 徒好而不知學하여 乃愚라①

① 明道의 말이다.
明道.

120. 二南[189]은 인륜의 근본이자 王化의 기초이니, 만일 그것을 배우지 않으면 말미암아 들어갈 길이 없다. 옛날의 배우는 자는 반드시 詩에서 감정을 홍기하였으니,[190]

---

186) 六言과 六蔽 : ≪論語≫ 〈陽貨〉에 孔子가 말하기를 "由야! 너는 六言과 六蔽를 들어보았느냐?"라고 하자, 子路가 말하기를 "아직 듣지 못했습니다."라고 하였다. 공자가 말하기를 "앉거라. 내 너에게 말해 주겠다. 仁만 좋아하고 배우기를 좋아하지 않으면 그 폐단은 어리석게 되고, 지혜만 좋아하고 배우기를 좋아하지 않으면 그 폐단은 방탕하게 되고, 믿음만 좋아하고 배우기를 좋아하지 않으면 그 폐단은 해치게 되고, 정직함만 좋아하고 배우기를 좋아하지 않으면 그 폐단은 급하게 되고, 용맹만 좋아하고 배우기를 좋아하지 않으면 그 폐단은 어지럽게 되고, 강함만 좋아하고 배우기를 좋아하지 않으면 그 폐단은 경솔하게 된다.〔居 吾語女 好仁不好學 其蔽也愚 好知不好學 其蔽也蕩 好信不好學 其蔽也賊 好直不好學 其蔽也絞 好勇不好學 其蔽也亂 好剛不好學 其蔽也狂〕"라고 하였다.

187) 공손하되……수고롭다 : ≪論語≫ 〈泰伯〉에 孔子가 말하기를 "공자께서 말씀하셨다. "공손하되 禮가 없으면 수고롭고, 삼가하되 禮가 없으면 두려워하고, 용맹스럽되 禮가 없으면 난폭하고, 강직하되 禮가 없으면 급박하다.〔恭而無禮則勞 愼而無禮則葸 勇而無禮則亂 直而無禮則絞〕"라고 하였다.

188) 너그러우면서도……없다 : ≪書經≫ 〈虞書 舜典〉에 帝舜이 말하기를 "夔야! 너를 명하여 典樂을 삼으니, 胄子를 가르치되 곧으면서도 온화하며, 너그러우면서도 엄하며, 강하되 사나움이 없으며, 간략하되 오만함이 없게 하라.〔夔 命汝典樂 教胄子 直而溫 寬而栗 剛而無虐 簡而無傲〕"라고 하였다.

189) 二南 : ≪詩經≫ 國風의 周南과 召南을 가리킨다.

190) 詩에서……홍기하였으니 : ≪論語≫ 〈泰伯〉에 孔子가 말하기를 "詩에서 감정을 홍기하며, 禮에서 자신의 자세를 확립하며, 樂에서 덕성을 완성한다.〔興於詩 立於禮 成於樂〕"라고 하였다.

詩를 배우지 않으면 말을 할 수가 없다.[191] 그러므로 담장을 정면으로 마주하여 서 있는 것과 같다.[192]

二南은 人倫之本이요 王化之基니 苟不爲之면 則無所自入이라 古之學者는 必興於詩하니 不學詩면 無以言이라 故로 猶正墻面而立이라[①]

① 明道의 말이다.
明道.

121. 孟子가 말하기를 "가르침에는 또한 방법이 많으니, 내가 달가워하지 않음으로써 가르치는 것, 이 또한 그를 가르치는 것일 뿐이다."라고 하였으니,[193] 孔子가 孺悲를 만나지 않은 것[194]은 그를 깊이 가르친 것이다.

孟子曰 敎亦多術矣니 予不屑之敎誨也는 是亦敎誨之而已矣라하니 孔子不見孺悲는 所以深敎之也라[①]

① 明道의 말이다.
明道.

---

191) 詩를……없다 : 陳亢이 伯魚에게 묻기를 "그대는 또한 夫子에게 남다른 말씀을 들은 것이 있는가?〔子亦有異聞乎〕"라고 하자, 백어가 "없었네. 일찍이 夫子가 홀로 서 계실 때 내가 종종걸음으로 뜰을 지나는데, '詩를 배웠느냐?' 하시기에 '아직 못 배웠습니다.' 하였더니, '시를 배우지 않으면 말을 할 수 없다.' 하시기에 내가 물러나와 시를 배웠네. 훗날 또 夫子가 홀로 서 계실 때 내가 종종걸음으로 뜰을 지나는데, '禮를 배웠느냐?' 하시기에 '아직 못 배웠습니다.' 하였더니, '禮를 배우지 않으면 자립할 수 없다.' 하시기에 내가 물러나와 예를 배웠네. 이 두 가지를 들었다네.〔未也 嘗獨立 鯉趨而過庭 曰 學詩乎 對曰 未也 不學詩 無以言 鯉退而學詩 他日又獨立 鯉趨而過庭 曰 學禮乎 對曰 未也 不學禮 無以立 鯉退而學禮 聞斯二者〕"라고 하였다. 진강이 물러나와 기뻐하며 말하기를 "하나를 물어서 셋을 들었으니, 詩를 배워야 함을 듣고 禮를 배워야 함을 들었으며, 또 君子가 자기 자식을 멀리하는 것을 들었다.〔問一得三 聞詩聞禮 又聞君子之遠其子也〕"라고 하였다.(≪論語≫ 〈季氏〉)

192) 담장을……같다 : ≪論語≫ 〈陽貨〉에 孔子가 伯魚에게 말하기를 "너는 周南과 召南을 배웠느냐? 사람으로서 주남과 소남을 배우지 않으면 담장을 정면으로 마주하고 서 있는 것과 같을 것이다.〔女爲周南召南矣乎 人而不爲周南召南 其猶正牆面而立也與〕"라고 하였다.

193) 孟子가……하였으니 : ≪孟子≫ 〈告子 下〉에 보인다.

194) 孔子가……것 : ≪論語≫ 〈陽貨〉에 "孺悲가 孔子를 뵙고자 하였는데, 공자가 병이 있다고 거절하였다. 명령을 전달하는 자가 문밖을 나가자 공자는 비파를 가져다 노래를 불러 그로 하여금 듣게 하였다.〔孺悲欲見孔子 孔子辭以疾 將命者出戶 取瑟而歌 使之聞之〕"라고 하였다.

瑟儆孺悲

122. "君子는 그 친밀한 사람을 사사로이 대하지 않는다."[195]라고 하였는데, '施'는 '함께 하다〔與〕'라는 뜻이니, 그가 자기와 친밀한 사람들을 사사로이 대하지 않음을 말한다.

君子不施其親이라한대 施는 與也니 言其不私其親暱也라①

① 伊川의 말이다.
伊川.

123. 남과 사귀는 도리는 子張의 설[196]이 광대하니, 聖人 또한 일찍이 남을 거절한 적

---

195) 君子는……않는다 : 周公이 魯公에게 이르기를 "군자는 그 친밀한 사람을 사사로이 대하지 않으며, 大臣으로 하여금 써주지 않는 것을 원망하지 않게 하며, 벗이 큰 잘못이 없으면 버리지 않으며, 한 사람에게 모두 갖추기를 요구하지 않는다.〔君子不施其親 不使大臣怨乎不以 故舊無大故 則不棄也 無求備於一人〕"라고 하였다.(≪論語≫ 〈微子〉) 十三經注疏의 注에는 '施'를 '易'으로 보아 '바꾸다'의 의미로 해석하였고, 朱熹는 '施'를 '弛'로 보아 '버리다'의 의미로 해석하였다.

196) 子張의 설 : 子夏의 門人이 子張에게 사귐에 대해 묻자, 자장이 "자하는 무엇이라고 하였는가?"라고 하였다. 그가 "좋은 사람을 사귀고 좋지 않은 자를 거절하라 하였습니다.〔可者與之 其不可者拒之〕"라고 대답하자, 자장이 "내가 들은 것과는 다르다. 군자는 어진 이를 존경하고 대중을 포용하며, 잘하는 이를 훌륭하게 여기고 능하지 못한 자를 불쌍히 여긴다. 내가 크게 어질면 남에 대해 누구인들 용납하지 못할 것이며, 내가 어질지 못하면 남들이 장차 나를 거절할 것이니, 어떻게 남을 거절할 수 있겠는가?〔異乎吾所聞 君子尊賢而容衆 嘉善而矜不能 我之大賢與 於人何所不容 我之不賢與 人將拒我 如之何其拒人也〕"라고 하였다.(≪論語≫ 〈子張〉)

이 없었다.

與人交際之道는 則子張爲廣이니 聖人亦未嘗拒人也라①

① 明道의 말이다.
明道.

124. "날마다 자기에게 있지 않은 것을 알아내며, 달마다 자기가 능한 것을 잊지 않는다."[197]라고 하였는데, 이는 남의 師法이 될 수는 있으나, 이것이 남의 師道가 될 수 있다는 말은 아니다.

日知其所亡(무)하며 月無忘其所能이라한대 此可以爲人師法矣나 非謂此可以爲人師道라

125. 배움이 넓지 않으면 지킴이 요약될 수 없고, 지향이 독실하지 않으면 힘써 실천할 수 없다. 절실하게 묻고 가까운 일상에서 생각하는 것이 자기에게 있는 자는 仁이 그런 가운데 있을 것이다.[198]

學不博則不能守約이요 志不篤則不能力行이라 切問近思在己者는 則仁在其中矣라①

① 明道의 말이다.
明道.

126. "멀리서 바라보면 엄숙하다."[199]라는 것은 하늘의 양기가 높고 밝은 기상을 간직한 것이다. "그 앞에 나아가면 온화하다."라는 것은 마음속이 화락하고 평이하여 남을 접할 적에 온화한 것이니, 人道를 갖춘 것이다. "그 말을 들어보면 명확하다."라는 것

---

197) 날마다……않는다 : ≪論語≫ 〈子張〉에 子夏가 말하기를 "날마다 자기에게 있지 않은 것을 알아내며, 달마다 자기가 능한 것을 잊지 않으면 학문을 좋아한다고 이를 만하다.〔日知其所亡 月無忘其所能 可謂好學也已矣〕"라고 하였다.

198) 배움이……것이다 : ≪論語≫ 〈子張〉에 子夏가 말하기를 "배우기를 널리 하고 의지를 독실하게 하며, 절실하게 묻고 가까운 일상에서 생각하면 仁이 그 가운데 있을 것이다.〔博學而篤志 切問而近思 仁在其中矣〕"라고 하였다.

199) 멀리서……엄숙하다 : 子夏가 말하기를 "군자는 세 가지 변함이 있으니, 멀리서 바라보면 엄숙하고, 그 앞에 나아가면 온화하고, 그 말을 들어보면 명확하다.〔君子有三變 望之儼然 卽之也溫 聽其言也厲〕"라고 하였다.(≪論語≫ 〈子張〉)

은 東西南北이 바르게 정해진 것과 같으니, 地道이며, 대개 禮가 아니면 말하지 않는다는 것[200]이다. 君子의 道는 三才가 갖추어져 있다.

望之儼然은 秉天陽高明氣象이라 卽之也溫은 中心和易(이)而接物也溫이니 備人道也라 聽其言也厲는 則如東西南北正定이니 地道也요 蓋非禮勿言也라 君子之道는 三才備矣라①

① 明道의 말이다.
明道.

127. "大德이 한계를 넘지 않는다."[201]라는 것은 君臣·父子 간의 大義를 가리킨다. 小德은 물에 빠진 사람을 구원하는 일[202]과 같으니, 다시 미루어 넓힌 것이다.

大德이 不踰閑이라함은 指君臣父子之大義라 小德은 如援溺之事니 更推廣之라①

① 伊川의 말이다.
伊川.

128. 학문을 하면서도 여가가 있으면 벼슬할 수 있고, 벼슬하면서도 여가가 있으면 학문을 할 수 있다.[203] 優裕와 優閑은 한가지이다.

學旣優則可以仕요 仕旣優則可以學이라 優裕優閑은 一也라①

① 伊川의 말이다.
伊川.

---

200) 禮가……것 : ≪論語≫ 〈顔淵〉에서 顔淵이 仁을 행하는 조목을 묻자, 孔子가 "禮가 아니면 보지 말며, 禮가 아니면 듣지 말며, 禮가 아니면 말하지 말며, 禮가 아니면 행동하지 마는 것이다.〔非禮勿視 非禮勿聽 非禮勿言 非禮勿動〕"라고 하였다.

201) 大德이……않는다 : ≪論語≫ 〈子張〉에 子夏가 말하기를 "大德이 한계를 넘지 않으면 小德은 출입하여도 괜찮다.〔大德不踰閑 小德出入可也〕"라고 하였다.

202) 물에……일 : 淳于髡이 말하기를 "男女 간에 주고받기를 친히 하지 않는 것이 禮입니까?〔男女授受不親 禮與〕"라고 하자, 孟子가 말하기를 "禮이다."라고 하였다. 순우곤이 말하기를 "형수가 물에 빠지면 손을 내밀어 구원해야 합니까?〔嫂溺則援之以手乎〕"라고 하자, 맹자가 말하기를 "형수가 물에 빠졌는데도 구원하지 않는다면 이는 승냥이나 이리와 같은 것이다. 남녀 사이에 주고받기를 친히 하지 않음은 禮이고, 형수가 물에 빠졌으면 손을 내밀어 구원함은 權道이다.〔嫂溺不援 是豺狼也 男女授受不親 禮也 嫂溺 援之以手者 權也〕"라고 하였다.(≪孟子≫ 〈離婁 上〉)

203) 학문을……있다 : ≪論語≫ 〈子張〉에 子夏가 말하기를 "벼슬하면서 여가가 있으면 학문을 하고, 학문을 하고서 여가가 있으면 벼슬을 한다.〔仕而優則學 學而優則仕〕"라고 하였다.

129. 子張이 喪禮를 마치고 孔子를 뵈었는데, 공자가 그에게 거문고를 주었다. 그것을 조율하자 소리가 조화로웠고, 연주하자 소리를 제대로 이루었다. 자장이 일어나 말하기를 "先王이 만든 禮인지라 감히 그에 맞게 연주하지 않을 수가 없었습니다."[204]라고 하였으니, 이를 미루어 말하면 자장은 박하게 하는 데에 지나쳤다. 그러므로 〈曾子가〉 "함께 仁을 행하기는 어렵겠구나."[205]라고 한 것이다.

子張既除喪而見커늘 予之琴이라 扣之而和하고 彈之而成聲이라 作而曰 先王制禮라 不敢不至焉이라하니 推此言之면 子張은 過於薄이라 故로 難與竝爲仁矣라①

① 明道의 말이다.
明道.

130. 子貢이 性과 天道에 대해 말한 것[206]은 夫子의 聰明으로써 말한 것이고, "편안하게 해주면 이에 그들이 모여들고, 고무시키면 이에 그들이 화순해진다."[207]라는 것은

---

204) 先王이……없었습니다 : 子夏가 喪禮를 마치고 孔子를 뵈었는데, 공자가 그에게 거문고를 주었다. 그것을 조율하자 소리가 조화롭지 못하였고, 연주하였으나 소리를 제대로 이루지 못하였다. 자하가 일어나서 말하기를 "슬픔이 아직 잊히지 않았으나 先王이 만든 禮인지라 감히 지나치게 연주할 수가 없었습니다."라고 하였다. 子張이 상례를 마치고 공자를 뵈었는데, 공자가 그에게 거문고를 주었다. 그것을 조율하자 소리가 조화로웠고, 연주하자 소리를 제대로 이루었다. 자장이 일어나서 말하기를 "선왕이 만든 禮인지라 감히 그에 맞게 연주하지 않을 수가 없었습니다."라고 하였다.〔子夏既除喪而見 予之琴 和之而不和 彈之而不成聲 作而曰 哀未忘也 先王制禮而弗敢過也 子張既除喪而見 予之琴 和之而和 彈之而成聲 作而曰 先王制禮 不敢不至焉〕(《禮記》〈檀弓 上〉)

205) 함께……어렵겠구나 : 《論語》〈子張〉에 曾子가 말하기를 "당당하구나, 子張이여! 함께 仁을 행하기는 어렵겠구나.〔堂堂乎張也 難與竝爲仁矣〕"라고 하였다.

206) 子貢이……것 : 《論語》〈公冶長〉에 子貢이 말하기를 "夫子의 文章은 들을 수 있으나, 부자께서 性과 天道를 말씀하시는 것은 들을 수 없었다.〔夫子之文章 可得而聞也 夫子之言性與天道不可得而聞也〕"라고 하였다.

207) 편안하게……화순해진다 : 陳子禽이 子貢을 孔子보다 훌륭하다고 칭찬하자, 자공이 그를 꾸짖으며 "夫子의 경지에 미칠 수 없음은 마치 하늘을 사다리로 오르지 못하는 것과 같다. 만일 夫子께서 나라를 얻으신다면 이른바 세워주면 이에 그들이 자립하고, 인도하면 이에 그들이 따르고, 편안하게 해주면 이에 그들이 모여들고, 고무시키면 이에 그들이 화순하게 되어, 聖人이 살아계시면 영광스럽게 여기고, 돌아가시면 슬퍼하는 것이니, 어떻게 부자의 경지에 미칠 수 있겠는가.〔夫子之不可及也 猶天之不可階而升也 夫子之得邦家者 所謂立之斯立 道之斯行 綏之斯來 動之斯和 其生也榮 其死也哀 如之何其可及也〕"라고 하였다.(《論語》〈子張〉)

夫子의 德性으로써 말한 것이다.

子貢言性與天道는 以夫子聰明而言이요 綏之斯來하며 動之斯和라함은 以夫子德性而言이라①

① 伊川의 말이다.
伊川.

131. "백성이 이롭게 여기는 것을 인하여 그들을 이롭게 해준다."[208)]라고 하였으니, 밭을 갈고 곡식을 심고 질그릇을 굽고 물고기를 잡는 것은 모두 그 順利를 인하여 그들을 인도하는 것이다.

因民之所利而利之라하니 若耕稼陶漁는 皆因其順利而道之라①

① 明道의 말이다.
明道.

132. 말의 善惡是非를 알아야 사람을 알 수 있으니, 孟子가 말한 "남의 말을 잘 알아듣는다."[209)]라는 것이 이것이다. 반드시 말의 善惡是非를 아는 것을 자기에게 소유한 뒤에야 남의 말을 잘 알아들을 수 있으니, 말을 잘 알면 능히 사물에 이르러 이치를 궁구할 수 있다.

知言之善惡是非라야 乃可以知人이니 孟子所謂知言이 是也라 必有諸己然後에 知言이니 知之則能格物而窮理라①

① 伊川의 말이다.
伊川.

---

208) 백성이……해준다 : 《論語》 〈堯曰〉에 子張이 다섯 가지 미덕에 대해 묻자, 孔子가 말하기를 "은혜롭되 허비하지 않으며, 수고롭게 하되 원망을 받지 않으며, 하고자 하되 탐하지 않으며, 태연하면서도 교만하지 않으며, 위엄이 있으면서도 사납지 않은 것이다.〔惠而不費 勞而不怨 欲而不貪 泰而不驕 威而不猛〕"라고 하였다. 자장이 묻기를 "무엇을 은혜롭되 허비하지 않는 것이라 합니까?"라고 하자, 공자가 말하기를 "백성이 이롭게 여기는 것을 인하여 이롭게 해주니, 이것이 또한 은혜롭되 허비하지 않는 것이 아니겠는가.〔因民之所利而利之 斯不亦惠而不費乎〕"라고 하였다.

209) 남의……알아듣는다 : 《孟子》 〈公孫丑 上〉에서 公孫丑가 孟子의 장점을 묻자, 맹자가 "나는 남의 말을 잘 알아들으며, 나는 나의 浩然之氣를 잘 기른다.〔我知言 我善養吾浩然之氣〕"라고 하였다.

133. 오늘날의 성곽은 백성을 보호하는 역할을 하지 못한다.[210)]

今之城郭은 不爲保民이라①

① 明道의 말이다.
明道.

134. 君子는 道가 광대하기 때문에 중임을 크게 받을 수 있으나 사소하게 헤아리는 것은 할 수 없다.[211)] 이는 孟子가 40세에 마음을 동요하지 않은 까닭[212)]이니, 小人은 이와 반대로 한다.

君子道弘이라 故로 可大受而不可小了知測이라 此孟子所以四十不動心이니 小人은 反是라①

① 明道의 말이다.
明道.

135. "有若 등은 본래 夫子의 道를 능히 알았으니, 설령 지혜가 낮다 하더라도 반드시 자기가 좋아하는 사람에게 아첨하여 말하는 짓을 하지는 않았을 것이다."[213)]라는 것은 그들의 孔子에 대한 논평이 믿을 만하다는 말이다.

有若等은 自能知夫子之道하니 假使汚下라도 必不爲阿好而言이라함은 謂其論可信也라①

① 伊川의 말이다.
伊川.

---

210) 오늘날의……못한다 : 齊 宣王이 孟子에게 德이 어떠하면 왕노릇 할 수 있냐고 묻자, 맹자가 "백성을 보호하면서 왕노릇을 하면 이를 막을 자가 없을 것입니다.〔保民而王 莫之能禦也〕"라고 하였다.(≪孟子≫ 〈梁惠王 上〉)

211) 君子는……없다 : ≪論語≫ 〈衛靈公〉에 孔子가 말하기를 "君子는 작은 일을 알 수는 없으나 큰일을 맡을 수 있고, 소인은 큰일을 맡을 수는 없으나 작은 일을 알 수 있다.〔君子不可小知而可大受也 小人不可大受而可小知也〕"라고 하였다.

212) 孟子가……까닭 : ≪孟子≫ 〈公孫丑 上〉에 보인다.

213) 有若……것이다 : ≪孟子≫ 〈公孫丑 上〉에 孟子가 말하기를 "宰我, 子貢, 有若은 지혜가 聖人을 알기에 충분하니, 지혜가 낮다 하더라도 그들이 좋아하는 사람에게 아첨하는 데 이르지는 않았을 것이다.〔宰我子貢有若 智足以知聖人 汚不至阿其所好〕"라고 하였다.

136. '惻'은 측은히 여기는 것이고, '隱'은 남을 가슴 아프게 여기는 것과 같으니,[214] 이는 仁의 단서이다. 어린아이가 우물에 빠지려 하면 이마에 식은땀이 나니, 이를 미루어 알 수 있다.

惻은 惻然이요 隱은 如物之隱應也니 此仁之端緖라 赤子入井에 其顙有泚하니 推之可見이라[①]

① 伊川의 말이다.
伊川.

137. "墨子는 자기 형의 자식을 사랑하기를 이웃 사람의 자식을 사랑하는 것처럼 하였다."[215]라고 하였는데, ≪墨子≫에는 일찍이 이와 같은 말이 없다. 단지 孟子가 뿌리를 뽑고 근원을 막은 것이니, 그 유파가 반드시 이런 지경에 이를 것을 알았기 때문에 그 폐단을 바로잡은 것이다.

墨子는 愛其兄之子를 猶隣之子라한대 墨子書中엔 未嘗有如此等言이라 但孟子拔本塞源이니 知其流必至於是라 故로 直之也라[①]

① 伊川의 말이다.
伊川.

138. 廣居·正位·大道[216]는 한가지이니, 작은 節度에 처하지 않으면 곧 廣居이다.

---

214) 惻은……같으니 : ≪孟子≫ 〈公孫丑 上〉의 '惻隱之心'을 가리켜 한 말이다.

215) 墨子는……하였다 : 墨者 夷子가 "儒者의 道에 '옛사람이 어린아이를 보호하듯이 한다.'라고 하였으니, 이 말은 무슨 말인가. 나는 생각하기를 사랑에는 차등이 없고, 베풂은 어버이로부터 시작한다고 여긴다.〔儒者之道 古之人 若保赤子 此言 何謂也 之則以爲愛無差等 施由親始〕"라고 하자, 孟子가 반박하여 "夷子는 진실로 사람들이 자기 형의 아들을 친애하는 것이 자기 이웃집의 어린아이를 친애하는 것과 같다고 여기는가. 저 말은 취한 바가 있으니, 어린아이가 엉금엉금 기어서 장차 우물에 빠지려 하는 것이 어린아이의 죄가 아니라고 말한 것이다. 또 하늘이 만물을 낸 것은 그로 하여금 근본이 하나가 되게 한 것인데, 夷子는 근본을 둘로 하기 때문이다.〔夫夷子 信以爲人之親其兄之子 爲若親其隣之赤子乎 彼有取爾也 赤子匍匐將入井 非赤子之罪也 且天之生物也 使之一本 而夷子二本故也〕"라고 하였다.(≪孟子≫ 〈滕文公 上〉)

216) 廣居·正位·大道 : ≪孟子≫ 〈滕文公 下〉에서 孟子가 大丈夫에 대해 말하면서 "천하의 넓은 집에 거처하며, 천하의 바른 자리에 서며, 천하의 大道를 행한다.〔居天下之廣居 立天下之正位 行天下之大道〕"라고 하였다.

廣居正位大道는 一也니 不處小節이면 卽是廣居라

139. 어버이 섬김을 曾子와 같이 하였는데도 "괜찮다.〔可〕"[217]라고 한 것은 증자가 지극히 善하지는 않다는 말이 아니다. 자식이 어버이를 섬길 적에 어찌 증자보다 크게 뛰어날 수가 있겠는가. 孟子의 마음을 모두 알 수 있다.

事親을 若曾子로되 而曰可者는 非謂曾子未盡善也라 人子事親에 豈有大過曾子리오 孟子之心을 皆可見矣라①

① 明道의 말이다.
明道.

140. "임금이 仁하면 仁하지 않은 사람이 없고, 임금이 의로우면 의롭지 않은 사람이 없다."[218]라고 하였으니, 천하가 다스려지고 혼란함은 임금의 仁하고 仁하지 않음에 달려 있을 뿐이다. 옳은 것을 벗어나 그릇되면 그의 마음에서 생겨나 반드시 그 나라 정사를 해칠 것이니, 어찌 밖에서 그런 마음이 일어나기를 기다리겠는가. 옛날 孟子가 齊王을 세 번이나 만나면서도 정사를 말하지 않자 門人들이 의혹하였는데, 맹자가 말하기를 "나는 그의 간사한 마음을 먼저 다스린 것이다."라고 하였다.[219] 마음이 바르게 되면 그런 뒤에 천하의 일은 따라서 다스려질 수 있다.

무릇 정사의 실패와 인재 등용의 잘못은 지혜로운 자가 고칠 수 있고, 정직한 자가

217) 괜찮다 : 曾子는 부친 曾皙을 봉양할 적에 밥상에 반드시 술과 고기가 있었는데 밥상을 치울 적에 반드시 "누구에게 주시겠습니까?"라고 청하였으며, "남은 것이 있느냐?"라고 물으면 반드시 "있습니다."라고 대답하였다. 그러나 증자의 아들 曾元은 증자를 봉양할 적에 밥상에 반드시 술과 고기가 있었지만 "누구에게 주시겠습니까?"라고 청하지 않았으며, 증자가 "남은 것이 있느냐?"라고 물어도 나중에 다시 올릴 것을 생각하여 "없습니다."라고 하였다. 孟子가 "이는 '口體만을 봉양한다.〔養口體〕'라는 것이니, 증자와 같이 하면 '뜻을 봉양한다.〔養志〕'라고 이를 만하다. 어버이를 섬김을 증자와 같이 하는 것이 괜찮다.〔事親 若曾子者 可也〕"라고 하였다.(≪孟子≫ 〈離婁 上〉)

218) 임금이……없다 : 孟子의 말로, ≪孟子≫ 〈離婁 上·下〉에 보인다.

219) 옛날……하였다 : ≪荀子≫ 〈大略〉에 "孟子가 齊王을 세 번이나 만나면서도 정사를 말하지 않았다. 門人들이 말하기를 '어찌하여 齊王을 세 번이나 만나면서도 정사를 말씀하시지 않으십니까?'라고 하자, 맹자가 말하기를 '나는 그의 간사한 마음을 먼저 다스린 것이다.'라고 하였다.〔孟子三見齊王而不言事 門人曰 曷爲三遇齊王而不言事 孟子曰 我先攻其邪心〕"라고 하였다.

간언할 수 있다. 그러나 임금의 그릇된 마음이 남아 있으면 한 가지 일이 잘못된 것은 구제하여 바로잡을 수 있지만, 훗날의 失政은 이루 다 구제할 수 없을 것이다. 임금의 그릇된 마음을 바로잡아 바르지 않음이 없게 하는 것을 大人이 아니면 그 누가 할 수 있겠는가.

君仁이면 莫不仁이요 君義면 莫不義라하니 天下之治亂은 係乎人君仁不仁耳라 離是而非면 則生於其心하여 必害於其政이니 豈待乎作之於外哉리오 昔者에 孟子三見齊王而不言事하니 門人疑之한대 孟子曰 我先攻其邪心이라 心既正이면 然後에 天下之事는 可從而理也라 夫政事之失과 用人之非는 知者가 能更之요 直者가 能諫之라 然이나 非心存焉이면 則一事之失은 救而正之나 後之失者는 將不勝救矣라 格其非心하여 使無不正을 非大人이면 其孰能之리오①

① 伊川의 말이다.
伊川.

141. 君子와 小人의 유택이 5代까지 미친다는 것은 善惡이 모두 후세까지 미친다는 것이다.[220)]

君子小人澤及五世者는 善惡皆及後世也라①

① 伊川의 말이다.
伊川.

142. 孔子는 벼슬할 만하면 벼슬하며, 그만둘 만하면 그만두며, 오래 머물 만하면 오래 머물며, 빨리 떠날 만하면 빨리 떠났으니,[221)] 이는 모두 제때에 맞게 한 것이다. 공자는 中道에 맞지 않은 적이 없었기 때문에 "君子로서 그때그때 中道에 맞게 한다."[222)]라고 한 것이다.

---

220) 君子와……것이다 : 《孟子》 〈離婁 下〉에 孟子가 말하기를 "君子의 유택도 5代가 지나면 끊기고, 小人의 유택도 5代가 지나면 끊긴다. 나는 孔子의 門徒가 되지는 못하였으나, 나는 다른 사람에게서 사사로이 나를 선하게 하였다.〔君子之澤 五世而斬 小人之澤 五世而斬 予未得爲孔子徒也 予私淑諸人也〕"라고 하였다.

221) 벼슬할……떠났으니 : 《孟子》 〈公孫丑 上〉에서 孟子가 孔子에 대해 평가한 말이다.

222) 君子로서……한다 : 《中庸》에 "君子가 中庸을 행하는 것은 군자로서 그때그때 중도에 맞게 하는 것이며, 小人이 중용을 〈반대로〉 하는 것은 소인으로서 거리낌이 없는 것이다.〔君子之

可以仕則仕하며 可以止則止하며 可以久則久하며 可以速則速하니 此皆時也라 未嘗不合中이라 故曰 君子而時中이라①

① 伊川의 말이다.
伊川.

143. 孔子가 孺悲를 대한 것[223]은 이른바 달가워하지 않음으로써 가르치는 것이다.[224]

孔子於孺悲는 所謂不屑之敎誨者也라①

① 伊川의 말이다.
伊川.

144. 命은 모두 한가지이다. 불러들이지 않았는데도 이르러 오는 것은 正命이고,[225] 옥에 갇혀서 죽는 것은 君子가 命이라고 하지 않는다.[226]

命은 皆一也라 莫之致而至者는 正命也요 桎梏而死者는 君子不謂命이라①

① 伊川의 말이다.
伊川.

中庸也 君子而時中 小人之中庸也 小人而無忌憚也〕"라고 하였다.

223) 孔子가……것 : ≪論語≫ 〈陽貨〉에 "孺悲가 孔子를 뵙고자 하였는데, 공자가 병이 있다고 거절하였다. 명령을 전달하는 자가 문밖을 나가자 공자는 비파를 가져다 노래를 불러 그로 하여금 듣게 하였다.〔孺悲欲見孔子 孔子辭以疾 將命者出戶 取瑟而歌 使之聞之〕"라고 하였다.

224) 달가워하지……것이다 : ≪孟子≫ 〈告子 下〉에 孟子가 말하기를 "가르침에는 또한 방법이 많으니, 내가 달가워하지 않음으로써 가르치는 것, 이 또한 가르치는 것일 뿐이다.〔敎亦多術矣 予不屑之敎誨也者 是亦敎誨之而已矣〕"라고 하였다.

225) 불러들이지……正命이고 : ≪孟子≫ 〈萬章 上〉에 "인위적으로 하지 않았는데도 그렇게 되는 것은 天이요, 불러들이지 않았는데도 이르러 오는 것은 命이다.〔莫之爲而爲者 天也 莫之致而至者 命也〕"라고 하였다.

226) 옥에……않는다 : ≪孟子≫ 〈盡心 上〉에 孟子가 말하기를 "命 아님이 없으니, 그 正命을 순응하여 받아야 한다. 이런 까닭에 命을 아는 자는 위험한 담장 아래에 서지 않는다. 그 道를 다하고 죽는 것은 正命이요, 옥에 갇혀서 죽는 것은 正命이 아니다.〔莫非命也 順受其正 是故知命者 不立乎巖墻之下 盡其道而死者 正命也 桎梏死者 非正命也〕"라고 하였다.

145. 恕는 仁으로 들어가는 문이다.

恕者는 入仁之門이라①

① 伊川의 말이다.
伊川.

146. 仁은 理이고, 사람은 物이다. 仁으로 人身에게 있는 것을 합하여 말하면 곧 이것이 사람의 道이다.[227)]

仁은 理也요 人은 物也라 以仁合在人身言之면 乃是人之道也라①

① 伊川의 말이다.
伊川.

147. "가득 차서 겉으로 빛이 난다."[228)]라는 것은 이른바 "몸을 닦아 세상에 드러낸다."[229)]라는 것이다.

充實而有光輝는 所謂修身見(현)於世也라①

① 伊川의 말이다.
伊川.

---

227) 仁은……道이다 : ≪孟子≫ 〈盡心 下〉에 孟子가 말하기를 "仁이란 사람의 본성이니, 본성과 사람을 합하여 말하면 道이다.〔仁也者 人也 合而言之 道也〕"라고 하였다.

228) 가득……난다 : 浩生不害가 樂正子는 어떤 사람인지 묻자, 孟子가 善人이며 信人이라고 하였다. 다시 善과 信에 대해 묻자, 맹자가 말하기를 "누구나 하고자 하는 것을 善이라 하고, 善을 자기 몸에 소유하는 것을 信이라 하고, 善을 행하여 가득 찬 것을 美라 하고, 가득 차서 겉으로 빛이 나는 것을 大라 하고, 大하면서 인위적인 노력없이 자연스럽게 자신을 변화시키는 것을 聖이라 하고, 聖하여 사람들이 알 수 없는 것을 神이라 한다. 악정자는 두 가지(善·信)의 중간이요, 네 가지(神·聖·大·美)의 아래이다.〔可欲之謂善 有諸己之謂信 充實之謂美 充實而有光輝之謂大 大而化之之謂聖 聖而不可知之之謂神 樂正子 二之中 四之下也〕"라고 하였다.(≪孟子≫ 〈盡心 下〉)

229) 몸을……드러낸다 : ≪孟子≫ 〈盡心 上〉에 "옛사람은 뜻을 얻으면 은택이 백성에게 더해지고, 뜻을 얻지 못하면 몸을 닦아 그 道를 세상에 드러내니, 窮하면 자기 몸을 홀로 선하게 하고, 榮達하면 천하 사람들을 겸하여 선하게 한다.〔古之人 得志 澤加於民 不得志 修身見於世 窮則獨善其身 達則兼善天下〕"라고 하였다.

148. '띠〔帶〕'는 대체로 가까운 곳을 가리키며, '내려간다〔下〕'라는 것은 '버리다', '떠나다'라는 뜻과 같다. 옛사람은 띠 하나에도 반드시 모두 意義를 두었다. "띠를 내려가지 않지만 道가 거기에 보존되어 있다."[230]라는 것은 '단지 여기에 바로 지극한 이치가 보존되어 있다.'라고 말하는 것과 같다.

帶는 蓋指其近處요 下는 猶舍也離也라 古人은 於一帶에도 必皆有意義라 不下帶而道存이라함은 猶云只此便有至理存焉이라①

① 이 단락은 伊川의 말로, 馬時伸[231]에게 얻었다.
此段伊川語, 得之馬時伸.

149. "떳떳한 德을 지키고 간사하지 않음"[232]이라는 것은 곧 上等의 사람을 가르치는 것이고, 禍福을 말하는 것은 中人 이하의 사람들로 하여금 두려워하고 성찰할 바를 알게 하는 것이니, 또한 자연스러운 이치일 뿐이다. 釋氏가 죽음을 두려워하여 道를 배운 것과 같은 경우는 마음을 확립함이 바르지 않다.

經德不回라함은 乃敎上等人이요 禍福之說은 使中人以下로 知所畏懼修省이니 亦自然之理耳라 若釋氏怖死以學道는 則立心不正矣라①

① 明道의 말이다.
明道.

---

230) 띠를……있다 : ≪孟子≫ 〈盡心 下〉에 孟子가 말하기를 "말이 비근하면서도 뜻이 심원한 것은 善한 말이요, 지킴이 요약되면서도 베풂이 넓은 것은 善한 道이니, 君子의 말은 띠를 내려가지 않지만 道가 거기에 보존되어 있다.〔言近而指遠者 善言也 守約而施博者 善道也 君子之言也 不下帶而道存焉〕"라고 하였다.

231) 馬時伸 : 馬伸 또는 馬時中의 오류이다. 馬伸(?~1128)의 자는 時中이며, 東平 사람이다. 程頤의 문하에서 수학하였고, 1097년 진사가 되어 四京法曹・殿中侍御史 등을 지냈다.

232) 떳떳한……않음 : ≪孟子≫ 〈盡心 下〉에 "움직이고 주선함이 禮에 맞는 것은 盛德이 지극한 것이니, 죽은 자를 곡하여 슬퍼함이 산 자를 위해서가 아니요, 떳떳한 德을 지키고 간사하지 않음이 祿을 구해서가 아니며, 말을 반드시 미덥게 하는 것이 행실을 일부러 바르게 하려고 해서가 아니다. 君子는 法을 행하여 命을 기다릴 뿐이다.〔動容周旋中禮者 盛德之至也 哭死而哀 非爲生者也 經德不回 非以干祿也 言語必信 非以正行也 君子行法 以俟命而已矣〕"라고 하였다.

二程全書 卷35

外書 第七

明 後學 嘉興 徐必達 校正

胡氏[1)]의 家本에서 수습한 글　　胡氏本拾遺

1. 明道가 말하였다.

"'하늘의 命이, 아! 심원하여 그치지 않네.'[2)]라고 하였으니, 그 忠이 아니겠는가. '天地가 변화하면 草木이 번성하네.'[3)]라고 하였으니, 그 恕가 아니겠는가."

明道曰 維天之命이 於(오)穆不已라하니 不其忠乎아 天地變化하면 草木蕃이라하니 不其恕乎아

2. 伊川이 말하였다.

"'하늘의 命이, 아! 심원하여 그치지 않네.'라는 것은 忠이고, '乾道가 변화하여 각각 性命을 바루네.'[4)]라는 것은 恕이다."

伊川曰 維天之命이 於(오)穆不已라함은 忠也요 乾道變化하여 各正性命이라함은 恕也라

3. 마음이 敬하면 내면이 저절로 바르게 된다.

---

1) 胡氏 : 胡安國(1074~1138)이다. 자는 康侯, 호는 武夷, 시호는 文定이며, 崇安 사람이다. 1097년 진사가 되어 太學博士·寶文閣直學士 등을 지냈다. 程頤의 학문을 사숙하고, 謝良佐·楊時·游酢와 교유하였다. 程頤의 학문을 계승하여 송대 理學 발전에 중요한 역할을 담당하였다. 또 왕안석이 ≪春秋≫를 학관에서 폐지하여 春秋學이 쇠퇴하였다고 여겨, 20여 년간 ≪춘추≫를 정밀히 연구하여 ≪春秋胡氏傳≫을 저술하였다.

2) 하늘의……않네 : ≪詩經≫ 〈周頌 維天之命〉에 보인다.

3) 天地가……번성하네 : ≪周易≫ 坤卦 〈文言傳〉에 보인다.

4) 乾道가……바루네 : ≪周易≫ 乾卦 〈彖傳〉에 보인다.

心敬이면 則內自直이라

4. 匹夫와 悍卒 중에도 환난을 보고서 능히 죽는 자가 있겠지만, 정욕에 이끌리고 처자식을 사랑하는 문제에 단호하여 미혹되지 않을 자는 드물 것이다.

匹夫悍卒에도 見難而能死者가 有之矣어니와 惟情慾之牽과 妻孥之愛에 斷而不惑者는 鮮矣라

5. 사려는 괴로움에 이르러서는 안 된다.

思慮는 不得至於苦라

6. 天과 人을 합하고 義와 命에 통달하는 것, 이것은 大賢 이상의 일이다.

合天人과 通義命은 此大賢以上事라

7. 사람이 많이 듣고 아는 것은 藥物과 같으니, 널리 알기를 축적해야 긴절하게 쓰일 수 있다.

人之多聞識은 却似藥物하니 須要博識이라야 是所切用也라

8. 天下를 다스릴 적에 어찌 빠른 효과를 구할 수 있겠는가. 겨우 利害나 따지는 것은 옳지 않다.

爲天下에 安可求近效리오 才計較着利害는 便不是라

9. 程子가 侯仲良[5]과 牛・李의 일[6]을 언급하고서, 인하여 溫公(司馬光)이 조정에 있을 적에 元豐 연간의 사람들[7]을 모두 제거하고자 했던 일을 말하였다.

---

5) 侯仲良 : 자는 師聖, 호는 荊門이며, 河東 사람이다. 程頤에게 수학하였고, 이후 周敦頤와 胡安國에게도 배웠다.

6) 牛・李의 일 : 唐나라 때 牛僧孺와 李德裕가 서로 뜻이 맞지 않았는데, 결국 서로 붕당을 만들어 40여 년간 대립한 것을 가리킨다.

정자가 말하였다.

"새로운 인재를 일으키는 것은 어려우나, 인재를 변화시키는 것은 쉽다. 지금 여러 사람의 재주는 모두 쓸 만하다. 또한 사람이 어찌 小人이 되는 것을 달갑게 여기겠는가. 임금과 재상이 어떻게 변화시키는지에 달려 있을 뿐이다. 만약 재상이 그들을 등용하여 군자로 만든다면 군자가 되지 않겠는가. 이런 일을 그들 스스로 하게 한다면 우리들만 못하리라고 기필할 수 없을 것이다."

仲良이 말하였다.

"그랬다면 紹聖 연간의 일[8]은 없었을 것입니다."

程子가 與侯仲良으로 語及牛李事하고 因言溫公在朝에 欲盡去元豐間人이라 程子曰 作新人才難이나 變化人才易(이)라 今諸人之才는 皆可用이라 且人豈肯甘爲小人이리오 在君相變化如何耳라 若宰相用之爲君子면 孰不爲君子리오 此等事를 敎他們自做면 未必不勝如吾曹라 仲良曰 若然이면 則無紹聖間事也니이다[①]

① 尹子(尹焞)[9]가 직접 注를 달아 "이 한 단락은 의심할 만하다."라고 하였다.
尹子親注云 "此一段可疑."

10. 세상의 일은 나와 전혀 상관이 없다.

世事는 與我로 了不相關이라[①]

① 明道의 말이다.
明道.

11. 勇은 하나이지만 쓰임은 같지 않으니, 氣에 용감한 자가 있고 義에 용감한 자가 있다. 君子는 義에 용감하고, 小人은 氣에 용감하다.

---

7) 元豐……사람들 : 宋 神宗 元豐 年間(1078~1085)에 집권한 王安石의 新法黨에 들었던 사람들을 가리킨다.

8) 紹聖……일 : 宋 哲宗 紹聖 年間(1094~1098)에 章惇・蔡卞 등 新法黨이 집권하여 司馬光・呂公著 등을 내쫓은 일을 가리킨다.

9) 尹子 : 尹焞(1071~1142)이다. 자는 彦明・德充, 호는 和靖으로, 洛陽 사람이다. 程頤에게 수학하였고, 禮部侍郎・徽猷閣待制 등을 지냈다. 程頤의 학설을 전적으로 계승하여 달리 발명한 것은 없으나 다른 문인들처럼 禪學에 빠지지 않고 순정함을 지켰다.

勇은 一也로되 而用不同하니 有勇於氣者하고 有勇於義者라 君子는 勇於義하고 小人은 勇於氣라

12. 伊川이 經筵官으로 있을 적에 성상께서 세수하고 양치하면서 물을 뱉을 적에 개미를 피해서 뱉는다는 말을 들었다. 훗날 선생이 성상 앞에 나아가 아뢰기를 "원컨대 폐하께서는 이런 마음을 미루어 천하 사람들에게 미치십시오."라고 하였다.

伊川在經筵에 已聞上盥漱噴水避蟻라 他日에 先生進曰 願陛下는 推此心하여 以及天下하소서

13. 程子가 부친을 장사 지낼 적에 周恭叔(周行己)[10]으로 하여금 문상객의 접대를 주관하게 하였다. 문상객이 술을 달라고 하여 공숙이 아뢰었는데, 선생이 말하기를 "남을 惡에 빠뜨리지 말라."라고 하였다.

程子葬父에 使周恭叔으로 主客이라 客欲酒어늘 恭叔以告한대 先生曰 勿陷人於惡하라

14. 바람에 흔들리는 대나무는 무심히 감응한다. 남이 나를 노여워하는 경우에도 가슴속에 담아두지 말기를 바람이 대나무를 움직이는 것처럼 해야 한다.

風竹은 便是感應無心이라 如人怒我라도 勿留胸中을 須如風動竹이라

15. 혹자가 伊川에게 말하였다.

"선생이 성상 앞에서 자세하게 설명하는 것이 너무 심하니, 또한 지나친 것이 아니겠습니까?"

이천이 말하였다.

"이곳에서 힘을 다하고 마음을 극진히 하지 않으면 어느 곳에서 그리하겠는가?"

或謂伊川曰 先生於上前委曲이 已甚하니 不亦過乎아 曰 不於此致力盡心이면 而於何所리오

16. 聖人이 남을 꾸짖는 것은 항상 너그러우니, 다만 일이 바르게 되기를 바랄 뿐, 남

---

10) 周恭叔 : 周行己(1067~1129)이다. 恭叔은 그의 자이며, 호는 浮沚로, 永嘉 사람이다. 1091년 진사가 되어 太學博士·秘書省正字 등을 지냈다. 程頤와 呂大臨의 문하에서 수학하였다.

의 허물과 악행을 드러내려는 의도가 없음을 볼 수 있다.

聖人之責人也는 常緩하니 便見只欲事正이요 無顯人過惡之意라

17. 聖人은 무릇 한마디 말에도 곧 體와 用을 온전히 한다.

聖人은 凡一言에도 便全體用이라

18. 聖人은 자기가 남을 감동시키려는 점이 많고, 남이 호응하기를 바라는 점이 적다.

聖人은 責己感也處多요 責人應也處少라

19. 어떤 사람이 의혹하여 물었다.

"조부가 자기 부친을 죽이면 조부를 고발하는 것은 그 죄가 어떠합니까?"

선생이 말하였다.

"법률에는 손자가 조부를 고발하는 것은 사형에 해당되니, 이는 고발해서는 안 되는 것이 명백하다."

"그렇다면 아버지가 자기 자식을 죽이는 것은 어떠합니까?"

"법률에는 徒刑[11] 1년에 처하나, 이치로써 헤아려보면 마땅히 徒刑 2년이 되어야 한다. 비록 자기 자식이지만 또한 天子의 백성이다. 사형에 해당되지 않는데 제멋대로 죽인 것은 법제를 어긴 것이니, 법제를 어기면 徒刑 2년에 처한다."

有人疑호되 祖殺其父則告之는 其罪가 如何잇가 律에 孫告祖는 當死니 此不可告가 明矣라 然則父殺其子는 如何잇가 律엔 徒一年이나 以理考之면 當徒二年이라 雖是子나 亦天子之民也라 不當殺而專殺之는 是違制也니 違制면 徒二年이라

20. 내가 일찍이 한 귀인을 만났는데, 나는 나아가고 물러나기를 禮에 맞게 하였으나 그는 높고 우뚝한 태도로 스스로를 살필 적에 오직 절도에 맞지 않을까를 염려하였으니, 어찌 수고롭지 않겠는가.

吾嘗見一貴人한대 吾進退以禮나 而彼巍巍하여 其自視也에 惟恐不中節하니 豈不勞哉리오

11) 徒刑 : 五刑의 하나로, 일정 기간 동안 지정된 장소에서 노역에 종사하게 하는 형벌이다.

21. "君子로서 그때그때 中道에 맞게 한다."[12]라는 것은 바로 그때 中道에 맞게 함을 말한다. 예컨대 禹와 稷이 顏子의 시대를 만났다면 안자가 행한 바를 하지 않는 것은 中道가 아니다. 안자 또한 禹와 稷의 시대를 만났다면 그들처럼 하였을 것이다.

君子而時中은 謂卽時而中이라 如禹稷이 當顏子之時면 不爲顏子所爲는 非中也라 顏子亦然이라

22. 스스로를 믿으면 의심하는 바가 없고 마음을 동요하지 않는다. 公孫丑는 孟子를 제대로 알지 못하였다. 그러므로 "마음을 동요하지 않는 데에도 방법이 있습니까?"[13]라고 물은 것이다. 몇몇 사람과 같은 경우[14]는 모두 마음속에 주로 삼은 바가 있어서 곧 마음이 동요하지 않은 것이다.

自信하면 則無所疑而不動心이라 公孫丑는 不知孟子라 故로 問不動心有道라 如數子者는 皆中有主하여 便心不動이라

23. 性은 善하지 않음이 없으니, 그것이 不善한 까닭은 재질 때문이다. 하늘에서 받은 것을 性이라 하고, 氣에서 품부받은 것을 재질이라 하니, 재질이 善하고 不善한 것은 氣에 치우치거나 바름이 있기 때문이다. 그러나 그 性은 善하지 않음이 없다. 지금 저 나무가 굽거나 곧게 자라는 것은 나무의 性이며, 수레가 되기도 하고 수레바퀴가 되기도 하는 것은 나무의 재질이다. 그러나 재질이 不善한 것은 또한 변화시킬 수 있으니, 그 氣를 길러서 그 善을 회복하는 데 달려 있다. 그러므로 능히 그 心志를 잘 잡고 그 氣를 잘 기르면 또한 善하게 될 수 있다. 그러므로 孟子가 말하기를 "사람은 모두 堯·舜 같은 聖人이 될 수 있다."라고 한 것이다.[15] 오직 스스로를 버리고 스스로

---

12) 君子로서……한다 : ≪中庸≫에 "君子가 中庸을 행하는 것은 군자로서 그때그때 中道에 맞게 하는 것이다.〔君子之中庸也 君子而時中〕"라고 하였다.

13) 마음을……있습니까 : ≪孟子≫ 〈公孫丑 上〉에 보인다.

14) 몇몇……경우 : ≪孟子≫ 〈公孫丑 上〉의 不動心章에 나오는 北宮黝, 孟施舍, 曾子, 子夏 등을 가리킨다.

15) 孟子가……것이다 : ≪孟子≫ 〈告子 下〉에 曹交가 묻기를 "사람은 모두 堯·舜 같은 聖人이 될 수 있다고 하는데, 그렇습니까?〔人皆可以爲堯舜 有諸〕"라고 하자, 孟子가 말하기를 "그렇다.〔然〕"라고 하였다.

를 해치는 자는 善하게 될 수 없다.

性은 無不善이니 其所以不善者는 才也일새라 受於天之謂性이요 稟於氣之謂才니 才之善不善은 由氣之有偏正也라 乃若其性은 則無不善矣라 今夫木之曲直은 其性也며 或以爲車하고 或可以爲輪은 其才也라 然而才之不善은 亦可以變之니 在養其氣以復(복)其善爾라 故로 能持其志하고 養其氣하면 亦可以爲善이라 故로 孟子曰 人皆可以爲堯舜이라 惟自棄自暴는 則不可以爲善이라

24. 무릇 소리는 모두 陽聲이니, 크게 울리면 크게 진동하고 작게 울리면 작게 진동한다.

凡聲은 皆陽聲이니 大鳴則大震하고 小鳴則小震이라

25. 혹자가 물었다.

"維摩詰이 말하기를 '불 속에서 연꽃이 생기는 것은 참으로 드문 일이라 할 만하다. 욕망 속에서 禪을 행하는 것도 드물기가 또한 이와 같다.'[16]라고 하였으니, 이 어찌 儒者의 일이 아니겠습니까?"

程子가 말하였다.

"이것이 釋氏가 儒者와 다른 까닭이다. 人倫은 天理이다. 저들은 처자식을 하찮은 존재로 보고서 돌아보지도 않고 떠나 속박으로 여기니, 文王은 이와 같이 하지 않았다. 태어남이 있는 것은 반드시 죽음이 있고, 시작이 있는 것은 반드시 끝이 있으니, 이것이 常道가 되는 까닭이다. 釋氏를 배우는 자는 成住壞空[17]을 無常이라고 여기니, 이는 無常이 곧 常道가 되는 까닭을 홀로 알지 못하는 것이다. 지금 사람이 1백 년을 사는 것이 常道이니, 1백 년이 되었는데도 죽지 않는 것은 常道라고 하지 않는다. 석씨는 자기의 사사로운 지혜가 미치는 바를 미루어서 無常을 말하여 이 세상을 허망한 것으로 여기는 데 이르렀으니, 어쩌면 그리도 비루한가! 張子厚(張載)가 더욱 절치부심한 바가 이 점이다."

或問호되 維摩詰云 火中生蓮花는 是可謂希有라 在欲而行禪도 希有亦如是라하니 此豈非儒者事리잇가 子曰 此所以與儒者異也라 人倫者는 天理也라 彼將其妻子를 當作何等物看하여 望

---

16) 불……같다 : ≪維摩詰所說經≫ 〈佛道品〉에 보인다.

17) 成住壞空 : 成은 생명체가 이루어지는 것, 住는 그 생명체가 속성을 유지하는 것, 壞는 그 생명체가 서서히 괴멸되는 것, 空은 그 생명체가 흩어져 본래의 상태로 돌아가는 것을 말한다.

望然以爲累者하니 文王不如是也라 有生者는 必有死요 有始者는 必有終이니 此所以爲常也라 爲釋氏者는 以成壞爲無常하니 是獨不知無常乃所以爲常也라 今夫人生百年者가 常也니 一有百年而不死者는 非所謂常也라 釋氏는 推其私智所及而言之하여 至以天地爲妄하니 何其陋也오 張子厚尤所切齒者가 此耳라

26. 혹자가 물었다.

"張子(張載)가 말하기를 '陰陽의 精氣가 그 속에 서로 감추어져 있다.'[18]라고 하였는데, 그러합니까?"

程子가 말하였다.

"이 말은 매우 의미가 있으니, 사람이 어떻게 보느냐에 달려 있다. 물〔水〕은 물체와 떨어질 수 없기 때문에 물에는 離[19]의 象이 있고, 불〔火〕은 물체에 들어갈 수 있기 때문에 불에는 坎[20]의 象이 있다."

問호되 張子曰 陰陽之精이 互藏其宅이라하니 然乎잇가 曰 此言은 甚有味니 由人如何看이라 水離物不得이라 故로 水有離之象하고 火能入物이라 故로 火有坎之象이라

27. ≪周易≫을 짓자 天・地・幽・明으로부터 곤충・초목・미물에 이르기까지 부합하지 않음이 없었다.

作易하니 自天地幽明으로 至于昆蟲草木微物히 無不合이라

28. ≪春秋≫에는 三傳과 三本의 正經[21]이 있으니, 모두 六本이다. 齊나라 公子 糾의 일을 기록할 적에 다섯 곳은 모두 '糾'라고 하였는데, 오직 ≪春秋左氏傳≫은 '子糾'라고 하였다. 糾와 小白은 모두 제나라 公子로서 즉위해야 마땅한 경우는 아니었지만, 소백이 연장자이니 즉위해야 마땅하다. 지금 糾가 왕위를 다투었기 때문에 모두 '子糾'

---

18) 陰陽의……있다 : ≪正蒙≫〈參兩篇〉에 보인다.

19) 離 : 離卦(☲)는 火를 형상한다.

20) 坎 : 坎卦(☵)는 水를 형상한다.

21) 三傳과……正經 : 三本의 正經은 三傳에 수록된 經文을 가리키는 듯하다. 본래 12편의 春秋古經이 있었는데 이를 傳文에 나누어 붙였다고 전한다.

라고 하지 않았고, 그를 죽인 뒤에는 '子糾'라고 하였으니, 이는 이미 그를 세웠음을 말한 것이다. 그러므로 즉위한 지 1년이 넘지 않은 임금으로써 그를 일컬어야 한다. 이로써 헤아려보면 管仲이 糾를 떠나 小白을 섬긴 것은 모두 바르지 않은 것이니, 거취가 경박한 것이다. 그러나 李建成이 이미 太子가 되었는데도 秦王 李世民이 그 자리를 빼앗자 魏徵이 이건성을 떠나 진왕을 섬긴 것이 크게 의롭지 못한 것과는 같지 않다.

春秋에 有三傳及三本正經하니 共是六本이라 書子糾事에 五處皆言糾어늘 獨左氏言子糾라 且糾與小白은 皆公子니 非當立이로되 而小白長이니 則當立也라 今糾爭立이라 故로 皆不言子하고 及殺之然後에 言子糾하니 蓋謂旣已立之矣라 故로 須以未踰年君稱之라 以此校之컨대 則管仲之去糾事小白은 皆非正이니 去就輕也라 非如建成旣爲太子어늘 而秦王奪之하니 魏徵去建成而事秦王이 不義之大也라

29. "배우고 그것을 수시로 익힌다."[22]라고 하였으니, 배우는 이유는 장차 그것을 행하려는 것이다. 수시로 익히면 배운 바가 나에게 있게 된다. 그러므로 기쁜 것이다. '익힌다.〔習〕'라는 것은 새가 날갯짓을 익히는 것과 같다.

學而時習之라하니 所以學者는 將以行之也라 時習之면 則所學者가 在我라 故로 說(열)이라 習은 如禽之習飛라

30. "孝悌라는 것, 그것은 仁을 행하는 근본이다."[23]라는 것은 孝悌가 곧 仁의 근본이라는 말이 아니다. 이는 대개 仁을 행하는 근본은 孝悌로써 해야 한다는 말이니, 忠·恕로 道를 행하는 것과 같다.

孝弟也者는 其爲仁之本與인저라함은 非謂孝弟卽是仁之本이요 蓋謂爲仁之本은 當以孝弟니 猶忠恕之爲道也라

---

22) 배우고……익힌다 : ≪論語≫ 〈學而〉에 보인다.

23) 孝悌라는……근본이다 : ≪論語≫ 〈學而〉에 有子가 말하기를 "그 사람됨이 효성스럽고 공경하면서도 윗사람을 범하기를 좋아하는 자는 드무니, 윗사람을 범하기를 좋아하지 않고서 亂을 일으키기를 좋아하는 자는 있지 않다. 君子는 근본에 힘쓰니, 근본이 확립되면 道가 생겨난다. 孝悌라는 것, 그것은 仁을 행하는 근본이다.〔其爲人也孝弟 而好犯上者 鮮矣 不好犯上 而好作亂者 未之有也 君子務本 本立而道生 孝弟也者 其爲仁之本與〕"라고 하였다.

31. 꾸밈이 지나치면 실정을 잃게 되므로 차라리 검소해야 한다. 喪은 슬퍼함을 주로 한다.[24)]

飾過면 則失實이라 故로 寧儉이라 喪은 主於哀戚이라

32. "나는 남이 나에게 가하기를 바라지 않는 것을 나 또한 남에게 가함이 없고자 합니다."[25)]라는 것은 恕이니, 仁에 가깝다. 그러므로 "賜야, 그것은 네가 할 수 있는 일이 아니다."라고 한 것이다. 그러나 아직 仁에 이른 것은 아니니, '欲'자가 있기 때문이다.

我不欲人之加諸我也를 吾亦欲無加諸人이라함은 恕也니 近於仁이라 故曰 賜也아 非爾所及也라하니라 然이나 未至於仁也니 以其有欲字爾일새라

33. 나라에 道가 없으면 능히 자취를 감추어서 화를 면한다. 그러므로 "그의 어리석음은 미칠 수 없다."[26)]라고 한 것이다. 그러나 또한 어리석게 행동해서는 안 될 경우가 있으니, 比干이 그런 경우이다.[27)]

邦無道면 則能沈晦以免禍라 故曰 不可及也라 亦有不當愚者하니 比干이 是也라

34. '仁之方'[28)]의 '方'은 仁을 행하는 방술이다.

---

24) 꾸밈이……한다 : ≪論語≫ 〈八佾〉에 林放이 禮의 근본을 묻자, 孔子가 말하기를 "훌륭하구나, 질문이여! 禮는 사치하기보다는 차라리 검소한 편이 낫고, 喪은 형식적으로 잘 치르기보다는 차라리 슬퍼하는 것이 낫다.〔大哉問 禮 與其奢也寧儉 喪 與其易也寧戚〕"라고 하였다.

25) 나는……합니다 : ≪論語≫ 〈公冶長〉에 子貢이 "저는 남이 저에게 가하기를 바라지 않는 것을 저 또한 남에게 가함이 없고자 합니다.〔我不欲人之加諸我也 吾亦欲無加諸人〕"라고 하자, 孔子가 말하기를 "賜야, 그것은 네가 할 수 있는 일이 아니다.〔賜也 非爾所及也〕"라고 하였다.

26) 그의……없다 : ≪論語≫ 〈公冶長〉에 孔子가 말하기를 "甯武子는 나라에 도가 있을 때에는 지혜롭고, 나라에 도가 없을 때에는 어리석었으니, 그 지혜는 미칠 수 있으나 그 어리석음은 미칠 수 없다.〔甯武子邦有道則知 邦無道則愚 其知可及也 其愚不可及也〕"라고 하였다.

27) 比干이……경우이다 : 比干은 紂王의 叔父로, 紂의 무도한 정치를 보고서도 떠나가지 않고 간언하다 죽임을 당하였다.

28) 仁之方 : ≪論語≫ 〈雍也〉에 子貢이 仁에 대해 묻자 孔子가 "仁者는 자신이 서고자 하면 남을 서게 하며, 자신이 도달하고자 하면 남을 도달하게 한다. 능히 가까운 데에서 취하여 비유할 수 있으면 仁을 행하는 방법이라고 말할 수 있다.〔夫仁者 己欲立而立人 己欲達而達人 能近取譬 可謂仁之方也已〕"라고 한 것의 '仁之方'을 가리킨다.

仁之方의 方은 術也라

35. “3개월 동안 仁을 어기지 않았다.”[29]라고 하였는데, 3개월은 그 기간이 오래되었다는 말이니, 天道가 조금 변하는 절기이다. 이는 대개 顔子는 天道가 변화하는 것을 겪으면서도 이처럼 仁을 행하였으니 그가 능히 오래도록 仁을 행했음을 말한 것이다.

三月不違仁이라한대 三月은 言其久니 天道小變之節이라 蓋言顔子經天道之變而爲仁如此니 其能久於仁也라

36. 鮮于侁[30]이 伊川에게 물었다.

“顔子는 어찌하여 그의 즐거움을 고치지 않을 수 있었습니까?”[31]

正叔이 말하였다.

“안자가 즐거워한 것은 무슨 일이었겠습니까?”

선우신이 대답하였다.

“道를 즐거워하였을 따름입니다.”

이천이 말하였다.

“만일 안자 같은 사람으로서 道를 즐거워하였다면 안자가 될 수 없었을 것입니다.”

선우신이 깨닫지 못하여 鄒浩[32]에게 말하자, 추호가 말하였다.

“저 사람의 조예가 이처럼 깊었구나. 나는 오늘에야 비로소 이천의 면모를 알았다.”

---

29) 3개월……않았다 : ≪論語≫ 〈雍也〉에 孔子가 말하기를 “顔回는 그 마음이 3개월 동안 仁을 어기지 않고, 그 나머지 사람들은 하루에 한 번, 한 달에 한 번 仁을 어기지 않는 데에 이를 뿐이다.〔回也 其心三月不違仁 其餘則日月至焉而已矣〕”라고 하였다.

30) 鮮于侁 : 1019~1087. 자는 子駿으로, 閬州 사람이다. 진사가 되어 太常少卿・左諫議大夫 등을 지냈다. 元祐黨人으로 지목되어 파직되었다.

31) 顔子는……있었습니까 : ≪論語≫ 〈雍也〉에 孔子가 말하기를 “어질도다, 顔回여! 한 대그릇의 밥과 한 표주박의 물로 누추한 시골에 사는 것을 남들은 그 근심을 견디지 못하는데, 안회는 그 즐거움을 고치지 않으니, 어질도다, 안회여!〔賢哉 顔回 一簞食 一瓢飮 在陋巷 人不堪其憂 回也不改其樂 賢哉 顔回〕”라고 하였다.

32) 鄒浩 : 1060~1111. 자는 志完, 호는 道鄕으로, 晉陵 사람이다. 1082년 진사가 되어 揚州敎授・潁昌府敎授 등을 지냈다. 哲宗 때 右正言으로 발탁되어 劉氏를 皇后로 책봉하는 일을 간언하다가 삭탈관직 되었다. 徽宗 때 복직되었으나 蔡京이 그를 미워하여 다시 유배되었다가 풀려나 고향으로 돌아갔다. 학문의 연원이 洛學에 있었으나 禪을 좋아하였으며, 王安石의 학문도 수용하였다.

鮮于侁問伊川曰 顏子는 何以能不改其樂고 正叔曰 顏子所樂者는 何事오 侁對曰 樂道而已라 伊川曰 使顏子而樂道면 不爲顏子矣라 侁未達하여 以告鄒浩하니 浩曰 夫人所造가 如是之深이로다 吾今日始識伊川面이라[①]

① ≪胡文定公集≫에 이 일을 다음과 같이 기록하였다.

"胡安國이 일찍이 鄒至完(鄒浩)을 만나 近世의 인물을 논하다가, 인하여 묻기를 '程明道는 어떠합니까?'라고 하자, 추지완이 말하기를 '이 사람이 뜻을 얻으면 만물이 각각 제자리를 얻게 할 것입니다.'라고 하였다. 또 묻기를 '伊川은 어떠합니까?'라고 하자, 추지완이 말하기를 '명도에 비할 수 없습니다.'라고 하였다. 또 묻기를 '어찌하여 비할 수 없습니까?'라고 하자, 추지완이 말하기를 '통명하지 않은 점이 있기 때문입니다.'라고 하였다. 또 侍郎(鄒浩)에게 묻기를 '선생께서 이천의 통명하지 않은 점을 말씀하셨는데, 반드시 언행으로 증명할 수 있는 점이 있을 터이니, 들려주시기를 바랍니다.'라고 하였다. 추지완의 안색이 바뀌며 천천히 말하기를 '한두 가지 일이 있으나, 아마도 門人들이 혹 잘못 전한 듯합니다.'라고 하였다. 호안국이 나중에 長沙에 와 있을 적에 河南의 두 선생의 학술을 다시 논하게 되었다. 추지완이 말하기를 '이천의 식견은 지극히 고명합니다.'라고 하여, 호안국이 인하여 묻기를 '무엇을 가지고 말하는 것입니까?'라고 하자, 추지완이 말하기를 '예전에 鮮于侁이 일찍이 이천에게 묻기를 「顏子가 누추한 시골에 살면서 그의 즐거움을 고치지 않았다고 하니, 즐거워한 바가 무슨 일인지 모르겠습니다.」라고 하자, 이천이 도리어 묻기를 「안자가 즐거워한 바를 범범하게 말씀해보시겠습니까.」라고 하였습니다. 선우신이 말하기를 「안자가 즐거워한 바는 道라고 말씀드릴 뿐입니다.」라고 하자, 이천이 말하기를 「만약 즐거워할 만한 道가 있었다고 말한다면 곧 안자가 아닐 것입니다.」라고 하였습니다. 이로써 이천의 식견이 지극히 고명함을 알았습니다.'라고 하였다. 추지완이 또 말하였다. '제가 예전에 潁昌에 있을 때 洛陽에서 온 趙均國이라는 이가 있었습니다. 제가 묻기를 「일찍이 선생을 뵈었을 때 무슨 말씀이 있었습니까?」라고 하자, 조균국이 다음과 같이 말하였습니다. 「선생께서 배우는 자들에게 말씀하시길 『神祠와 廟宇를 없애야 사람들이 비로소 善을 행할 줄 알 것이다. 옛사람은 형상을 보고 복장을 만들었으니, 이것이 바로 善을 행하는 도구이다.』라고 하였습니다.」'"

또 ≪震澤語錄≫에 이르기를 "伊川이 배우는 자들에게 묻기를 '顏子가 즐거워한 바는 무슨 일이었겠는가?'라고 하자, 혹자가 말하기를 '道를 즐거워하였습니다.'라고 하였다. 이천이 말하기를 '만약 안자가 道를 즐거워하였다고 말한다면 안자를 저버리는 것이다.'라고 하였다. 鄒至完이 말하였다. '내 비록 이천의 얼굴은 알지 못하지만, 이천의 마음을 이미 알았다. 어쩌면 그리도 조예가 깊은가!'"라고 하였다.

胡文定公集記此事云 "安國嘗見鄒至完, 論近世人物, 因問 '程明道如何?', 至完曰 '此人得志, 使萬物各得其所.' 又問 '伊川如何?', 曰 '却不得比明道.' 又問 '何以不得比?', 曰 '爲有不通處.' 又問侍郎 '先生言伊川不通處, 必有言行可證, 願聞之.' 至完色動, 徐曰 '有一二事, 恐門人或失其傳.' 後來在長沙, 再論河南二先生學術. 至完却曰 '伊川見處極高.' 因問 '何以言之?', 曰 '昔鮮于侁曾問「顏子在陋巷, 不改其樂, 不知所樂者何事?」伊川却問曰「尋常說顏子所樂者何?」侁曰「不過是說顏子所樂者道.」伊川曰「若說有道可樂, 便不是顏子.」以此見伊川見處極高.' 又曰 '浩昔在潁昌, 有趙均國者, 自洛中來. 浩問「曾見先生, 有何語?」均國曰「先生語學者曰 『除却神祠廟宇, 人始知爲善. 古人觀象作服, 便是爲善之具.』」'" 又震澤語錄云 "伊川問學者 '顏子所樂者, 何事?' 或曰 '樂道.' 伊川曰 '若說顏子樂道, 孤負顏子.' 鄒至完曰 '吾雖未識伊川面, 已識伊川心. 何其所造之深也.'"

37. 〈仁者는〉 산을 좋아하고 〈智者는〉 물을 좋아하는 것[33]은 氣의 類가 서로 부합한 것이다.

樂(요)山樂水는 氣類相合이라

38. "文은 내 남과 같지 않겠는가."[34]라고 한 것은 文은 모두 남보다 낫고자 하였으나, 몸소 실천하는 일은 아직 잘하지 못했다는 뜻이다.

文莫吾猶人也라함은 文皆欲勝人이나 至躬行則未嘗得也라

39. 옛날의 배우는 자는 반드시 詩를 먼저 배웠다. 詩를 배우면 誦讀하니, 詩의 善惡·是非·勸戒에서 그의 마음을 홍기하고 감발함이 있었다. 그러므로 "詩에서 마음을 홍기한다."[35]라고 한 것이다. 사람이 禮로써 법도를 삼음이 없으면 몸을 둘 곳이 없다. 그러므로 "禮에서 자세를 확립한다."라고 한 것이니, 이는 禮의 文彩이다. 마음속이 잠시라도 화락하지 않으면 비루하고 속이는 마음이 들어온다. 화락하지 않으면 自得하는 것이 없

---

33) 산을……것 : ≪論語≫ 〈雍也〉에 孔子가 말하기를 "智者는 물을 좋아하고 仁者는 산을 좋아하며, 智者는 動的이며 仁者는 靜的이며, 智者는 즐겁고 仁者는 오래 산다.〔知者樂水 仁者樂山 知者動 仁者靜 知者樂 仁者壽〕"라고 하였다.

34) 文은……않겠는가 : ≪論語≫ 〈述而〉에 孔子가 말하기를 "文은 내 남과 같지 않겠는가마는, 君子의 道를 몸소 실천함은 내가 아직까지 얻음이 있지 않다.〔文莫吾猶人也 躬行君子 則吾未之有得〕"라고 하였다.

35) 詩에서……홍기한다 : ≪論語≫ 〈泰伯〉에 孔子가 말하기를 "詩에서 마음을 홍기하며, 禮에서 자세를 확립하며, 樂에서 성품을 완성한다.〔興於詩 立於禮 成於樂〕"라고 하였다.

다. 그러므로 "樂에서 성품을 완성한다."라고 한 것이니, 이는 樂의 근본이다. 옛날에는 玉을 몸에서 제거하지 않았고, 이유 없이 琴瑟을 치우지 않았다. 成童이 되면 입학하여 40세가 되어서야 나와서 벼슬하였으니, 그들을 가르치고 기르는 것이 구비되었다. 義理로써 그의 마음을 기르고, 禮樂으로써 그의 血氣를 길렀다. 그러므로 재주가 높은 자는 聖賢이 되고, 재주가 낮은 자도 吉士가 되었으니, 기르기를 지극히 했기 때문이다.

古之學者는 必先學詩라 學詩則誦讀하니 其善惡是非勸戒에 有以起發其意라 故曰興이라 人無禮以爲規矩면 則身無所處라 故曰立이니 此는 禮之文也라 中心斯須不和不樂이면 則鄙詐之心이 入之라 不和樂이면 則無所自得이라 故曰成이니 此는 樂之本也라 古者엔 玉不去身하고 無故不徹琴瑟이라 自成童入學하여 四十而出仕하니 所以教養之者가 備矣라 理義以養其心하고 禮樂①以養其血氣라 故로 其才高者는 爲聖賢하고 下者亦爲吉士하니 由養之至也일새라

①〈禮樂은〉 어떤 판본에는 '舞蹈'로 되어 있다.
一作舞蹈.

40. 이른바 利라는 것은 하나일 뿐이다. 財利의 利와 利害의 利는 실로 두 가지 의미가 없다. 이롭게 여길 만하기 때문에 '利'라고 하는 것이다. 聖人은 利에 대해 전혀 비교하여 논하지 않을 수는 없었지만 義를 해치는 데에는 이르지 않았다. 만약 利만 논변하게 되면 義를 잊어버리게 된다. 그러므로 드물게 말씀한 것이다.[36)]

所謂利者는 一而已라 財利之利與利害之利는 實無二義라 以其可利라 故로 謂之利라 聖人於利에 不能全不較論이나 但不至妨義耳라 乃若惟利是辨이면 則忘義矣라 故로 罕言이라

41. "새가 사람의 기색을 살펴보고서 날아오른다."[37)]라고 하였으니, 기미를 아는 것은 聖人만 한 이가 없다. "날아올라 빙빙 돈 뒤에 다시 내려앉는다."라고 하였으니, 섬길 임금을 선택하는 것뿐만 아니라, 모든 일에 반드시 상세히 살펴야 한다.

---

36) 드물게……것이다 : ≪論語≫ 〈子罕〉에 "孔子께서는 利와 命과 仁을 드물게 말씀하셨다.〔子罕言利與命與仁〕"라고 하였다.

37) 새가……날아오른다 : ≪論語≫ 〈鄕黨〉에 "새가 사람의 기색을 살펴 날아올라 빙빙 돈 뒤에 다시 내려앉았나. 孔子가 말하기를 '산골 다리 밑의 암꿩이여, 제때를 만났구나! 제때를 만났구나!'라고 하였다. 子路가 그 꿩을 잡아 올리니, 세 번 냄새를 맡고 일어나셨다.〔色斯擧矣 翔而後集 曰 山梁雌雉 時哉時哉 子路共之 三嗅而作〕"라고 하였다.

色斯擧矣라하니 知幾는 莫如聖人이라 翔而後集이라하니 不止擇君이요 凡事에 必詳審也라

42. 네 사람의 장점을 겸하고 다시 禮樂으로써 문채를 내면 또한 완성된 사람이 될 수 있다고 하였으니,[38] 완성된 사람은 되기가 어렵다. 臧武仲의 지혜는 바른 것이 아니나, 만약 禮樂으로써 문채를 내면 바르지 않음이 없게 될 것이다. "오늘날의 완성된 사람은 利를 보고 義를 생각하며 위태로움을 보고 목숨을 바친다."라는 것은 忠을 말하며, "오래된 약속에 평소의 말을 잊지 않는다."라는 것은 信을 말한 것이다. 忠信이 있으나 禮樂에 미치지 못하여도 완성된 사람이 될 수는 있으나, 또한 그 다음이다.

兼四人之所長하고 而又文之以禮樂이면 亦可以爲成人矣라하니 成人之難也라 武仲之智는 非正也나 若文之以禮樂이면 則無不正者라 今之成人者는 見利思義하며 見危授命이라함은 謂忠也요 久要不忘平生之言이라함은 信也라 有忠信而不及禮樂하여도 亦可以爲成人이나 又其次也라

43. 伊川先生이 임종하려 할 때에 程端中[39]을 돌아보며 말하기를 "이 아이를 嗣子로 세워라."라고 하였으니, 이는 그의 적자인 程端彦[40]을 가리킨 것이다. 말이 끊어지자 숨을 거두었다. 喪禮를 마친 뒤 明道의 장손 程昂이 자신이 후사가 되어야 한다고 하자, 侯師聖(侯仲良)[41]이 불가하다고 하였다. 정앙이 말하였다.

"명도께서는 사당에 들어갈 수 없습니까?"

후사성이 말하였다.

"나는 사사로움을 감히 용납할 수 없습니다. 명도는 太中[42]보다 먼저 졸하였으니,

38) 네……하였으니 : ≪論語≫ 〈憲問〉에 子路가 완성된 사람〔成人〕에 대해 묻자, 孔子가 말하기를 "만약 臧武仲의 지혜와 公綽의 욕심을 내지 않음과 卞莊子의 용기와 冉求의 재예에 禮樂으로써 문채를 내면 또한 成人이 될 수 있을 것이다.〔若臧武仲之知 公綽之不欲 卞莊子之勇 冉求之藝 文之以禮樂 亦可以爲成人矣〕"라고 하였다. 다시 말하기를 "지금의 완성된 사람은 어찌 굳이 그러하겠는가? 利를 보고 義를 생각하며, 위태로움을 보고 목숨을 바치며, 오래된 약속에 평소의 말을 잊지 않는다면 또한 완성된 사람이 될 수 있을 것이다.〔今之成人者 何必然 見利思義 見危授命 久要不忘平生之言 亦可以爲成人矣〕"라고 하였다.

39) 程端中 : 程頤의 아들이다.

40) 程端彦 : 程頤의 嫡子이다.

41) 侯師聖 : 侯仲良이다. 師聖은 그의 자이며, 호는 荊門으로, 河東 사람이다. 程頤에게 수학하였고, 이후 周敦頤와 胡安國에게도 배웠다.

42) 太中 : 程顥와 程頤의 부친인 程珦을 가리킨다. 정향은 太中大夫를 지냈으므로 太中公이라 불렸다.

태중을 계승하여 제사를 주관한 이는 이천입니다. 지금 이천을 계승할 사람이 단언이 아니고 누구이겠습니까?"

이에 의론이 비로소 정해졌다. 혹자가 후사성에게 말하였다.

"명도가 이미 죽었으니, 그의 장자가 후사가 되어야 하는 것이 아닙니까?"

후사성이 말하였다.

"사당을 세운 것은 이천으로부터 시작되었습니다. 또 명도의 장자는 죽은 지 이미 오래되었고, 더구나 옛날에 諸侯가 宗統을 빼앗고 庶姓이 嫡統을 빼앗았다는 설이 있으니, 의리에 입각하여 새로 세울 수 있습니다. 하물며 사당을 세운 것이 이천으로부터 시작되었으니 더 말할 것이 있겠습니까?"

伊川先生이 將屬纊時에 顧謂端中曰 立子하라하니 蓋指其適子端彦也라 語絶而沒하다 旣除喪에 明道之長孫昻이 自以當立하니 侯師聖不可라하다 昻曰 明道는 不得入廟耶아 師聖曰 我不敢容私라 明道는 先太中而卒하니 繼太中主祭者는 伊川也라 今繼伊川은 非端彦而何리오 議始定이라 或謂師聖曰 明道旣死하니 其長子가 不當立乎아 曰 立廟는 自伊川始라 又明道長子는 死已久라 況古者에 有諸侯奪宗하고 庶姓奪嫡之說하니 可以義起矣라 況立廟가 自伊川始乎아①

① 尹子(尹焞)가 직접 注를 달아 "이 한 단락은 잘못된 말이다."라고 하였다.
尹子親注云 "此一段差語."

44. 배우는 자는 반드시 德으로 들어갈 줄 알아야 하니, 德으로 들어갈 줄 모르는 자는 그가 능히 학문에 진보함을 나는 보지 못하였다. 그러므로 孟子가 말하기를 "善을 밝히지 않으면 자신을 誠하게 할 수 없다."[43]라고 하였고, ≪周易≫에 이르기를 "이를 바를 알아 그곳에 이른다."[44]라고 하였다.

學者는 必知所以入德이니 不知所以入德이면 未見其能進也라 故孟子曰 不明乎善이면 不誠其身이라하고 易曰 知至至之라하니라

---

43) 善을……없다 : ≪孟子≫ 〈離婁 上〉에 "자신을 誠하게 하는 데에 방도가 있으니, 善을 밝히지 않으면 자신을 誠하게 할 수 없다.〔誠身有道 不明乎善 不誠其身矣〕"라고 하였다.

44) 이를……이른다 : ≪周易≫ 乾卦 〈文言傳〉 九三에 "이를 바를 알아 그곳에 이르므로 더불어 기미를 알 수 있고, 마칠 바를 알아 그것을 마치므로 더불어 義를 보존할 수 있다.〔知至至之 可與幾也 知終終之 可與存義也〕"라고 하였다.

별도의 기록에서 수습한 글　別本拾遺

1. 明道가 神宗을 뵙고 인재를 논하였는데, 성상께서 말하였다.
"짐은 아직 인재를 보지 못하였다."
명도가 말하였다.
"폐하께서는 어찌하여 천하의 士들을 경시하십니까?"
성상께서 펄쩍 뛰며 말하였다.
"짐은 감히 그러하지 않았다. 짐은 감히 그러하지 않았다."

明道見神宗하고 論人材한대 上曰 朕은 未之見也라 明道曰 陛下는 奈何輕天下士이니잇가 上聳然曰 朕不敢이로라 朕不敢이로라①

① 이 단락은 明道의 行狀에 보이는데, '上曰朕未之見也'라는 한 구절이 없다.
此段見行狀, 無'上曰朕未之見也'一句.

2. 程子가 말하기를 "游酢[1]가 〈西銘〉[2]을 구해 읽고는 곧바로 환하게 풀려 마음에 거슬리지 않았다. 그리고서 말하기를 '이는 中庸의 이치이다.'라고 하였으니, 능히 언어의 밖에서 구하는 자이다."라고 하였다.

子曰 游酢得西銘誦之하고 卽渙然不逆於心하여 曰 此中庸之理也라하니 能求於語言之外者也라①

---

1) 游酢 : 1053~1123. 자는 定夫・子通, 호는 廌山・廣平, 시호는 文肅으로, 建陽 사람이다. 游潛의 아들이고, 游醇의 동생이다. 1083년 진사가 되었다. 太學博士・監察御史 등을 지냈다. 和州知州로 나갔다가 漢陽軍과 舒州, 濠州 등지를 다스렸다. 二程에게 수학하였고, 謝良佐・楊時・呂大臨과 함께 程門四先生으로 일컬어졌다.

2) 西銘 : 張載가 學堂에 두 창문을 내고 서쪽 창에는 '완악함을 바로잡는다.'는 뜻의 '訂頑'을 써 붙이고, 동쪽 창에는 '어리석음을 경계한다.'는 뜻의 '砭愚'를 써 붙였는데, 程頤가 논쟁의 단서를 일으킬까 염려하자, 장재가 西銘과 東銘으로 바꾸었다.

① 이 한 조목은 이미 《大全集》에 보인다. 그러나 자못 빠지거나 잘못된 부분이 있으므로 여기에서 다시 드러내었다.

此一條已見於大全集. 然頗有缺誤, 故復出此.

3. 崇寧 연간의 黨禁[3]이 바야흐로 엄하여 程子는 龍門[4] 남쪽으로 거처를 옮기고 남쪽 지방의 학자들을 거절하며 말하기를 "진실로 들은 것을 드높이고 아는 것을 힘써 실천하면 되니, 나의 집에 찾아올 필요가 없다."라고 하였다.

崇(慶)〔寧〕[5]黨禁方嚴하여 子徙居龍門之南하고 止南方學者曰 苟能尊所聞하고 力行所知면 則可矣니 不必及門也라

4. 혹자가 范祖禹[6]에게 물었다.

"누군가 말하기를 夫子(程子)께서 '사람들 중에는 지향을 독실하게 하고 실천을 힘쓰면서도 道를 알지 못하는 자가 있다.'라고 하였다는데, 사실입니까?"

범조우가 말하였다.

"내가 일찍이 夫子께 들었으니 지목하는 바가 있어서 그렇게 말씀하신 것이다."

或問范祖禹曰 或謂호되 夫子有言曰 人有篤志力行而不知道者라하니 信乎아 祖禹曰 吾嘗聞之夫子하니 有所指而言之也라①

① 당시 范公은 溫公(司馬光)의 通鑑局에 있었다.

時范公在溫公通鑑局中.

---

3) 崇寧……黨禁 : 崇寧은 宋 徽宗의 두 번째 연호로, 1102년부터 1106년까지이다. 이때 蔡京이 재상이 되어 司馬光・文彦博・蘇軾・程頤 등 120인을 奸黨으로 지목하여 元祐奸黨碑를 세우고, 다시 사마광 이하 309인을 기록하여 元祐黨籍碑를 세운 뒤에 천하에 반포하였다.

4) 龍門 : 河南省 洛陽市의 지명이다.

5) (慶)〔寧〕: 저본에는 '慶'으로 되어 있으나, 中華書局本에 의거하여 '寧'으로 바로잡았다. 崇慶은 金나라 衛紹王 때의 연호이다.

6) 范祖禹 : 1041~1098. 자는 淳甫, 시호는 正獻으로, 成都 華陽 사람이다. 1063년 진사가 되었다. 司馬光의 문인으로 《資治通鑑》 편수를 도왔고, 사마광의 천거로 秘書省正字에 임명되었다. 哲宗 때 著作佐郎이 되어 《神宗實錄》 편찬의 검토관을 맡았고, 給事中・翰林學士를 지냈다.

二程全書 卷36

外書 第八

明 後學 嘉興 徐必達 校正

游氏[1)]의 家本에서 수습한 글　　游氏本拾遺

1. ≪文中子≫의 "둥근 것은 動하고, 모난 것은 靜하다."[2)]라는 말에 대해 묻자, 선생이 말하였다.

"이는 완전히 거꾸로 말한 것이다. 靜의 體는 둥글고, 動의 體는 모난 것이다."

問호되 文中子에 圓者動이요 方者靜이라하니이다 先生曰 此正倒說了라 靜體圓이요 動體方이라

2. 선생에게 물었다.

"管仲이 만일 당시에 반드시 죽어야 하는 이치가 있었다면, 관중은 기꺼이 죽으려 하였을까요?"

선생이 말하였다.

"董仲舒가 말한 것이 좋으니, '오직 仁한 사람이어야 그 의리를 바르게 하고 그 이익은 도모하지 않으며, 그 도를 밝히고 그 공은 따지지 않는다.'[3)]라고 하였다."

---

1) 游氏 : 游酢(1053~1123)이다. 자는 定夫・子通, 호는 廌山・廣平, 시호는 文肅으로, 建陽 사람이다. 游潛의 아들이고, 游醇의 동생이다. 1083년 진사가 되었다. 太學博士・監察御史 등을 지냈다. 和州知州로 나갔다가 漢陽軍과 舒州, 濠州 등지를 다스렸다. 二程에게 수학하였고, 謝良佐・楊時・呂大臨과 함께 程門四先生으로 일컬어졌다.

2) 둥근……靜하다 : ≪中說≫ 〈天地篇〉에 文仲子가 말하기를 "둥근 것은 動하고 모난 것은 靜하니, 天地의 마음을 볼 수 있다.〔圓者動 方者靜 其見天地之心乎〕"라고 하였다.

3) 오직……않는다 : 董仲舒가 易王과 仁者에 대해 논하며 말하기를 "仁한 사람은 그 의리를 바르게 하고 그 이익은 도모하지 않으며, 그 도를 밝히고 그 공은 따지지 않습니다.〔夫仁人者 正其誼 不謀其利 明其道 不計其功〕"라고 하였다.(≪漢書≫ 권56 〈董仲舒傳〉)

問호되 管仲이 設使當時有必死之理면 管仲은 還肯死否잇가 曰 董仲舒道得好니 惟仁人이라야 正其義하고 不謀其利하며 明其道하고 不計其功이라

3. "지혜는 높고 禮는 낮다."[4)]라는 것을 묻자, 선생이 말하기를 "높은 것은 곧 지혜고, 낮은 것은 곧 禮이다."라고 하였다.

問知崇禮卑하니 曰 崇的便是知요 卑底便是禮라

4. 선생에게 물었다.

"浩然之氣가 天地 사이에 꽉 차면[5)] 天地 사이에서 쓸 적에 막히는 곳이 없지 않겠습니까?"

선생이 말하였다.

"이 말이 참으로 좋다. 그러나 孟子는 氣의 體를 말한 것이다."

問호되 充塞乎天地之間이면 莫是用於天地間無窒礙處否잇가 曰 此語固好라 然이나 孟子却是說氣之體라

5. 선생에게 "〈孔子께서는〉 잠잘 때는 죽은 사람처럼 하지 않았다."[6)]라는 것을 묻자, 선생이 말하기를 "不敬하지 말라는 것이다."라고 하였다.

問寢不尸하니 曰 毋不敬이라

6. 인하여 "그 心志를 잘 잡는다."[7)]라는 것을 논하였는데, 선생이 말하기를 "이것은 사

---

4) 지혜는……낮다 : ≪周易≫ 〈繫辭傳 上〉에 "孔子가 말하였다. '易은 지극한 것이로다. 易은 聖人이 德을 높이고 業을 넓힌 것이다. 지혜는 높고 禮는 낮으니, 높음은 하늘을 본받고, 낮음은 땅을 본받은 것이다.'〔孔子曰 易 其至矣乎 夫易 聖人所以崇德而廣業也 知崇禮卑 崇效天 卑法地〕"라고 하였다.

5) 浩然之氣가……차면 : 孟子는 浩然之氣를 잘 길러 해침이 없으면 天地 사이에 꽉 찬다고 하였다.(≪孟子≫ 〈公孫丑 上〉)

6) 잠잘……않았다 : ≪論語≫ 〈鄕黨〉에 "〈孔子는〉 잠잘 때는 죽은 사람처럼 하지 않으시며, 거처하실 때는 용모를 꾸미지 않으셨다.〔寢不尸 居不容〕"라고 하였다.

7) 그……잡는다 : ≪孟子≫ 〈公孫丑 上〉에 孟子가 "志는 氣의 將帥요 氣는 몸에 꽉 차 있는 것이니,

사로운 것일 뿐이다. 그러나 배우는 자는 이렇게 하지 않을 수 없다."라고 하였다.

因論持其志한대 先生曰 只這箇也是私라 然이나 學者는 不恁地不得이라

7. 옛날의 大享에 夫人은 빈객을 만나는 禮가 있었다. 南子[8]가 비록 妾이었으나 靈公이 이미 夫人으로 삼았으니, 孔子에게 사람을 보내 만나자고 한다면 이때에 어찌 만나지 않을 수 있었겠는가.

古者大享에 夫人有見賓之禮라 南子雖妾이나 靈公이 旣以夫人處之하니 使孔子見이면 於是時에 豈得不見이리오

8. "하늘도 어기지 않는데 하물며 귀신을 어기겠는가."[9]라고 하였으니, 귀신은 그 功用을 말하며, 하늘은 그 主宰를 말한다.

天且不違은 況於鬼神乎아하니 鬼神은 言其功用이요 天은 言其主宰라

9. "하늘 아래에 우레가 행하여 생물마다 无妄을 부여한다."[10]라고 한 것은 天時보다 먼저 행하고 天時보다 뒤에 행하는 것이 모두 天理에 합치된다[11]는 의미이니, 人欲은 거짓이다.

天下雷行하여 物與无妄이라함은 先天後天이 皆合乎天理也니 人欲則僞矣라

志가 최고요 氣가 그 다음이다. 그러므로 '그 志를 꽉 잡고도 또 그 氣를 포악하게 하지 말라.'고 한 것이다.〔夫志 氣之帥也 氣 體之充也 夫志至焉 氣次焉 故曰 持其志 無暴其氣〕"라고 하였다.

8) 南子 : 춘추시대 衛 靈公의 부인으로, 孔子가 그녀를 만났을 때 子路가 기뻐하지 않자 공자가 탄식한 일이 있다.(≪論語≫ 〈雍也〉)

9) 하늘도……어기겠는가 : ≪周易≫ 乾卦 〈文言傳〉에 "무릇 大人은 天地와 그 덕이 합하며, 日月과 그 밝음이 합하며, 四時와 그 질서가 합하며, 鬼神과 그 길흉이 합하여 하늘보다 먼저 하여도 하늘이 어기지 않으며, 하늘보다 뒤에 하여도 天時를 받드니, 하늘도 어기지 않는데 하물며 사람을 어기겠으며, 귀신을 어기겠는가.〔夫大人者 與天地合其德 與日月合其明 與四時合其序 與鬼神合其吉凶 先天而天弗違 後天而奉天時 天且弗違 而況於人乎 況於鬼神乎〕"라고 하였다.

10) 하늘……부여한다 : ≪周易≫ 无妄卦 〈象傳〉에 "하늘 아래에 우레가 행하여 생물마다 无妄을 주니, 先王이 이를 보고서 天時에 성대하게 합하여 만물을 길렀다.〔天下雷行 物與无妄 先王以茂對時 育萬物〕"라고 하였다.

11) 天時보다……합치된다 : 각주 9번 참조.

10. "옛사람은 그가 행하는 바를 남에게 잘 미루어나갔을 뿐이다."[12)]라고 하였는데, 이는 孟子가 특별히 齊 宣王에게 말해준 것일 뿐이다. 聖人은 남에게 미루어나가기를 기다리지 않고서 교화한다.

古人은 善推其所爲而已矣라한대 此特告齊宣云爾요 聖人則不待推라

11. 仲尼는 聖人인지라 그 道가 컸으니, 魯나라 定公·哀公의 시대에는 그를 존숭하지 않는 사람이 없었다. 나중에 제자들이 각자 배운 바를 가지고 실천하여 異端이 마침내 일어났으니, 孟子 시대에 이르러서는 이를 논변하지 않을 수 없었다.

仲尼는 聖人이라 其道大하니 當定哀之時하야 人莫不尊之라 後弟子各以其所學行하여 異端遂起하니 至孟子時하야 不得不辨也라

12. "날씨가 추워진 뒤에야 소나무와 잣나무가 뒤늦게 시듦을 안다."[13)]라는 것은 다만 견고하여 변하지 않는 뜻을 취한 것이다.

歲寒然後에 知松柏之後凋라함은 只取堅不變之義라

13. "만물을 고무시키되 聖人과 한가지로 근심하지 않는다."[14)]라고 하였으니, 성인은 큰일을 일삼고, 天地는 주재하지 않음을 일삼는다.

鼓萬物而不與聖人同憂라하니 聖人은 有爲之功이요 天地는 不宰之功이라

14. 孔子의 시대에는 周나라 왕실이 미약하였으나 천하의 제후들은 여전히 주나라 왕

12) 옛사람은……뿐이다 : ≪孟子≫ 〈梁惠王 上〉에 "옛사람이 보통사람보다 크게 뛰어난 까닭은 다른 것이 없으니, 그가 행하는 바를 남에게 잘 미루어나갔을 뿐이다.〔古之人所以大過人者 無他焉 善推其所爲而已矣〕"라고 하였다.

13) 날씨가……안다 : ≪論語≫ 〈子罕〉에 보인다.

14) 만물을……않는다 : ≪周易≫ 〈繫辭傳 上〉에 "天地의 道는 仁에 드러나며 用에 감추어져 만물을 고무시키되 聖人과 한가지로 근심하지 않으니, 盛德과 大業이 지극하다.〔顯諸仁 藏諸用 鼓萬物而不與聖人同憂 盛德大業 至矣哉〕"라고 하였다.

실을 높이는 것이 미덕임을 알았다. 그러므로 ≪春秋≫의 筆法은 주나라를 높이는 것을 근본으로 삼았다. 孟子의 시대에 이르러서는 七國[15]이 패권을 다투어 천하에 주나라가 있는 줄을 알지 못하였으며, 그리하여 생민이 도탄에 빠졌다. 제후들이 이때에 능히 王道를 행했다면 왕 노릇을 할 수 있었을 것이다. 대개 王者는 천하의 의로운 군주이다. 그러므로 맹자가 齊 宣王이 왕 노릇 할 수 있을 것이라 권면한[16] 까닭이 바로 이것이다.

孔子之時에 周室雖微나 天下諸侯尙知尊周爲美라 故로 春秋之法에 以尊周爲本이라 至孟子時하얀 七國爭雄하여 而天下不知有周하고 然而生民塗炭이라 諸侯是時에 能行王道면 則可以王矣라 蓋王者는 天下之義主也라 故로 孟子所以勸齊之可以王者가 此也라

15. 처음 선생을 뵈었을 적에 다음날 선생이 답례를 하고 잠자리는 편안하며 음식은 괜찮았는지를 물으셨다. 인하여 말씀하기를 "君子는 먹을 때 배부름을 구하지 않으며 거처할 때 편안함을 구하지 않는다.[17] 顔子는 한 대그릇의 밥과 한 표주박의 물로 누추한 시골에 살면서도 그의 즐거움을 바꾸지 않았으니,[18] 한 대그릇의 밥과 한 표주박의 물로 누추한 시골에 사는 것이 어찌 족히 즐겁겠는가. 이는 대개 별도로 즐거운 바가 있어서 가난을 이긴 것이다."라고 하였다.

初見先生할새 次日先生復禮하고 因問安下飯食穩便이라 因謂君子食無求飽하며 居無求安이라 顔子는 簞瓢陋巷이로되 不改其樂하니 簞瓢陋巷이 何足樂이리오 蓋別有所樂以勝之耳라①

① 伊川의 말이다.
伊川.

15) 七國 : 전국시대의 秦·楚·齊·燕·韓·魏·趙를 말한다.

16) 맹자가……권면한 : ≪孟子≫ 〈梁惠王 上〉 제7장에 보인다.

17) 君子는……않는다 : ≪論語≫ 〈學而〉에 孔子가 말하기를 "君子가 먹을 때 배부름을 구하지 않으며, 거처할 때 편안함을 구하지 않으며, 일을 민첩하게 하고 말을 삼가며, 道가 있는 이에게 나아가 질정한다면 학문을 좋아한다고 이를 만하다.〔君子食無求飽 居無求安 敏於事而愼於言 就有道而正焉 可謂好學也已〕"라고 하였다.

18) 顔子는……않았으니 : ≪論語≫ 〈雍也〉에 孔子가 말하기를 "어질도다, 顔回여! 한 대그릇의 밥과 한 표주박의 물로 누추한 골목에 사는 것을 남들은 그 근심을 견디지 못하는데, 안회는 그 즐거움을 바꾸지 않으니, 어질도다, 안회여!〔賢哉 顔回 一簞食 一瓢飮 在陋巷 人不堪其憂 回也 不改其樂 賢哉 顔回〕"라고 하였다.

16. 선생에게 물었다.

"佛家에서 살생을 경계하는 설은 어떠합니까?"

선생이 말하였다.

"儒者에게 두 가지 설이 있다. 一說은 하늘이 禽獸를 낳은 것은 본디 사람이 먹기 위해서라는 것이니, 이 설은 옳지 않다. 어찌 사람이 서캐나 이 덕분에 살아감이 있겠는가. 一說은 금수는 사람을 의지하여 살아가니 그것을 죽이는 것은 不仁하다는 것이니, 이 설 또한 옳지 않다. 대저 힘으로 능히 이길 수 있는 것은 모두 먹을 수 있으나, 다만 군자는 차마 하지 못하는 마음이 있을 뿐이다. 그러므로 '그 짐승이 살아 있는 것을 보고는 그 짐승이 죽는 것을 차마 보지 못하고, 그 소리를 듣고는 그 고기를 차마 먹지 못하니, 이 때문에 군자는 푸줏간을 멀리한다.'[19]라고 한 것이다. 예전 先兄은 일찍이 전갈 한 마리를 보고서 차마 죽이지 못하여 놓아주었다. 선형이 지은 〈放蠍頌〉에 다음과 같은 두 구절이 있으니, '전갈을 죽이면 仁을 해치고, 놓아주면 義를 해치네.'[20]라고 하였다."

問호되 佛戒殺生之說은 如何잇가 曰 儒者有兩說이라 一說은 天生禽獸는 本爲人食이라하니 此說은 不是라 豈有人爲蟣虱而生耶아 一說은 禽獸待人而生이니 殺之則不仁이라하니 此說도 亦不然이라 大抵力能勝之者는 皆可食이나 但君子는 有不忍之心爾라 故曰 見其生하고 不忍見其死하며 聞其聲하고 不忍食其肉하니 是以로 君子遠庖廚也라 舊先兄嘗見一蠍하고 不忍殺하여 放去라 頌中有二句云 殺之則傷仁이요 放之則害義라①

① 伊川의 말이다.
伊川.

17. "敬함으로써 내면을 바르게 하고 義함으로써 외면을 방정하게 한다."[21]라는 것은 "德이 있는 사람은 외롭지 않다."[22]라는 것과 한가지 뜻이다. 善을 행하는 자는 그 同

---

19) 그 짐승이……멀리한다 : ≪孟子≫ 〈梁惠王 上〉에 보인다.

20) 전갈을……해치네 : ≪二程先生遺文≫에 보인다.

21) 敬함으로써……한다 : ≪周易≫ 坤卦 〈文言傳〉에 "君子가 敬함으로써 내면을 바르게 하고 義함으로써 외면을 방정하게 하여 敬과 義가 확립되면 德이 외롭지 않으니, '六二爻는 곧고 방정하고 위대한지라, 익히지 않아도 이롭지 않음이 없다.'라는 것은 그가 행하는 바를 의심하지 않는 것이다.〔君子敬以直內 義以方外 敬義立而德不孤 直方大 不習无不利 則不疑其所行也〕"라고 하였다.

22) 德이……않다 : ≪論語≫ 〈里仁〉에 孔子가 말하기를 "德이 있는 사람은 외롭지 않아 반드시 이

類가 호응하니, 벗이 먼 지방으로부터 찾아오는 것[23]과 浩然之氣를 확충하여 天地에 가득 채우는 것[24]은 모두 외롭지 않은 경우이다.

敬以直內하고 義以方外라함은 與德不孤로 一也라 爲善者는 以類應하니 有朋自遠方來와 充之至於塞乎天地는 皆不孤也라

18. 伯夷에 대해, 孟子는 그의 행적이 聖人의 청렴한 점을 얻었다고 말하였고,[25] 孔子는 청렴하고 도량이 있었다고 말하였다. 그러므로 "남이 옛날에 저지른 잘못을 염두에 두지 않았다. 이 때문에 원망하는 사람이 드물었다."[26]라고 하고, 또 "仁을 구하여 仁을 얻었으니, 다시 무엇을 후회하였겠는가."[27]라고 하였다. "首陽山 아래에서 굶주렸다."[28]라는 것은 단지 周나라의 곡식을 먹지 않아 가난하고 굶주렸다는 것일 뿐이지, 司馬遷의 설[29]과 같이 주나라의 곡식을 먹지 않아 고사리를 캐서 먹는 데 이르렀

웃이 있다.〔德不孤 必有隣〕"라고 하였다.

23) 벗이……것 : ≪論語≫ 〈學而〉에 "벗이 먼 지방에서 찾아오면 즐겁지 않겠는가.〔有朋自遠方來 不亦樂乎〕"라고 하였다.

24) 浩然之氣를……것 : 孟子는 浩然之氣를 잘 길러 해침이 없으면 天地 사이에 꽉 찬다고 하였다.(≪孟子≫ 〈公孫丑 上〉)

25) 孟子는……말하였고 : ≪孟子≫ 〈萬章 下〉에 "伯夷는 聖人 중에서 청렴한 분이요, 伊尹은 聖人 중에서 道를 自任한 분이요, 柳下惠는 聖人 중에서 和를 실천한 분이요, 孔子는 聖人 중에서 그때에 맞게 하신 분이다.〔伯夷 聖之淸者也 伊尹 聖之任者也 柳下惠 聖之和者也 孔子 聖之時者也〕"라고 하였다.

26) 남이……드물었다 : ≪論語≫ 〈公冶長〉에 孔子가 말하기를 "伯夷와 叔齊는 남이 옛날에 저지른 잘못을 염두에 두지 않았다. 이 때문에 원망하는 사람이 드물었다.〔伯夷叔齊 不念舊惡 怨是用希〕"라고 하였다.

27) 仁을……후회하였겠는가 : 冉有가 말하기를 "夫子께서 衛나라 임금을 도우실까?〔夫子爲衛君乎〕"라고 하자, 子貢이 말하기를 "알았습니다. 내 장차 여쭈어 보겠소.〔諾 吾將問之〕"라고 하였다. 자공이 들어가서 묻기를 "伯夷와 叔齊는 어떤 사람입니까?〔伯夷叔齊 何人也〕"라고 하자, 孔子가 말하기를 "옛날의 賢人이다.〔古之賢人也〕"라고 하였다. 자공이 묻기를 "후회하였습니까?〔怨乎〕"라고 하자, 공자가 말하기를 "仁을 구하여 仁을 얻었으니, 다시 무엇을 후회하였겠는가.〔求仁而得仁 又何怨〕"라고 하였다. 자공이 나와서 말하기를 "夫子께서는 그를 돕지 않으실 것이다.〔夫子不爲也〕"라고 하였다.(≪論語≫ 〈述而〉)

28) 首陽山……굶주렸다 : ≪論語≫ 〈季氏〉에 "齊 景公은 말 4천 필을 소유하였으나 죽는 날에 사람들이 德을 칭송함이 없었고, 伯夷와 叔齊는 首陽山 아래에서 굶주렸으나 사람들이 지금에 이르도록 칭송한다.〔齊景公 有馬千駟 死之日 民無德而稱焉 伯夷叔齊 餓于首陽之下 民到于今稱之〕"라고 하였다.

29) 司馬遷의 설 : 사마천은 "武王이 殷나라의 난을 평정한 뒤 천하 사람들이 周나라를 종주로 삼

다는 말이 아니다.

伯夷는 孟子言其迹得聖人之淸하고 孔子言淸而有量이라 故曰 不念舊惡이라 怨是用希라하고 又曰 求仁而得仁이어니 又何怨이리오 若曰餓于首陽之下는 但不食周粟하여 貧且餓爾요 非謂不食周粟하여 至于采薇而食之가 如史遷之說也라

19. 음악은 風氣를 따르니, 韶[30]에 이르러서는 지극히 완비되었다. 堯임금 때에 홍수가 널리 해를 끼친 것과 四凶[31]이 아직 제거되지 않은 것은 조화로움에 지극하지 못함이 있는 것이다. 舜임금에 이르러 聖人이 聖人을 계승하니 다스림이 극진하고 조화로움이 지극하였다. 그러므로 韶가 완비된 것이다.

樂은 隨風氣하니 至韶則極備라 若堯之洪水方割과 四凶未去는 和有未至也라 至舜하여 以聖繼聖하니 治之極이요 和之至라 故로 韶爲備라

四凶服罪圖

20. 舜임금이 巡狩한 것은 5년마다 한 방면을 순수한 것이다.

舜巡狩는 每五載에 一方이라

았으나, 伯夷와 叔齊는 그것을 부끄럽게 여겨 의리를 지켜 주나라의 곡식을 먹지 않고 首陽山에 은거하며 고사리를 꺾어 먹었다.〔武王已平殷亂 天下宗周 而伯夷叔齊恥之 義不食周粟 隱於首陽山 采薇而食之〕"라고 하였다.(≪史記≫ 권61 〈伯夷列傳〉)

30) 韶 : 舜임금이 만든 음악이다.

31) 四凶 : 舜임금 때의 네 惡人으로, 共工·驩兜·三苗·鯀이다.

21. 仁은 자기에게 달려 있으니, 양보하는 것은 불가하다.[32] 아름다운 명성 같은 것은 외부에 있는 것이니 양보하지 않을 수 없다.

仁在己니 讓不可也라 若善名은 在外니 則不可不讓이라

22. 管仲은 죽지 않았으나, 그가 諸侯를 규합할 적에 兵車를 쓰지 않은 것을 보면 곧 그의 仁을 알 수 있다.[33] 이런 功이 없다면 삶을 탐하고 죽음을 아까워하여 匹夫匹婦의 작은 신의조차도 없는 사람인 것이다.

管仲不死나 觀其九合諸侯에 不以兵車면 乃知其仁也라 若無此면 則貪生惜死하여 雖匹夫匹婦之諒이라도 亦無也라

32) 仁은……불가하다 : ≪論語≫ 〈衛靈公〉에 孔子가 말하기를 "仁을 당해서는 스승에게도 양보하지 않는다.〔當仁 不讓於師〕"라고 하였다.

33) 管仲은……있다 : 子路가 "齊 桓公이 公子 糾를 죽이자, 召忽은 죽고 管仲은 죽지 않았으니, 관중은 仁하지 못합니다.〔桓公殺公子糾 召忽死之 管仲不死 曰 未仁乎〕"라고 하자, 孔子가 "환공이 제후들을 규합하되, 兵車를 쓰지 않은 것은 관중의 힘이었으니, 누가 그의 仁만 하겠는가. 누가 그의 仁만 하겠는가.〔桓公九合諸侯 不以兵車 管仲之力也 如其仁 如其仁〕"라고 하였다.(≪論語≫ 〈憲問〉)

二程全書 卷36

外書 第九

≪春秋≫에 대한 기록에서 수습한 글[1) 春秋錄拾遺

1. ≪詩經≫・≪書經≫・≪周易≫에 聖人의 道를 말한 것이 구비되었는데, 어찌하여 다시 ≪春秋≫를 지었는가. 대개 ≪춘추≫는 성인이 그 道를 적용한 것이다. ≪시경≫・≪서경≫・≪주역≫은 律法과 같고 ≪춘추≫는 斷案과 같으며, ≪시경≫・≪서경≫・≪주역≫은 藥處方文과 같고 ≪춘추≫는 치료법과 같다.

詩書易에 言聖人之道가 備矣로되 何以復作春秋오 蓋春秋는 聖人之用也라 詩書易은 如律이요 春秋는 如斷案이며 詩書易은 如藥方이요 春秋는 如治法이라

2. ≪春秋≫가 魯 隱公에서 시작한 것은 이때부터 周나라가 쇠퇴하였기 때문이고, 기린을 잡은 것[2)에서 끝마친 것은 이 일에서 느낀 바가 있어 시작하였기 때문이다. 세상이 쇠퇴하고 道가 행해지지 않자 孔子가 ≪春秋≫를 저술할 의도를 가진 지 오래였는데, 기린이 잡힘으로 인하여 그런 마음이 감발된 것이다. 기린이 나타나지 않았더라도 ≪춘추≫는 또한 반드시 지어졌을 것이다.

始隱은 周之衰也요 終麟은 感之始也라 世衰道不行하니 有述作之意가 舊矣로되 但因麟而發耳라 麟不出이라도 春秋는 亦須作也라

---

1) 春秋에……글 : ≪二程全書≫ 〈朱晦翁編緝外書目錄〉에 의하면 이 편은 王蘋의 기록이다. 王蘋(1059~1129)의 자는 信伯, 호는 震澤이며, 福淸 사람이다. 程頤와 楊時를 사사하였으며, 秘書省正字・著作郎通判 등을 지냈다.

2) 기린을……것 : ≪春秋≫ 哀公 14년 조에 "봄에 서쪽 大野에서 사냥하다가 기린을 잡았다.〔春西狩獲麟〕"라고 하였다. 孔子는 본래 이 일에서 느낀 바가 있어 ≪춘추≫를 지었기 때문에 이 일로써 끝맺은 것이다.

西狩獲麟

3. '元年'은 첫 해를 표시한 것이니, 집안의 장남을 大郞이라고 부르는 것과 같다. 先儒들이 천착한 설[3]은 쓸 수가 없다.

元年은 標始年耳니 猶人家長子呼大郞이라 先儒穿鑿은 不可用이라

4. 혹자가 말하기를 '孔子가 절필한 뒤 王者는 혁명할 수 있었다.'라고 하였는데, 크게 잘못된 설이다. 공자 시대에는 오직 周나라를 높일 수 있었고, 孟子 시대에 바야흐로 혁명할 수 있었다. 시대의 변화가 그러하니, 이보다 하루 전도 불가하고 하루 뒤도 불가하다.

或言호되 絶筆後에 王者可革命이라한대 大非也라 孔子時엔 唯可尊周하고 孟子時에야 方可革命이라 時變然也니 前一日不可요 後一日不可라

5. 范文甫가, 趙盾이 자기 임금 夷皐를 시해한 것[4]에 대해 묻고, 또 許나라 世子가 자기 임금 買를 시해한 것[5]에 대해 물었는데, 선생은 모두 傳에 따라 말씀하였다.[6]

---

3) 先儒들이……설 : ≪春秋左氏傳≫ 隱公 원년 조 杜預의 주에 "임금이 즉위하면 體元居正하기 때문에 '1년', '1월'이라 하지 않고 '元年', '正月'이라 한 것이다.〔凡人君卽位 欲其體元以居正 故不言一年一月也〕"라고 한 설을 가리키는 듯하다.

4) 趙盾이……것 : ≪春秋≫ 宣公 2년 조에 "가을 9월 乙丑日에 晉나라 趙盾이 자기 임금 夷皐를 시해하였다.〔秋九月乙丑 晉趙盾弑其君夷皐〕"라고 하였다.

范文甫가 問趙盾(돈)弑其君夷皐하고 又問許世子弑其君買한대 皆從傳說이라

6. ≪春秋≫에서 전쟁을 기록할 적에 전쟁을 일으킨 자를 客으로 삼고 전쟁을 당한 자를 主로 삼았으니, 이로써 聖人의 깊은 의도를 알 수 있다. 대개 저들이 의리가 없이 군대를 거느리고 와서 전쟁을 하면 반드시 위로는 天子에게 고하고, 다음으로는 方伯에게 고하고, 가까이로는 이웃 나라에 알려야 하는데, 이렇게 하지 않고 전쟁을 하였기 때문이다. 그러므로 성인이 깊이 꾸짖은 것이다. 만약 부득이하여 전쟁하는 경우는 글을 달리하여 의도를 드러내었으니, 군대를 거느리고 乾時에 가서 전쟁한 일[7]이 바로 이것이다.

春秋書戰에 以戰之者爲客하고 受戰者爲主하니 以此로 見聖人深意라 蓋彼無義來戰이면 則必上告於天子하고 次告於方伯하고 近赴於隣國이어늘 不如是而與之戰者라 是以로 聖人深責之也라 若不得已而與之戰者는 則異文以示意하니 來戰于乾時가 是也라

7. ≪春秋公羊傳≫에서 ≪春秋≫를 해설하며 '弟'를 '母弟'라고 기록하였으니,[8] 이는 대단히 의리를 해친 것이다. 禽獸는 어미를 알고 아비를 알지 못하지만 사람은 반드시 자신의 근본을 아니, 어찌 어머니가 같은지 다른지를 논하겠는가.

---

5) 許나라……것 : ≪春秋≫ 昭公 19년 조에 "여름 5월 戊辰日에 許나라 세자 止가 자기 임금 買를 시해하였다.〔夏五月戊辰 許世子止弑其君買〕"라고 하였다.

6) 傳에……말씀하였다 : 晉 靈公이 趙盾에게 술대접을 할 때 군사를 매복시켜놓고 죽이려 하였는데, 주위 사람들의 도움으로 가까스로 위기를 모면하고 탈출하여 국경까지 갔다가 조카 趙穿이 임금을 시해했다는 말을 듣고 조정으로 돌아왔다. 太史 董狐는 이 사건에 대해 "晉 趙盾이 자기 임금 夷皐를 시해하였다."라고 기록하여 조정의 신하들에게 보였다. 조돈이 "그렇지 않다."라고 항변하니, 태사가 "그대는 正卿으로 도망가되 국경을 넘어가지 않았고, 조정에 돌아와서는 역적을 토벌하지 않았으니, 임금을 시해한 자가 그대가 아니고 누구란 말인가."라고 하였다.(≪春秋左氏傳≫ 宣公 2년) 許나라 悼公이 학질을 앓을 때, 태자 止가 의원에게 묻지 않고 독단으로 약을 올렸는데 도공이 졸하니 태자가 晉나라로 달아났다. 이 사건에 대해 ≪春秋≫ 經文에는 "자기 임금을 시해하였다."라고 기록하였다. 이에 대해 君子는 논평하기를 "心力을 다해 임금을 섬긴다면 약물을 올리지 않는 것이 옳다."라고 하였다.(≪春秋左氏傳≫ 昭公 19년)

7) 군대를……일 : ≪春秋≫ 莊公 9년 조에 "8월 庚申日에 齊나라 군대와 乾時에서 전투하다가 우리 魯나라 군대가 大敗하였다.〔八月庚申 及齊師戰于乾時 我師敗績〕"라고 하였다.

8) 弟를……기록하였으니 : ≪春秋≫ 隱公 7년 조의 "齊侯가 그의 아우 年을 魯나라에 보내어 聘問하였다.〔齊侯使其弟年來聘〕"라는 것에 대해, ≪春秋公羊傳≫에서 "아우라고 칭한 것은 어째서인가? 어머니가 같은 아우를 弟라고 하고, 어머니가 같은 형을 兄이라 한다.〔其稱弟何 母弟稱弟 母兄稱兄〕"라고 하였다.

公羊說春秋에 書弟를 謂母弟라하니 此大害義라 禽獸則知母而不知父나 人必知本하니 豈論同母與不同母乎아

8. 桓公과 宣公은 시해에 참여하였다. 그러나 聖人은 그들의 의도대로 '卽位'라고 기록하여 僖公·文公과 같게 하였다.[9] 글을 똑같이 하면 그들의 악행이 저절로 드러나니, 곧 그들을 깊이 꾸짖은 것이다. 定公은 6월이 되어서야 즉위하였으니,[10] 또한 季氏가 억제하였음을 드러낸 것이다.

桓宣은 與聞乎弒라 然이나 聖人如其意而書卽位하여 與僖文等이라 同辭則其惡自見(현)이니 乃所以深責之也라 定公은 至六月하야 方卽位하니 又以見季氏制之也라

9. ≪春秋≫가 隱公에서 시작하는 것은 孫明復(孫復)의 설[11]이 옳다. 그렇지만 손명복은 대체로 ≪춘추≫의 필법을 풀이하였을 뿐, 聖人이 은미한 뜻을 붙인 것을 보지 못하였다. 만약 그와 같이 본다면 무슨 의미가 있겠는가.

始隱은 孫明復之說이 是也라 孫大概唯解春秋之法이요 不見聖人所寓微意라 若如是看이면 有何意味乎아

10. 蒯聵는 아버지에게 죄를 얻었으니 다시 즉위해서는 안 되었고, 輒 또한 자기 아버지를 배반해서는 안 되었는데, 남에게 그 나라를 양보하지도 않았다. 임금으로 세울

---

9) 桓公과……하였다 : 桓公은 隱公의 아우로, 형을 시해한 뒤 임금이 되었다. ≪春秋≫ 桓公 원년 조에 "元年春王正月 公卽位"라고 하였다. 宣公은 文公의 庶子로, 嫡子인 惡과 視를 죽이고 임금이 되었다. ≪춘추≫ 宣公 원년 조에 "元年春王正月 公卽位"라고 하였다. 僖公은 閔公의 庶兄으로, 민공이 시해당하자 出奔하였다가 다시 들어왔기 때문에 卽位를 기록하지 않았다. ≪춘추≫ 僖公 원년 조에 "元年春王正月"이라고 하였다. 文公은 僖公의 아들로, 희공이 죽자 이듬해에 즉위하였다. ≪춘추≫ 文公 원년 조에 "元年春王正月 公卽位"라고 하였다.

10) 定公은……즉위하였으니 : 魯 昭公이 晉나라 乾侯에 나가 있다가 12월 己未日에 薨하였는데, 그 이듬해 6월에 喪柩가 도착하였다. 定公은 본래 正月에 즉위해야 하는데, 시기를 놓쳐 6월에 즉위하였다.

11) 孫明復의 설 : 孫復은 ≪春秋尊王發微≫ 隱公 원년 조에서 "孔子가 ≪春秋≫를 지은 것은 천하에 王道가 없기 때문에 지은 것이니, 은공을 위해서 지은 것이 아니다. 그렇다면 ≪춘추≫가 은공에서 시작하는 것은 다름이 아니라 平王이 죽었기 때문이다.〔孔子之作春秋也 以天下無王而作也 非爲隱公而作也 然則春秋之始於隱公者 非他 以平王之所終也〕"라고 하였다.

만한 사람에게 맡겨서 그로 하여금 先君의 社稷을 잃지 않게 하고 자신은 아버지를 따랐다면 첩은 의로웠을 것이다.[12)]

蒯聵得罪於父하니 不得復立이요 輒亦不得背其父어늘 而不與其國이라 委於所可立하여 使不失先君之社稷하고 而身從父면 則義矣라

11. ≪春秋≫는 대저 嫡·妾의 분별 및 用兵과 土功을 중시한다. 일찍이 季氏가 顓臾를 정벌하려 한 일[13)]을 말하고서 성상께 ≪춘추≫에서 用兵을 중시한 것은 군대를 거느리고 와서 郎에서 전쟁을 한 경우[14)]와 같다고 아뢰자, 潞公(文彦博)[15)]이 매우 기뻐하였다.

春秋는 大抵重嫡妾之分과 及用兵土功이라 嘗因說伐顓臾事하여 對上言春秋重兵이 如來戰于郎이라하니 潞公甚喜하다

---

12) 蒯聵는……것이다 : 蒯聵는 衛 靈公의 아들이고 輒은 괴외의 아들이다. 괴외는 부친 영공의 부인인 南子를 미워하여 살해하려다가 실패해 晉나라로 달아났는데, 그 사이 영공이 죽어 작은 아들 郢을 세우려 하자 영이 사양하였다. 이에 괴외의 아들 첩을 세웠으니, 곧 出公이다. 그 뒤 괴외가 누이 伯姬와 공모하여 위나라로 돌아와서 조카 孔悝를 협박하여 반란을 일으켰고, 공회가 괴외를 임금으로 세웠으니, 곧 莊公이다. 이듬해 출공 첩은 魯나라로 망명하였다.(≪春秋左氏傳≫ 哀公 15, 16년)

13) 顓臾를……일 : 季氏가 魯나라의 附庸國인 顓臾를 치려고 하여 冉有와 子路가 孔子에게 아뢰자, 공자가 두 사람은 계씨를 위해서 일했으면서도 이를 막지 못했으니 그 잘못이 크다고 꾸짖은 일을 가리킨다.(≪論語≫ 〈季氏〉)

14) 군대를……경우 : ≪春秋≫ 桓公 10년 조에 "겨울 12월 丙午日에 齊侯·衛侯·鄭伯이 군대를 거느리고 와서 魯나라와 郎에서 전쟁을 하였다.〔冬十有二月丙午 齊侯衛侯鄭伯 來戰于郎〕"라고 하였다. ≪春秋左氏傳≫에 의하면, 겨울에 齊·衛·鄭 세 나라가 魯나라 郎 땅에서 전쟁을 하였는데, 노나라에게는 할 말이 있었다. 당초 北戎이 제나라를 괴롭혀 諸侯가 제나라를 구원하였는데, 정나라 公子 忽에게 功이 있었다. 齊人이 제후의 군대에 食物을 보내면서 노나라에게 차례를 정하게 하였는데, 노나라는 周王이 내린 爵位의 서열에 따라 정나라를 맨 뒤로 정하였다. 이에 鄭人이 노하여 제나라에 군대를 요청하자, 제인이 위나라 군대를 거느리고 가서 정나라를 도왔다. 그러므로 '侵伐' 대신 '來戰'이라고 기록하였으니, 이는 제·위·정 세 나라의 잘못을 꾸짖은 것이다.(≪春秋左氏傳≫ 桓公 10년)

15) 潞公 : 文彦博(1006~1097)이다. 자는 寬夫, 시호는 忠烈로, 汾州 介休 사람이다. 1027년 진사에 급제하여 樞密副使·參知政事 등을 지냈다. 貝州에서 일어난 王則의 반란을 진압하고 同中書門下平章事에 올랐다. 1051년 탄핵을 받아 재상에서 파직되어 외직으로 나갔다가 1055년 다시 재상이 되었다. 1058년 潞國公에 봉해졌다. 富弼 등과 함께 英宗의 옹립에 진력하여 그 공으로 樞密使가 되었다. 神宗 때 王安石의 新法에 반대하여 쫓겨났다가 1083년 太師로 致仕하였다. 哲宗 즉위 후 舊法黨이 부활하자 司馬光의 추천으로 平章軍國重事가 되었다.

二程全書 卷37

外書 第十

明 後學 嘉興 徐必達 校正

大全集[1)]에서 수습한 글　大全集拾遺

1. 聖人은 기쁨이 없었던 적이 없으니, "象이 기뻐하면 또한 기뻐하셨다."[2)]라고 하였고, 성인은 노여움이 없었던 적이 없으니, "한번 노하여 천하의 백성을 편안하게 하셨다."[3)]라고 하였고, 성인은 슬픔이 없었던 적이 없으니, "이 곤궁한 이가 가엾다."[4)]라고 하였고, 성인은 두려움이 없었던 적이 없으니, "일에 임하여 두려워한다."[5)]라고 하

---

1) 大全集 : ≪二程全書≫ 〈朱晦翁編輯外書目錄〉에 의하면 建陽에서 인쇄한 판본이라고만 하였다. ≪程氏外書≫는 朱熹가 ≪程氏遺書≫ 25편을 編次한 뒤, 빠뜨린 것을 集錄에서 취하여 12편으로 엮은 것인데, '大全集에서 수습한 글'이라고 하였으니, '大全集'은 주희 이전에 二程의 글을 모아 만든 全集인 듯하다.

2) 象이……기뻐하셨다 : 象은 舜임금의 이복동생이다. ≪孟子≫ 〈萬章 上〉에 萬章이 말하기를 "舜은 象이 장차 자신을 죽이려 한 것을 모르셨습니까?〔舜不知象之將殺已與〕"라고 하자, 맹자가 말하기를 "어찌 알지 못하였겠는가. 象이 근심하면 또한 근심하시고, 象이 기뻐하면 또한 기뻐하신 것이다.〔奚而不知也 象憂亦憂 象喜亦喜〕"라고 하였다.

3) 한번……하셨다 : ≪孟子≫ 〈梁惠王 下〉에 孟子가 齊 宣王에게 말하기를 "≪詩經≫에 이르기를 '王께서 혁혁히 노하시어 이에 그 군대를 정돈하여 침략하러 가는 무리를 막아서 周나라의 복을 돈독히 하여 천하에 보답하였다.'라고 하였으니, 이것은 文王의 용기이니, 문왕이 한번 노하여 천하의 백성을 편안히 하였습니다.〔詩云 王赫斯怒 爰整其旅 以遏徂莒 以篤周祜 以對于天下 此文王之勇也 文王一怒而安天下之民〕"라고 하였다.

4) 이……가엾다 : ≪孟子≫ 〈梁惠王 下〉에 孟子가 齊 宣王에게 말하기를 "늙어서 아내가 없는 것을 鰥이라 하고, 늙어서 남편이 없는 것은 寡라 하고, 늙어서 자식이 없는 것을 獨이라 하고, 어려서 부모가 없는 것을 孤라 합니다. 이 네 가지는 천하의 곤궁한 백성으로서 하소연할 데가 없는 자들입니다. 文王은 政事를 펴고 仁을 베풀되 반드시 이 네 부류의 사람들을 먼저 하셨습니다. ≪詩經≫에 이르기를 '부유한 사람은 괜찮거니와 이 곤궁한 이가 애처롭다.'라고 하였습니다.〔老而無妻曰鰥 老而無夫曰寡 老而無子曰獨 幼而無父曰孤 此四者 天下之窮民而無告者 文王發政施仁 必先斯四者 詩云 哿矣富人 哀此煢獨〕"라고 하였다.

였고, 성인은 사랑이 없었던 적이 없으니, "사람을 인애하고서 다른 생명체를 사랑한다."[6]라고 하였고, 성인은 하고자 함이 없었던 적이 없으니, "내가 仁을 하고자 하면 이에 仁이 이르는 것이다."[7]라고 하였다. 다만 성인은 그 절도에 맞게 하였으니, 이를 和라고 한다.

聖人未嘗無喜也니 象喜亦喜라하고 聖人未嘗無怒也니 一怒而安天下之民이라하고 聖人未嘗無哀也니 哀此煢獨이라하고 聖人未嘗無懼也니 臨事而懼라하고 聖人未嘗無愛也니 仁民而愛物이라하고 聖人未嘗無欲也니 我欲仁이면 斯仁至矣라하니라 但中其節이니 則謂之和라

2. 荀卿은 재주가 높으나 학문이 비루하여 禮를 허위라 여기고 性을 악하다고 여겼으며, 聖賢을 만나지 못하여 子弓[8]을 존숭한다고 하였으나 시간적 거리가 매우 멀었다. 聖人의 道가 순경에 이르러서는 전해지지 않았다. 楊子雲(楊雄)이 賊臣 王莽을 섬길 적에 그를 "두루 비추어 끝이 없네."[9]라고 하였으니, 어찌 옳겠는가. 당시는 은거하는 것이 옳고, 출사하는 것은 옳지 않다.

荀卿은 才高學陋하여 以禮爲僞하고 以性爲惡하며 不見聖賢하여 雖曰尊子弓이나 然而時相去甚遠이라 聖人之道가 至卿不傳이라 楊子雲仕莽賊할새 謂之旁燭無疆이라하니 可乎아 隱可也요 仕不可也라

---

5) 일에……두려워한다 : ≪論語≫ 〈述而〉에 子路가 말하기를 "夫子께서는 三軍을 통솔하신다면 누구와 함께 하시겠습니까?〔子行三軍 則誰與〕"라고 하자, 孔子가 말하기를 "맨손으로 범을 잡으려 하고 맨몸으로 江河를 건너려다가 죽어도 후회함이 없는 자를 나는 함께 하지 않을 것이니, 반드시 일에 임하여 두려워하고, 도모하기를 좋아하여 성공하는 자와 함께 할 것이다.〔暴虎馮河 死而無悔者 吾不與也 必也臨事而懼 好謀而成者也〕"라고 하였다.

6) 사람을……사랑한다 : ≪孟子≫ 〈盡心 上〉에 孟子가 말하기를 "君子가 다른 생명체에 대해서는 사랑하되 인애하지 않으며, 남에 대해서는 인애하되 친애하지 않으니, 친족을 친애하고서 남을 인애하며, 사람을 인애하고서 다른 생명체를 사랑한다.〔君子之於物也 愛之而弗仁 於民也 仁之而弗親 親親而仁民 仁民而愛物〕"라고 하였다.

7) 내가……것이다 : ≪論語≫ 〈述而〉에 孔子가 말하기를 "仁이 멀리 있는가. 내가 仁을 하고자 하면 이에 仁이 이른다.〔仁遠乎哉 我欲仁 斯仁至矣〕"라고 하였다.

8) 子弓 : 孔子의 제자 仲弓(冉雍)을 가리킨다.

9) 두루……없네 : ≪法言≫ 〈問明篇〉에 "明哲함이 빛나고 빛나, 두루 비추어 끝이 없네. 뜻밖의 재앙에 순응하여, 하늘의 명을 보존하였네.〔明哲煌煌 旁燭無疆 遜于不虞 以保天命〕"라고 하였다.

3. 劉子[10)]의 학문은 매우 지리하여 단지 명예를 추구하고 법도에 맞는 말을 할 뿐이니, 곧 옳지 않다.

劉子之學은 甚支離하여 只立名做法語니 便不是了라

4. 游酢는 〈西銘〉에 대해 그 글을 읽고서 이미 마음에 거슬리지 않았다. 언어의 밖에서 별도로 그런 義理를 세웠으니, 곧 中庸을 말미암은 것이다.

游酢는 於西銘에 讀之已能不逆於心이라 言語之外에 別立得這箇義理하니 便道中庸矣라①

① '道'는 어떤 판본에는 '到'로 되어 있다.
道, 一作到.

5. 해에 대한 생각과 불에 대한 생각은 다르니, 불은 하나의 매우 뜨거운 성질일 뿐이고, 해는 자연스럽게 일반적으로 생기는 기운으로 곧 사람의 氣와 접하는 것이다.

向日與向火意思別하니 火只是一箇酷烈底性이요 日則自然一般生底氣로 便與人氣接이라

6. 선생에게 星辰을 묻자, 선생이 말하기를 "星은 二十八宿이고, 辰은 日月과 五星[11)]이다."라고 하였다.

問星辰하니 曰 星是二十八宿요 辰是日月五星이라

7. 井泉의 물맛의 차이는 전적으로 한 줄기 地脈이 갈리는 것에 연유한다. 伯淳이 扶溝縣[12)]에 있을 적에 부구현의 물은 모두 짠맛이었다. 오직 僧舍의 우물물이 조금 달았으나, 부녀자들이 가서 물을 긷는 것을 바라지 않아 출입을 금하였다. 출입을 금하자 縣內에 물이 없게 되었다. 이에 한 단서를 살펴보고 우물 하나를 팠는데 그 물맛이 마침 남달랐으니, 지맥이 같은 줄기였던 것이다. 또 백순이 襄城에 가 있을 적에 절

10) 劉子 : 漢나라 때 사상가 劉向을 가리키는 듯하다.
11) 五星 : 木星, 火星, 土星, 金星, 水星을 가리킨다.
12) 扶溝縣 : 지금의 河南省 周口市이다.

안의 물은 짜지만, 절 밖의 물은 달았다. 하루는 그 담장 아래에 지표면이 약간 갈라져있는 것을 보았다. 이에 담장 근처에 우물을 파보게 하니, 또한 물맛이 달았다. 그러니 지맥이 어떠한지를 보아야 할 뿐이다.

井泉之異는 全由地脈一溜之別이라 伯淳在扶溝에 扶溝水皆醎이라 惟僧舍井小甘이로되 不欲令婦女往汲之하여 乃禁之라 旣禁之에 又一縣無水라 乃相一端鑿一井한대 其味適別하니 地脈是一溜也라 又如在襄城에 寺中水醎이나 寺外卽甘이라 一日에 觀其牆下有地皮一旋裂이라 於是에 試令近牆鑿井하니 遂亦甘이라 只是要相地脈如何라

8. 겨울에 핀 복사꽃은 지금 살펴보면 봄에 앞서 핀 듯하다. 그러나 실상은 늦게 피는 복사꽃이니, 바로 지금에 와서야 피는 꽃이다.

冬桃는 今視之似先春이라 其實은 晩桃也니 直到如今方發이라

9. 南京의 36개 언덕에 改葬한 것은 宮中의 사람들이 한 것이니, 스스로 그 권세를 휘둘러 이익을 도모하려 한 것이다.

南京三十六岡改葬은 只是臺中人爲之니 要得自振其術以營利也라

10. 어떤 사람이 장례를 치르고 매장할 적에 심지어 자기 어버이의 시신을 훼손하여 福利를 비는 일까지 있었는데, 우연히 禍를 당하였다. 그 일이 반드시 그런 결과를 초래한 것은 아니겠지만, 이치에 근거해보면 어찌 이런 화를 초래하지 않을 수 있겠는가.

有人葬埋할새 至有毁伐其親之屍하여 以祈福利로되 然偶獲禍라 其事가 雖未必然이나 然据理면 安得不招此禍리오

11. 冬至日에 여러 벗들과 함께 하례하는데 선생은 참석하지 않고 "有司는 복장을 법도대로 하라."라고 말하였다. 위문을 한 뒤에 선생이 참석하였다.[13)]

---

13) 冬至日에……참석하였다 : 〈伊川先生年譜〉에 "神宗의 喪이 아직 끝나지 않았는데도 백관이 冬至를 축하하는 表文을 올렸다. 선생은 節氣가 변하여 時思가 바야흐로 절실함을 말하고 축하〔賀〕를 고쳐 위문〔慰〕으로 바꾸기를 청하였다."라고 하였다. 이 기사는 이와 관련이 있는 듯하다.

冬至에 與諸友賀한대 先生不出하고 云有司法服이라 慰乃出이라

12. ≪子夏易傳≫은 卜商이 지은 것은 아닐지라도, 杜子夏[14]가 능히 지을 수 있는 책이 분명 아니니, 반드시 스승이 전해준 것을 받은 것이리라.

子夏易은 雖非卜商作이나 必非杜子夏所能爲니 必得於師傳也라

13. ≪周易≫은 爻象을 인하여 變化를 논하고, 變化를 인하여 神을 논하고, 神을 인하여 사람을 논하고, 사람을 인하여 德行을 논하였으니, ≪주역≫의 道를 대체적으로 通論하고 "묵묵히 그 도를 이루며 말하지 않아도 믿음은 德行에 보존된다."[15]라는 말에서 끝맺었다.

易은 因爻象論變化하고 因變化論神하고 因神論人하고 因人論德行하니 大體通論易道하고 而終於默而成之하며 不言而信은 存乎德行이라

14. 復은 근본으로 돌아가는 것이다. 본래 있었는데 떠나갔다가 지금 돌아와 회복한 것이니, 곧 天地의 마음을 보는 것이자 하늘의 이치이다. 이는 賢人의 일이다.

復者는 反本也라 本有而去之라가 今來復하니 乃見天地之心也요 乃天理也라 此賢人之事也라

15. "聖人이라도 생각하지 않으면 狂人이 된다."[16]라는 것은 ≪周禮≫ 〈地官 大司徒〉 六德의 聖[17]과 같으니, 通明함을 말하는 것이다.

---

14) 杜子夏 : 前漢 때의 학자인 杜欽을 말한다. 子夏는 그의 자이다.

15) 묵묵히……보존된다 : ≪周易≫ 〈繫辭傳 上〉에 "天下의 雜亂함을 지극히 함은 卦象에 있고, 天下의 動함을 고무함은 爻辭에 있고, 化하여 裁制함은 變에 있고, 미루어 행함은 通에 있고, 신묘하게 하여 밝힘은 사람에 있고, 묵묵히 이루며 말하지 않아도 믿음은 德行에 있다.〔極天下之賾者 存乎卦 鼓天下之動者 存乎辭 化而裁之 存乎變 推而行之 存乎通 神而明之 存乎其人 默而成之 不言而信 存乎德行〕"라고 하였다.

16) 聖人이라도……된다 : ≪書經≫ 〈周書 多方〉에 "聖人이라도 생각하지 않으면 狂人이 되고, 狂人이라도 능히 생각하면 聖人이 된다.〔惟聖罔念作狂 惟狂克念作聖〕"라고 하였다.

17) 六德의 聖 : ≪周禮≫ 〈地官 大司徒〉에 "鄕學의 세 가지 일로써 만백성을 교화하고 빈객을 천거한다. 첫 번째는 六德이니, 知·仁·聖·義·忠·和요, 두 번째는 六行이니, 孝·友·睦·姻·任·恤

惟聖이라도 罔念하면 作狂이라함은 如周官六德之聖이니 通明之謂也라

16. 徽柔懿恭[18]은 네 가지 일이다. 徽와 懿는 모두 '아름답다'는 뜻이다. 懿는 아름다운 가운데 너그러움이 있는 듯하다는 뜻이니, 그 의미를 연구해야 터득할 것이다. 예컨대 '淵'자는 또한 '깊다'는 뜻이니, 淵은 깊은 가운데 심오함이 있다는 뜻이다.

徽柔懿恭은 四事也라 徽懿는 皆美也라 懿는 美中似有寬裕意니 硏其意味라야 乃得之라 若淵은 亦深也니 淵則深中有奧意라

17. ≪周禮≫는 전부 周公의 禮法은 아니니, 후세에 수시로 추가된 것도 있고, 漢나라 儒者들이 지어서 넣은 것도 있다. 이는 〈呂刑〉·〈文侯之命〉[19]을 통틀어 周書라고 말하는 것과 같다.

周禮는 不全是周公之禮法이니 亦有後世隨時添入者요 亦有漢儒撰入者라 如呂刑文侯之命을 通謂之周書라

18. 배우는 자가 터득함이 있는 경우가 꼭 經書를 말하고 道를 논하는 사이에만 있는 것은 아니니, 일을 행하고 움직이고 주선함이 禮에 맞을 때에도 터득한다.

學者有所得은 不必在談經論道間이니 當於行事動容周旋中禮에도 得之라

이요, 세 번째는 六藝니, 禮·樂·射·御·書·數이다.〔以鄕三物敎萬民而賓興之 一曰六德 知仁聖義忠和 二曰六行 孝友睦婣任恤 三曰六藝 禮樂射御書數〕"라고 하였다. 여기서의 六德의 '聖'을 가리킨다.

18) 徽柔懿恭 : ≪書經≫ 〈周書 無逸〉에 "文王께서는 거친 의복으로 백성을 편안히 하는 일과 농사일에 전념하였습니다. 아름답고 부드럽고 너그럽고 공손하여 백성들을 품어서 보호하시며, 홀아비와 과부에게 은혜를 베풀어 생기가 나게 하시어, 아침부터 해가 중천에 이르고 해가 기울 때까지 한가롭게 밥 먹을 겨를도 없이 만백성을 모두 화합하게 하셨습니다.〔文王卑服 卽康功田功 徽柔懿恭 懷保小民 惠鮮鰥寡 自朝至于日中昃 不遑暇食 用咸和萬民〕"라고 한 것의 '徽柔懿恭'을 가리킨다.

19) 呂刑·文侯之命 : ≪書經≫ 〈周書〉의 편명이다. 〈呂刑〉은 呂侯가 천자의 司寇가 되었을 때 周穆王의 명을 받고 贖刑의 제도를 선포한 것이며, 〈文侯之命〉은 周 平王이 晉 文侯를 方伯으로 삼고 策書를 만들어 명한 글이다.

19. 배우는 자가 聖人을 배우지 않는다면 그만이지만, 성인을 배우려고 한다면 반드시 성인의 기상을 익숙히 완미해야지, 단지 명분상에서만 이해해서는 안 된다. 이와 같이 하면 단지 문자만을 강론하는 것이다.

學者가 不學聖人則已어니와 欲學之인댄 須是熟玩聖人氣象이요 不可止於名上理會라 如是면 只是講論文字라

20. 易學은 나중에 曾子와 子夏의 학문이 上面에 높이 이르렀다.

易學은 後來曾子子夏學得煞到上面也라

21. 君實(司馬光)은 근년에 병통이 점점 더 없어져 간다.

君實은 近年에 病漸較煞放得下也라

22. "致知는 格物에 있다."[20]라고 하였는데, 格은 '이르다〔至〕'라는 뜻이다. 이치를 궁구하여 사물에 이르면 사물의 이치가 극진해진다.

致知在格物이라한대 格은 至也라 窮理而至於物이면 則物理盡이라

23. 선생이 말하였다.

"司馬遷은 옛사람에 가까우니, 그의 글 가운데는 前人의 格言이 많이 있다. 예컨대 本紀를 지은 것은 ≪尙書≫에 근본하였는데, 다만 그 사이에 ≪상서≫의 뜻을 환히 터득하지 못함이 있어 잘못 쓴 곳이 있다."

嘉仲(李處遯)[21]이 물었다.

"項籍의 本紀를 지은 것은 어떠합니까?"

선생이 말하였다.

---

20) 致知는……있다 : ≪大學≫에 보인다.

21) 嘉仲 : 李處遯으로, 嘉仲은 그의 자이며, 洛陽 사람이다. 程頤의 문하에서 수학하였으며, 中書舍人을 지냈다.

"本紀는 天下를 소유한 자라야 지을 수 있는 것이다."

또 물었다.

"班固가 일찍이 사마천의 잘못을 의론한 것[22]은 어떠합니까?"

선생이 말하였다.

"後人이 前人을 의론하는 것은 본래 매우 쉽다."

先生曰 司馬遷은 爲近古하니 書中多有前人格言이라 如作紀本尙書나 但其間有曉不得書意하여 有錯用却處라 嘉仲이 問호되 項籍作紀는 如何잇가 曰 紀는 只是有天下라야 方可作이라 又問호되 班固嘗議遷之失은 如何잇가 曰 後人議前人은 固甚易(이)라

24. 天下에 차라리 魏公(魏徵)의 忠亮함이 없을지언정 忠臣의 의리는 없을 수 없다. 예전에 李建成을 섬기다가 나중에는 太宗을 섬긴 것[23]이 옳겠는가.

天下寧無魏公之忠亮이언정 而不可無忠臣之義라 昔事建成而今事太宗이 可乎아

25. 薛公이 "黥布가 上策을 낸다면 關東은 漢나라의 소유가 아닐 것이다."라고 말한 것[24]은 옳지 않다. 가령 그가 上策을 냈더라도 그는 패했을 것이다.

---

22) 班固가……것 : ≪後漢書≫ 〈班彪列傳〉의 史論에 "班彪와 班固는 司馬遷을 기롱하면서 '是非가 성인의 말씀과 상당히 어긋난다.'고 하였다."라고 하였는데, 그 注에 "사마천이 옳고 그르다고 한 것이 모두 성인의 말씀과 어긋난다는 말이니, 곧 黃老를 숭상하고 五經을 등한시하며, 仁義를 경시하고 守節을 천시한 것이 그것이다."라고 하였다.

23) 예전에……것 : 魏徵은 본래 唐 高祖의 장남 李建成의 측근이었는데, 이건성이 아우 李世民과의 권력 다툼에서 패해 죽은 뒤 이세민의 부름을 받아 중용되었다.

24) 薛公이……것 : 黥布의 이름은 英布로, 죄를 짓고 黥刑을 받아서 黥布라 불렸다. 원래 楚나라 項羽의 휘하에 있었는데, 劉邦에게 귀의하여 천하를 평정한 뒤 淮南王이 되었다. 공신 韓信과 彭越이 차례로 죽음을 당하자 화가 미칠 것을 염려하여 반란을 일으켰다. 이에 漢 高祖가 楚나라 令尹을 지낸 薛公을 불러 계책을 물어보니, 설공이 말하기를 "경포가 上計를 쓴다면 山東은 漢나라의 소유가 아닐 것이며, 中計를 쓴다면 승패의 數를 알 수 없으며, 下計를 쓴다면 폐하께서는 베개를 편안히 베고 누워 계실 수 있을 것입니다."라고 하였다. 경포가 어느 계책을 쓸 것이라고 생각하는지 고조가 묻자, 설공이 말하기를 "下計를 쓸 것입니다."라고 하였다. 그 이유를 묻자, 설공이 말하기를 "黥布는 옛날 驪山의 무리인데, 스스로 萬乘의 군주가 되었으나 이는 모두 자신을 위한 것일 뿐, 뒷날을 생각하여 백성과 만세를 위하여 생각할 자가 아닙니다. 그러므로 下計를 쓸 것이라고 말한 것입니다."라고 하였다. 이후 경포는 설공의 짐작대로 행동하였고, 결국 멸망하였다.(≪史記≫ 권91 〈黥布列傳〉)

薛公言黥布出上策이면 則關東非漢有라함은 非也라 使出上策이라도 亦敗라

26. 趙 襄子의 누이가 代나라의 夫人이 되었으니, 襄子가 代王을 죽이고 장차 그 나라를 빼앗으려 하면 부인이 항거하여 싸우는 것이 옳다. 代나라 夫人이 되어 社稷에 주인이 없자 홀로 그 중임을 맡았으니, 사직을 버리고 아우에게 나라를 주는 것은 의리상 불가하다. 그러니 싸워서 그를 죽이는 것은 누이가 아우를 죽이는 것이 아니라, 대나라 부인이 적을 죽이는 것이다.[25)]

趙襄子姊爲代國夫人하니 襄子旣殺代王하고 將奪其國이면 夫人距戰이 是也라 身爲代國夫人하여 社稷無主하여 獨當其任하니 義不可棄社稷以與弟니 則戰而殺之는 非姊殺弟也요 代國夫人殺賊也라

27. 陳寔이 張讓에게 조문한 것[26)]은 오랜 벗인지라 조문하는 것이 옳지만, 그렇지 않다면 잘못이다. 이것이 이른바 "太丘는 도량이 넓다."[27)]라는 것이다.

陳寔見張讓은 是故舊니 見之가 可也어니와 不然則非矣라 此所謂太丘道廣이라

28. 唐나라가 천하를 소유한 것이 수백 년인데, 이로부터 紀綱이 없어졌다. 太宗과 肅宗은 모두 찬탈하였으니, 다시 무슨 君臣・父子의 의리가 있겠는가. 그 아내는 부정하

---

25) 趙……것이다 : 趙 襄子의 누이는 代王의 부인이었다. 襄子는 부친 簡子의 상복을 벗기도 전에 夏屋山에 올라 代王을 초대하였다. 廚人에게 놋쇠로 만든 국자를 들고 代王과 그 시종들에게 음식을 권하게 하고, 술을 따를 적에 몰래 宰人 各을 시켜 국자로 代王과 시종을 때려죽이게 하였다. 그리고는 마침내 군사를 일으켜 代나라를 평정하였다. 그의 누이는 소식을 듣고 하늘을 향해 울부짖다가 비녀를 갈아서 자살하였다.(≪史記≫ 권43 〈趙世家〉)

26) 陳寔이……것 : 陳寔은 後漢 때의 名士이다. 潁川 사람으로, 太丘의 縣令을 지냈다. 당시 천하에 권세를 떨치던 환관 張讓의 아버지가 죽어 潁川으로 돌아와 장사지냈는데, 영천군의 사람이 모두 조문하러 왔지만 名士들은 한 사람도 없었다. 장양이 이것을 매우 수치스럽게 여겼는데, 진식이 홀로 조문하였다. 나중에 黨人들을 주벌할 적에 장양이 진식을 고맙게 여겨 사면해 주었다.(≪後漢書≫ 권92 〈陳寔列傳〉)

27) 太丘는……넓다 : 太丘는 太丘縣令을 지낸 陳寔을 가리킨다. ≪後漢書≫ 권68 〈郭符許列傳〉에 許劭가 潁川에 이르렀을 때 長者를 방문하는 일이 많았지만 진식에게는 문후하지 않았다. 혹자가 그 이유를 묻자 허소가 말하기를 "太丘는 도량이 넓으시니, 도량이 넓으면 두루 알기가 어렵다."라고 하였다.

게 얻었고, 또 아내는 남편을 죽였으니, 帝位를 찬탈하는 데 하지 못할 짓이 없었다. 만약 태종을 功을 세워 천하를 취한 인물이라고 말한다면 이는 더욱 불가하니, 참람하게 제위를 찬탈하는 단서를 최악으로 열어놓았기 때문이다. 그의 악행이 크니, 형을 죽이고 제위를 찬탈하였으며, 또 아우 李元吉의 아내를 취하였다. 후세 사람들이 그를 聖明한 군주라고 여기는 것은 이해할 수 없다. 太宗과 李建成은 역사에 기록된 것이 도리어 이러하다. 肅宗은 분명히 위기를 틈타 제위를 찬탈한 것이다.[28] 이와 같다면 이 이후로 아버지에게 일이 있더라도 어찌 아들로 하여금 섭정하게 할 수 있겠는가.

唐之有天下數百年에 自是로 無綱紀라 太宗肅宗은 皆簒也니 更有甚君臣父子리오 其妻則取之不正하고 又妻殺其夫하니 簒其位에 無不至也라 若太宗을 言以功取天下면 此尤不可하니 最啓僭奪之端일새라 其惡大하니 是殺兄簒位하고 又取元吉之妻라 後世以爲聖明之主는 不可會也라 太宗與建成은 史所書가 却是也라 肅宗則分明是乘危而簒이라 若是則今後父有事라도 安得使其子리오

29. ≪新書≫[29]는 의리에 맞는지 여부를 말하지 않았으며, 또 小人과 더불어 능한 바를 이야기하는 것과 같으며, 또한 지극한 말이 있더라도 하나의 기상일 뿐이다. 오늘날 ≪신서≫를 읽어보건대 하나의 지리한 기상이 있다.

新書는 且未說義中否하며 且如與小人說能하며 亦有至言이나 然只是一箇氣象이라 今日新書讀之컨대 便有一箇支離氣象이라①

① 誤字가 있는 듯하다.
疑有誤字.

30. 太學의 諸生 수천 명을 살펴보니 오늘날의 학문은 요컨대 학문을 자신하는 자가 없다. 游酢[30]와 楊時[31] 등 몇 사람이 그곳에서 공부할 적에 여러 사람이 드디어 그들

---

28) 肅宗은……것이다 : 唐 肅宗 李亨은 安祿山의 난이 일어났을 때 부친 玄宗이 蜀으로 몽진하자, 靈武에서 양위 없이 스스로 황제에 올라 난을 진압하였다.

29) 新書 : 漢나라 때 賈誼가 지은 정치사상서이다.

30) 游酢 : 1053~1123. 자는 定夫·子通, 호는 廌山·廣平, 시호는 文肅으로, 建陽 사람이다. 游潛의 아들이고, 游醇의 동생이다. 1083년 진사가 되었다. 太學博士·監察御史 등을 지냈다. 和州知州로 나갔다가 漢陽軍과 舒州, 濠州 등지를 다스렸다. 二程에게 수학하였고, 謝良佐·楊

로 인해 감발되었으나 그들을 공경하면서도 멀리하였다.

觀太學諸生數千人하니 今日之學은 要之亦無有自信者라 如游酢楊時等二三人遊其間에 諸人遂爲之警動이나 敬而遠之라

31. 선생은 어릴 때부터 轎子를 탄 적이 없었다. 옛날 蜀에 있을 적에 두 명의 사신과 二峽을 유람하였는데, 사신이 억지로 교자에 태우려 하였으나 태울 수 없었다. 그 까닭을 묻자, 선생이 말하기를 "내 차마 탈 수 없으니, 이는 분명 사람으로 가축을 대신하는 것입니다. 만약 병이 들었거나 진흙탕을 건너는 경우라면 어쩔 수 없이 탈 것입니다."라고 하였다. 두 사신 또한 타지 않으려 하자, 어떤 이가 말하기를 "사신이 어찌 교자를 타지 않을 수 있겠습니까?"라고 하였다. 목적지에 도착하여 벽에 시문을 남길 적에 선생이 말하기를 "나의 이름은 기록하지 마십시오."라고 하였다. 그 까닭을 묻자, 선생이 말하기를 "사신이 한가로운 한 사람과 유람하는데, 내가 쟁쟁한 사람[32]처럼 보일 듯하기 때문입니다."라고 하였다. 선생은 당시 끝내 교자를 타지 않고, 또한 이름도 남기지 않았다.

先生은 自少時로 未嘗乘轎라 頃在蜀에 與二使者로 遊二峽한대 使者相强乘轎나 不可라 詰其故하니 語之曰 某不忍乘하니 分明以人代畜이라 若疾病及泥濘이면 則不得已也라 二使者亦將不乘하니 某語之曰 使者는 安可不乘이리오 旣至하여 留題壁間에 先生曰 毋書某名하라 詰其故하니 曰 以使者與一閒人遊어늘 若錚客일새라 當時에 竟不乘轎하고 亦不留名이라

32. 마을의 술집은 요컨대 쌀과 보리를 축내고, 한가한 사람들을 모으고, 農工을 방해하고, 송사를 일으키고, 도적을 숨겨주니 州縣에 지극히 해로움이 있다.

村酒肆는 要之컨대 蠹米麥하고 聚閒人하고 妨農工하고 致辭訟하고 藏賊盜하니 州縣極有害라

時・呂大臨과 함께 程門四先生으로 일컬어졌다.

31) 楊時 : 1053~1135. 자는 中立, 호는 龜山, 시호는 文靖으로, 南劍 將樂 사람이다. 1076년 진사가 되어 著作郎・工部侍郎등을 지냈다. 二程에게 배웠으며, 謝良佐・游酢・呂大臨과 함께 程門四先生으로 일컬어졌다. 그의 학문은 羅從彦・李侗등을 거쳐 朱熹에게로 이어져, 理學의 형성과 발전에 중요한 영향을 끼쳤다.

32) 쟁쟁한 사람 : 간쟁하는 사람을 가리킨다.

33. 正叔이 子厚(張載)가 禮院에 있으면서 龍女의 의관을 정할 적에 封號나 夫人의 品秩에 의거하여 기준을 삼게 하였다는 것에 대해 말하였다. 정숙이 그것이 잘못되었음을 말하였으니, 이 일은 잘 이해하여야 한다. 대저 大河를 막은 것은 하늘이 살펴주신 영험함, 관리들이 직무에 부지런함, 사졸들이 목숨을 바쳐 일한 덕분 아닌 것이 없다. 저 용은 물속의 짐승이니, 이 일에 무슨 힘을 쏟았겠는가. 지금 그들과 더불어 사람과 짐승의 분별을 바르게 해야 매우 마땅하지, 짐승으로 하여금 사람의 의복을 착용하게 해서는 안 된다.

正叔謂子厚在禮院所定龍女衣冠할새 使依封號夫人品秩爲準이라 正叔語其非하니 此事合理會라 夫大河之塞은 莫非上天降鑑之靈과 官吏勤職과 士卒效命이라 彼龍은 水獸也니 何力焉이리오 今最宜與他正人畜分이요 不宜使畜產而用人之衣服이라

34. 汝州에 혹이 난 사람이 많은 것은 땅의 기운이 막혀 있기 때문이다. 일찍이 어떤 사람이 州中의 여러 곳에 기물을 잡다하게 쌓아두어 수질이 모두 걸쭉하고 탁해졌다. 심지어 물속이 아교처럼 된 곳도 있었으니, 그 물을 마시면 어찌 혹이 없을 수 있겠는가. 그것을 치료하는 방법은 州中에 몇 군데의 도랑을 파서 땅의 기운이 새어 나가게 하는 것이니, 그런 뒤에 조금 괜찮아졌다.

汝之多癭은 以地氣壅滯라 嘗有人以器雜貯州中諸處하여 水例皆重濁이라 至有水脚如膠者니 食之어든 安得無癭이리오 治之之術은 於中開鑿數道溝渠하여 洩地之氣니 然後에 少可也라

35. 介甫(王安石)가 말하기를 "律은 八分의 書冊이다."[33]라고 하였으니, 이는 그가 제대로 본 것이다. 또 律을 배우는 어떤 자가 말하기를 "지금 사람들은 말을 분석하고 법률을 파괴한다.[34] 正叔이 말한 律이 곧 이런 律인가? 아마도 아닌 듯하다."라고 하

33) 律은……書冊이다 : 律은 北宋 초 竇儀 등이 명을 받들어 편찬한 ≪宋刑統≫을 가리킨다. 이 책이 고대의 법제와 가장 가깝기 때문에 '八分書'라고 칭하였는데, 이는 고대의 법제와 8할은 유사하다는 의미로 쓴 말이다.

34) 말을……파괴한다 : ≪禮記≫ 〈王制〉에 "말을 분석하여 법률을 파괴하며 명분을 어지럽히고 제도를 함부로 고치며 左道를 견지하여 정사를 혼란시키면 죽이며, 음탕한 음악과 괴이한 의복과 기이한 기예와 기이한 기물을 만들어서 사람들을 의혹시키면 죽이며, 허위를 행하면서도 견고하고 허위를 말하면서도 변명하고 그릇된 것을 배우면서도 박식하고 그릇된 것을 따르면서도 윤택하게 하여 사람들을 의혹시키면 죽이며, 鬼神・時日・卜筮에 가탁해서 사람들

였다. 학자들은 律이 세상에 전해진 이래로 혹 능히 고치지 않았는데, 오직 근년에 한 글자를 고쳤을 뿐이다. 예전 律에 天子를 비방하는 자를 말할 적에 '악한 자를 다스려 사형에 처한다.'라고 하였는데 지금은 그 律을 바꾸어 情理를 말하니,[35] 또한 잘못이다. 지금 어떤 사람이 극도로 한바탕의 흉악한 일을 저질러 성상께 무례하여도 오히려 사형에 해당하지 않으니, 반드시 반역을 해야 사형에 처한단 말인가.

介甫言호되 律是八分書라하니 是他見得이라 又有學律者言호되 今之人析言破律이라 正叔謂 律이 便是此律否아 但恐非也라하니라 學者는 以傳世來로 未之或能改也러니 惟近年改了一字라 舊言指斥乘輿하여 言理惡者死라한대 今改曰情理하니 亦非也라 今有人極一場凶惡하여 無禮於上이라도 猶不當死니 須是反逆得死也邪아

36. 술은 누룩으로 만드는데, 사람의 氣를 어지럽힌다. 사람이 心志를 잘 지키면 혼란에 이르지 않으니, 술을 마실 적에 반드시 德으로 심지를 지켜야 해가 없다는 것을 알 수 있다. 심지의 힘은 지극히 괴이하다 하겠다.

酒是麴糵爲之한대 以亂其氣라 人苟持其志면 則不到於亂하니 乃知飮酒須德持之라야 未有害也라 志之爲力은 極可怪라

37. 석탄굴 속에 불씨를 남겨두면 불길이 연속되어 끊어지지 않는다. 그러므로 불이 수백 년간, 수천 년간 보존된다. 지금 火山은 아마도 산 속에 때때로 火光이 있다가 반드시 이 불꽃이 때때로 산 속에서 일어나는 것이리라.

石炭穴中遺火면 則連蔓火不絶이라 故로 有數百千年이라 今火山은 蓋爲山中時有火光하여 必是此箇火時發於山間也라

을 의혹시키면 죽이니, 이 네 가지 죽임은 다시 판결하지 않는다.〔析言破律 亂名改作 執左道以亂政 殺 作淫聲異服奇技奇器以疑衆 殺 行僞而堅 言僞而辯 學非而博 順非而澤以疑衆 殺 假於鬼神時日卜筮以疑衆 殺 此四誅者 不以聽〕"라고 하였다.

35) 지금은……말하니 : ≪唐律≫에 "天子를 비방하되, 情理에 큰 해를 입히는 경우는 斬刑에 처하고, 큰 해를 입히는 경우가 아니면 徒刑 2년에 처한다.〔諸指斥乘輿 情理切害者斬 非切害者徒二年〕"라고 하였다.(≪唐律疏義≫ 권10 〈職制中 制書誤輒改定〉)

38. 옛날 聶覺[36]은 귀신을 믿지 않는다는 설을 창도하였다. 그리하여 몸소 龍湫의 물고기를 죽였다. 그와 동행했던 사람 중에는 그 물고기를 먹지 않았는데도 병들어 죽은 이가 있었고, 물고기를 먹었는데도 병들지 않고 죽지 않은 이가 있었으니, 단지 그들의 마음이 그렇게 만든 것이다. 먹었는데 병들거나 먹지 않았는데 병든 것은 요컨대 산 속의 음산한 기운에 마음이 근심을 품어 그의 氣血을 움직이게 한 것이다. 예컨대 太一湫[37]의 물고기는 唐나라 이래로 감히 잡지 않았으니, 지금은 물고기를 다 수용하지 못할 정도여야 한다. 그러나 또한 이와 같은 정도일 뿐인 것은 대개 물고기가 서로 잡아먹어 죽이거나 상하는 바가 있기 때문이다. 晉祠[38]의 물고기 같은 경우는 매우 많으니, 반드시 다른 물고기를 삼키는 물고기가 많지 않기 때문일 것이다. 伯淳이 일찍이 그 물가에 이르렀을 때 몸을 숙여 물고기를 주워담을 수 있을 정도였으나 사람들은 잡지 않았으니, 신령스러움을 두려워하여 특별히 이 물고기를 해치지 않은 것이다.

昔에 聶覺唱不信鬼神之說이라 故로 身殺湫魚라 其同行者에 有不食魚而病死者하고 有食魚亦不病不死者니 只是其心打得過라 或食而病하고 或不食而病은 要之컨대 山中陰森之氣에 心懷憂思하여 以致動其氣血也라 如太一湫魚는 自唐以來로 自不敢取하니 今當不可容이라 然亦只如此者는 蓋自相食及亦有死傷也일새라 若晉祠之魚則極多하니 必是呑魚之魚不衆也일새라 伯淳이 嘗到其水濱에 魚可俯拾이나 然衆人不取하니 以神爲畏하여 而特不殘及於此魚也라

39. 지금 人家에서 乳母를 사는 것은 또한 부득이한 경우가 많다. 혹 자기가 젖을 먹일 수 없으면 반드시 남을 시켜야 한다. 그러나 자기 자식을 먹이느라 남의 자식을 죽이는 것은 도리가 아니다. 반드시 부득이하다면 두 유모의 젖으로 그들의 두 자식과 나의 자식을 먹인다면 다른 근심을 충분히 대비할 수 있고, 혹 유모가 병들거나 죽더라도 해가 되지 못할 것이다. 혹 형편상 두 사람이 필요하여도 다시 자기 자식을 위해 남의 자식을 죽이지 않으니, 요컨대 단지 비용이 들 뿐이다. 만약 불행히 그 유모의

36) 聶覺 : 宋 仁宗 熙寧 연간에 중국 五臺山을 탐방한 일본 승려 成尋이 쓴 〈參天臺五臺山記〉에 보이는 인물로, 管界巡檢을 지냈다.

37) 太一湫 : 陝西省 西安에 있는 못으로, 주위의 경관이 빼어나며 아름다운 물고기가 그 속에 살았는데 감히 손을 대는 사람들이 없었다. 예로부터 이곳에서 기우제를 지냈고, 그 남쪽에는 太一殿이 있다.(≪陝西通志≫ 〈終南山〉)

38) 晉祠 : 唐 高祖가 起兵하면서 기도했던 사당으로 山西省 太原縣에 있다. 唐 太宗 李世民이 직접 짓고 쓴 〈昭晉祠銘〉이 있다.

자식을 그르친다면 무엇이 이보다 더 해롭겠는가.

今人家買乳婢는 亦多有不得已者라 或不能自乳면 須着使人이라 然이나 食己子而殺人之子는 不是道理라 必不得已인댄 用二乳而食二子와 我之子면 又足備他虞요 或乳母病且死라도 則不能爲害라 或以勢要二人이라도 又不更爲己子而殺人子니 要之컨대 只是有所費라 若不幸致誤其子면 害孰大焉이리오

40. 요즘 사람들은 天地 가운데 살면서도 天地가 日月이 비추는 안에 있는 것을 알지도 못하며 日月을 제대로 이해하지도 못하니, 이는 눈앞이 깜깜한데도 길을 가는 맹인과 같다.

今人居覆載中이로되 却不知天地在照臨之內요 却不理會得日月하니 此冥然而行者也라

41. 무릇 사람 중에는 斗筲만 한 도량을 가진 이도 있고, 鍾鼎만 한 도량을 가진 이도 있으며, 釜斛만 한 도량을 가진 이도 있다.[39] 강과 바다는 또한 크지만 오히려 限量이 있다. 오직 聖人의 도량만이 天地와 동등하다. 그러므로 아무리 많아도 가득 차지 않고 아무리 적어도 텅 비지 않는다. 무릇 사람이란 자신이 지닌 器量에 얽매이는 법이니, 그 기량이 가득 찬 뒤에는 그것이 얼마나 되는지 자연히 겉으로 드러난다.

本朝의 向敏中은 度量이 있다고 일컬어져 재상이 되었으나 한 과부를 얻기 위해 張齊賢과 다투었으니,[40] 그녀가 10만 꾸러미의 재산이 있었기 때문이다. 王隨[41] 또한

---

39) 무릇……있다 : 斗는 한 말들이의 대그릇이고, 筲는 한 말 두 되들이의 대그릇으로 작은 그릇이다. 도량이 좁고 식견이 천박한 사람을 비유한 말로, ≪論語≫ 〈子路〉에 "斗筲 정도의 사람들을 굳이 따질 것이 뭐가 있겠는가.〔斗筲之人 何足算也〕"라는 말이 나온다. 釜는 여섯 말 네 되들이의 그릇이고, 斛은 열 말들이의 그릇으로, 斗筲보다 조금 큰 그릇이다. 鍾은 6斛 4斗부터 8斛 내지 10斛들이의 큰 그릇이며, 鼎은 큰 솥이다.

40) 向敏中은……다투었으니 : 向敏中(948~1019)은 宋 眞宗 때의 재상으로 성격이 단아하고 인품이 후덕하였으며, 民政에 익숙하고 밝았다. 薛居正의 아들 薛惟吉이 죽고 손자 薛安上이 不肖하였으므로 眞宗이 조서를 내려 그의 저택을 매매하지 못하게 하였는데, 상민중이 이를 어기고 그 저택을 사들였다. 설유길의 처 柴氏는 자식이 없었는데 과부가 되자 재산을 전부 팔고 張齊賢에게 改嫁하려 하자, 설안상이 제소하였다. 시씨는 상민중의 청혼을 거절한 일로 상민중이 설안상을 비호한다고 하였고, 상민중은 설안상의 저택을 사들인 것을 인정하면서도 시씨에게 청혼한 적이 없다고 하였다.(≪宋史≫ 권282 〈向敏中傳〉, 권265 〈張齊賢傳〉)

41) 王隨 : 973~1039. 字는 子正이며, 河南 출신이다. 宋 眞宗 때 진사시에 합격하여 仁宗 때 知

德行이 있어 仁宗이 일찍이 '王隨는 덕행이 뛰어나고, 李淑은 문장이 뛰어나다.'라고 칭찬하였다. 그가 재상이 되었을 적에 蕭端公[42]이 三路轉運使가 되고 싶어 하였다. 그가 물러나자 왕수가 집안사람에게 말하기를 "어찌하여 오줌을 누어 자신의 얼굴을 비추어 보고서[43] 三路運使가 될 수 있는지 없는지를 판단하지 않는단 말인가."라고 하였다. 이 모두 도량이 변한 것이다. 지금 사람들도 어찌 도량이 변하지 않겠는가. 비단 종이 한 권만 얻어도 곧 변할 것이니, 또한 다른 사람에게 무슨 일을 관여하겠는가.

凡人有斗筲之量하고 有鍾鼎之量하고 有釜斛之量이라 江海亦大矣나 然尙有限이라 惟聖人之量이 與天地竝이라 故로 至多不盈하고 至少不虛라 凡人爲器量所拘하니 到滿後自然形見(현)이라 本朝向敏中은 號有度量하여 至作相이나 却與張齊賢爭取一妻하니 爲其有十萬囊橐故也라 王隨亦有德行하여 仁宗嘗稱王隨德行이요 李淑文章이라 至作相하여 蕭端公欲得作三路運使라 及退하여 隨語室中人曰 何不以溺自照面하여 看做得三路運使無아 皆量所動也라 今人何嘗不動이리오 只得綾寫一卷與便動하리니 又干他身分甚事아

42. 程氏·蘇氏의 姓은 천하에 후손이 번성하지 못하였고, 張氏·王氏·李氏·趙氏의 경우에는 그 出系가 같지 않지만 요컨대 그 성씨가 번성하였다. 이 또한 성을 받은 조상과 그 후손의 번성함에는 본디 정해진 분수가 있는 것이다.

程蘇之姓은 傳於天下者가 不蕃이요 至於張王李趙하얀 雖其出不一이나 要之컨대 其姓蕃衍이라 此亦受姓之祖와 其流之盛에 固有定分也라

43. 하루의 해가 두 번의 정오를 맞이한다는 것은 단지 新垣平의 거짓말인데,[44] 역사책에 그것을 사실처럼 기록하여 후세 사람들이 드디어 진실로 그렇다고 여겼다. 丁謂의 天書[45]와 같은 것은 당시 사람들이 도리어 온전히 믿지 않았는데, 오히려 후세에

樞密院事, 同中書門下平章事 등을 역임하였다.

42) 蕭端公 : 端公은 侍御史를 일컫는 호칭이다. 蕭端公은 누구를 가리키는지 불분명하다.

43) 오줌을……보고서 : 자신의 수준을 돌아보라고 넌지시 풍자하는 말이다.

44) 하루의……거짓말인데 : 新垣平이 漢 文帝에게 하루에 두 번의 정오를 맞이할 것이라고 하였는데, 과연 잠시 후 해가 뒤로 물러나 다시 중천에 떴다. 이에 문제 17년을 元年으로 바꾸고 성대한 연회를 열었다. 그러나 얼마 뒤 신원평은 사기의 혐의로 멸족되었다.(≪史記≫ 권28 〈封禪書〉)

45) 丁謂의 天書 : 丁謂(966~1037)는 宋나라 眞宗 때 同中書門下平章事를 지낸 인물로, 진종이 미

역사를 살피는 자들이 이미 믿고 있다.

日再中은 只是新垣平詐言也어늘 史冊實之하여 後世遂以爲誠然이라 如丁謂天書之類는 當時人이 却未必全信이로되 却是後世觀史者가 已信矣라

44. 太行山은 천 리가 한 덩어리로, 바위에 틈이 없다. 그러므로 바위 위에 봉우리가 솟아 있다.

太行(항)山은 千里一塊로 石更無間이라 故로 於石上起峰이라

45. 천하에서 매우 높은 곳으로 河東의 上黨만 한 곳이 없으니, 위로 하늘과 대등하다는 말이다. 澤州에서 북쪽으로 바라보면 桑林村이 있으니, 대개 湯임금이 스스로 犧牲이 된 곳이다.[46] 탕임금은 11번 천도하였는데 거주한 곳을 모두 亳이라고 하였으니, 지금 京師라고 말하는 경우와 같다.

天下獨高處는 無如河東上黨者하니 言上與天爲黨也라 澤州北望有桑林村하니 蓋湯自爲犧牲處라 湯은 十一遷이로되 所居皆言亳하니 却似今言京師之比라

46. 부처는 끝내 性命을 알지 못하였는데, 세상 사람들은 서로 비방하며 말하기를 "네가 어찌 性命을 알겠는가. 이 인과응보를 알면 된다."라고 한다.

佛은 畢竟不知性命이어늘 世之人은 相詆曰 爾安知性命이리오 是果報知之라

47. 선생에게 물었다.

"옛사람이 말하기를 '衣冠이 바르지 않으면 몸 둘 바가 없어 일신의 수치가 된다.'라고 하였습니다. 지금 佛敎를 배우는 자는 도리어 이를 허망한 것으로 여기니, 이것이

신을 믿자 그에 영합하여 玉淸昭應宮을 지어 天書를 보관하게 하였다. 天書는 진종이 꿈에서 神人에게 받았다는 글로, 실제로는 王欽若의 조작이었다.

46) 湯임금이……곳이다 : 湯임금이 천하를 평정한 뒤 크게 가뭄이 들어 5년 동안 수확을 못하자, 탕임금은 스스로 희생이 되어 桑林에서 上帝에게 빌었는데 큰비가 내렸다고 한다.(≪呂氏春秋≫〈順民〉)

진실로 이치에 맞는 것입니까?"

선생이 말하였다.

"예컨대 한 그루 나무의 봄에는 꽃이 피고 가을에는 시드는 것이 곧 常理이다. 만약 항상 꽃이 핀다면 이런 이치는 없으니, 이것이 허망한 것이다. 지금 佛氏는 죽음을 無常하다고 여기는데, 죽음이 있는 것은 常理가 있는 것이고, 죽음이 없는 것은 常理가 없는 것이다.

問호되 古人所謂衣冠不正이면 無容止하여 爲身之恥이라 今學佛者는 反以爲幻妄하니 此誠爲理否잇가 曰 只如一株樹의 春華秋枯가 乃是常理라 若是常華면 則無此理니 却是妄也라 今佛氏는 以死爲無常이로되 有死則有常이요 無死는 却是無常이라

48. 周茂叔(周敦頤)이 말하기를 "≪法華經≫ 한 부는 단지 艮卦 하나만 있으면 알 수 있다."라고 하였다.

周茂叔이 謂호되 一部法華經은 只消一箇艮卦면 可了라

49. 釋氏의 학문을 요약하자면, 그는 단지 일개 자신만을 위하는 간교한 자로서 두 눈을 감고 숲 속 바위 위에서 유유자적할 뿐이다.

要之釋氏之學컨대 他只是一箇自私姦黠로 閉眉合眼하고 林間石上自適而已라

50. 나의 理를 분명히 말하여 배우는 자로 하여금 그 옳고 그름을 환히 알게 하여야 비로소 터득할 것이다.

明言吾理하여 使學者로 曉然審其是非라야 始得이라

51. 釋氏의 설은 속임수로 귀결된다. 지금 법률에 남을 속이는 것은 사면하더라도 용서받지 못하니, 그 죄가 중하기 때문이다. 석씨의 경우 예로부터 지금까지 천하 사람들을 속여 사람들이 그 설에 빠지지 않는 이가 없는데도 자각하지 못하니, 어찌 크게 미혹한 것이라고 말하지 않겠는가. 석씨의 조상을 근원해보면 일개 교활한 오랑캐일 뿐인데, 또

한 인연에 따라 윤회하며 변화하는 것을 능히 엿볼 수 있었다. 그 설의 시작은 또한 비유와 같은 것이었는데, 그 무리 중 식견이 낮은 자가 생명체로 그 설을 끌어들였기 때문에 나중에는 행동거지의 결과로만 인식하였다. 그 설은 처음에는 세계를 허망한 것으로 여기고서 天宮이 있다고 하였는데, 나중에는 또한 하늘도 허망한 것으로 여겨 끝내 無로 귀결하였다. 부처는 머리카락이 있었으나 승려는 다시 외형을 훼손하였으며, 부처는 처자식이 있었으나 버렸고 승려는 자기 일족과 관계를 끊었다. 만약 사람들로 하여금 모두 이를 본받게 한다면 노인을 어떻게 봉양할 것이며, 어린아이를 어떻게 기를 것인가. 비단을 잘라 衲衣를 만들고 夜食을 줄이는 데 이르니, 모든 일이 모두 常道에 어긋나며 人情에 가깝지 않다. 夜食 후에 잠을 자는 일과 같은 경우는 陽氣를 해치게 한다. 그 의도가 더욱 좋지 않은 것이 바로 이와 같은데도 어찌하여 내치지 아니하는가.

釋氏之說은 其歸欺詐라 今在法欺詐는 雖赦不原하니 爲其罪重也라 及至釋氏하얀 自古至今히 欺詐天下하여 人莫不溺其說이나 而不自覺也니 豈不謂之大惑耶아 原釋祖컨대 只是一箇黠胡로 亦能窺測因緣轉化라 其始는 亦只似譬喩로되 其徒識卑者가 得入於形器라 故로 後來只去就上結果라 其說은 始以世界爲幻妄하고 而謂有天宮이러니 後亦以天爲幻하여 卒歸之無라 佛有髮이어늘 而僧復毁形하며 佛有妻子舍之어늘 而僧絶其類라 若使人盡爲此면 則老者何養하며 幼者何長이리오 以至剪帛爲衲하고 夜食欲省(생)하니 擧事皆反常하며 不近人情이라 至如夜食後睡하얀 要敗陽氣라 其意尤不美가 直如此나 奈何不下오

52. 大宗小宗圖子[47]는 6~7년 전에 어떤 사람이 印出하려 하였다. 나중에 京師에서 인출한 것이 곧 이 판본이다.

(太)〔大〕[48]宗小宗圖子는 六七年前에 被人將出이라 後來京師印이 却便是這本이라

---

47) 大宗小宗圖子 : 중국 고대 宗法社會에서 규정한 宗法制度의 大宗·小宗을 말한다. ≪禮記≫ 〈大傳〉에 "別子는 祖가 되고 별자를 계승한 자는 大宗이 되고, 禰를 계승한 자는 小宗이 된다.〔別子爲祖 繼別爲宗 繼禰者爲小宗〕"고 하였는데, 孔穎達의 疏에는 별자는 제후의 庶子를 말하며 별자의 嫡子는 대대로 별자를 계승해 대종이 되고, 부친의 적자는 부친을 계승해 소종이 된다고 풀이하였다. 金長生(朝鮮)의 ≪家禮輯覽圖說≫에 실린 〈大宗小宗圖〉에 의하면, 대종은 제후의 서자가 죽은 뒤 세워져 대종의 祖가 되는 별자를 가리키며, 별자의 서자는 죽은 뒤에 세워져 소종의 高祖가 되고, 고조의 서자는 죽은 뒤에 세워져 소종의 曾祖가 되고, 증조의 서자는 죽은 뒤에 세워져 소종의 조가 되고, 조의 서자는 죽은 뒤에 세워져 소종의 禰가 된다고 하였다.

48) (太)〔大〕 : 底本과 一簑古本에는 '太'로 되어 있으나, 中華書局本에 의거하여 '大'로 바로잡았다.

二程全書 卷38

外書 第十一

明 後學 嘉興 徐必達 校正

時氏[1]의 기록에서 수습한 글　　時氏本拾遺

1. 혹자가 물었다.

"老子가 '天地는 仁하지 않고, 聖人은 仁하지 않다.'[2]라고 말한 것은 어떻습니까?"

선생이 말하였다.

"'天地는 仁하지 않아 만물을 풀로 만든 강아지처럼 여긴다.'라고 한 말은 옳으나, '聖人은 仁하지 않아 백성을 풀로 만든 강아지처럼 여긴다.'라는 말은 옳지 않다. 성인이 어찌 仁하지 않음이 있겠는가. 성인이 근심하는 것은 仁하지 않는 것이다. 天地가 仁에 무슨 의도가 있겠는가. 天地는 만물을 고무시키되 성인과 한가지로 근심하지 않는다.[3] 성인은 仁하니, 이것이 바로 성인이 능히 道를 크게 할 수 있는 점이다."

或問호되 老子言에 天地不仁하고 聖人不仁이라함은 如何잇가 曰 謂天地不仁하여 以萬物爲芻狗라함은 是也나 謂聖人不仁하여 以百姓爲芻狗라함은 非也라 聖人이 豈有不仁이리오 所患者는 不仁也라 天地가 何意於仁이리오 鼓舞萬物而不與聖人同憂라 聖人則仁하니 此其爲能弘道也라

---

1) 時氏 : 時紫芝이다. 생애가 자세치 않다. 程子에게 수학하였다.

2) 天地는……않다 : ≪道德經≫에 "天地는 仁하지 않아 만물을 풀로 만든 강아지처럼 여긴다. 聖人은 仁하지 않아 백성을 풀로 만든 강아지처럼 여긴다. 하늘과 땅 사이는 풀무나 피리와 같지 않은가. 비어 있으나 줄어들지 않고 움직일수록 더욱 나온다. 말이 많으면 자주 궁해지니 中을 지키는 것만 못하다.〔天地不仁 以萬物爲芻狗 聖人不仁 以百姓爲芻狗 天地之間 其猶橐籥乎 虛而不屈 動而愈出 多言數窮 不如守中〕"라고 하였다.

3) 天地는……않는다 : ≪周易≫ 〈繫辭傳 上〉에 "天地의 道는 仁에 드러나며 用에 감추어져 만물을 고무시키되 聖人과 한가지로 근심하지 않으니, 盛德과 大業이 지극하다.〔顯諸仁 藏諸用 鼓萬物而不與聖人同憂 盛德大業 至矣哉〕"라고 하였다.

2. 혹자가 물었다.

"≪禮記≫에 '≪書經≫ 〈康誥〉에 이르기를 「어린아이를 보호하듯이 해야 한다.」라고 하였으니, 마음이 진실로 나라를 잘 다스리기를 구하면 비록 그 목표에 적중하지는 않을지라도 멀리 벗어나지는 않을 것이다. 자식 기르는 것을 다 배운 뒤에 시집가는 여자는 아직까지 있지 않았다.'[4]라고 하였습니다."

선생이 말하였다.

"지금 어머니가 어린아이를 보호하여 기르는 것이 그가 처음부터 어찌 배운 것이겠는가. 보호하여 길러야 할 때에 자연히 아이가 원하는 바에 적중하는 것이다. 만약 이 마음을 미루어 백성을 보호하면 설령 그들이 원하는 바에 적중하지는 않을지라도 또한 멀리 벗어나지는 않을 것이다. 이로 인하여 말하자면, 예전에 楊軾이 宣州 簽判으로 있을 적에 어느 날 王 아무개를 차출하여 杖直을 삼았다. 그날 저녁 그와 같은 姓名을 가진 자가 와서 글을 올려 재산을 나누어 주기를 청하였는데, 양식이 그 杖直을 의심하여 곧바로 그를 교체하였다. 어린아이는 말을 할 수 없지만 오히려 그 아이가 원하는 것을 맞출 수 있고, 백성은 말을 할 수 있지만 도리어 그 심정을 알 수 없으니, 대저 그 심정을 조금 살필 뿐이다."

或問호되 記曰 康誥曰 若保赤子라하니 心誠求之면 雖不中이나 不遠矣라 未有學養子而後嫁者也라하니이다 先生曰 今母保養赤子가 其始何嘗學來아 當保養之時에 自然中所欲이라 若推此心保民이면 設不中其所欲이나 亦不遠이라 因說호되 昔楊軾爲宣州簽判에 一日差王某爲杖直이라 當日晩에 有同姓名者가 來陳狀하여 乞分産이어늘 軾疑其杖直하여 便決替了라 赤子不能言이나 尙能中其欲이요 民能言이나 却不知其情이니 大抵只是少察이라

3. 배우는 자는 오늘날 더할 만한 일은 없고 오직 줄일 만한 일만 있으니, 줄이는 것이 다하면 바로 일삼을 바가 없을 것이다.

學者는 今日無可添이요 唯有可減이니 減盡이면 便無事라

---

4) 書經……않았다 : ≪禮記≫ 〈大學〉에 보인다.

4. ≪大學≫에 "천거하되 자기보다 앞에 두지 않는 것은 命이다."[5]라고 하였는데, 이 '命'자는 마땅히 '怠'자가 되어야 하니, 글자가 잘못된 것이다.

大學에 擧而不能先은 命也라한대 命은 當作怠니 字之誤也라

5. 〈선생이 말하였다.〉
"이치를 궁구하는 것, 性을 극진히 하는 것, 命에 이르는 것[6]은 한가지 일이다. 이치를 궁리하면 곧 性을 극진히 하게 되고, 性을 극진히 하면 곧 命에 이른다."
인하여 기둥을 가리키며 말하였다.
"이 나무가 기둥이 될 수 있는 것은 理이며, 그것이 굽거나 바른 것은 性이며, 그것이 굽거나 바르게 되는 까닭은 命이니 理와 性과 命은 하나일 따름이다."

窮理盡性至命은 一事也라 纔窮理便盡性이요 盡性便至命이라 因指柱曰 此木可以爲柱는 理也요 其曲直者는 性也요 其所以曲直者는 命也니 理性命은 一而已라

6. 혹자가 忠·恕의 차이에 대해 묻자, 선생이 말하기를 "형체와 그림자의 관계와 같으니, 忠이 없으면 恕를 행할 수 없다."라고 하였다.

或問忠恕之別하니 曰 猶形影也니 無忠이면 則不能爲恕矣라

7. 尹子(尹焞)[7]가 말하였다.

---

5) 천거하되……命이다 : ≪禮記≫ 〈大學〉에 "어진 사람을 보고도 그를 능히 천거하지 않으며, 그를 천거하되 능히 자기보다 앞에 두지 않는 것은 命이다. 불선한 사람을 보고도 능히 물리치지 않으며, 그를 물리치더라도 능히 멀리 내치지 않는 것은 잘못이다.〔見賢而不能擧 擧而不能先 命也 見不善而不能退 退而不能遠 過也〕"라고 하였다.

6) 이치를……것 : ≪周易≫ 〈說卦傳〉의 "옛날 聖人이 易을 지을 적에 그윽히 神明을 도와 蓍草를 내었고, 하늘에서 셋을 취하고 땅에서 둘을 취하여 이에 의거하여 數를 일으키고, 陰陽이 변하는 것을 보아 卦를 세우고, 剛柔를 발휘하여 爻를 낳으니, 道德에 화순하고 義에 맞게 하며, 이치를 궁구하고 性을 극진히 하여 命에 이른다.〔昔者聖人之作易也 幽贊於神明而生蓍 參天兩地而倚數 觀變於陰陽而立卦 發揮於剛柔而生爻 和順於道德而理於義 窮理盡性 以至於命〕"라는 말에서 나왔다.

7) 尹子 : 尹焞(1071~1142)이다. 자는 彦明·德充, 호는 和靖으로, 洛陽 사람이다. 程頤에게 수학하였고, 禮部侍郎·徽猷閣待制 등을 지냈다. 程頤의 학설을 전적으로 계승하여 달리 발명한 것은 없으나 다른 문인들처럼 禪學에 빠지지 않고 순정함을 지켰다.

"伊川先生이 일찍이 말하기를 '≪中庸≫은 孔門에서 전수해온 心法이다.'라고 하였다."

尹子曰 伊川先生嘗言호되 中庸은 乃孔門傳授心法이라하니라

8. 郭忠孝[8]가 〈易傳序〉를 의론하여 말하기를 "易이 곧 道이니, 또 어찌 道를 따르리오."[9]라고 하였다. 혹자가 이 말을 伊川에게 질문하자, 이천이 말하기를 "사람이 때에 따라 變易하는 것은 무엇 때문인가. 道를 따르기 위해서이다."라고 하였다.

郭忠孝가 議易傳序曰 易卽道也니 又何從道리오 或以問伊川하니 伊川曰 人隨時變易은 爲何오 爲從道也라

9. 范文甫가 四象을 묻자 程子는 "左・右・前・後이다."라고 하였고, 楊中立(楊時)이 四象을 묻자 程子는 四方이라고 말하였다.

范文甫問四象에 子曰 左右前後라하고 楊中立問四象에 子言四方이라하니라

10. 雋不疑가 ≪春秋≫를 해설한 것은 옳지 않지만, 그가 일에 대처하여 임기응변한 것은 옛사람과 다르지 않다.[10] 董仲舒[11]는 시사를 논할 적에 ≪춘추≫를 먼저 인용하

---

8) 郭忠孝 : ?~1127. 자는 立之, 호는 兼山이며, 洛陽 사람이다. 蔭職으로 출사한 뒤 진사시에 합격하여 軍器少監・永興軍路提點刑獄 등을 지냈다. 程頤에게 ≪周易≫・≪中庸≫을 전수받아 이를 중시하였다. 저술로 ≪中庸說≫・≪易書≫・≪兼山易解≫ 등이 있다.

9) 易이……따르리오 : 程頤의 〈易傳序〉에 "易은 變易함이니, 때에 따라 變易하여 道를 따르는 것이다.[易變易也 隨時變易以從道也]"라는 구절을 두고 한 말인 듯하다.

10) 雋不疑가……않다 : 雋不疑는 前漢 때 사람으로, 그가 京兆尹으로 있을 적에 衛太子(戾太子)라고 사칭하는 자가 있었는데, 누구도 판별하지 못하였다. 이때 준불의가 나서서 말하기를 "옛날 蒯聵가 衛 靈公의 命을 어기고 出奔하였는데, 후에 아들 輒이 그를 막고 받아들이지 않았다. ≪春秋≫에서는 그것을 옳게 여겼다. 지금 衛太子가 先帝에게 죄를 얻고 도망하여 죽음에 나아가지 않았는데 이제 스스로 나왔으니, 이는 죄인이다."라고 하며 그를 포박하여 감옥에 가두었다. 준불의가 ≪춘추≫를 해설한 것은 輒이 蒯聵를 막고 받아들이지 않은 것을 ≪춘추≫에서 옳게 여겼다고 한 것이다.

11) 董仲舒 : B.C.179~B.C.104. 前漢 때의 학자이다. 景帝 때 博士가 되었고, 武帝 때 賢良對策을 올려 百家를 몰아내고 儒術만을 존중할 것을 주장하였다. 젊을 때부터 ≪春秋≫를 전공하여 일을 논할 적에 ≪춘추≫에 근거하여 의론한 것이 많았다. 저술로 ≪董子文集≫과 ≪春秋繁露≫ 등이 있다.

였으니, 시사를 논한 것은 옳지만 ≪춘추≫를 인용한 것은 옳지 않다.

雋不疑說春秋則非어니와 處事應機則不異於古人이라 董仲舒論事에 先引春秋하니 論事則是어니와 引春秋則非라

11. 王道는 儒道와 동일하니, 모두 天地에 관통한다. 학문이 순정하면 純王, 純儒가 된다.

王道는 與儒道로 同하니 皆通貫天地라 學純이면 則純王純儒也라

12. 혹자가 劉蕡[12)]에 대해 묻자, 선생이 말하였다.

"浚恒의 흉함은 처음에 구하기를 깊이 하기 때문이다."[13)]

그가 말하였다.

"그렇다면 어떻게 해야 합니까?"

선생이 말하였다.

"자벌레가 몸을 굽힘은 펴기 위해서이다.[14)] 소원한 小臣이 하루아침에 新進으로서 舊臣의 반열에 끼고자 하는 것은 곤란하다."

或問劉蕡하니 曰 浚恒之凶은 始求深也라 曰 然則宜如何잇가 曰 尺蠖之屈은 以求伸也라 疏遠小臣이 一旦에 欲以新間舊는 難矣라

13. 혹자가 물었다.

"貞觀의 치적[15)]은 三代의 흥성함에 가깝지 않습니까?"

---

12) 劉蕡 : 唐나라 때 사람으로, 賢良對策에 응하여 환관의 전횡에 대해 극론하였는데 시험관이 환관을 두려워하여 그를 낙방시켰다.

13) 浚恒의……때문이다 : ≪周易≫ 恒卦 初六 〈象傳〉에 보인다. 浚恒은 恒을 구하는 것이 깊다는 뜻이다.

14) 자벌레가……위해서이다 : ≪周易≫ 〈繫辭傳 下〉에 "자벌레가 몸을 굽힘은 펴기 위해서이고, 용과 뱀이 칩거함은 몸을 보존하기 위해서이고, 義를 정밀히 하여 신묘한 경지에 들어감은 쓺을 지극히 하기 위해서이고, 쓺을 이롭게 하여 몸을 편안히 함은 德을 높이기 위해서이다. 〔尺蠖之屈 以求信也 龍蛇之蟄 以存身也 精義入神 以致用也 利用安身 以崇德也〕"라고 하였다.

15) 貞觀의 치적 : 貞觀은 唐 太宗(李世民)이 형과 동생을 죽이고 정권을 장악한 뒤 제위를 물려받

선생이 말하였다.

"〈關雎〉와 〈麟之趾〉의 뜻이 어디에 있는가?"[16)]

或問호되 貞觀之治는 不幾三代之盛乎니잇가 曰 關雎麟趾之意가 安在아

14. 德이 無我의 경지에 이른 자는 말을 잘하고 행실을 아름답게 하는 사람일지라도 그가 지나가는 곳마다 교화되지 않는 사람이 없을 것이다.[17)]

德至於無我者는 雖善言美行이라도 無非所過之化也라

15. 남을 가르치는 자가 그들의 선한 마음을 배양하면 악이 저절로 사라지며, 백성을 다스리는 자가 공경과 겸양으로 그들을 인도하면 다툼이 저절로 그친다.

教人者가 養其善心이면 而惡自消요 治民者가 導之敬讓이면 而爭自息이라

16. 天地의 조화는 잠시도 멈추지 않으니, 그 조화가 신속한 것처럼 보인다. 그러나 추위와 더위의 변화는 매우 점진적이다.

天地之化는 一息不留하니 疑其速也라 然이나 寒暑之變은 甚漸이라

17. 세상 사람들은 천지 만물의 이치를 궁구하는 데 힘쓰지만 자기 한 몸을 돌아볼 줄은 모르니, 오장육부·머리카락·근육·뼈가 존재하는 것을 혹시라도 아는 이가 드물다. 잘 배우는 자는 자신에게서 취할 뿐이니, 자기 한 몸으로부터 天地를 본다.

아 선포한 연호로, 627년부터 647년까지이다. 당 태종이 房玄齡 등을 등용하여 율령과 군정을 정비하고 학예를 장려하여 후대에 治世를 이룩했다는 뜻으로 貞觀之治라 일컫는다.

16) 關雎와……있는가 : 〈關雎〉와 〈麟之趾〉는 ≪詩經≫ 〈周南〉의 편명이다. 〈관저〉는 인륜의 시초인 부부의 결합을 노래한 시이고, 〈인지지〉는 부부가 가정을 화목하게 잘 꾸려 자식이 번성한 것을 노래한 시이다. 여기서는 唐 太宗이 형과 아우를 죽이고 제위를 찬탈한 것을 지적하여 貞觀之治를 인정하지 않은 것이다.

17) 지나가는……것이다 : ≪孟子≫ 〈盡心 上〉에 "군자는, 지나가는 곳은 교화가 되며, 마음이 머무는 곳은 교화가 신묘해진다. 그러므로 上下가 천지와 더불어 함께 흐르니, 어찌 조금 보탬이 있다고 하겠는가.〔夫君子 所過者化 所存者神 上下與天地同流 豈曰小補之哉〕"라고 하였다.

世之人은 務窮天地萬物之理로되 不知反之一身하니 五臟六腑毛髮筋骨之所存을 鮮或知之라 善學者는 取諸身而已니 自一身으로 以觀天地라

18. 李朴[18]이 가르침을 청하자, 선생이 말하기를 "浩然之氣를 길러야 한다."라고 하였다. 다시 묻자, 선생이 말하기를 "張子厚(張載)가 지은 〈西銘〉을 살펴보라. 그는 호연지기를 능히 기른 사람이다."라고 하였다.

張載

李朴①請教하니 先生曰 當養浩然之氣라 又問하니 曰 觀張子厚所作西銘하라 能養浩然之氣者也라

① 자가 先之이다.
字先之.

19. 程子가 말하기를 "尹焞은 노둔하고, 張繹[19]은 준수하다. 준수함은 훗날 지나칠 수 있지만, 노둔한 자는 끝내 지킴이 있다."라고 하였다.

子謂호되 尹焞은 魯요 張繹은 俊이라 俊은 恐他日過之나 魯者는 終有守也라

20. 尹子(尹焞)와 張子(張繹)가 찾아뵙자 선생이 말하였다.

"두 사람은 나의 말에 대해 어떻게 받아들이는가?"

尹子가 대답하였다.

"선생의 말씀을 듣고 말씀하시자마자 그 의미를 깨닫는 것은 제가 張繹보다 못합니다마는, 선생의 학문을 끝까지 지킬 수 있는 것은 장역이 또한 저보다 못할 것입니다."

선생이 기뻐하며 말하였다.

"각자의 병통을 잘 지적하였다."

---

18) 李朴 : 1064~1128. 자는 先之, 호는 章貢이며, 興國 사람이다. 李潛의 아들로, 豐稷에게 배웠다. 1094년 진사가 되어 西京國子監教授・著作郎 등을 지냈다. 蔡京에게 미움을 받아 좌천되기도 하였다. 시경국자감교수로 있을 적에 程頤로부터 두터운 신임을 받았다.

19) 張繹 : 자는 思叔이며, 壽安 사람이다. 程頤에게 수학하였으며, 尹焞과 함께 정이가 만년에 얻은 두 사람으로 일컬어진다.

尹子張子見하니 先生曰 二子는 於某言에 如何오 尹子對曰 聞先生之言하고 言下領意는 焞不如繹이어니와 能終守先生之學은 繹亦不如焞이니이다 先生欣然曰 各中其病이라

21. 王信伯(王蘋)[20]이 伊川에게 학문을 물으며 말하였다.
"원컨대 한 말씀 듣고자 합니다."
선생이 말하였다.
"나의 말을 믿지 말고, 이치를 얻은 것만을 믿어라."

王信伯이 問學於伊川曰 願聞一言하노이다 先生曰 勿信吾言하고 但信取理하라

22. 선생이 成都에 들렀을 적에 객사의 마루에 앉아 ≪周易≫을 읽고 있었다. 桶을 만드는 자가 앞으로 다가와 바라보며 未濟卦[21]를 가리켜 물었는데, 선생이 말하였다.
"그대는 이 괘가 무슨 의미라고 생각하는가?"
그가 말하였다.
"세 개의 陽이 모두 제자리를 잃었습니다."[22]
선생이 기이하게 여겨 그의 성과 사는 곳을 물었는데, 지금은 잊어버렸다. ≪易傳≫에 이르기를 "成都의 隱者에게 들었다."[23]라고 하였다.

先生過成都에 坐于所館之堂하여 讀易이라 有造桶者前視之하여 指未濟卦問이어늘 先生曰 何也오 曰 三陽皆失位라 先生異之하여 問其姓與居한대 則失之矣라 易傳曰 聞之成都隱者라①

① ≪西室所聞≫[24]에 "쟁기를 내려놓은 농부"라고 한 것은 오류이다.
西室所聞云 '田夫釋耒'者, 誤.

---

20) 王信伯 : 王蘋(1059~1129)으로, 信伯은 그의 자이다. 호는 震澤이며, 福清 사람이다. 程頤와 楊時를 사사하였으며, 秘書省正字・著作郎通判 등을 지냈다.

21) 未濟卦 : 上卦가 離(☲)이고 下卦가 坎(☵)인 괘이다.

22) 세……잃었습니다 : 未濟卦의 二爻, 四爻, 六爻는 陽으로서 모두 陰의 자리에 있다.

23) 成都의……들었다 : 程子의 ≪易傳≫에 "〈雜卦傳〉에 '未濟는 男子의 곤궁함이다.'라고 하였으니, 세 陽이 모두 제자리를 잃었음을 이른 것이다. 이 뜻을 成都의 隱者에게 들었다.〔雜卦云 未濟男之窮也 謂三陽皆失位也 斯義也 聞之成都隱者〕"라고 하였다.

24) 西室所聞 : 朱熹의 ≪晦菴集≫ 권61 〈答林德久〉에서 주희도 全書를 보지 못하였다고 하였으며, 陳長方이 기록한 것인 듯하다고 하였다.

23. 朝廷에서 游定夫(游酢)에게 正言을 제수하는 것을 논의하였는데, 蘇右丞(蘇軾)이 저지하며 伊川까지 폄훼하였다. 재상 蘇子容(蘇頌)이 말하기를 "공은 이와 같이 해서는 안 됩니다. 내가 그의 문하에 드나드는 자들을 살펴보니, 공경하지 않음이 없었습니다."라고 하였다.

朝廷議授游定夫以正言한대 蘇右丞沮止하며 毁及伊川이라 宰相蘇子容曰 公未可如此라 頌觀過其門者하니 無不肅也라

24. 朱公掞(朱光庭)[25]이 諫官으로서 부름을 받고 낙양을 지나면서 伊川을 찾아뵈었다. 顯道(謝良佐)[26]가 그 자리에 있었는데 주공섬이 그와 말을 하지 않았다. 이천이 현도를 가리키며 말하기를 "이 사람은 절실하게 묻고 가까운 일상에서 사유하는 학문을 하네."라고 하였다.

朱公掞이 以諫官召過洛에 見伊川이라 顯道在坐한대 公掞不語라 伊川이 指顯道謂之曰 此人은 爲切問近思之學이라

25. 張思叔(張繹)이 질문을 청하였는데, 그의 논의가 간혹 너무 고원하였다. 伊川이 답하지 않다가 한참 뒤에 말하기를 "높이 쌓는 일은 반드시 밑에서부터 시작해야 하네."라고 하였다.

張思叔이 請問한대 其論이 或太高라 伊川不答이라가 良久曰 累高는 必自下라

26. 尹子(尹焞)가 范淳夫(范祖禹)[27]의 사람됨을 묻자, 程子가 말하기를 "그 사람은 玉

---

25) 朱公掞 : 朱光庭(1037~1094)이다. 公掞은 그의 자이며, 偃師 사람이다. 二程에게 수학하였고, 1057년 진사가 되어 左正言・給事中 등을 지냈다.

26) 顯道 : 謝良佐(1050~1103)로, 顯道는 그의 자이다. 시호는 文肅으로, 上蔡 사람이다. 程顥가 知扶溝事로 있을 때 수학하였다. 二程의 문하에서 배웠으며, 游酢・呂大臨・楊時와 함께 程門四先生으로 일컬어졌다. 上蔡學派의 비조이며, 陸九淵의 心學의 선구적 역할을 하였다.

27) 范淳夫 : 范祖禹(1041~1098)로, 淳夫는 그의 자이다. 시호는 正獻이며, 成都 華陽 사람이다. 1063년 진사가 되었다. 司馬光의 문인으로 ≪資治通鑑≫ 편수를 도왔고, 사마광의 천거로 秘書省正字에 임명되었다. 哲宗 때 著作佐郎이 되어 ≪神宗實錄≫ 편찬의 검토관을 맡았고, 給事

과 같다."라고 하였다.

尹子가 問范淳夫之爲人하니 子曰 其人은 如玉이라

27. 죽었다가 다시 소생하는 경우가 있다. 그러므로 ≪禮記≫에서 "3일이 지나서 염을 한다."[28]라고 한 것이다. 그러나 趙簡子는 7일이 지나서도 오히려 소생하였으니,[29] 비록 구더기가 그의 혀를 파먹었지만 코는 오히려 해를 입지 않았다. 오직 땅에 깊이 묻힌 자는 끝내 배에 종기가 나고 등이 얼기도 한다. 그러므로 3일이 지나지 않아서 염을 하는 것은 모두 그 사람을 죽이게 되는 이치가 있다.

有死而復蘇者라 故로 禮에 三日而斂이라 然이나 趙簡子는 七日猶蘇하니 雖蛆食其舌이나 鼻猶不害라 唯伏地甚者는 遂致幷腹腫背冷이라 故로 未三日而斂은 皆有殺之之理라

28. 德을 알면 이에 남의 말을 잘 알아듣게 된다. 그러므로 남의 말이 그의 마음을 동요시키지 않는다. 孟子는 周 武王을 잘 알았다. 그러므로 피가 흘러 절굿공이를 떠내려가게 했다는 설[30]을 믿지 않았다.

知德이면 斯知言이라 故로 言使不動이라 孟子는 知武王이라 故로 不信漂杵之說이라

中 · 翰林學士를 지냈다.

28) 3일이……한다 : ≪禮記≫ 〈問喪〉에 보인다.

29) 趙簡子는……소생하였으니 : 宋나라 祝穆이 편찬한 ≪古今事文類聚≫ 前集 권51 〈七日復甦〉에 보인다.

30) 피가……설 : ≪書經≫ 〈周書 武成〉에 "戊午日에 군대가 孟津을 건너가, 癸亥日에 商나라 교외에 진을 치고서 하늘의 아름다운 命을 기다렸다. 甲子日 동틀 무렵에 商王 受가 숲처럼 많은 그의 군대를 거느리고 牧野에 모이니, 우리 周나라 군대에게 대적하는 자가 없었다. 앞에 있는 무리들이 창을 거꾸로 들어 뒤에서 공격하자 패배해서 피가 흘러 절굿공이가 떠다녔다. 한 번 戎服을 입으니 천하가 안정되었다.〔旣戊午 師逾孟津 癸亥 陳于商郊 俟天休命 甲子昧爽 受率其旅若林 會于牧野 罔有敵于我師 前徒倒戈 攻于後以北 血流漂杵 一戎衣 天下大定〕"라고 하였다. 이에 대해 孟子는 "≪書經≫의 내용을 모두 믿는다면 ≪서경≫이 없는 것만 못할 것이다. 나는 〈武成〉에서 두서너 쪽을 취할 뿐이다. 仁人은 천하에 대적할 사람이 없다. 지극한 仁으로 지극히 不仁한 사람을 정벌하였으니, 어찌 그 피가 절굿공이를 떠다니게 하는 일이 있었겠는가.〔盡信書 則不如無書 吾於武成 取二三策而已矣 仁人無敵於天下 以至仁伐至不仁 而何其血之流杵也〕"라고 하였다.(≪孟子≫ 〈盡心 下〉)

29. 배우는 자는 먼저 의심할 줄 알아야 한다.

學者는 要先會疑라

30. 邵堯夫(邵雍)[31]의 시에 "오동나무에 뜬 달이 가슴속을 비추고, 버드나무에 부는 바람은 얼굴로 불어온다."[32]라고 하였는데, 明道가 말하기를 "참으로 풍류호걸이로다."라고 하였다.

邵堯夫詩曰 梧桐月向懷中照요 楊柳風來面上吹라한대 明道曰 眞風流人豪라

邵雍

31. 伊川이 말하기를 "邵堯夫(邵雍)는 급류 가운데에 있었는데, 그런 속에서도 편안히 10년 동안의 쾌락을 취하였다."라고 하였다.

伊川曰 邵堯夫在急流中한대 被渠安然取十年快樂이라

32. 石曼卿(石延年)[33]의 시에 "즐거운 의사 서로 이어져 새는 더불어 이야기하고, 싱그러운 향기 끊어지지 않아 나무는 꽃과 어울리네."라고 하였는데, 明道가 말하기를 "이 말은 浩然之氣를 형용한 것이다."라고 하였다.

石曼卿詩云 樂意相關禽對語요 生香不斷樹交花라한대 明道曰 此語는 形容得浩然之氣라①

① ≪龜山語錄≫에 潘千之가 다음과 같이 말하였다.
"張師雍이 일찍이 伊川에게 묻기를 '예전에 明道께서 배우는 자와 더불어 浩然之氣를 논하고서 古詩를 들어 말씀하신 것은 어떠합니까?'라고 하자, 이천이 생각에 잠겨 읊조리다가 師雍을 보고 말하기를 '좋다.'라고 하였다."

---

31) 邵堯夫 : 邵雍(1011~1077)이다. 堯夫는 그의 자이며, 호는 安樂, 시호는 康節로, 范陽 사람이다. 象數學에 능통하였고, 先天學을 확립하였다. 평생 벼슬에 나아가지 않고 洛陽에서 은거하였다.

32) 오동나무에……불어온다 : ≪擊壤集≫ 〈首尾吟〉에 보인다.

33) 石曼卿 : 石延年(994~1041)이다. 曼卿은 그의 자이며, 宋城 사람이다. 高弁의 문하에서 수학하였다. 太子中允·秘閣校理 등을 지냈다.

龜山語錄, 潘千之云 "張師雍曾問伊川云 '昔明道嘗與學者論浩然之氣, 因擧古詩云云如何?' 伊川沈吟, 看師雍曰 '好.'"

33. 혹자가 물었다.

"孝가 하늘의 經이라는 것은 무엇을 말하는 것입니까?"

선생이 말하였다.

"하늘에 근본을 한 것은 위를 친히 하니, 가볍고 맑은 것이 이것이다. 땅에 근본을 한 것은 아래를 친히 하니, 무겁고 탁한 것이 이것이다.[34] 天地의 常道는 근본으로 돌아가지 않음이 없으니, 사람의 효 또한 근본으로 돌아감을 말하는 것이다."

或問호되 孝가 天之經은 何也잇가 曰 本乎天者는 親上하니 輕淸者가 是也라 本乎地者는 親下하니 重濁者가 是也라 天地之常은 莫不反本하니 人之孝도 亦反本之謂也라

34. ≪元經≫[35]은 天子의 역사이니, '帝正月'이라고 기록하는 것은 옳지 않다.[36]

元經은 天子之史也니 書帝正月은 非也라

35. 章氏의 아들과 明道의 아들은 王氏의 사위였다. 명도의 아들이 죽자, 장씨가 그의 아내를 취하였다. 선생이 말하기를 "생전에 親友였는데 죽었다고 그의 아내를 취하는 일이 어찌 있단 말인가."라고 하였다. 훗날 왕씨가 선물을 보내왔는데, 모두 사절하였다. 장씨가 찾아와 그 자식을 보고자 하였는데, 선생이 말하기를 "모자 사이를 끊을 도리는 없으나, 그대는 그 아이 아비의 죄인이다."라고 하였다.

章氏之子與明道之子는 王氏壻也라 明道子死에 章納其婦라 先生曰 豈有生爲親友어늘 死娶其婦者아 他日에 王氏來餽送이로되 一皆謝遣이라 章來欲見其子한대 先生曰 母子無絶道나 然君乃其父之罪人也라

---

34) 하늘에……이것이다 : ≪周易≫ 乾卦 〈文言傳〉에 "하늘에 근본을 한 것은 위를 친히 하고, 땅에 근본을 한 것은 아래를 친히 하니, 각기 그 類를 따르는 것이다.〔本乎天者親上 本乎地者親下 則各從其類也〕"라고 하였다.

35) 元經 : 王通이 ≪春秋≫를 모방하여 지은 것이다.

36) 帝正月이라고……않다 : ≪春秋≫에는 周나라 天子의 책력을 드러내 '王正月'이라고 하였다.

36. 范堯夫(范純仁)[37]가 經筵 때 앉아서 조니, 선생이 사람들에게 말하기를 "堯夫의 가슴속에는 일이 없는 것이 이와 같다."라고 하였다. 어떤 朝士가 入朝할 적에 手板을 거꾸로 잡았는데, 선생이 말하기를 "이 사람의 가슴속에는 일이 없지 않다."라고 하였다.

范堯夫가 經筵坐睡하니 先生語人曰 堯夫胸中엔 無事如此라 有朝士入朝할새 倒執手板이어늘 先生曰 此人胸中엔 不是無事라

37. 陳經正[38]이 물었다.

"저의 소견에 의거해보면 天地 사이에 가득한 것은 모두 나의 性이니, 나의 몸이 나라는 것을 다시 알지 못하겠습니다."

伊川이 웃으며 말하였다.

"다른 사람이 배불리 먹으면 공은 배고픔이 없는가?"

陳經正이 問曰 据貴一所見컨대 盈天地間이 皆我之性이니 更不復知我身之爲我니이다 伊川笑曰 他人食飽면 公無餒乎아

38. 능히 자기의 사욕을 이기지 못하면 楊氏(楊朱)의 爲我가 되며, 능히 禮로 돌아가지 못하면 墨氏(墨翟)의 兼愛가 된다. 그러므로 "친족을 친애하고서 남을 인애하며, 사람을 인애하고서 다른 생명체를 사랑한다."[39]라고 하였으니, 이를 말하는 것이다.

不能克己면 則爲楊氏爲我요 不能復禮면 則爲墨氏兼愛라 故曰 親親而仁民하며 仁民而愛物이라하니 此之謂也라

---

37) 范堯夫 : 范純仁(1027~1101)이다. 堯夫는 그의 자이고, 시호는 忠宣이며, 蘇州 吳縣 사람이다. 范仲淹의 둘째 아들로, 1049년 진사가 되어 侍御史·同知諫院·給事中·同知樞密院事 등을 지냈고, 나중에 재상에 올랐다. 王安石의 新法을 격렬하게 비판하다가 좌천되기도 하였다. 家學을 이어받았고, 胡瑗·孫復의 학문을 계승하였다.

38) 陳經正 : 자는 貴一이며, 溫州 平陽 사람이다. 동생 陳經邦과 함께 程頤에게 수학하였다.

39) 친족을……사랑한다 : ≪孟子≫ 〈盡心 上〉에 孟子가 말하기를 "君子가 다른 생명체에 대해서는 사랑하되 인애하지 않으며, 남에 대해서는 인애하되 친애하지 않으니, 친족을 친애하고서 남을 인애하며, 사람을 인애하고서 다른 생명체를 사랑한다.〔君子之於物也 愛之而弗仁 於民也 仁之而弗親 親親而仁民 仁民而愛物〕"라고 하였다.

39. 혹자가 涵養을 묻자, 선생이 말하기를 "만약 노력하여 경지에 도달하였다면 다시 무슨 涵養을 말하겠는가."라고 하였다.

或問涵養하니 曰 若造得到면 更說甚涵養이리오

40. ≪周易≫ 无妄卦에 이르기를 "하늘 아래에 우레가 행하여 생물마다 无妄을 준다."40) 라고 하였으니, 天理로써 動하기 때문이다. 그 대략이 이와 같으니, 또한 그 점을 연구하면 저절로 터득함이 있을 것이다.

易无妄曰 天下雷行하여 物與無妄이라하니 動以天理故也라 其大略如此하니 又須硏究之면 則自有得處라

41. 三代의 忠, 質, 文은 시대가 숭상하는 바를 인한 것이다. 夏나라는 옛날에 가까워 사람들이 대부분 충성스러웠다. 그러므로 忠을 숭상한 것이다. 忠을 숭상함에 폐단이 생겼기 때문에 質로써 그것을 구원하였고, 質을 숭상함에 폐단이 생겼기 때문에 文으로써 그것을 구원하였으니, 道에 폐단이 있던 것은 아니다. 후세에는 이를 지키지 않기 때문에 점점 폐단이 생겼다. 비록 한두 가지 일만 가지고 살펴볼 수는 없지만 대체로 알 수 있다. 堯, 舜, 禹가 서로 계승한 경우는 그 문장과 기상이 또한 조금 달라졌다.

三代忠質文은 其因時之尙然也라 夏는 近古하여 人多忠誠이라 故로 爲忠이라 忠弊라 故로 捄之以質하고 質弊라 故로 捄之以文하니 非道有弊也라 後世不守라 故로 浸而成弊라 雖不可以一二事觀之라도 大概可知라 如堯舜禹之相繼는 其文章氣象이 亦自小異也라

42. 마음이 안정된 자는 그 말이 무겁고 느리며, 안정되지 않은 자는 그 말이 가볍고 빠르다.

心定者는 其言이 重以舒요 不定者는 其言이 輕以疾이라

---

40) 하늘……준다 : ≪周易≫ 无妄卦 〈象傳〉에 "하늘 아래에 우레가 행하여 생물마다 无妄을 주니, 先王이 이를 보고서 天時에 성대하게 합하여 만물을 길렀다.〔天下雷行 物與无妄 先王以 茂對時育萬物〕"라고 하였다.

43. 宗子를 세우는 것은 반드시 宗統을 빼앗는 법이 있으니, 항렬이 낮거나 나이가 어린 사람이 大臣이 되는 것과 같은 경우이다. 지금의 법으로는 사당을 세우는 것이 합당하니, 宗子를 따라 제사 지내게 할 수 없다.

立宗은 必有奪宗法하니 如卑幼爲大臣이라 以今之法으로 自合立廟니 不可使從宗子以祭라

44. 楊子(楊雄)가 말하기를 "天地를 관찰하면 聖人을 알 수 있다."[41]라고 하였는데, 伊川이 말하기를 "그렇지 않다. 聖人을 관찰하면 天地를 알 수 있다."라고 하였다.

楊子曰 觀乎天地면 則見聖人이라하야늘 伊川曰 不然하다 觀乎聖人이면 則見天地하다

45. 朱公掞(朱光庭)이 御史가 되었을 적에 笏을 단정히 쥐고 바르게 서서 엄숙하고 굳세어 범할 수가 없었으니 반열이 숙연하였다. 蘇子瞻(蘇軾)이 사람들에게 말하기를 "어느 때에 저 '敬'자를 깨뜨릴 것인가."라고 하였다.

朱公掞爲御史에 端笏正立하여 嚴毅不可犯하니 班列肅然이라 蘇子瞻語人曰 何時에 打破這敬字아

46. 尹子(尹焞)가 말하였다.

"馮理[42]는 東皐居士라고 자호하였는데, 그가 말하기를 '20년 동안 선생의 가르침을 들었는데, 지금 한 가지 특이한 일이 있습니다.'라고 하자, 선생이 말하기를 '무엇인가?'라고 하니, 풍리가 말하기를 '밤에 편안히 앉아 있으면 방 안에 광채가 있습니다.'라고 하였다. 선생이 말하기를 '나 또한 특이한 일이 있다.'라고 하니, 풍리가 듣기를 청하자, 선생이 말하기를 '밥을 먹을 때마다 반드시 배가 부르다.'라고 하였다."

尹子曰 馮理는 自號東皐居士한대 曰 二十年聞先生教誨러니 今有一奇特事니이다 先生曰 何

---

41) 天地를……있다 : ≪法言≫ 〈修身〉에 "賢人을 관찰하면 衆人을 알 수 있고, 聖人을 관찰하면 賢人을 알 수 있고, 天地를 관찰하면 聖人을 알 수 있다.〔觀乎賢人則見衆人 觀乎聖人則見賢人 觀乎天地則見聖人〕"라고 하였다.

42) 馮理 : 자는 聖先, 호는 東皐이며, 汝州 사람이다. 程頤에게 수학하였다.

如오 理曰 夜間宴坐하면 室中有光이니이다 先生曰 頤亦有奇特事로라 理請聞之하니 先生曰 每食必飽라

47. 崇寧 연간(1102~1106) 초에 范致虛[43]가 말하기를 "程頤는 사특한 설과 편벽된 행동으로 여러 사람들을 미혹시키고 어지럽혔는데, 尹焞과 張繹이 그의 羽翼이 되었다."라고 하였으니, 드디어 사안을 河南府로 내려 보내 직접 조사하게 하였다. 배우는 자들이 가서 작별인사를 하고서 세상일을 말하니, 선생이 말하기를 "三代의 정치는 회복할 수 없다. 賢君이 태어난다면 능히 小康 시대[44]를 이룩하는 일은 있을 것이다." 라고 하였다.

崇寧初에 范致虛가 言호되 程頤는 以邪說詖行으로 惑亂衆聽이어늘 尹焞張繹이 爲之羽翼이라하니 遂下河南府體究하다 學者往別하고 因言世故하니 先生曰 三代之治는 不可復也라 有賢君作이면 能致小康은 則有之라

48. 尹子(尹焞)가 말하였다.

"邵堯夫(邵雍)의 집안에서 明道에게 묘지명을 부탁하여 그 일을 허락하였는데, 太中[45]과 伊川이 좋아하지 않았다. 그래서 달빛 아래에서 뜰을 거닐다가 명도가 말하기를 '제가 이미 소요부의 묘지명을 지었습니다. 요부의 학문은 안정되고 완성되었다고 말할 수 있습니다.'라고 하자, 태중이 이에 허락하였다."

尹子曰 邵堯夫家가 以墓誌屬明道어늘 許之한대 太中伊川不欲이라 因步月於庭이라가 明道曰 顥已得堯夫墓誌矣라 堯夫之學은 可謂安且成이라하니 太中乃許하다

49. 呂與叔(呂大臨)[46]이 橫渠(張載)의 行狀을 지을 적에 "二程을 만나고 그의 학문을

---

43) 范致虛 : 字는 謙叔이며, 建陽 사람이다. 1088년 진사시에 합격하여 太學博士가 되었다. 欽宗 때 陝西宣撫使로 있다가 金나라가 宋나가 汴京을 포위했다는 소식을 듣고 구원하러 갔다가 금나라 장수 婁室의 정예병에게 궤멸되었다.(≪宋史≫ 권362 〈范致虛傳〉)

44) 小康 시대 : 혼란함이 조금 안정된 시대를 말한다. ≪禮記≫ 〈禮運〉에서는 堯·舜의 시대를 大同, 禹·湯·文王·武王·成王·周公의 시대를 小康이라 하였다.

45) 太中 : 太中大夫를 지낸 二程의 부친 程珦을 가리킨다.

46) 呂與叔 : 呂大臨(1046~1092)이다. 與叔은 그의 자이며, 京兆 藍田 사람이다. 張載에게 배웠

모두 버렸다."라는 말이 있었다. 尹子(尹焞)가 그 점을 언급하자, 선생이 말하기를 "表叔[47]의 평생 의론을 우리 형제와 같은 점이 있다고 말하는 것은 괜찮지만, 만약 우리 형제에게 배웠다고 말한다면 이런 일은 없다. 근년에 여숙에게 이 문구를 삭제해달라고 부탁하였다. 나는 이 말이 아직 그대로 있다고 생각하지 않았으니, 이는 거리낌이 없는 데 가깝다."라고 하였다.

呂與叔이 作橫渠行狀에 有見二程盡棄其學之語라 尹子言之하니 先生曰 表叔平生議論을 謂頤兄弟有同處則可어니와 若謂學於頤兄弟則無是事라 頃年에 屬與叔刪去라 不謂尙存斯言하니 幾於無忌憚이라①

① 橫渠의 行狀을 살펴보면 지금 두 가지 판본이 있다. 어떤 판본에는 "그의 학문을 모두 버리고 그들에게 배웠다."라고 되어 있고, 어떤 판본에는 "이에 異端의 학문을 모두 버려 순수해졌다."라고 되어 있다. 아마도 나중에 고친 듯하다.
按行狀, 今有兩本. 一本云 "盡棄其學而學焉." 一本云 "於是, 盡棄異學, 淳如也." 恐是後來所改.

50. ≪西室所聞≫에 이르기를 "聖人은 氣數가 순하여 橫逆으로 죽는 일이 없다. 학문이 성인의 경지에 들어가면 그 數가 또한 氣에 따라 변화한다."라고 하였는데, 선생이 말하기를 "배워서 성인의 경지에 이르는 것은 造化를 탈취하는 자가 이런 일을 한다."라고 하였다.

西室所聞에 云호되 聖人氣數順하여 無橫逆死라 學入聖域이면 其數가 亦隨氣斡轉이라 先生曰 學而至聖은 爲奪造化者가 以此라

51. 또 물었다.

"총명함은 어떻게 연마해야 합니까?"

선생이 말하였다.

고, 뒤에 二程에게 배웠다. 謝良佐·游酢·楊時와 함께 程門四先生으로 일컬어진다. 門蔭으로 太常博士·秘書省正字 등을 지냈다. 특히 禮學에 밝았다. 형 呂大忠·呂大防·呂大鈞과 함께 藍田呂氏四賢으로 일컬어졌다.

47) 表叔 : 表叔은 外叔 또는 아버지의 내외종 사촌 동생을 가리킨다. 張載는 二程의 부친 程珦의 表弟이다.

"그것을 사용하면 있게 되고, 사용하지 않으면 없어진다."

又問호되 聰明은 如何磨去잇가 曰 使之則有요 不使則亡(무)①라

①〈亡는〉 어떤 판본에는 '無'로 되어 있다.
一作無.

52. 崇寧 연간(1102~1106)에 言官 范致虛가 선생이 元祐 연간(1086~1094)에 사특한 설을 주장하였다고 공격하자, 조정에서 사안을 河南府에 내려 보내고 學徒들을 모두 내쫓았다. 몇 달 뒤 馬伸[48]이 문하에 찾아와 뵙기를 구하였는데 선생이 사절하였다. 마신이 우선 관직을 버리고 찾아오려 하자, 선생이 말하기를 "근래에 학도들을 모두 내쫓았으니, 공의 벼슬길에 이로운 바는 아닌 듯하다. 공은 관직을 버릴 수 있겠지만 또한 관직을 버릴 필요는 없다."라고 하였다. 建炎 연간(1127~1130)에 마신이 御史가 되어 시사를 논할 적에 公論이 그의 편을 들어주었다.

崇寧間에 言者范致虛가 攻先生爲元祐邪說하니 朝廷下河南府하고 盡逐學徒라 後數月에 馬伸①이 及門求見한대 先生辭之라 伸欲先棄官而來하니 先生曰 近日에 盡逐學徒하니 恐非公仕進所利라 公能棄官이로되 則官不必棄也라 建炎間에 伸爲御史하여 論事에 公論與之하다

① 字가 時擧이다.
時擧.

53. 范淳夫(范祖禹)의 딸이 ≪孟子≫의 "나가고 들어옴에 일정한 때가 없으며, 그 방향을 알 수 없는 것은 오직 사람의 마음을 두고 한 말이다."[49]라는 구절을 읽고, 사람들에게 말하기를 "맹자는 마음을 알지 못했으니, 마음에 어찌 나가고 들어옴이 있겠는가."라고 하였다. 선생이 그 말을 듣고서 말하기를 "이 여인은 비록 맹자를 알지 못했으나, 사람의 마음을 잘 알았다."라고 하였다.

---

48) 馬伸 : ?~1128. 자는 時中 또는 時擧며, 東平 사람이다. 程頤의 문하에서 수학하였다. 1097년 진사가 되어 西京法曹・殿中寺御史 등을 지냈다.

49) 나가고……말이다 : ≪孟子≫ 〈告子 上〉에 "孔子께서 말씀하시기를 '붙잡으면 보존되고 놓아두면 달아나서, 나가고 들어옴에 일정한 때가 없으며, 그 방향을 알 수 없는 것은 오직 사람의 마음을 두고 한 말이다.'라고 하였다.〔孔子曰 操則存 舍則亡 出入無時 莫知其鄕 惟心之謂與〕"라고 하였다.

范淳夫之女가 讀孟子出入無時하며 莫知其鄕은 惟心之謂與하고 語人曰 孟子不識心이니 心豈有出入이리오 先生聞之하고 曰 此女는 雖不識孟子나 却能識心이라①

① 나중에 耿氏에게 시집가서 졸하였다.
後嫁耿氏而卒.

54. 혹자가 말하였다.

"孔子는 周나라를 존숭했는데 孟子는 齊나라 왕이 왕도정치를 행하기를 바랐으니, 어째서입니까?"

선생이 말하였다.

"비유하자면 한 그루 나무와 같으니, 심어서 기를 만한 이치가 있으면 심어서 기르는 것이고, 그렇지 않다면 다른 씨앗을 필요로 한다. 聖賢은 무슨 마음이던가. 天命이 바뀌었는지 바뀌지 않았는지를 볼 뿐이다."

或謂호되 孔子尊周로되 孟子欲齊王行王政하니 何也잇가 先生曰 譬如一樹니 有可栽培之理면 則栽培之하고 不然이면 須別種이라 賢聖何心고 視天命之改與未改爾라

55. 어떤 사람이 마음의 병을 앓아서 물체를 보면 모두 사자처럼 보였다. 伊川이 그에게 사자를 보면 곧장 앞으로 가서 사자를 잡아버리라고 하였는데 결국 아무것도 없었다. 오랜 뒤에 疑疾이 드디어 나았다.

有患心疾하여 見物皆獅子라 伊川이 教之以見卽直前捕執之한대 無物也라 久之에 疑疾이 遂愈라

56. 혹자가 물었다.

"세상 사람들이 전하기를 사람이 호랑이로 변하는 일이 있다고 하니, 이치상 그럴 수가 있습니까?"

선생이 말하였다.

"그럴 수 있다. 예전에 내가 涪陵에 있을 때 마을 사람의 손발톱이 점점 호랑이의 발톱처럼 변하고 털이 얼룩덜룩하게 온몸에 난 것을 보았다. 밤에 빗장을 열고 그 호

랑이를 맞이하니 우리 안에 있던 돼지를 잡아먹었다. 변화가 완성된 것은 아니지만 氣類가 서로 감응하여 그 성정이 이미 통한 것이다."

或問호되 世傳에 有人化虎라하니 理有之乎잇가 曰 有之라 昔在涪에 見村民爪甲漸變如虎하고 毛班班然通身이라 夜開闢延虎하니 食其牢中之豕라 化雖未成이나 而氣類相感하여 其情已通矣라

57. 溫公(司馬光)이 죽자, 조정에서는 伊川先生에게 명하여 그 喪事를 주관하게 하였다. 이날 明堂에 제사 지내는 享禮가 거행되었는데, 二蘇[50]가 온공을 곡하러 갔다. 길에서 朱公掞(朱光庭)을 만나 그에게 묻자, 주공섬이 말하기를 "온공을 곡하러 갔는데, 程先生이 경사[51]와 조문은 같은 날에 하지 않는다고 하였습니다."라고 하였다. 二蘇가 시무룩한 표정으로 돌아가며 말하기를 "鏖糟陂 속의 叔孫通일세."[52]라고 하였다. 이로부터 그들은 때때로 이천을 희롱하였다.

훗날 國忌日에 相國寺[53]에서 기도를 할 적에 이천이 素饌을 올리게 하였다. 子瞻(蘇軾)이 힐난하여 말하기를 "正叔은 佛敎를 좋아하지 않는데 어찌하여 素食을 합니까?"라고 하니, 정숙이 말하기를 "禮에 居喪 중에는 술을 마시지 않고 고기를 먹지 않는다고 하였습니다. 忌日은 喪의 남은 절차입니다."라고 하였다. 자첨이 肉食을 차리게 하고서 말하기를 "劉氏를 위하는 자는 왼쪽 어깨를 벗어라."[54]라고 하니, 이에 范淳夫(范祖禹)의 무리는 素食을 하고, 秦觀·黃庭堅의 무리는 肉食을 하였다.

呂申公(呂公著)[55]이 재상이 되었을 적에 모든 일에 의문이 있으면 반드시 이천에게

---

50) 二蘇 : 蘇軾, 蘇轍 형제를 가리킨다.

51) 경사 : 국가에서 明堂에 제향한 것을 가리킨다. 이는 吉祭이기 때문에 경사라고 한 것이다.

52) 鏖糟陂……叔孫通일세 : 鏖糟陂는 당시 都城 서남쪽에 있던 늪지대의 이름이며, 叔孫通은 漢高祖를 도와 국가의 禮法을 새롭게 제정한 인물이다. 이 말은 시무를 모르는 시골사람이 예법을 준수한다는 뜻으로, 程頤를 조롱한 말이다.

53) 相國寺 : 지금의 河南省 開封市에 있는 절이다. 555년에 창건하였고 북송 시대에는 황제의 보호를 받아 京城 최대의 사찰이 되었다.

54) 劉氏를……벗어라 : 편 가르는 일을 말하는 것으로, 여기서는 肉食을 하고자 하는 자들을 구별한 것이다. 前漢 초에 呂太后가 죽은 뒤 呂氏들을 숙청하기 위해 太尉 周勃이 황제의 칙명을 사칭하여 北軍에 들어가 "여씨를 위하는 자는 오른쪽 어깨를 벗고, 劉氏를 위하는 자는 왼쪽 어깨를 벗어라."라고 하니, 군사들이 모두 왼쪽 어깨를 벗어 유씨를 따르고자 한 고사에서 나왔다.(≪史記≫ 권9 〈呂太后本紀〉)

55) 呂申公 : 呂公著(1018~1089)이다. 자는 晦叔, 시호는 正獻으로, 東萊 사람이다. 呂公弼의 아우이며, 歐陽脩와 함께 강학하였다. 仁宗 때 진사가 되어 翰林學士·御史中丞 등을 지냈다. 王

질문하였다. 그래서 인재를 進退시킬 적에 二蘇는 이천에게 힘이 있다고 의심하였다. 그러므로 극도로 그를 비방하였다고 한다.

溫公薨에 朝廷命伊川先生하여 主其喪事라 是日也에 祀明堂禮成한대 而二蘇往哭溫公이라 道遇朱公掞하여 問之하니 公掞曰 往哭溫公이러니 而程先生以爲慶吊不同日이라 二蘇悵然而反하여 曰 鏖糟陂裏叔孫通也라하다① 自是로 時時謔伊川이라 他日國忌에 禱于相國寺할새 伊川令供素饌이라 子瞻詰之曰 正叔不好佛이어늘 胡爲食素오하니 正叔曰 禮에 居喪不飮酒食肉이라하니라 忌日은 喪之餘也라 子瞻令具肉食하여 曰 爲劉氏者는 左袒하라하니 於是에 范淳夫輩食素하고 秦黃輩食肉이라 呂申公이 爲相에 凡事有疑면 必質于伊川이라 進退人才에 二蘇疑伊川有力이라 故로 極口詆之云이라

① 그곳이 山野임을 말하는 것이다.
言其山野.

58. 伊川이 溫公(司馬光)의 喪事를 주관할 적에 이천이 禮를 빠뜨림이 없는지 子瞻(蘇軾)이 두루 살피고서 말하기를 "正叔은 喪禮에 어찌 그리도 익숙합니까?"라고 하였다. 또 "내 듣기로는 '居喪에 장사 지내기 전에는 喪禮를 읽는다.'[56]라고 하였습니다. 지금 太中(程珦)께서 강녕하신데 어찌하여 喪禮를 읽었습니까?"라고 하자, 이천이 답하지 않았다. 鄒至完(鄒浩)이 그 말을 듣고 말하기를 "이천의 모친이 먼저 돌아가셨으니, 喪禮를 읽는 것이 어찌 불가하겠는가?"라고 하였다.

伊川主溫公喪事할새 子瞻周視無闕禮하고 乃曰 正叔喪禮何其熟也오 又曰 軾聞하니 居喪未葬讀喪禮라 太中康寧이어늘 何爲讀喪禮乎아 伊川不答이라 鄒至完이 聞之曰 伊川之母가 先亡하니 獨不可以治喪禮乎아

59. 范淳夫(范祖禹)가 일찍이 伊川과 함께 唐나라 때의 일을 논하였는데, ≪唐鑑≫[57]을 만들 적에 선생의 의론을 모두 수용하였다. 선생이 門人에게 말하기를 "순부는 곧

安石의 新法 및 新學에 반대하였고, 司馬光과 절친하여 서로 협력해서 정치를 하였다.

56) 居喪에……읽는다 : ≪禮記≫ 〈曲禮 下〉에 "居喪에 장사 지내기 전에는 喪禮를 읽고, 장사 지낸 뒤에는 祭禮를 읽고, 상을 마치고 일상으로 돌아오면 樂章을 읽는다.〔居喪 未葬讀喪禮 旣葬讀祭禮 喪復常 讀樂章〕"라고 하였다.

57) 唐鑑 : 范祖禹가 지은 역사비평서이다.

서로 신뢰할 수 있음이 이와 같다."라고 하였다.

范淳夫가 嘗與伊川論唐事한대 及爲唐鑑하얀 盡用先生之論이라 先生謂門人曰 淳夫는 乃能相信如此라

60. 혹자는 과거 준비는 사람의 공부를 빼앗는다고 말하니, 이는 그렇지 않다. 한 달 중에 열흘은 과거 준비를 하고 나머지 날에 충분히 학문을 할 수 있다. 그러나 사람들은 학문에 지향을 두지 않고 반드시 과거 준비에 지향을 둔다. 그러므로 과거를 준비하는 일이 공부를 방해하는 것을 근심할 것이 아니라, 지향을 빼앗는 것을 근심해야 한다.

或謂科擧事業奪人之功이라하니 是不然이라 且一月之中에 以十日爲擧業하고 餘日足可爲學이라 然이나 人不志此하고 必志於彼라 故로 科擧之事가 不患妨功이요 惟患奪志라

61. 혹자가 말하였다.

"漢史에 '天子가 中和의 표준을 세웠다.'[58)]라고 하였는데, 배우는 자들은 中과 極이라는 말을 매우 어렵게 여깁니다."

선생이 말하였다.

"이 또한 禮가 있다. 中和는 木材와 같고, 極은 집의 대들보와 같다. 中和가 있으면 이에 極이 있으니, 木材가 있으면 이에 집의 대들보를 세울 수 있는 것과 같다. 배우는 자는 이런 기상을 알아야 한다.

或謂호되 漢史에 天子建中和之極이라한대 學者는 甚病中與極之語니이다 曰 此亦有禮라 中和는 猶木材也요 極은 猶屋之極이라 有中和면 斯有極하니 如有木材면 斯可建屋之極이라 學者는 須識此氣象이라①

---

58) 天子가……세웠다 : 司馬相如가 죽을 적에 遺書를 남겨 漢 武帝에게 泰山을 封할 것을 권하였다. 이에 무제가 학자들로 하여금 ≪尙書≫, ≪周禮≫, ≪禮記≫ 〈王制〉의 글을 채택하여 封禪儀式의 초안을 만들게 하였는데, 몇 년 동안 완성하지 못하였다. 이에 兒寬에게 묻자, 예관이 封禪은 帝王의 성대한 일이지만 그 意義가 經傳에 나와 있지 않으니, 여러 신하들이 진열할 수 있는 것이 아니라 오직 天子만이 中和의 極을 세워서 萬世의 基業을 남길 수 있다고 하였다.(≪漢書≫ 권58 〈兒寬傳〉)

① 이 한 단락은 溫州에서 전해진 기록이다.
此一段, 溫州傳錄.

62. 程氏는 선생 형제 때부터 장례 때 昭穆으로 墓穴을 정하고, 地官을 쓰지 않았다. 오색 비단을 열흘 동안 묻어두었다가 색의 명암을 살펴보아 地氣의 좋고 나쁨을 점쳤다.

程氏는 自先生兄弟로 所葬以昭穆定穴하고 不用墓師라 以五色帛埋旬日하여 視色明暗하여 卜地氣善否라

63. 官婢가 권한 술을 暢大隱[59]이 힘껏 거절하였는데, 선생이 그 소문을 듣고 좋지 않게 여겼다.

官婢行酒를 暢大隱이 力拒之한대 先生聞而不善之也라①

① 暢大隱은 字가 潛道이다.
暢字潛道.

64. 明道先生은 매양 門人들과 강론할 적에 합당하지 못한 것이 있으면 "다시 생각해 볼 바가 있다."라고 말하였고, 伊川은 즉시 "그렇지 않다."라고 말하였다.

明道先生은 每與門人講論할새 有不合者면 則曰 更有商量이라하고 伊川則直曰 不然이라

65. 謝顯道(謝良佐)는 崇寧 연간(1102~1106)에 대궐에 올라갔으나 성상의 뜻과 맞지 않았는데, 선생은 그 소식을 듣고 기뻐하였다. 얼마 뒤 그가 監門官의 직책에 나아갔는데, 陳貴一(陳經正)이 묻기를 "사현도는 어떤 사람입니까?"라고 하자, 선생이 말하기를 "仲由・冉求의 무리이다."라고 하였다.

謝顯道가 崇寧間에 上殿不稱旨한대 先生聞之喜라 已而오 就監門之職한대 陳貴一이 問호되 謝顯道는 如何人이니잇가 先生曰 由求之徒라①

---

59) 暢大隱 : 자는 潛道이며, 洛陽 사람이다. 程頤에게 수학하였다.

① 혹은 建中靖國 연간(1101)이라고 하였다.
或云 建中間.

66. 尹子(尹焞)가 말하였다.

"선생이 말하기를 '侯師聖(侯仲良)의 의론은 벽을 사이에 두고 듣는 것이 좋다.'[60]라고 하였다."

尹子曰 先生謂호되 侯師聖議論은 只好隔壁聽이라하니라

67. 尹子(尹焞)가 말하였다.

"선생의 연세 일흔 넷에 風痺[61]의 질환에 걸렸는데, 大承氣湯[62]을 복용하자 조금 나았다. 이 해 9월에 이 약을 복용하고 곧 차도가 있었다. 의원이 집안사람들에게 말하기를 '侍講의 병이 예사롭지 않다.'라고 하였으니, 이때가 大觀 원년(1107) 9월이었다. 이달 16일에 들어가 찾아뵈니 선생이 白夾被[63]를 몸에 걸치고 대나무 침상에 앉아계셔서 손을 들어 서로 읍을 하였다. 나는 기뻐서 선생의 병이 나았다고 여겼다. 선생이 말하기를 '병이 낫고 기운이 회복되는 것은 좋은 소식이지만, 나는 쇠약해짐을 더욱 느낀다.'라고 하였다. 내가 돌아온 뒤 17일에 어떤 사람이 찾아와 선생의 부고를 알렸다."

尹子曰 先生年七十四에 得風痺疾한대 服大承氣湯하니 則小愈라 是年九月에 服之輒利라 醫者語家人曰 侍講病不比常時라하니 時大觀元年九月也라 十六日에 入視하니 先生以白夾被被體하고 坐竹牀하여 擧手相揖이라 焞喜하여 以爲疾去라 先生曰 疾去而氣復者는 安候也나 頤愈覺羸劣이라 焞既還하고 十七日에 有叩門者가 報先生傾殂라

---

60) 侯師聖의……좋다 : 이 말은 얼핏 들으면 그럴 듯하지만 거리를 두고 곰곰이 생각해보면 문제가 많다는 뜻이다. 이는 侯仲良의 의론이 정밀하지 못한 점을 지적한 것이다.

61) 風痺 : 찬바람이나 습기가 몸에 침투하여 생기는 병으로, 통증이나 마비의 증상이 있다.

62) 大承氣湯 : 大黃, 厚朴, 枳實, 芒硝를 넣어 달이는 承氣湯의 일종으로, 감기 등 열성 질환과 몸살로 인한 불면·갈증·변비·고열 등의 증상에 급히 열을 내리고 소화를 돕고 변비 등을 멎게 할 목적으로 쓰인다. 잘못 사용하면 크게 해로우며, 오랫동안 복용할 수 없다.

63) 白夾被 : 白夾衫으로, 길고 하얀 겹적삼이다.

68. 司馬溫公(司馬光)이 樞密院 副使를 사직하자 명성이 한 시대에 으뜸이 되어 천하의 어진 자 불초한 자 할 것 없이 성대히 추중하였다. 呂申公(呂公著) 또한 新法의 부당함을 논했다는 이유로 파직되어 돌아갔다. 熙寧 연간(1068~1077) 말에 申公이 河陽知事에 기용되자 明道가 시[64]를 지어 송별하였고, 다시 시[65]를 지어 溫公에게 주었으니, 대개 그가 벼슬길에 나아가지 않는 것을 고상하게 여길까 염려한 것이었다. 申公이 河陽에 있으면서 궁궐의 사당을 지키는 奉祀職을 청하자, 神宗이 매우 기뻐하여 그를 樞密院으로 불러 올렸다. 사람들은 두 공의 出處에 優劣이 있다고 여겼으나, 두 선생이 말하기를 "呂公은 世臣이니 돌아가 성상을 뵙지 않을 수 없었고, 司馬公은 諍臣이니 물러나 처하지 않을 수 없었다."라고 하였다.

司馬溫公이 辭副樞하니 名冠一時하여 天下無賢不肖히 浩然歸重이라 呂申公亦以論新法不合으로 罷歸라 熙寧末에 申公起知河陽하니 明道以詩送行하고 復爲詩與溫公하니 蓋恐其以不出爲高也라 及申公自河陽乞在京宮祠하얀 神宗大喜하여 召登樞府라 人以二公出處로 爲優劣이로되 二先生曰 呂公은 世臣이니 不得不歸見上이요 司馬公은 諍臣이니 不得不退處라

69. ≪西室所聞≫에 다음과 같이 말하였다.

"'顔子는 淳和한 기질을 타고났는데, 어째서 요절하였습니까?'라고 하자, 선생이 말하기를 '쇠퇴한 周나라의 天地는 和氣가 유한하였으니, 仲尼를 길러낸 것도 이미 대단한 것이다.'라고 하였다."

西室所聞에 云호되 顔子得淳和之氣로되 何故夭아 曰 衰周天地는 和氣有限하니 養得仲尼도 已是多也라①

① 聖賢은 和氣로써 태어나니 반드시 和氣로써 기른다. 평범한 사람이 태어나는 것 또한 외부의 기름에 의지한다.
聖賢以和氣生, 須和氣養. 常人之生, 亦藉外養也.

70. 선생에게 "踧踖한 듯하시고 與與한 듯하셨다."[66]라는 것을 묻자, 선생이 "공손하면

64) 시 : ≪明道先生文集≫ 銘詩 〈送呂晦叔赴河陽〉이다.

65) 시 : ≪明道先生文集≫ 銘詩 〈贈司馬君實〉이다.

66) 踧踖한……듯하셨다 : ≪論語≫ 〈鄕黨〉에 "〈孔子께서는〉 임금이 계실 때에는 踧踖한 듯하시고

서도 편안한 것[67]이다. 與與는 조용하고 편안한 모습이니, 화락하고 조용한 기상이 있는 것이다."라고 하였다.

問踧踖如也하시며 與與如也러시다하니 曰 恭而安이라 與與는 容與之貌니 有雍容氣象이라①

① 또 王信伯(王蘋)의 말에 "선생에게 '踧踖한 듯하셨다.'라는 것을 물으니, 선생이 말하기를 '공손하면서도 편안한 것이다.'라고 하였다.-왕신백이 伊川에게 물은 것이다.- 선생이 또 '與與는 조용하고 편안한 모습이다.'라고 하였다. 또 '孔子가 舜임금의 韶는 지극히 선하다고 하고, 武王의 武는 지극히 선하지는 못하다고 하였으니,[68] 어째서입니까?'라고 묻자, 선생이 말하였다. '이는 聖人의 마음에 만족하지 못한 바가 있었기 때문이다.'"라고 하였다.
又王信伯語云 "問'踧踖如也.' 曰 '恭而安.' 王信伯問伊川. 又曰 '與與, 容與之貌.' 又問 '孔子言舜之韶盡善, 武王之武未盡善, 何也?' 曰 '此聖人之心有所未足.'"

71. 伊川이 ≪易傳≫을 門人에게 보여주며 말하기를 "단지 七分만을 말하였으니, 후세 사람들이 다시 스스로 체득하고 궁구해야 할 것이다."라고 하였다.

伊川이 以易傳示門人曰 只說得七分이니 後人更須自體究라

72. 釋氏가 道를 담론한 것은 上下가 하나로 관통하지 않은 것은 아니나, 그 用處를 보면 곧 둘로 나누어져 있다.

釋氏談道는 非不上下一貫이나 觀其用處면 便作兩截이라

73. 선생에게 물었다.

"呂與叔(呂大臨)이 말하기를 '의지하지 않는 것을 中이라 한다.'라고 하였는데, 선생이 '의미는 가까우나 말이 명확하지 않다.'라고 하신 것[69]은 어째서입니까?"

與與한 듯하셨다.〔君在 踧踖如也 與與如也〕"라고 하였다.

67) 공손하면서도……것 : ≪論語≫ 〈述而〉에 "孔子께서는 온화하면서도 엄숙하시며, 위엄이 있으면서도 사납지 않으시며, 공손하면서도 편안하셨다.〔溫而厲 威而不猛 恭而安〕"라고 하였다.

68) 孔子가……하였으니 : 孔子가 韶를 평하기를 "지극히 아름답고, 또 지극히 선하다.〔盡美矣 又盡善也〕"라고 하였고, 武를 평하기를 "지극히 아름다우나, 지극히 선하지는 못하다.〔盡美矣 未盡善也〕"라고 하였다.(≪論語≫ 〈八佾〉)

선생이 말하였다.

"中은 의지하는 곳이 없다."

問호되 呂與叔이 云호되 不倚之謂中이라한대 先生謂近之而詞未瑩은 如何잇가 曰 無倚着處라

74. 陳經邦[70]이 물었다.

"詩說[71]에 唐나라와 魏나라는 先代의 風化[72]가 이미 변하였다고 말하였고, 또 先聖[73]의 流風과 遺俗이 다했기 때문에 陳風을 그 다음에 편차했다고 말했는데, 두 설의 뜻이 다르지 않은 듯합니다. 어떻게 先後를 구분한 것입니까?"

선생이 말하였다.

"聖人의 도읍은 風化가 두터운 곳이고, 성인의 나라는 典法이 있는 곳이다. 당나라와 위나라는 성인의 도읍이니, 그 풍화가 변하더라도 전법이 아직 남아 있다. 진나라는 舜임금의 후예이니, 성인의 나라도 夷狄의 풍속을 따르면 전법이 따라서 없어진다. 三代 이후에 뜻이 있는 士가 先王의 정치를 회복하고자 하였으나 할 수 없었던 것은 모두 전법이 구비되지 않았기 때문이다. 그러므로 전법이 아직 남아 있어 그것을 거행하는 사람이 있으면 先王의 정치를 회복하기가 어렵지 않을 것이다."

陳經邦이 問호되 詩說에 言唐魏已變先代之風이라하고 又言先聖流風遺俗盡이라 故로 次以陳이라한대 兩意似不異니 何以分先後잇가 先生曰 聖人之都는 風化所厚하고 聖人之國은 典法所存이라 唐魏는 聖人之都니 其風雖變이나 而典法尙在라 陳은 舜之後니 聖人之國도 亦被夷狄之風이면 則典法隨而亡矣라 三代之後에 有志之士가 欲復先王之治而不能者는 皆由典法不備라 故로 典法尙存하여 有人擧而行之면 無難矣리라

---

69) 呂與叔이……것 : 呂大臨이 말하기를 "의지하지 않는 것을 中이라 하고, 섞이지 않는 것을 和라고 합니다.〔不倚之謂中 不雜之謂和〕"라고 하자, 선생이 말하기를 "'의지하지 않는 것을 中이라 한다.'라는 것은 매우 좋으나-말이 오히려 명확하지 않다.- '섞이지 않는 것을 和라고 한다.'라는 것은 온당하지 않다.〔不倚之謂中 甚善 -語猶未瑩- 不雜之謂和 未當〕"라고 하였다.(≪伊川先生文集≫ 書啓 〈與呂大臨論中書〉)

70) 陳經邦 : 字는 貴新이며, 溫州 平陽 사람이다. 형 陳經正과 함께 程頤에게 배웠다.

71) 詩說 : ≪詩經≫을 해설한 설인데, 누구의 詩說인지는 자세하지 않다.

72) 先代의 風化 : 唐은 堯의 舊都이고, 魏는 舜과 禹의 古都로, 堯·舜·禹의 풍화를 말한다.

73) 先聖 : 陳은 伏羲氏의 유허지로, 周 武王 때 舜의 후손 虞閼父가 봉해진 나라이다. 여기서 先聖은 舜을 가리킨다.

75. 張思叔(張繹)이 〈商稅院題名記〉를 짓자, 선생이 體를 얻었다고 하였다. 李邦直이 졸하자, 思叔에게 祭文을 짓게 하였는데, 지나치게 미화한 것이 많았다. 선생이 사숙을 돌아보며 말하기를 "〈상세원제명기〉는 공이 지은 것인가?"라고 하자, 사숙이 그렇다고 하였다. 훗날 선생이 따로 제문을 지어 썼는데, "세상 사람들이 공의 文章을 추중하였고 지위가 丞輔에 올랐네. 編簡에 그 빛나는 재주가 드러나고, 廊廟에 그 자취가 남아 있네."[74]라고 하였다.

張思叔이 作商稅院題名記하니 先生以爲得體라 李邦直卒에 委思叔作祭文한대 多溢美라 先生顧思叔曰 商稅院題名記는 是公所爲乎아 思叔唯唯라 他日에 別製祭文用之한대 曰 世推文章이요 位登丞輔라 編簡見其才華요 廊廟存其步武라

76. 范溫[75]이 張思叔(張繹)을 기롱하며 말하기를 "비단 병풍 속의 세 이랑 땅을 사들이니, 부들로 바퀴 감싼 수레[76]가 오지 않으면 장차 몸소 밭을 갈려는가."라고 하였다. 선생이 그 말을 듣고 말하기를 "張繹에 대해 무슨 더하거나 덜 것이 있겠는가."라고 하였다.

范溫이 譏張思叔曰 買取錦屛三畝地니 蒲輪未至且躬耕가 先生聞之曰 於張繹에 有何加損也아

77. 范淳夫(范祖禹)의 장례 때 선생이 일처리를 하였는데, 몇 길 깊이로 땅을 파고서 아무 것도 두지 않았다. 장사 지내는 날 근처의 父老들을 불러 술과 음식을 대접하고 그것을 보여주었다. 그 뒤 무덤을 파헤치는 일이 이어졌으나 淳夫의 묘소만은 온전하였다.

范淳夫之葬에 先生爲之經理한대 掘地深數丈하고 不置一物이라 葬之日에 招左近父老하여 犒以酒食示之라 其後에 發塚者相繼로되 而淳夫墓獨完이라

---

74) 세상……있네 : ≪伊川先生文集≫ 祭文 〈祭李邦直文〉에 보인다.

75) 范溫 : 자는 元實, 호는 潛齋이며, 華陽 사람이다. 范祖禹의 아들이며, 秦觀의 사위이다. 黃庭堅에게 詩를 배워 그의 영향을 많이 받았다.

76) 부들로……수레 : 蒲輪은 수레가 흔들리지 않도록 부들로 바퀴를 감싼 것을 말하는데, 현자를 초빙하는 것을 비유하는 말로 쓰인다.

78. 橫渠(張載)가 學堂의 두 창문에 오른쪽에는 〈완악함을 바로잡다〔訂頑〕〉라는 글을 쓰고 왼쪽에는 〈어리석음을 경계하다〔砭愚〕〉라는 글을 썼는데, 伊川이 "이는 논쟁의 단서를 일으킬 것입니다."라고 하니 〈東銘〉과 〈西銘〉으로 이름을 바꾸었다.

橫渠가 學堂雙牖에 右書訂頑하고 左書砭愚이어늘 伊川曰 是起爭端이라하니 改之曰 東銘西銘이라

79. 내면이 바르게 되면 그 氣가 浩然해지며, 그 호연한 氣를 기르면 大人이 된다.

內直則其氣浩然이요 養之則爲大人이라

80. 孟子가 남의 말을 잘 알아들은 것은 곧 道를 잘 알았기 때문이다. 치우친 말, 지나친 말, 부정한 말, 회피하는 말[77]은 남의 말을 관찰하면 알 수 있고, 또 그의 글에서 고찰할 수도 있다. 그러나 맹자의 본의는 오직 남의 말을 잘 관찰하는 것이다.

孟子知言은 卽知道也일새라 詖淫邪遁은 是觀人之言而知之요 亦可以考其書라 然이나 本意는 唯爲觀人之言也라

81. 혹자가 물었다.

"'가뭄이 들거나 홍수가 넘치면 社稷을 바꾸어 둔다.'[78]라고 하였는데, 社稷은 土地의 神인데 어떻게 바꾸어 둡니까?"

선생이 말하였다.

"勾龍[79]은 社에 배향하고, 棄[80]는 稷에 배향한다. 諸侯의 나라에도 각자 자기 나라

77) 치우친……말 : ≪孟子≫ 〈公孫丑 上〉에 공손추가 묻기를 "무엇을 知言이라 합니까?"라고 하니, 孟子가 말하기를 "치우친 말에 그의 가려진 바를 알며, 지나친 말에 그의 매몰된 점을 알며, 부정한 말에 그가 道에서 벗어난 것을 알며, 회피하는 말에 그의 논리가 곤궁한 것을 안다.〔詖辭 知其所蔽 淫辭 知其所陷 邪辭 知其所離 遁辭 知其所窮〕"라고 하였다.

78) 가뭄이……둔다 : ≪孟子≫ 〈盡心 下〉에 "諸侯가 社稷을 위태롭게 하면 바꾸어 둔다. 犧牲이 이미 이루어지며 粢盛이 이미 정결하여 제사를 제때에 지내되, 그런데도 가뭄이 들고 홍수가 넘치면 社稷을 바꾸어 둔다.〔諸侯危社稷 則變置 犧牲旣成 粢盛旣潔 祭祀以時 然而旱乾水溢 則變置社稷〕"라고 하였다.

79) 勾龍 : 共工氏의 아들로, 水土를 잘 다스려 顓頊이 土正으로 삼았으며, 죽은 뒤 堯가 사당을 세

의 水土에 대한 功이 있는 사람을 배향한다. 가뭄이 들거나 홍수가 넘치면 배향하는 인물을 바꾸어 두는 것이다."

혹자가 말하였다.

"배향된 인물이 과연 홍수와 가뭄에 힘을 다할 수 있었습니까?"

선생이 말하였다.

"옛 사람은 일을 할 적에 오직 실정을 따를 뿐이었다. 처음 그에게 水土에 대한 功이 있었기 때문에 제사를 지냈는데, 지금 홍수와 가뭄이 일어났기 때문에 바꾸는 것이다."

或問호되 旱乾水溢이면 則變置社稷이라한대 社稷은 土地之神이니 如何變置잇가 曰 勾龍配食於社하고 棄配食於稷이라 諸侯之國도 亦各以其有功水土者爲配라 旱乾水溢이면 則變置所配之人이라 曰 所配者가 果能致力於水旱乎잇가 曰 古之人은 作事에 唯實而已이라 始以其有功水土라 故祀之나 今以其水旱이라 故易之라

82. 앎을 정밀하게 하고 마음을 전일하게 함은 바로 中道를 잡는 道理이다.[81)]

精一은 便是執中底道理라

83. 혹자가 물었다.

"孔子는 어찌하여 大閱을 비난하였습니까?"[82)]

선생이 말하였다.

"무예를 익히는 것은 반드시 농한기에 해야 한다. 魯나라의 8월은 夏나라의 6월이다. 한여름에 군대를 검열하는 것은 농사를 방해하여 사람을 해치니, 그 잘못이 심하

위 社로 삼았다.

80) 棄 : 周나라 始祖 后稷의 이름으로, 農師가 되어 농경에 힘썼고 죽어서 농사신 稷이 되어 제사를 받았다.

81) 앎을……道理이다 : ≪書經≫ 〈虞書 大禹謨〉에 "人心은 오직 위태롭고 道心은 오직 은미하니, 오직 앎을 정밀하게 하고 오직 마음을 전일하게 하여야 진실로 그 中道를 잡을 수 있다.〔人心惟危 道心惟微 惟精惟一 允執厥中〕"라고 하였다.

82) 孔子는……비난하였습니까 : ≪春秋≫ 桓公 6년 조에 "가을 8월 壬午日에 閱兵式을 성대하게 거행하였다.〔秋八月壬午 大閱〕"라고 한 것을 가리킨다.

다. 警報가 있어서 검열하는 것은 언급할 것이 없지만, 아무 일이 없는 데도 검열하는 것은 망령된 행동이다."

或問호되 孔子는 何譏大閱이니잇가 曰 講武는 必於農隙이라 魯之八月은 夏之六月也라 盛夏閱兵은 妨農害人이니 其失甚矣라 有警而爲之는 則無及也어니와 無事而爲之는 則妄動也라

84. 程子가 말하기를, "≪春秋左氏傳≫은 左丘明이 지은 것이 아니니, '虞나라는 臘祭를 지내지 못할 것이다.'[83]라는 것과 '庶長'[84]이라는 것은 모두 秦나라의 관직이고 秦나라의 말이다."[85]라고 하였다.

子言호되 左傳은 非丘明作이니 虞不臘矣와 幷庶長은 皆秦官秦語라

85. 程子는 '어버이를 섬길 적에 藥物에 간여하지 않는 것이 옳다.'[86]라는 것은 君子의 말이 아니라고 하였다.

子謂호되 事親에 舍藥物이 可也라함은 是非君子之言이라

---

83) 虞나라는……것이다 : 晉나라가 虞나라에 길을 빌려 虢나라를 치려 하자, 虞나라의 충신 宮之奇가 虞나라와 虢나라는 脣亡齒寒의 관계이므로 길을 열어주면 안 된다고 반대하였다. 虞公은 晉나라는 虞나라와 同宗이니, 어찌 虞나라를 해치겠냐고 하며 宮之奇의 반대에도 끝내 길을 허락하였다. 이에 宮之奇가 떠나며 "虞나라는 臘祭를 지내지 못할 것이다."라고 하였다.(≪春秋左氏傳≫ 僖公 5년)

84) 庶長 : 춘추시대 秦나라에 두었던 관직명으로, 軍政의 大權을 관장하는 높은 관직이다. ≪春秋左氏傳≫ 襄公 11년에 "秦나라 庶長 鮑와 庶長 武가 군대를 거느리고 晉나라를 토벌하여 鄭나라를 구원하였다.〔秦庶長鮑庶長武帥師伐晉以救鄭〕"라고 하였다.

85) 程子가……말이다 : 左丘明은 魯나라 사람인데 秦나라의 관직과 秦나라의 말을 기록해 놓았으므로 ≪春秋左氏傳≫이 좌구명의 저술이 아니라고 한 것이다.

86) 어버이를……옳다 : ≪春秋≫ 昭公 19년 經文에 "여름 5월 戊辰日에 許나라 世子 止가 그 임금 買를 시해하였다.〔夏五月戊辰 許世子止弑其君買〕"라고 하였고, ≪春秋左氏傳≫에 "여름에 許 悼公이 학질을 앓았다. 5월 무진일에 太子 止가 올린 약을 마시고 죽으니, 태자가 晉나라로 出奔하였다. 經에 '弑其君'이라고 기록하였다. 君子가 말하였다. '마음과 힘을 다하여 임금을 섬기고 藥物에는 간여하지 않는 것이 옳다.〔夏 許悼公瘧 五月戊辰 飮大子止之藥卒 大子奔晉 書曰弑其君 君子曰 盡心力以事君 舍藥物可也〕'"라고 하였다. 醫官에게 맡기지 않고 약물을 올려 결국 임금을 죽게 만든 것을 꾸짖은 것이다.

二程全書 卷39

外書 第十二

明 後學 嘉興 徐必達 校正

전해 들은 여러 가지를 기록한 글 傳聞雜記

1. "언뜻 보면 죽을 만하나 자세히 보면 죽지 말아야 할 경우에 죽으면 용맹함을 상한다."[1]라고 하였는데, 대저 사람이 죽음에 대해서 죽을 만한지 죽지 말아야 할지를 어떻게 알겠는가. 대개 義를 보고 물러날지 나아갈지를 결정할 따름이다. 내가 일찍이 말하기를 "死生의 갈림길에서는 오직 義가 있는 바를 따를 뿐이니,[2] 義는 죽음에 대적하는 것이기 때문이다."라고 하였다. 程伯淳이 그 말을 듣고 나에게 말하기를 "義는 대적함이 없다."라고 하였다.

可以死며 可以無死에 死면 傷勇이라한대 夫人之於死也에 何以知可不可哉리오 蓋視義爲去就耳라 予嘗曰 死生之際에 惟義所在니 則義所以對死者也라 程伯淳이 聞而謂予曰 義는 無對라하니라

2. 御史의 녹봉이 박하기 때문에 御史臺에는 "관청에 모여 불을 쬐고 관청에서 흩어져 밥을 먹는다."라는 말이 있었다. 熙寧 연간(1068~1077) 초에 程伯淳이 어사대에 들

---

1) 언뜻……상한다 : ≪孟子≫ 〈離婁 下〉에 孟子가 말하기를 "언뜻 보면 취할 만하나 자세히 보면 취하지 말아야 할 경우에 취하면 청렴함을 상하며, 언뜻 보면 줄 만하나 자세히 보면 주지 말아야 할 경우에 주면 은혜를 상하며, 언뜻 보면 죽을 만하나 자세히 보면 죽지 말아야 할 경우에 죽으면 용맹함을 상한다.〔可以取 可以無取 取 傷廉 可以與 可以無與 與 傷惠 可以死 可以無死 死 傷勇〕"라고 하였다.

2) 오직……뿐이니 : ≪孟子≫ 〈離婁 下〉에 孟子가 말하기를 "大人은 말은 신의를 기필하지 않으며, 행동은 과단성을 기필하지 않고, 오직 義가 있는 바를 따를 뿐이다.〔大人者 言不必信 行不必果 惟義所在〕"라고 하였다.

어와 御史裏行이 되어서는 이와 반대로 하여, 드디어 관청에 모여 밥을 먹고 관청에서 흩어져 불을 쬐었다. 伯淳이 나에게 말해주었다.

御史俸薄이라 故로 臺中에 有聚廳向火分廳喫飯之語라 熙寧初에 程伯淳이 入臺爲裏行하얀 則反之하여 遂聚廳喫食하고 分廳向火하니라 伯淳이 爲予言이라

위의 두 가지 일은 王氏의 ≪塵史≫에 보인다.

右二事는 見王氏塵史라①

①〈王氏는〉 王得臣[3]으로, 字가 彦輔이다.
王得臣, 字彦輔.

3. 程正叔先生이 말하기를 "樞密院[4]은 그야말로 유명무실한 곳이다. 중대한 일은 三省[5]에서 함께 의논하고, 그 외의 일은 곧 有司의 일과 兵部尙書의 직분이다. 그러나 藝祖(太祖)는 이를 이용해 宰相의 권한을 나누었다. 神宗이 官制를 고칠 때도 이러한 뜻을 따랐다."라고 하였다.

程正叔先生曰 樞密院은 乃虛設이라 大事는 三省同議하고 其他는 乃有司之事와 兵部尙書之職이라 然藝祖는 用此以分宰相之權이라 神宗改官制에도 亦循此意라

4. 治平 연간(1064~1067)에 正叔先生을 뵈었는데, 선생이 말씀하기를 "지금의 守令은 오직 백성의 산업을 제정하는 한 가지 일은 할 수 없지만, 그 외의 일은 법도 안에서 할 만한 것이 매우 많으니, 사람들이 하지 않는 것을 근심할 뿐이다."라고 하였다.

治平中에 見正叔先生한대 云호되 今之守令은 唯制民之產一事는 不得爲나 其他는 在法度中에 甚有可爲者하니 患人不爲耳라

---

3) 王得臣 : 1036~1116. 자는 彦輔, 자호는 鳳台子이며, 安州 安陸 사람이다. 鄭獬와 胡瑗을 사사하였고, 程頤와 잘 지냈다. 文學으로 당시 이름이 났다. 秘書丞・開封府判官, 唐州・鄰州・鄂州・黃州知州, 福建轉運副使 등을 지냈다.

4) 樞密院 : 軍政을 관장하던 관청으로, 中書省과 함께 二府로 불리던 국무기관이다.

5) 三省 : 中書省, 門下省, 尙書省을 말한다.

위의 두 가지 일은 ≪呂氏家塾記≫에 보인다.

右二事는 見呂氏家塾記라①

①〈呂氏는〉 呂希哲[6]로, 字가 原明이다.
呂希哲, 字原明.

5. 二程의 학문은 聖人의 경지를 반드시 배워서 이를 수 있는 경지라고 여겨서 자신이 기필코 배워서 聖人의 경지에 이르고자 하였다.

二程之學은 以聖人爲必可學而至라하여 而已必欲學而至於聖人이라

6. 溫公(司馬光)이 죽자, 門人 중에 어떤 사람이 온공의 遺表[7]에 規諫하는 말을 넣고자 하였다. 程正叔이 말하기를 "온공은 평생 남을 속인 적이 없는데, 죽은 뒤에 임금을 속일 수 있겠는가."라고 하였다.

溫公薨에 門人或欲遺表中入規諫語라 程正叔이 云호되 是公平生未嘗欺人이어늘 可死後欺君乎아

위의 두 가지 일은 ≪呂氏發明義理≫에 보인다.

右二事는 見呂氏發明義理라①

① 위와 같다.
同上.

---

6) 呂希哲 : 1039~1116. 자는 原明, 호는 滎陽이며, 壽州 사람이다. 呂公著의 아들이다. 어려서부터 焦千之, 孫複, 石介, 胡瑗에게 배웠고, 다시 張載, 程顥, 程頤, 王安石과 교유하였다. 太學에 있을 적에 程頤의 학문을 깊이 존경하여 비슷한 나이임에도 불구하고 스승으로 섬겼다. 范祖禹의 추천을 받아 崇政殿 說書를 지냈고 右司諫・秘書少監 등을 지냈다. 崇寧黨禍로 삭탈관직된 뒤에는 강학 활동에 몰두하였다.

7) 遺表 : 大臣이 임종하기 전에 임금에게 올리기 위해 써놓은 表文을 말한다.

7. 程正叔이 말하기를 "同姓이 서로 만날 적에 친족을 친히 여기는 뜻을 극진히 해야 하지만 나이 순서대로 절을 해서는 안 되니, 대개 昭穆의 높고 낮음은 알 수 없기 때문이다."라고 하였다.

程正叔이 言호되 同姓相見에 當致親親之意로되 而不可敍齒以拜니 蓋昭穆高下는 未可知也라

위의 한 가지 일은 ≪呂氏酬酢事變≫에 보인다.

右一事는 見呂氏酬酢事變이라①

① 위와 같다.
同上.

8. 元祐 2년(1087) 正月 25일 戊寅日에 내시가 資善堂에 와서 詔旨를 전하여 임시로 講筵을 하루 파하였다. 27일 庚辰日에 資善堂의 아전이 馬宗道에게 보고하기를 "성상께서 전날 음식으로 인해 옥체를 약간 상하시어 부지런히 약을 드시느라 오래 앉아계실 수는 없을 듯하니, 講讀官으로 하여금 進說을 조금만 하게 하십시오."라고 하였다. 이날 正叔이 강독을 간략하게 마치고 아뢰기를 "신 등이 전날 講筵에 나아갔을 때 갑자기 聖旨를 전하여 임시로 강연을 파한다고 하니, 신 등은 매우 놀랐습니다. 성상의 옥체에 달리 일은 없으십니까?"라고 하자, 성상께서 말하기를 "달리 일은 없다."라고 하였다. 당초 邇英閣에 거둥할 때부터 이때에 이르기까지 처음으로 德音을 내신 것이다.

元祐二年正月二十五日戊寅에 內侍至資善傳旨하여 權罷講一日이라 二十七日庚辰에 資善吏報馬宗道云호되 上前日微傷食物하여 曾取勤藥이라 恐未能久坐시니 令講讀(史)〔少〕[8]進說하라 是日에 正叔略講畢하고 奏云호되 臣等이 前日臨赴講筵에 忽傳聖旨權罷講하니 臣等甚驚이로소이다 聖躬別無事否이니잇가 上曰 別無事라 自初御邇英으로 至是히 始發德音이라

9. 2월 15일 戊戌日에 正叔이 "한 마디 말로서 종신토록 행할 만한 것, 그것은 恕일 것이다."[9]라는 대목을 강론하였다. 인하여 임금은 자기의 好惡를 미루어 小民이 굶주

8) (史)〔少〕: 저본에는 '史'로 되어 있으나, 四庫全書本에 의거하여 '少'로 바로잡았다.
9) 한……것이다 : ≪論語≫ 〈衛靈公〉에 子貢이 "한 마디 말로서 종신토록 행할 만한 것이 있습니

리고 추위에 떠는 것과 농사일의 힘듦을 알아야 한다고 하였으며, 明宗은 60여 세의 나이에 즉위하였으나 오히려 田家詩 2수를 궁전 벽에 써두었는데[10] 그 시는 이러이러하다고 말하였다. 이날 진설한 것이 매우 많았다.

二月十五日戊戌에 正叔이 講一言可終身行之는 其恕乎인저하다 因言人君當推己欲惡(오)하여 知小民饑寒稼穡艱難하며 明宗은 年六十餘卽位나 猶書田家詩二首于殿壁한대 其詩①이라 進說甚多라

① 이러이러하다고 하였다.
云云.

10. 3월 26일 戊寅日에 正叔이 홀로 아뢰어 4월부터는 넓고 시원한 곳으로 가서 강독할 것을 청하였다. 28일에 강독하는 곳을 옮겨 延和殿으로 갔다.

三月二十六日戊寅에 正叔獨奏하여 乞自四月就寬涼處講讀이라 二十八日에 移講讀就延和라

11. 4월 6일 丁亥日에 예전처럼 邇英閣에서 강독하였다. 顧子敦(顧臨)[11]이 封駁[12]하기를 "延和殿은 성상께서 정사를 보는 곳이니, 한 차례 자리를 내주고 차를 마시게 하는 것도 이미 지극한 영광인데, 어찌 강독하는 小臣으로 하여금 大殿에 앉게 하여 '모

까?〔有一言而可以終身行之者乎〕"라고 묻자, 孔子가 말하기를 "그것은 恕일 것이다. 자기가 하고자 하지 않는 것을 남에게 베풀지 않는 것이다.〔其恕乎 己所不欲 勿施於人〕"라고 하였다.

10) 明宗은……써두었는데 : 明宗은 五代十國 後唐의 제2대 황제이다. 明宗이 馮道와 이야기를 나누다가 그에게 묻기를 "올해 풍년이 들었지만 백성들은 넉넉한가, 그렇지 않은가?"라고 하자, 풍도가 말하기를 "農家는 흉년이 들면 떠돌아다니다가 죽고, 풍년이 들면 곡식 값이 떨어져서 손해를 보니, 풍년이든 흉년이든 모두 폐해가 생기는 것은 오직 농가만이 그러합니다. 신은 進士 聶夷中의 詩를 기억하니, 그 시에 '2월에는 새 고치실을 미리 팔고, 5월에는 새 곡식을 미리 파네. 눈앞의 부스럼은 치료하였으나, 심장의 살을 도려내었네.〔二月賣新絲 五月糶新穀 醫得眼前瘡 剜却心頭肉〕'라고 하였습니다. 말은 비록 속되지만 농가의 실상을 곡진히 드러내었습니다. 농부는 四民 중에서 가장 애쓰면서 고생하니, 人主는 그것을 알지 않으면 안 됩니다."라고 하였다. 명종이 기뻐하면서 좌우에 명하여 이 시를 기록해 두었다가 항상 諷誦하게 하였다.(≪資治通鑑≫ 권276 〈後唐紀〉 明宗 天成 4년)

11) 顧子敦 : 顧臨이다. 子敦은 그의 자이며, 會稽 사람이다. 國子監直・同知禮院・給事中・河北都轉運使・翰林學士・刑部侍郎・兵部侍郎・吏部侍郎兼侍讀・龍圖閣學士 등을 역임했다. 經學에 정통하고 訓詁學에 조예가 깊었다.

12) 封駁 : 부당한 조칙을 봉함해 돌려보내며 논박하는 것이다.

두 나와서 褻慢하지 말자.'는 뜻[13]을 어기게 할 수 있겠습니까?"라고 하였다. 持國(韓維)[14]과 微仲(呂大防)[15]이 進呈하자, 邇英閣을 수리하여 창문을 많이 내게 하였다. 聖旨를 받은 뒤 呂公이 입시하자 延義閣을 수리하게 하였다. 그때 주렴 안쪽에서 말하기를 "이 일은 별도로 안배가 있을 때까지 기다리시오."라고 하였는데, 어느 곳으로 결정했는지 모르겠다.

四月六日丁亥에 講讀依舊邇英閣이라 顧子敦封駁호되 以爲延和執政이니 得一賜坐啜茶도 已爲至榮이어늘 豈可使講讀小臣坐殿上하여 違咸造勿褻之義잇가 持國微仲進呈하니 令修邇英閣하여 多置軒窓이라 已得旨에 而呂公方入하니 令修延義閣이라 簾內云호되 此待別有擘畫하라한대 未知何所也라

12. 15일 丙申日에 邇英閣에서 진강하였는데, 文公(文彦博)을 비롯한 신하들이 참석하였다. 邇英閣은 새로 수리하여 넓혔으니, 御坐가 예전에 비해 뒤쪽으로 몇 자나 가까웠고, 南北으로 문을 내어 모두 붉게 칠하였으며, 鉤窓[16] 앞에 주렴을 설치하여 푸른 장막이 해를 가리니, 매우 넓고 시원하였다.

十五日丙申에 邇英進講한대 文公以下預焉이라 邇英新修展하니 御坐比舊近後數尺하고 門南北하여 皆朱漆하며 鉤牕前簾設하여 青幕障日하니 殊寬涼矣라

위의 내용은 ≪范太史日記≫이다.

右는 范太史日記라①

---

13) 모두……뜻 : ≪書經≫ 〈商書 盤庚〉에 "盤庚이 일어나 黃河를 건너 백성들을 옮길 적에 마침내 따르지 않는 백성들에게 말씀하여 크게 고하기를 정성으로 하였다. 이에 무리들이 모두 나와서 褻慢하지 말자고 하며 王庭에 있었는데, 盤庚이 곧 그 백성들을 올라와 나오게 하였다.〔盤庚作 惟涉河 以民遷 乃話民之弗率 誕告用亶 其有衆 咸造 勿褻在王庭 盤庚乃登進厥民〕"라고 하였다.

14) 持國 : 韓維(1017~1098)이다. 持國은 그의 자이며, 호는 南陽으로, 雍丘 사람이다. 재상의 천거로 벼슬길에 나아가 門下侍郎·太子少傅 등을 지냈으며, 南陽郡公에 봉해졌다.

15) 微仲 : 呂大防(1027~1097)이다. 微仲은 그의 자이며, 시호는 正愍으로, 京兆 藍田 사람이다. 1049년에 진사가 되어 太常博士·中書侍郎 등을 거쳐 尙書左僕射兼門下侍郎에 오르고 汲郡公에 봉해졌다. 형 呂大忠, 아우 呂大鈞·呂大臨과 함께 藍田呂氏四賢으로 일컬어졌다.

16) 鉤窓 : 안쪽에는 버팀목이 있고 바깥쪽에는 갈고리 모양의 빗장이 있는 격자무늬 창문이다.

①〈范太史는〉 范祖禹[17]로, 字는 淳夫이다.
范祖禹, 字淳夫.

13. 선생께서 京師를 떠나시면서 직접 만나 말씀하시기를, 저더러 淳夫(范祖禹)께 말을 전하게 하였습니다. 資善堂에서 기르는 작은 물고기는 겨울이 가까워지면 기르기 어려울 듯하니 淳夫께 부탁하여 그것을 가져다 황하에 놓아주라고 하셨습니다. 몇 번이나 조정에서 만나지 못했기에 이럭저럭 시간만 흘러 오늘에 이르렀습니다. 인편에 글을 올리니 편하신 대로 처리해주시면 다행이겠습니다.

先生離京에 曾面言호되 令光庭說與淳夫호되 爲資善堂見畜小魚는 恐近冬難畜하니 託淳夫取來하여 投之河中이라 數次朝中不遇라 故로 因循至此라 專奉手啓하니 幸便爲之라

위의 내용은 〈朱給事與范太史帖〉이다.

右는 朱給事與范太史帖이라①

①〈朱給事는〉 朱光庭[18]으로, 字가 公掞이다.
朱光庭, 字公掞.

14. 元符 말(1100)에 徽宗이 즉위하자 皇太后가 수렴청정을 하였다. 詔旨를 내려 哲宗의 元祐皇后 孟氏의 位號를 회복하게 하니, 당시 그것이 불가함을 논하는 자가 말하기를 "성상과 원우황후는 시동생과 형수 사이이니, 시동생이 형수의 위호를 회복하는 禮는 없다."라고 하였다.

伊川先生이 나(邵伯溫)에게 말하였다.

"원우황후가 어진 것은 사실이나, 논하는 자의 말도 이치가 없지는 않다."

내가 말하였다.

---

17) 范祖禹 : 1041~1098. 자는 淳甫, 시호는 正獻으로, 成都 華陽 사람이다. 1063년 진사가 되었다. 司馬光의 문인으로 《資治通鑑》 편수를 도왔고, 사마광의 천거로 秘書省正字에 임명되었다. 哲宗 때 著作佐郎이 되어 《神宗實錄》 편찬의 검토관을 맡았고, 給事中·翰林學士를 지냈다.

18) 朱光庭 : 1037~1094. 자는 公掞이며, 河南省 偃師 사람이다. 二程에게 수학하였고, 1057년 진사가 되어 左正言·給事中 등을 지냈다.

"아들이 그 아내를 매우 마땅히 여기더라도 부모가 좋아하지 않으면 쫓아내고, 아들이 그 아내를 마땅히 여기지 않더라도 부모가 '이 사람은 나를 잘 섬긴다.'라고 하면 아들은 부부의 예를 행합니다. 太后는 哲廟(哲宗)에게는 어머니이고, 원우황후에게는 시어머니입니다. 어머니의 명령이고 시어머니의 명령이니, 어찌 불가하겠습니까. 성상이 시동생으로서 형수의 위호를 회복한 것이 아닙니다."

선생이 기뻐하며 말하였다.

"그대의 말이 일리가 있다."

元符末에 徽宗即位하니 皇太后垂簾聽政이라 有旨하여 復哲宗元祐皇后孟氏位號하니 時有論其不可者曰 上은 於元祐后에 叔嫂也니 叔無復嫂之禮라 伊川先生이 謂邵伯溫曰 元祐后之賢은 固也나 論者之言도 亦未爲無理라 伯溫曰 子甚宜其妻나 父母不悅이면 出하고 子不宜其妻나 父母曰是善事我면 子行夫婦之禮焉이라 太后는 於哲廟에 母也요 於元祐后에 姑也라 母之命이요 姑之命이니 何爲不可리오 非上以叔復嫂也라 先生喜曰 子之言이 得之矣라

15. 元豐 8년(1085) 神宗이 승하하자 遺詔가 洛陽에 이르렀다. 宗丞 程伯淳은 汝州의 酒官을 지냈는데, 檄文이 이르자 府治에서 擧哀하였다. 애도가 끝나자 留守 韓康公(韓絳)[19]의 아들 兵部 韓宗師[20]에게 말하기를 "내가 新法이 적절치 않다고 말하여 대신의 뜻을 거슬러 同列이 모두 좌천되었는데 나만 홀로 監司에 제수되었으니, 나는 감당할 수 없습니다. 先帝께서 알아주신 은혜를 생각하면 끝내 갚을 길이 없습니다."라고 하고, 말을 마친 뒤 눈물을 흘렸다. 兵部가 물었다.

"오늘날 조정의 일이 어떠하겠습니까?"

宗丞이 말하였다.

"司馬君實(司馬光)과 呂晦叔(呂公著)이 재상이 될 것입니다."

병부가 말하였다.

"두 공이 과연 재상이 된다면 어떻게 해야 합니까?"

---

19) 韓康公 : 韓絳(1012~1088)이다. 자는 子華, 시호는 獻肅이며, 靈壽 사람이다. 1042년 진사시에 급제하여 太子中允·給事中·權知開封府·樞密副使·參知政事 등을 지냈다. 哲宗 즉위 후 鎭江軍節度使·開府儀同三司·北京留守를 지냈고, 康國公에 책봉되었다.

20) 韓宗師 : 자는 傳道이며, 靈壽 사람이다. 韓絳의 아들이다. 급제한 뒤 王安石의 천거로 度支判官·提擧河北常平이 되었고, 이후 集賢殿修撰·知河中府 등을 지냈다.

종승이 말하였다.

“마땅히 元豐 연간(1078~1085)의 대신[21]들과 함께해야 합니다. 만약 黨與를 먼저 나눈다면 훗날 근심거리가 될 것입니다.”

병부가 말하였다

“무슨 근심거리입니까?”

종승이 말하였다

“元豐 연간의 대신들은 모두 이익을 좋아하는 자들이니, 만약 그들로 하여금 이미 백성에게 매우 해를 끼친 법을 스스로 바꾸게 한다면 좋을 것입니다. 그렇지 않으면 士大夫의 禍가 끊이지 않을 것입니다. 君實은 충직하니, 더불어 논의하기가 어려울 것입니다. 晦叔은 일을 해결할 수 있지만 아마도 힘이 부족할 것입니다.”

얼마 뒤 이런 일들이 모두 징험되었다. 종승이 이 시국을 논할 적에 范淳夫(范祖禹)·朱公掞(朱光庭)·杜孝錫과 내(邵伯溫)가 함께 들었다.

元豐八年에 神宗升遐하니 遺詔至洛이라 程宗丞伯淳爲汝州酒官이러니 以檄來擧哀府治라 旣罷에 謂留守韓康公之子宗師兵部曰 顥以言新法不便으로 忤大臣하여 同列皆謫官이로되 顥獨除監司하니 顥不敢當이라 念先帝見知之恩하면 終無以報라하고 已而泣이라 兵部問호되 今日朝廷之事는 如何잇가 宗丞曰 司馬君實呂晦叔이 作相矣라 兵部曰 二公果作相이면 當何如잇가 宗丞曰 當與元豐大臣同이라 若先分黨與면 他日可憂라 兵部曰 何憂잇가 宗丞曰 元豐大臣은 皆嗜利者니 若使自變其已甚害民之法이면 則善矣라 不然이면 衣冠之禍가 未艾也라 君實忠直하니 難與議라 晦叔解事나 恐力不足耳라 旣而皆驗이라 宗丞論此時에 范淳夫朱公掞杜孝錫伯溫이 同聞之라

16. 荊公(王安石)이 條例司[22]를 설치하고 程伯淳을 기용하여 屬官으로 삼았다. 어느 더운 날 형공이 백순과 함께 이야기를 나누는데, 형공의 아들 王雱[23]이 풀어헤친 머리와 맨발로 부인의 冠을 들고 나와서 형공에게 물었다.

21) 元豐……대신 : 元豐 연간에 집정한 王安石 등을 가리킨다.

22) 條例司 : 王安石이 新法을 시행하기 위해 설치한 기관으로, 鹽鐵·戶部·度支의 三司條例司를 설치하였다.

23) 王雱 : 1044~1076. 자는 元澤이며, 臨川 사람이다. 王安石의 아들로, 부친을 도와 ≪三經新義≫를 찬술하였다. 1067년 진사가 되어 太子中允·龍圖閣直學士 등을 지냈다.

"무슨 일을 말씀하고 계십니까?"

형공이 말하였다

"新法이 자주 사람들에게 가로막혀 程君과 논의하고 있었다."

왕방이 다리를 쭉 뻗고 앉아 큰 소리로 말하였다.

"韓琦[24]와 富弼[25]의 머리를 시가지에 효시하면 新法이 행해질 것입니다."

형공이 급히 말하였다.

"아이가 잘못 말한 것입니다."

백순이 정색하며 말하였다.

"한창 參政과 나랏일을 논의하는 자리에 子弟가 참여해서는 안 되니 잠시 물러가 있게."

왕방은 불쾌해하며 자리를 떠났고, 백순은 이때부터 형공과 뜻이 맞지 않았다.

荊公置條例司하고 用程伯淳爲屬이라 一日盛暑에 荊公與伯淳對語러니 公子雱이 囚首跣足으로 携婦人冠以出하여 問荊公曰 所言何事오 荊公曰 新法數爲人沮하여 與程君議라 雱箕踞以坐하여 大言曰 梟韓琦富弼之首於市면 則新法行矣라 荊公遽曰 兒悞矣라 伯淳正色曰 方與參政論國事에 子弟不可預니 姑退하라 雱不樂去하고 伯淳은 自此與荊公不合이라

17. 元祐 초에 文潞公(文彦博)이 太師平章軍國重事로서 程正叔을 불러 崇政殿 說書로 삼았다. 正叔은 師道로 자처하여 성상을 모시고 강독할 적에 안색이 매우 장엄하여 넌지시 둘러서 간언하니 성상이 그를 두려워하였다. 潞公은 성상을 대할 적에 매우 공손하여 進士를 唱名[26]할 때에도 종일토록 侍立하였는데, 성상이 여러 번 "太師는

24) 韓琦 : 1008~1075. 자는 稚圭, 호는 贛叟, 시호는 忠獻이며, 安陽 사람이다. 약관에 진사가 되어 知州按撫使로서 四川 지방의 飢民 190만 명을 구제하였고, 范仲淹과 함께 西夏의 침입을 격퇴하여 변경을 방비하였다. 30살에 이미 文武로 명성을 떨쳐 樞密副使가 되었다. 慶曆新政이 실패한 뒤 한동안 지방관을 역임하였다. 1056년 三司使가 되었고, 1058년에는 재상에 올라 약 10년간 국정을 다스렸다. 神宗 때 王安石의 青苗法을 비난하고 거란의 영토 할양 요구에 반대하는 등 왕안석과 대립하다가 관직에서 물러났다.

25) 富弼 : 1004~1083. 자는 彦國, 시호는 文忠이며, 洛陽 사람이다. 范仲淹에게 수학하였다. 1030년 茂才로 천거되었다. 1042년 知制誥가 되어 거란으로 사신을 가 영토 할양을 요구하는 일을 강력히 항의하고, 대신 歲幣를 늘리는 것으로 합의하였다. 이듬해 樞密使로 옮겨 范仲淹 등과 함께 慶曆新政을 추진하고, 河北 수비에 대한 12가지 대책을 올렸다. 1055년에 文彦博과 더불어 재상이 되었고, 1069년에 다시 재상이 되어 王安石의 變法을 반대하였다. 文彦博·韓琦와 함께 宋代의 명재상으로 이름이 났다.

잠시 쉬시오."라고 말해도 머리를 조아려 사례한 뒤 서서 자리를 떠나지 않았으니, 당시 나이가 90세였다. 혹자가 정숙에게 말하기를 "그대의 거만함을 노공의 공손함과 비교하여 의론하는 자들이 미진하다고 여깁니다."라고 하자, 정숙이 말하기를 "노공은 세 조정을 섬긴 대신이니, 어린 임금을 섬김에 공손하지 않을 수 없습니다. 나는 布衣로서 성상의 師傅가 되었으니, 어찌 감히 자중하지 않을 수 있겠습니까. 나와 노공은 그래서 다른 것입니다."라고 하였다. 식자들은 그의 말에 감복하였다.

元祐初에 文潞公以太師平章軍國重事로 召程正叔하여 爲崇政殿說書라 正叔이 以師道自居하여 侍上講할새 色甚莊하여 以諷諫하니 上畏之라 潞公은 對上甚恭하여 進士唱名에 侍立終日한대 上屢曰 太師少休하라호되 頓首謝立不去하니 時年九十矣라 或謂正叔曰 君之倨를 視潞公之恭하여 議者以爲未盡이라 正叔曰 潞公은 三朝大臣이니 事幼主에 不得不恭이라 吾以布衣爲上師傅니 其敢不自重가 吾與潞公所以不同也라 識者服其言이라

18. 伯淳先生이 일찍이 말하였다.

"熙寧 연간(1068~1077) 초 王介甫(王安石)가 新法을 시행할 적에 君子와 小人을 함께 등용하였다. 군자들은 정직하여 소인과 화합하지 아니하니, 介甫가 俗學은 世務에 통달하지 못한다고 여겨 군자를 배척하였다. 소인들이 구차한 용모로 아첨하자 개보가 재주 있는 자는 변통할 줄 안다고 여겨 그들을 기용하였다. 군자 중에 司馬君實(司馬光) 같은 이는 樞密院 副使를 사양하고 떠나갔으며, 范堯夫(范純仁)는 修注官을 사직하다가 죄를 얻었으며, 張天祺(張戩)[27]는 御史로서 면전에서 개보를 비판하다가 견책을 당하였다. 개보는 성질이 사납고 강퍅하여 여러 사람이 불가하다고 하면 더욱 굳게 집착하였다. 군자들이 떠나간 뒤 기용된 소인들이 다투어 각박한 짓을 하였다. 그러므로 천하 사람들에게 해를 끼침이 더욱 깊었다. 만일 여러 군자들이 그들과 대적하지 않고 그 세력이 한참 뒤에 저절로 느슨해지길 기다렸다가 자세하고 분명하게 설명하여 오히려 그들이 듣고 따를 이치가 있게 하였다면 소인들이 편승할 틈이 없어 그 해로움이 이렇게 심한 지경에는 이르지 않았을 것이다."

---

26) 唱名 : 진사시에 합격한 사람들을 황제가 이름을 부르며 만나보는 것을 말한다.

27) 張天祺 : 張戩(1030~1076)이다. 天祺는 그의 자이며, 鳳翔 郿縣 사람이다. 張載의 아우로, 關中의 학자들이 두 형제를 '二張'이라 불렀다. 진사가 되어 知靈寶·知流江·知金堂 등을 지냈다. 王安石의 新法을 亂法이라 비판하며 반대하였다.

伯淳先生이 嘗曰 熙寧初에 王介甫行新法할새 竝用君子小人이라 君子正直不合하니 介甫以爲俗學不通世務라하여 斥去라 小人苟容諂佞하니 介甫以爲有才知變通이라하여 適用之라 君子如司馬君實은 不拜副樞以去하고 范堯夫는 辭修注得罪하고 張天祺는 以御史面折介甫被責이라 介甫는 性狠愎하여 衆人以爲不可면 則執之愈堅이라 君子旣去에 所用小人爭爲刻薄이라 故로 害天下益深이라 使衆君子未與之敵하고 俟其勢久自緩하여 委曲平章하여 尙有聽從之理면 則小人無隙可乘하여 其害가 不至如此之甚也라

19. 伊川先生이 涪州로 귀양 갈 적에 漢水를 건넜는데, 중류에서 배가 거의 전복될 뻔하였다. 배 안의 사람들이 모두 소리치며 우는데, 伊川은 홀로 평상시처럼 옷깃을 바르게 하고 편안히 앉아 있었다. 이윽고 배가 강기슭에 이르자, 같은 배 안에 있던 어떤 老父가 물었다.

"배가 위태로운 때 그대는 바르게 앉아 안색이 매우 장엄하였으니, 어떻게 한 것인가?"

이천이 말하였다.

"마음속에 誠과 敬을 보존한 것입니다."

노부가 말하였다.

"마음속에 誠과 敬을 보존하는 것은 참으로 좋으나, 無心한 것만 못하다."

이천은 그와 이야기를 나누고 싶었지만 노부는 곧장 가버렸다.

伊川先生貶涪州할새 渡漢江에 中流船幾覆이라 舟中人皆號哭이로되 伊川獨正襟安坐如常이라 已而及岸하여 同舟有老父問曰 當船危時하여 君正坐色甚莊하니 何也오 伊川曰 心存誠敬耳라 老父曰 心存誠敬은 固善이나 然不若無心이라 伊川欲與之言한대 而老父徑去라

20. 宗丞先生(程顥)이 나(邵伯溫)에게 말하기를 "사람이 학문을 할 적에 標準을 먼저 세우는 것을 꺼리니, 만약 표준을 세우고서 차근차근 그치지 않고 전진하면 저절로 이르는 바가 있을 것이다."라고 하였다. 선친의 낡은 오두막에는 대청 뒤에 문이 없어 옆집을 경유해 둘러서 나가야 했다. 선친이 돌아가신 뒤 내가 벽을 뚫어 문을 만들었다. 侍講先生(程頤)이 그것을 보고 말하기를 "선생이 그렇게 만든 데에는 반드시 이유가 있었을 것이니, 고쳐서는 안 된다."라고 하여, 내가 재빨리 그 문을 막았다. 내가

처음 벼슬길에 나아갔을 적에 侍講이 말하기를 "무릇 거느리는 公吏가 죄를 지었더라도 문건을 만든 뒤에 처결해야 하네. 혹시 사사로운 노여움에서 나오더라도 문건이 만들어질 때에는 노여움도 풀려 창졸간에 사람을 상하게 하는 데는 이르지 않을 것이네. 매번 아직 杖責을 경험하지 못한 사람을 처결할 적에는 의당 신중히 해야 하니, 그가 혹시라도 일어서는 일이 있을까 염려해야 하네."라고 하였다.

宗丞先生이 謂伯溫曰 人之爲學에 忌先立標準하니 若循循不已면 自有所至矣라 先人敝廬에 廳後無門하여 由旁舍委曲以出이라 先人旣沒에 伯溫鑿壁爲門이라 侍講先生이 見之曰 先生規畫은 必有理니 不可改作이라하여 伯溫亟塞之라 伯溫初入仕에 侍講曰 凡所部公吏가 雖有罪라도 亦當立案而後決이라 或出於私怒라도 比具案하야 怒亦散하여 不至倉卒傷人이라 每決人未經杖責者엔 宜愼之니 恐其或有立也라

위의 일곱 가지 일은 ≪邵氏聞見錄≫에 보인다.

右七事는 見邵氏聞見錄이라①

①〈邵氏는〉 邵伯溫[28]으로, 字가 子文이며, 康節先生(邵雍)의 아들이다.
邵伯溫, 字子文, 康節先生之子.

21. 孔子가 말씀하기를 "하늘이 장차 이 文을 없애려 하셨다면 뒤에 죽는 내가 이 文에 참여하지 못했을 것이다. 하늘이 이 文을 없애려 하지 않으시니, 匡 땅의 사람들이 나를 어떻게 하겠는가."[29]라고 하였다. "하늘이 장차 이 文을 없애려 하였다면" 아래에 바로 "뒤에 죽는 내가 이 文에 참여하지 못했을 것이다."라고 말했으니, 이는 文의 興亡이 孔子에게 달려 있어 하늘과 하나가 된 것이다. 대개 聖人은 德이 성대하여 하늘과 하나가 되니, 이런 말을 하는 것을 자각하지 못한 것이다. 孟子는 지위가 이 경지에 능히 도달하지 못하였다. 그러므로 "하늘이 천하를 平治하려 하지 않는 것이니,

---

28) 邵伯溫 : 1057~1134. 자는 子文이며, 洛陽 사람이다. 邵雍의 아들이다. 1087년 천거로 大名府助教에 보임되었으며, 이어 潞州長子縣尉에 제수되었다. 紹聖 연간에 소옹을 師事한 章惇이 등용하려 하였으나 핑계를 대며 나아가지 않았다. 徽宗 초에 元祐黨錮를 풀어주고 군자와 소인을 분별할 것을 주청하여 시론에 크게 거슬렸다. 知果州・提點成都路刑獄 등을 지냈다.

29) 하늘이……하겠는가 : ≪論語≫ 〈子罕〉에 보인다. 孔子가 匡 땅에서 陽虎로 오인되어 어려움에 처했을 적에 한 말이다.

만일 천하를 平治하려 한다면 지금 세상에 나를 버리고 그 누구이겠는가?"[30]라고 하였으니, 하늘이 명한 바를 들었으나 능히 하늘과 합하여 하나가 되지는 못한 것이다.

孔子曰 天之將喪斯文也신댄 後死者不得與於斯文也어니와 天之未喪斯文也시니 匡人이 其如予何리오 於天之將喪斯文下에 便言後死者不得與於斯文하니 則是文之興喪이 在孔子하여 與天爲一矣라 蓋聖人德盛하여 與天爲一이니 出此等語를 自不覺耳라 孟子地位未能到此라 故曰 天이 未欲平治天下也시니 如欲平治天下인댄 當今之世하여 舍我요 其誰리오하니 聽天所命이나 未能合一이라①

① 明道의 말이다.
明道云.

匡人解圍

22. 혹자가 明道先生에게 물었다.

"어떻게 해야 恕라고 할 수 있습니까?"

선생이 말하였다.

"확충해나갈 수 있으면 恕가 된다."

"마음이 어떠해야 확충해나갈 수 있는 기상입니까?"

30) 하늘이……누구이겠는가 : ≪孟子≫ 〈公孫丑 下〉에 보인다.

"'天地가 변화하면 草木이 번성하네.'[31]라는 것이다."

"확충해나갈 수 없을 때는 어찌합니까?"

"'天地가 닫히면 賢人이 은둔한다.'[32]라는 것이다."

或問明道先生호되 如何라야 斯可謂之恕잇가 先生曰 充擴得去則爲恕라 心如何라야 是充擴得去底氣象이니잇가 曰 天地變化면 草木蕃이라 充擴不去時에 如何잇가 曰 天地閉하면 賢人隱이라

23. 公孫丑가 "감히 묻겠습니다. 무엇을 浩然之氣라 합니까?"라고 하자, 孟子가 말하기를 "말하기 어렵다."라고 하였다.[33] 明道先生이 말하기를 "단지 '말하기 어렵다.'라고 말했으니, 곧 이 사람의 뱃속에 이처럼 큰 일이 들어 있다는 것을 알 수 있다. 만약 이 점을 제대로 이해하지 못하면 곧 엉뚱한 설에 근거하여 말하게 될 것이다."라고 하였다.

敢問호되 何謂浩然之氣니잇고 孟子曰 難言也라 明道先生云 只他道箇難言也니 便知這漢肚裏有爾許大事라 若是不理會得底면 便撐拄胡說將去라

24. 橫渠(張載)가 일찍이 말하기를 "나는 15년 동안 '공손하면서도 편안하다.'[34]라는 것을 배웠으나 성취하지 못하였다."라고 하였는데, 明道가 말하기를 "배워도 성취하지 못한 것에는 허다한 병통이 존재하고 있음을 알 수 있다."라고 하였다.

橫渠가 嘗言호되 吾十五年學箇恭而安이로되 不成이라한대 明道曰 可知是學不成엔 有多少病在라

25. 明道가 일찍이 말하기를 "나의 학문은 비록 전수받은 바가 있지만, '天理' 두 글자는 스스로 체득해낸 것이다."라고 하였다.

---

31) 天地가……번성하네 : ≪周易≫ 坤卦 〈文言傳〉에 보인다.

32) 天地가……은둔한다 : 上同.

33) 公孫丑가……하였다 : ≪孟子≫ 〈公孫丑 上〉에 보인다.

34) 공손하면서도 편안하다 : ≪論語≫ 〈述而〉에 "孔子께서는 온화하면서도 엄숙하시며, 위엄이 있으면서도 사납지 않으시며, 공손하면서도 편안하셨다.〔子溫而厲 威而不猛 恭而安〕"라고 한 것의 '恭而安'을 가리킨다.

明道가 嘗曰 吾學은 雖有所受나 天理二字는 却是自家體貼出來라

26. 陝西에서 일찍이 銅錢을 주조하는 것을 혁파하고자 의론하는 자가 있어 '관청에서 一貫을 들여 一貫을 주조하니 이익이 없다.'고 말하였다. 伊川이 말하기를 "이것이 바로 국가의 이익이다. 이익이 많고 비용이 줄면 사사로이 주조하는 자가 많아질 것이고, 비용이 많고 이익이 박하면 몰래 주조하는 자가 사라질 것이다. 몰래 주조하는 자가 사라지면 권리가 국가로 귀속되니, 이익이 아니고 무엇이겠는가."라고 하였다.

또 일찍이 解鹽[35)]의 鹽鈔[36)] 가격을 올리고자 의론하는 자가 있어, 6천에서 8천으로 올리고자 하였는데, 이천이 말하기를 "만약 염초 가격을 올리면 파는 수량이 반드시 줄어들 것이다. 소금이 시중에 많이 나오면 싼 가격으로 바꿀 수 있어 사람들이 소금을 먹을 수 있고, 쌓아두는 소금이 없어 歲入이 반드시 많아질 것이다."라고 하였다. 얼마 뒤 염초의 가격을 올리자 歲額이 과연 부족해졌고, 가격을 낮추자 歲入이 많아졌다.

溫公(司馬光)이 처음 재상에 기용되었을 때 이천을 등용하고자 하였다. 이천이 말하기를 "남들에게 누를 끼칠 것이니, 만일 韓琦와 富弼이 조정에 있을 때라면 내가 오히려 일을 성취할 수 있을 것이다."라고 하였다. 나중에 온공이 법을 바꾸려 하자, 이천이 사람을 보내 말하기를 "절대로 役法을 움직일 수 없으니, 움직인다면 곧 3~5년은 안정될 수 없을 것입니다."라고 하였다. 얼마 지나지 않아 법을 바꾸었는데, 과연 의론이 분분하여 안정시킬 수 없었다.

陝西에 曾有議欲罷鑄銅錢者하여 以謂官中費一貫鑄得一貫爲無利라 伊川曰 此便是公家之利라 利多費省(생)이면 私鑄者衆하고 費多利薄이면 盜鑄者息이라 盜鑄者息이면 權歸公上하니 非利而何오 又曾有議解鹽鈔欲高其價者하여 增六千爲八千한대 伊川曰 若增鈔價면 賣數須減이라 鹽出旣衆이면 低價易之하여 人人食鹽하며 鹽不停積하여 歲入必敷라 已而增鈔價하니 歲額果虧하고 減之而歲入溢이라 溫公初起時에 欲用伊川이라 伊川曰 帶累人去裏니 使韓富在時면 吾猶可以成事라 後來에 溫公欲變法하니 伊川使人語之曰 切未可動着役法하니 動着이면 卽三五年不能得定疊去라 未幾에 變之한대 果紛紛不能定이라

35) 解鹽 : 解池에서 생산된 소금이다. 解池는 山西省 運城縣 남쪽에 있는 유명한 소금 생산지이다.
36) 鹽鈔 : 宋代 관청에서 발급하던 소금의 운송과 판매에 대한 허가증이다.

27. 溫公(司馬光)이 ≪中庸解≫를 지을 적에 명확하지 않은 부분은 해석하지 않았는데, 혹자가 明道에게 말하자, 명도가 말하였다.

"어느 부분을 빼놓았는가?"

혹자가 말하였다.

"'강하다! 그의 굳셈이여!'와 같은 유형입니다."

명도가 웃으며 말하였다.

"자득한 점으로 말한다면 장차 '「하늘이 명한 것을 性이라 한다.」라는 첫 구절부터 해석하지 않았다.'고 말해야 할 것이다."

溫公作中庸解에 不曉處闕之한대 或語明道라 明道曰 闕甚處아 曰 如强哉矯之類라 明道笑曰 由自得裏면 將謂從天命之謂性處便闕却이라

28. 明道가 일찍이 呂微仲(呂大防)[37]을 논하여 말하기를 "재상감이다. 여미중은 재상이 될 것이다. 다만 그의 자태가 속될 따름이다."라고 하였다.

明道嘗論呂微仲曰 宰相이라 呂微仲須做라 只是這漢俗이라

29. 明道先生은 ≪詩經≫을 잘 말씀하였는데, 또한 전혀 章을 풀이하거나 句를 해석하지 않고, 다만 느긋하게 완미하며 고저의 운율에 따라 읊조려서 사람들로 하여금 터득하는 점이 있게 하였다. "저 해와 달을 보니 나의 그리움이 아득하고 아득하네. 길이 멀기도 하니 언제나 오시려나."[38]라고 한 것은 생각함이 간절한 것이라 하였고, 이 시의 終章에 "여러 君子들은 德行을 알지 못하는가. 해치지 않고 탐하지 않는다면 어찌 善하지 않겠는가."[39]라고 한 것은 正道로 돌아간 것이라 하였다.

明道先生은 善言詩로되 佗又渾不曾章解句釋하고 但優游玩味하며 吟哦上下하여 便使人有得處라 瞻彼日月호니 悠悠我思로다 道之云遠이어니 曷云能來리오함은 思之切矣라하고 終曰 百爾

---

37) 呂微仲 : 呂大防(1027~1097)이다. 微仲은 그의 자이며, 시호는 正愍으로, 京兆 藍田 사람이다. 1049년에 진사가 되어 太常博士・中書侍郎 등을 거쳐 尙書左僕射兼門下侍郎에 오르고 汲郡公에 봉해졌다. 呂大忠・呂大鈞・呂大臨과 함께 藍田呂氏四賢으로 일컬어졌다.

38) 저……오시려나 : ≪詩經≫ 〈邶風 雄雉〉 제3장에 보인다.

39) 여러……않겠는가 : ≪詩經≫ 〈邶風 雄雉〉 제4장에 보인다.

君子는 不知德行가 不忮不求면 何用不臧이리오함은 歸于正也라하니라

30. "孟子가 말하기를 '마음을 기르는 것은 욕심을 적게 하는 것보다 더 좋은 것이 없다.'[40]라고 하였으니, 이 한 구절은 어떠합니까?"라고 묻자, 謝子(謝良佐)[41]가 말하였다.

"나도 예전에 伊川先生에게 물었는데, 선생이 말씀하기를 '이 한 구절은 淺近하니, 「理와 義가 내 마음을 기쁘게 하는 것이 고기가 우리 입을 즐겁게 하는 것과 같다.」[42]라는 말이 매우 親切하고 의미가 있는 것만 못하다. 그러니 모름지기 理와 義가 내 마음을 기쁘게 하는 것을 體察해야 진실로 고기가 우리 입을 즐겁게 하는 것과 같다는 것을 비로소 터득하게 된다.'라고 하였다. 明道先生은 '「붙잡으면 보존되고 놓아두면 달아나서, 나가고 들어옴에 일정한 때가 없다.」[43]라는 말은 聖人의 말씀이 아니니, 마음이 어찌 나가고 들어옴이 있을 수 있는가.'라고 하였다."

孟子曰 養心은 莫善於寡欲이라하니 此一句는 如何잇가 謝子曰 吾昔亦曾問伊川先生한대 曰 此一句淺近하니 不如理義之悅我心이 猶芻豢之悅我口라함이 最親切有滋味라 然須是體察得理義之悅我心이라야 眞箇猶芻豢始得이라 明道先生曰 操則存하고 舍則亡하여 出入無時라함은 非聖人之言也니 心安得有出入乎아

31. "莊周와 부처는 어떠합니까?"라고 묻자, 伊川이 말하기를 "莊周를 어찌 저 부처에

40) 마음을……없다 : ≪孟子≫ 〈盡心 下〉에 孟子가 말하기를 "마음을 기르는 것은 욕심을 적게 하는 것보다 더 좋은 것이 없으니, 그 사람됨이 욕심이 적으면 비록 마음을 보존하지 못함이 있더라도 그것이 적을 것이요, 사람됨이 욕심이 많으면 비록 마음을 보존함이 있더라도 그것이 적을 것이다.〔養心莫善於寡欲 其爲人也寡欲 雖有不存焉者 寡矣 其爲人也多欲 雖有存焉者 寡矣〕"라고 하였다.

41) 謝子 : 謝良佐(1050~1103)이다. 자는 顯道, 시호는 文肅으로, 上蔡 사람이다. 程顥가 知扶溝事로 있을 때 수학하였다. 二程의 문하에서 배웠으며, 游酢·呂大臨·楊時와 함께 程門四先生으로 일컬어졌다. 上蔡學派의 鼻祖이며, 陸九淵의 心學의 선구적 역할을 하였다.

42) 理와……같다 : ≪孟子≫ 〈告子 上〉에 보인다.

43) 붙잡으면……없다 : ≪孟子≫ 〈告子 上〉에 "孔子께서 말씀하시기를 '붙잡으면 보존되고 놓아두면 달아나서, 나가고 들어옴에 일정한 때가 없으며, 그 방향을 알 수 없는 것은 오직 사람의 마음을 두고 한 말이다.'라고 하였다.〔孔子曰 操則存 舍則亡 出入無時 莫知其鄕 惟心之謂與〕"라고 하였다.

비할 수 있겠는가. 부처의 설은 단지 高妙한 점이 있을 뿐이지만, 莊周는 기상이 크기 때문에 설이 淺近하다. 사람이 잠들었다가 처음 깨어날 때 上·下·東·西를 언뜻 보고서 하늘을 가리키며 땅을 말하는 것과 같으니, 어찌 이렇게 할 필요가 있는가. 단지 집에서 평범하게 지내면서 과장되게 말하는 것이 무슨 의미가 있는가."라고 하였다.

問호되 莊周與佛은 如何잇가 伊川曰 周를 安得比他佛이리오 佛說直有高妙處나 莊周氣象大라 故로 淺近이라 如人睡初覺時에 乍見上下東西하고 指天說地니 怎消得恁地리오 只是家常茶飯에 誇逞箇甚底아

32. 내(謝良佐)가 일찍이 부처의 설과 우리 儒家의 같은 점을 차례대로 거론하여 伊川先生에게 물었는데, 선생이 말하기를 "이처럼 같은 점이 많더라도 本領이 옳지 않으니 모든 것이 어긋날 뿐이다."라고 하였다.

吾曾歷擧佛說與吾儒同處하여 問伊川先生한대 曰 恁地同處雖多라도 只是本領不是하니 一齊差却이라

33. 謝子(謝良佐)가 伊川과 이별한 지 1년 만에 찾아뵈었는데, 이천이 말하였다.

"서로 이별한 지 1년이 되었는데 무슨 공부를 하고 있는가?"

사자가 말하였다.

"단지 '矜'자를 없앨 뿐입니다."

이천이 말하였다.

"어째서인가?"

사자가 말하였다.

"자세하게 점검해보니 병통이 모두 이 '矜'자 안에 있었습니다. 만약 이것의 罪過를 살펴 굴복시킨다면 바야흐로 나아갈 곳이 있을 것입니다."

이천이 고개를 끄덕이며 자리에 있던 동지들에게 말하였다.

"이 사람이 학문을 하는 것은 절실하게 묻고 가까운 일상에서 생각하는 것이다."

謝子與伊川別一年에 往見之한대 伊川曰 相別又一年이어니 做得甚工夫아 謝曰 也只去箇矜字니이다 曰 何故아 曰 子細檢點得來하니 病痛盡在這裏라 若按伏得這箇罪過면 方有向進

處니이다 伊川點頭하고 因語在坐同志者曰 此人爲學은 切問近思者也라

34. 선생에게 물었다.

"귀신이 있습니까?"

明道先生이 말하였다.

"자네에게 귀신이 없다고 말하면 자네는 그것을 어떻게 믿겠는가? 자네에게 귀신이 있다고 말하면 자네는 또한 찾아보고자 할 것이다."

問호되 有鬼神否잇가 明道先生曰 待向你道無來면 你怎生信得及이리오 待向你道有來면 你且去尋討看이라

35. 謝子가 말하였다.

"저는 일찍이 忘을 익혀서 養生하였습니다."

明道가 말하였다.

"養生에 그것을 시행하면 괜찮지만, 道에 그것을 시행하면 해로움이 있다. 忘을 익혀서 養生할 수 있는 것은 감정에 머물러 있지 않기 때문이다. 道를 배우는 것은 이와 다르다. '반드시 그 일에 종사함이 있되 미리 기필하지 말라.'[44]라는 것은 무슨 말이겠는가. 장차 출입하고 기거할 적에 어찌 일삼음이 없겠는가. 기필하는 마음으로 일을 기다리면 일에 앞서 마음이 나가고, 일을 잊어버리면 생각을 없애는 데 관계되고, 조장하면 마음에 담아두는 데 가깝다. 그러므로 聖人의 마음은 거울과 같으니, 孟子가 釋氏와 다른 까닭이 이것이다."

謝子曰 吾嘗習忘以養生이니이다 明道曰 施之養生則可커니와 於道則有害라 習忘可以養生者는 以其不留情也일새라 學道則異於是라 必有事焉而勿正은 何謂乎아 且出入起居에 寧無事者오 正心待之면 則先事而迎하고 忘則涉乎去念하고 助則近於留情이라 故로 聖人心如鑑하니 孟子所以異於釋氏가 此也라

---

44) 반드시……말라 : ≪孟子≫ 〈公孫丑 上〉에서 浩然之氣를 기르는 것에 대해 "반드시 그 일에 종사함이 있되 기필하지 말아서 마음에 잊지도 말며 억지로 조장하지도 말라.〔必有事焉而勿正 心勿忘 勿助長也〕"라고 하였다.

36. 苗履[45]가 伊川을 만났는데, 어느 武帥를 언급하게 되었다. 묘리가 말하였다.

"이 사람은 예전에 힘을 떨친 일이 지극히 많았는데, 지금 관직이 높아지자 스스로를 아껴 예전처럼 하려 하지 않습니다."

이천이 말하였다.

"어찌 자신을 대우하길 가볍게 한다는 말입니까. 지위가 높아질수록 나라에 보답할 것을 더욱 생각해야 합니다. 굶주리면 쓰여지고 배부르면 떠나가는 것은 매나 사냥개처럼 되기를 스스로 기약하는 것입니다."

苗履見伊川한대 語及一武帥라 苗曰 此人은 舊日宣力至多나 今官高而自愛하여 不肯向前이라 伊川曰 何自待之輕乎아 位愈高則當愈思所以報國者라 饑則爲用하고 飽則颺去는 是以鷹犬自期也라

37. 20년 전에 伊川을 찾아뵈었는데, 이천이 말하였다.

"근래에 일삼는 것은 무엇인가?"

내(謝良佐)가 대답하였다.

"이 세상에서 무엇을 사려하고 무엇을 심려하겠습니까?"

이천이 말하였다.

"이는 이러한 이치가 있으나, 그대가 말하는 것은 너무 이른 감이 있다."

이천은 곧바로 사람을 단련시킬 줄 알았다. 말씀이 끝나고 또 공부를 잘 하라고 말씀해주셨다.

二十年前에 往見伊川①한대 伊川曰 近日事如何오 某對曰 天下에 何思何慮잇가 伊川曰 是則是有此理나 賢却發得太早在라 伊川直是會鍛鍊得人이라 說了又恰道恰好着工夫也라

① 〈伊川은〉 어떤 판본에는 '伯淳'으로 되어 있다.
一本作伯淳.

38. 明道가 처음 謝良佐를 보고 사람들에게 말하기를 "이 秀才는 펼쳐서 열어주면 장래를 기대할 수 있겠다."라고 하였다.

---

45) 苗履 : 潞州 사람으로, 北宋 때의 장수이다. 苗授의 아들로, 鎭戎軍鎭將 · 龍神衛四廂都指揮使 · 成州團練使 · 捧日天武都指揮使 등을 지냈다.

明道初見謝하고 語人曰 此秀才는 展托得開면 將來可望이라

39. 말씀을 올릴 때마다 서로 뜻이 맞았는데, 伯淳은 반드시 말하기를 "다시 힘써야 한다."라고 하였다.

每進語相契한대 伯淳必曰 更須勉力이라

40. 예전 伯淳이 가르칠 적에 나(謝良佐)는 그 말씀에만 집착하였다. 백순이 말하기를 "그대와 이야기하는 것은 마치 술 취한 사람을 부축하는 것과 같아서 한쪽을 잡아주면 다른 한쪽으로 넘어지니, 사람들이 한쪽에만 집착할까 두렵다."라고 하였다.

昔伯淳教誨에 只管着他言語라 伯淳曰 與賢說話는 却如扶醉漢하여 救得一邊이면 倒了一邊하니 只怕人執着一邊이라

41. 明道先生은 앉아 있을 적에는 진흙으로 만든 塑像과 같았으나, 사람을 대할 적에는 혼연히 한 덩어리의 和氣였다.

明道先生은 坐如泥塑人이나 接人則渾是一團和氣라

42. 正叔이 伯淳의 무덤을 살펴볼 적에 내가 모시고 가면서 佛家와 儒家의 분별에 대해 물었다. 正叔이 담장을 가리키며 말하기를 "우리 儒家는 내면으로부터 공부하니, 어찌 옳지 않음이 있겠는가. 佛氏는 담장 밖에서 안을 들여다보고서 들어오려 하지 않는 격이니, 佛氏가 본 것이 없다고 말할 수는 없다."라고 하였다.

正叔視伯淳墳에 嘗侍行하여 問佛儒之辨이라 正叔이 指墻圍曰 吾儒는 從裏面做하니 豈有不是리오 佛氏는 只從墻外見了하고 却不肯入來做하니 不可謂佛氏無見處라

43. 배우는 자가 문장을 먼저 배우면 道에 이를 수 있는 사람이 드물다. 두루 넓게 살펴보는 일과 같은 것도 저절로 해가 된다. 그러므로 明道先生이 나를 가르치며 일찍이 말하기를 "그대는 책을 읽을 적에 행간이나 찾고 글자만 세지 않도록 신중히 하

라."라고 하였다.

學者가 先學文이면 鮮有能至道라 至如博觀泛覽도 亦自爲害라 故로 明道先生敎余에 嘗曰賢讀書에 愼不要尋行數墨하라

44. 謝子(謝良佐)가 河南夫子(程子)를 뵙고서 하직하고 돌아갈 적에 尹子(尹焞)[46]가 전송하였는데, 그가 물었다.

"무엇으로써 나를 가르쳐 주시겠습니까?"

사자가 말하였다.

"우리들은 아침저녁으로 선생을 따르면서 행실을 보면 배우고 말씀을 들으면 마음에 새깁니다. 비유하자면 어떤 사람이 烏頭[47]를 복용하는 것과 같으니, 그것을 복용할 적에는 안색이 윤택하고 근력이 강성하지만, 하루아침에 오두의 힘이 사라지면 장차 어떻게 되겠습니까."

윤자가 돌아와 夫子에게 고하자, 부자가 말하였다.

"유익한 벗이라 이를 만하다."

謝子見河南夫子하고 辭而歸할새 尹子送焉이러니 問曰 何以敎我오 謝子曰 吾徒는 朝夕從先生하여 見行則學하고 聞言則識이라 譬如有人服烏頭者하니 方其服也엔 顔色悅澤하고 筋力强盛이나 一旦烏頭力去면 將如之何리오 尹子反以告夫子하니 夫子曰 可謂益友矣라

45. 예전에 五經의 말을 기록하여 한 책을 만들었는데, 伯淳이 보고서 "외물에 마음을 빼겨 지향을 잃는 일이다."라고 하였다.

昔에 錄五經語하여 作一冊한대 伯淳見하고 謂曰 玩物喪志라

46. 明道는 謝子(謝良佐)가 기억을 잘하여 질문에 응답하는 것이 매우 박식한 것을 보

---

46) 尹子 : 尹焞(1071~1142)이다. 자는 彦明·德充, 호는 和靖으로, 洛陽 사람이다. 程頤에게 수학하였고, 禮部侍郎·徽猷閣待制 등을 지냈다. 程頤의 학설을 전적으로 계승하여 달리 발명한 것은 없으나 다른 문인들처럼 禪學에 빠지지 않고 순정함을 지켰다.

47) 烏頭 : 미나리아재비과에 속하는 다년생 초본식물인 바곳으로, 그 毛根을 川烏라 하고 子根을 附子라 하는데, 독성이 강한 만큼 약효가 매우 좋다.

고서 말하기를 "그대는 기억하는 것이 참으로 많다."라고 하니, 사자는 자신도 모르게 온몸에 땀이 나고 얼굴이 붉어졌다. 선생이 말하기를 "이것이 곧 惻隱之心이다."라고 하였다.

明道見謝子記問甚博하고 曰 賢却記得許多라하니 謝子不覺身汗面赤이라 先生曰 只此便是惻隱之心이라①

① 측은하여 마음에 아픔이 있는 것이다.
惻然有隱于心.

47. 伯淳이 正叔을 두고 말하기를 "훗날 능히 師道를 존엄하게 할 사람은 아우일 것이나, 후학들을 인도하여 사람의 재질에 따라 성취하게 하는 일은 내가 아우에게 양보할 수 없다."라고 하였다.

伯淳이 謂正叔曰 異日에 能尊師道는 是二哥나 若接引後學하여 隨人才成就之는 則不敢讓이라

48. 伯淳이 항상 詩를 담론할 적에 한 글자씩 訓詁하는 것은 전혀 하지 않았고, 어떤 때에는 한두 글자를 돌려 點綴하여 읊조리고서 곧 사람들로 하여금 살펴보고 깨닫게 하였다. 또한 말하기를 "옛사람이 이 때문에 親炙를 귀하게 여긴 것이다."라고 하였다.

伯淳이 常談詩에 竝不下一字訓詁하고 有時에 只轉却一兩字하여 點①掇地念過하여 便教人省悟라 又曰 古人所以貴親炙之也라

① 平聲이다.[48]
平聲.

49. 邢七(邢恕)[49]이 말하기를 "저는 하루에 세 번 점검을 합니다."라고 하자, 伯淳이 말하기를 "애처롭구나! 그 나머지 시간에는 무슨 일을 주로 하는가? 아마도 曾子의

48) 平聲이다 : 點자는 일반적으로 上聲으로 읽는데, 당시 點綴의 뜻으로 읽을 적에는 平聲으로 읽은 듯하다. 點綴은 수식하거나 가미하는 것이다.

49) 邢七 : 邢恕이다. 자는 和叔이다. 程顥의 문하에 출입하며 명성을 얻었는데, 司馬光의 客이 되었다가 章惇・蔡京 등에게 붙어 스승을 배반하고 모함하였다.

三省을 따르다가 잘못된 것일 터이니, 일찍이 공부하지 않았음을 알 수 있다."라고 하였다. 또 상대의 비위에 맞추어 대수롭지 않은 말을 많이 하자, 백순이 그를 꾸짖었다. 형칠이 말하기를 "말할 만한 것이 없기 때문입니다."라고 하자, 백순이 말하기를 "말할 만한 것이 없으면 말하지 않을 수는 없는가?"라고 하였다.

邢七云 一日에 三點檢이니이다하니 伯淳曰 可哀也哉라 其餘時엔 多會甚事오 蓋倣三省之說하여 錯了니 可見不曾用功이라 又多逐人面上說一般話하니 伯淳責之라 邢曰 無可說이니이다 伯淳曰 無可說이면 便不得不說가

50. 張橫渠(張載)는 ≪正蒙≫을 지을 적에 곳곳에 붓과 벼루를 준비해 두고 의견이 있으면 곧 기록하였다. 伯淳이 말하기를 "子厚는 이와 같이 익숙히 사유하지 않는다."라고 하였다.

張橫渠는 著正蒙時에 處處置筆硯하고 得意卽書라 伯淳云 子厚는 却如此不熟이라

51. 혹자가 伯淳의 말 중에 "사람에게 있는 404가지의 병[50]이 모두 자기를 말미암는 것은 아니지만 또한 이 마음은 반드시 자기를 말미암게 해야 한다."라고 한 것을 거론하였다.

或擧伯淳語云 人有四百四病이 皆不由自家나 則是心須敎由自家라

52. 伊川은 君實(司馬光)과 이야기할 적에 종일토록 한 마디도 서로 맞는 점이 없었는데, 明道는 그와 이야기할 적에 곧장 말을 할 수 있었다.

伊川은 與君實語에 終日無一句相合이로되 明道는 與語에 直是道得下라

53. 堯夫(邵雍)는 易數에 매우 정밀하였다. 원래 長曆[51]을 미루어 헤아리는 일은 오래

50) 404가지의 병 : 佛家의 ≪維摩經≫에서 유래한 말로, 사람의 몸은 地·水·火·風의 四大要素로 구성되어 있는데 조화를 잃게 되면 각각 101가지의 병이 발생하여 총 404가지의 병이 존재한다고 한다.

51) 長曆 : 曆法에 따라 수천만 년의 曆數를 추산해내는 것이다.

되면 반드시 오차가 생기는데 요부만은 그렇지 않았으니, 가까운 한두 가지 일만 거론해봐도 당장 징험할 수 있다. 明道가 말하기를 "우리 형제에게 전수해주기를 기대하니, 우리 형제가 어떻게 공부할 수 있겠습니까? 그것을 배우고자 하면 반드시 20년 동안은 공부해야 할 것입니다."라고 하였다. 명도가 그의 설을 듣고 매우 익숙해졌는데, 어느 날 監試로 인해 한가하여 요부의 설을 가지고 추산해 보니 모두 들어맞았다. 나와서 요부에게 말하기를 "요부의 易數는 단지 一倍를 더하는 法일 뿐이니, 이로써 ≪太玄經≫[52]이 모두 이룰 수 없는 일임을 알겠습니다."라고 하였다. 요부가 놀라 그의 등을 어루만지며 말하기를 "형인 그대는 이렇게 총명하군요."라고 하였다.

伊川이 요부에게 말하기를 "易數를 아는 것이 天理를 아는 것입니까? 易理를 아는 것이 天理를 아는 것입니까?"라고 하자, 요부가 말하기를 "반드시 易理를 아는 것이 天理를 아는 것입니다."라고 하였다. 인하여 올해 우레가 어느 곳에서 일어날지를 이야기하다가, 이천이 말하기를 "내가 알고 있다는 것을 요부가 어찌 아십니까?"라고 하였다. 또 어디에서 일어날 것인가를 묻자, 이천이 말하기를 "일어나야 할 곳에 일어날 것입니다."라고 하니, 요부가 깜짝 놀랐다.

훗날 이천이 명도에게 묻기를 "加倍之數란 무엇입니까?"라고 하자, 명도가 말하기를 "모두 잊어버렸다."라고 하니, 그의 마음에 치우치고 얽매임이 없는 것이 이와 같음에 감탄하였다.

堯夫는 易數甚精이라 自來推長曆者는 至久必差나 惟堯夫는 不然하니 指一二近事면 當面可驗이라 明道云 待要傳與某兄弟니 某兄弟는 那得工夫오 要學인댄 須是二十年功夫라 明道聞說甚熟이러니 一日因監試無事하여 以其說推算之하니 皆合이라 出謂堯夫曰 堯夫之數는 只是加一倍法이니 以此知太玄都不濟事라 堯夫驚하여 撫其背曰 大哥你恁聰明이라 伊川謂堯夫호되 知易數爲知天잇가 知易理爲知天잇가 堯夫云 須還知易理爲知天이라 因說今年雷起甚處라가 伊川云 堯夫怎知某便知잇가 又問甚處起하니 伊川云 起處起라하니 堯夫愕然이라 他日에 伊川問明道曰 加倍之數는 如何오하니 曰 都忘之矣라하니 因歎其心無偏繫如此라

54. "忠恕 두 글자는 하나를 제외하려 해도 제외할 수가 없다."라고 한 明道의 말을 거론하였다.

52) 太玄經 : 漢나라 때 揚雄이 ≪周易≫을 모방해 지은 책이다.

擧明道云 忠恕兩字는 要除一箇나 除不得이라

55. 明道의 말에 "병으로 침상에 누워 있으면서 용렬한 의원에게 몸을 맡기는 것은 자손에게 자애롭지 않고 부모에게 효성스럽지 않은 자에 비견된다. 어버이를 섬기는 자는 또한 의술을 알지 않아서는 안 된다."라고 하였다.

明道語云 病臥於牀에 委之庸醫는 比於不慈不孝라 事親者는 亦不可不知醫라

56. 伯淳先生이 말하기를 "다른 사람이 밥을 먹는 것은 등가죽을 따라 내려가지만, 내가 밥을 먹는 것은 뱃속을 따라 내려간다."라고 하였다.

伯淳先生云 別人喫飯은 從脊皮上過나 我喫飯은 從肚裏去라

57. 范夷叟(范純禮)[53]가 二程과 함께 地黃[54]을 캐는 것을 보러 가고자 하였다. 明道가 선생(謝良佐)에게 권유하자, 선생이 선배라는 이유로 거절하였다. 明道가 말하기를 "또한 무엇을 꺼리는가. 모두 다 같은 사람일세."라고 하였다.

范夷叟가 欲同二程去看斸(촉)地黃이라 明道率先生하니 先生이 以前輩爲辭라 明道云 又何妨고 一般是人이라

위의 37조목은 ≪上蔡語錄≫에 보인다.

右三十七條는 見上蔡語錄이라①

①〈上蔡는〉 謝良佐로, 字가 顯道이며, 二先生의 門人이다.
謝良佐, 字顯道, 二先生門人.

---

53) 范夷叟 : 范純禮(1031~1106)이다. 夷叟는 그의 자이고, 시호는 恭獻이며, 蘇州 吳縣 사람이다. 范仲淹의 셋째 아들이다. 父蔭으로 秘書省 正字가 되었고, 遂州知州를 지냈다. 哲宗 때 給事中이 되었고, 王安石의 新法을 완전히 없애는 것에 반대하였다. 徽宗 때 龍圖閣直學士・尙書右丞을 지냈다. 王詵의 무고를 받아 좌천되었다가 후에 左朝議大夫로 복귀하였다.

54) 地黃 : 현삼과에 속하는 다년생 식물로, 뿌리를 채취해 약재로 쓴다.

58. 明道가 말하기를 "반드시 〈關雎〉로부터 〈麟之趾〉에 이르는 의중을 가진 뒤에야 周公의 법도를 행할 수 있다."라고 하였다.

明道云호되 必有關雎麟趾之意라야 然後可行周公法度라

59. 선생(楊時)이 말하였다.

"明道께서 일찍이 말씀하기를 '배우는 자는 ≪詩經≫을 읽지 않으면 안 되니, ≪시경≫을 읽으면 사람으로 하여금 하나의 격조와 가치를 높이게 한다.'라고 하였다."

先生曰 明道嘗言호되 學者는 不可以不看詩니 看詩면 便使人長一格價라

60. 明道가 穎昌에 계실 때 선생(楊時)은 의원을 찾아다니다가 京師에서 관직에 임명되었다. 그로 인하여 영창으로 가서 명도에게 배우니, 명도가 매우 기뻐하며 매번 말하기를 "楊君은 매우 쉽게 이해한다."라고 하였다. 돌아갈 때 문 밖으로 나와 송별하고서 좌중의 사람들에게 말하기를 "나의 道가 남쪽으로 가는구나."라고 하였다.

이에 앞서 建安의 林志寧이 潞公(文彦博)의 문하를 출입하며 가르침을 구하였는데, 노공이 말하기를 "내가 있는 이곳에서는 서로 유익함이 없을 것이다. 二程先生이 있으니, 그들에게 가서 배우는 것이 좋을 것이다."라고 하였다. 그리고서 사람을 시켜 明道가 계신 곳으로 보냈다. 지령이 이에 定夫(游酢)와 선생에게 말하자, 선생이 한번 뵙지 않을 수 없다고 말하고서 이에 동행하였다. 당시 謝顯道(謝良佐)도 그곳에 있었는데, 사현도는 사람됨이 성실하였으나 총명함은 선생에게 미치지 못하였다. 그러므로 명도는 늘 楊君은 총명하고, 謝君은 물속에 돌을 던지는 것 같다고 말씀하였으나, 또한 일찍이 그의 善을 칭찬하지 않은 적이 없었다.

伊川이 涪州에서 돌아온 뒤, 배우는 자들이 떠나가 대부분 佛學을 따르는데 선생과 謝丈만은 변하지 않은 것을 보고서 감탄하기를 "배우는 자들이 모두 夷狄으로 흘러갔는데, 오직 楊君과 謝君 두 사람만은 길이 진보함이 있구나."라고 하였다.

明道在穎昌에 先生尋醫하여 調官京師라 因往穎昌從學하니 明道甚喜하여 每言曰 楊君은 最會得容易(이)라 及歸하얀 送之出門하고 謂坐客曰 吾道南矣라 先是에 建安林志寧이 出入潞公門下求教러니 潞公云 某此中無相益이라 有二程先生者하니 可往從之라하고 因使人送明道處라

志寧이 乃語定夫及先生하니 先生謂不可不一見也하고 於是同行이라 時에 謝顯道亦在한대 謝爲人誠實이나 但聰悟不及先生이라 故로 明道每言楊君聰明하고 謝君如水投石이라호되 然亦未嘗不稱其善이라 伊川이 自涪歸하여 見學者凋落하여 多從佛學이로되 獨先生與謝丈不變하고 因嘆曰 學者가 皆流於夷狄矣로되 唯有楊謝二君長進이라

61. 明道先生이 縣令이 되었을 적에 모든 자리에 "백성을 다친 사람처럼 여긴다.〔視民如傷〕"[55)]라는 네 글자를 모두 적어두고, 항상 말하기를 "나는 늘 이 네 글자에 대해 부끄럽게 여긴다."라고 하였다.

明道先生作縣에 凡坐處에 皆書視民如傷四字하고 常曰 顥는 常愧此四字라

62. 伊川이 24~25세였을 때, 呂原明(呂希哲)이 가장 먼저 이천을 스승으로 섬겼다.

伊川二十四五時에 呂原明이 首師事之라

위의 4조목은 ≪龜山語錄≫에 보인다.

右四條는 見龜山語錄이라①

①〈龜山은〉 楊時[56)]로, 字가 中立이며, 二先生의 門人이다.
楊時, 字中立, 二先生門人也.

63. 扶溝縣은 지대가 낮아서 해마다 홍수와 가뭄이 있었다. 明道先生이 水路를 구획하는 방법으로 재해를 다스렸는데, 공사를 시작하기도 전에 선생이 관직을 떠나게 되었다. 선생이 말하기를 "부구현의 땅에다가 수로를 모두 만든다면 반드시 몇 년이 지나야 완성될 것이다. 내가 10리 사이에서 계획하여 그 단서를 열어 놓았으니, 뒷사람이

---

55) 백성을……여긴다 : ≪孟子≫ 〈離婁 下〉에 "文王은 백성을 다친 사람처럼 여겼으며, 道를 보고서도 아직 보지 못한 듯이 여기셨다.〔文王視民如傷 望道而未之見〕"라고 하였다.

56) 楊時 : 1053~1135. 자는 中立, 호는 龜山, 시호는 文靖으로, 南劍 將樂 사람이다. 1076년 진사가 되어 著作郎・工部侍郎등을 지냈다. 二程에게 배웠으며, 謝良佐・游酢・呂大臨과 함께 程門四先生으로 일컬어졌다. 그의 학문은 羅從彦・李侗등을 거쳐 朱熹에게로 이어져, 理學의 형성과 발전에 중요한 영향을 끼쳤다.

그 이로움을 안다면 반드시 그것을 이어서 할 사람이 있을 것이다. 대저 현령의 직분은 반드시 境內의 백성으로 하여금 흉년이 들어 굶주리는 해에는 죽음을 면하게 하고, 배불리 먹고 편안히 살 때에는 禮義를 가르침이 있게 한 뒤에야 소임을 다하는 것이다. 그러므로 나는 부구현에 학교를 일으켜 설치하고 고을 사람의 자제들을 모아 가르쳤는데, 또한 거의 성공할 무렵에 폐지되었다. 이를 1백 리 안에서 시행하는 것은 지극히 협소하지만 道의 興廢가 거기에 달려 있다. 이 몇 가지 일이 모두 아직 이루어지지 못했으니, 어찌 命이 있는 것이 아니겠는가. 그러나 알면서도 행하지 않고 命의 興廢에 책임을 돌리는 것은 옳지 않다. 이것이 내가 감히 마음을 다하지 않을 수 없는 까닭이다."라고 하였다.

扶溝地卑하여 歲有水旱이라 明道先生이 經畫溝洫之法以治之러니 未及興工而先生去官이라 先生曰 以扶溝之地로 盡爲溝洫이면 必數年乃成이라 吾爲經畫十里之間하여 以開其端이니 後之人이 知其利면 必有繼之者矣라 夫爲令之職은 必使境內之民으로 凶年饑歲에 免於死亡하고 飽食逸居에 有禮義之訓이라야 然後爲盡이라 故로 吾於扶溝에 興設學校하여 聚邑人子弟하여 敎之러니 亦幾成而廢라 夫百里之施는 至狹也나 而道之興廢가 繫焉이라 是數事者가 皆未及成하니 豈不有命與아 然이나 知而不爲하고 而責命之興廢는 則非矣라 此吾所以不敢不盡心也라

위의 한 가지 일은 ≪庭聞藁錄≫에 보인다.

右一事는 見庭聞藁錄이라①

① 楊公의 아들 迥이 기록한 것이다.
楊公之子迥所記.

64. 朱公掞(朱光庭)이 汝州에서 明道를 찾아 뵙고 돌아가 사람들에게 말하기를 "나는 한 달 동안 봄바람 속에 앉아 있었다."라고 하였다. 游酢와 楊時가 伊川을 처음 만났을 때 이천이 눈을 감고 앉아 있어 두 사람은 곁에 서 있었다. 이천이 눈을 뜬 뒤 돌아보며 말하기를 "그대들은 아직도 여기에 있었는가? 날이 저물었으니 우선 쉬게나." 라고 하였다. 문을 나서자 문 밖에 쌓인 눈이 한 자 깊이나 되었다.

朱公掞이 來見明道于汝하고 歸謂人曰 光庭은 在春風中坐了一箇月이라 游楊이 初見伊川에

伊川瞑目而坐하여 二子侍立이라 旣覺에 顧謂曰 賢輩는 尙在此乎아 日旣晩하니 且休矣라 及出門하얀 門外之雪이 深一尺이라

65. 伊川先生이 經筵官으로 있을 적에 진강할 때마다 반드시 널리 인용하고 비유하여 임금을 깨우쳤다. 진강하고 물러나자 范堯夫(范純仁)가 말하기를 "선생은 어찌 그리 많은 것을 기억합니까?"라고 하자, 선생이 말하기를 "기억하지 않았기 때문에 많은 것을 말할 수 있습니다. 만약 기억했다면 많은 것을 말할 수 없었을 것입니다."라고 하였다.

伊川先生在經筵할새 每進講에 必博引廣喩以曉悟人主라 講退에 范堯夫曰 先生怎生記得許多아 先生曰 只爲不記라 故로 有許多라 若還記면 却無許多也라

66. 明道先生이 말하기를 "謝子(謝良佐)는 비록 조금 노둔하지만 성실하고 돈독하게 이해하여 어떤 일에 깨닫지 못한 점이 있으면 그의 이마에 땀이 맺혔으니, 그가 발분함이 이와 같았다."라고 하였다.

明道先生이 謂호되 謝子雖少魯나 直是誠篤理會하여 事有不透면 其顙有泚하니 其憤悱如此라

위의 세 가지 일은 ≪侯子雅言≫에 보인다.

右三事는 見侯子雅言이라①

①〈侯子는〉 侯仲良[57]으로, 字가 師聖이며, 二先生의 內從弟[58]이다.
侯仲良, 字師聖, 二先生之內弟.

67. 和靖(尹焞)이 일찍이 〈易傳序〉의 내용으로 청하여 묻기를 "'지극히 은미한 것은 理이고, 지극히 드러난 것은 象이다. 體와 用은 하나의 근원이요, 드러남과 은미함은 간격이 없다.'라고 하셨으니, 天機를 너무 누설한 것이 아닙니까?"라고 하자, 伊川이 말

---

57) 侯仲良 : 자는 師聖, 호는 荊門이며, 河東 사람이다. 程頤에게 수학하였고, 이후 周敦頤와 胡安國에게도 배웠다. 저술로 ≪論語說≫·≪侯子雅言≫이 있다.

58) 內從弟 : 侯仲良은 二程의 외숙부 侯可의 아들이다.

하기를 "이와 같이 분명히 설파하더라도 본디 사람들은 이해하여 깨닫지 못한다."라고 하였다.

和(靜)〔靖〕[59] 嘗以易傳序請問曰 至微者는 理也요 至著者는 象也라 體用一源이요 顯微無間이라하니 莫太洩露天機否잇가 伊川曰 如此分明說破라도 猶自人不解悟라①

① 祁寬[60]의 기록에 "伊川이 말하였다. '네가 이와 같이 본 것은 매우 좋다.'"라고 하였고, 呂堅中의 기록에 "伊川이 말하였다. '또한 부득이하여 말한 것일 뿐이다.'"라고 하였다. 祁寬錄云 "伊川曰 '汝看得如此甚善.'" 呂堅中錄云 "伊川曰 '亦不得已言之耳.'"

68. 和靖(尹焞)이 일찍이 청하여 말하기를 "저는 오늘에야 '心廣體胖'[61]의 의미를 이해하였습니다."라고 하자, 伊川이 안색을 바르게 하며 말하기를 "무엇인가?"라고 하였다. 화정이 말하기를 "단지 즐거워하는 것이 아니겠습니까?"라고 하자, 이천이 말하기를 "즐거움 또한 붙일 곳이 없다."라고 하였다.

和靖嘗請曰 某今日解得心廣體胖之義니이다 伊川正色曰 如何오 和靖曰 莫只是樂否잇가 伊川曰 樂亦沒處着이라

69. 和靖(尹焞)이 마침 虞書[62]를 배우자, 伊川이 말하기를 "그대는 그 많은 공부를 어찌하려는가?"라고 하였다.

和靖偶學虞書한대 伊川曰 賢那得許多工夫아

70. 思叔(張繹)[63]이 마부를 꾸짖자 伊川이 말하기를 "어찌 마음을 警動시키고 성질을

59) (靜)〔靖〕: 저본에는 '靜'으로 되어 있으나, ≪宋史≫ 〈尹焞列傳〉에 의거하여 '靖'으로 바로잡는다. 아래도 모두 같다.

60) 祁寬 : 자는 居之이며, 均州 사람이다. 尹焞에게 배웠으며, 은거하여 벼슬하지 않았다. 윤돈이 ≪論語解≫를 저술할 때 많은 공력을 기울였다. 王庶와 절친하였다.

61) 心廣體胖 : ≪大學≫에 "富는 집안을 윤택하게 하고, 德은 자신을 윤택하게 한다. 마음의 덕이 넓어져서 신체가 넉넉해진다. 그러므로 군자는 반드시 마음속에서 싹트는 자기의 생각을 善으로 가득 채운다.〔富潤屋 德潤身 心廣體胖 故君子必誠其意〕"라고 하였다.

62) 虞書 : ≪尙書≫의 堯·舜시대 기록을 일컫는 말로, 〈堯典〉·〈舜典〉·〈大禹謨〉·〈皐陶謨〉·〈益稷〉 5편으로 되어 있다.

참지[64] 않는가?"라고 하니, 사숙이 부끄러워하며 사과하였다.

思叔이 詬詈僕夫한대 伊川曰 何不動心忍性고하니 思叔慙謝하다

71. 한가한 날 靜坐할 적에 和靖(尹焞)・孟敦夫(孟厚)[65]・張思叔(張繹)이 선생을 모셨는데, 伊川이 눈앞의 물동이를 가리키며 말하기를 "맑고 고요한 가운데에는 한 물체도 붙일 수 없으니, 조금이라도 물체를 붙이면 곧 흔들린다."라고 하였다.

暇日靜坐에 和靖孟敦夫①張思叔侍러니 伊川指面前水盆語曰 淸靜中一物不可着이니 才着物이면 便搖動이라

①〈孟敦夫는〉 이름이 厚로, 穎川 사람이다.
名厚, 穎川人.

72. 어느 날 술자리를 벌였는데, 伊川이 말하기를 "술을 마시는 것은 무방하나, 다만 지나쳐서는 안 된다. '술은 정해진 주량이 없으셨는데, 어지러운 지경에는 이르지 않으셨다.'[66]라고 하였으니, 聖人에게 어찌 소란을 피우는 자의 일이 있었겠는가. 다만 그 氣血을 어지럽혀 질병에 걸릴까를 염려한 것이니, 혹 말이 꼬이거나 용모가 흐트러지는 것이 모두 어지러운 지경이다."라고 하였다.

一日置酒러니 伊川曰 飮酒不妨이나 但不可過라 惟酒無量하시되 不及亂이러시다하니 聖人豈有作亂者事리오 但恐亂其氣血致疾이니 或語言錯顚하고 容貌傾側이 皆亂也라

---

63) 思叔 : 張繹이다. 思叔은 그의 자이며, 壽安 사람이다. 程頤에게 수학하였으며, 尹焞과 함께 정이가 만년에 얻은 두 사람으로 일컬어진다.

64) 마음을……참지 : ≪孟子≫ 〈告子 下〉에 "하늘이 장차 이 사람에게 큰 임무를 내리려 할 적에는 반드시 그의 心志를 괴롭게 하며, 그의 筋骨을 수고롭게 하며, 그의 體膚를 굶주리게 하며, 그의 몸을 궁핍하게 하여, 행함에 그가 하는 바를 어긋나게 하고 어지럽히니, 이것은 마음을 警動시키고 성질을 참게 하여 그가 능하지 못한 바를 增益해주려는 것이다.〔天將降大任於是人也 必先苦其心志 勞其筋骨 餓其體膚 空乏其身 行拂亂其所爲 所以動心忍性 曾益其所不能〕"라고 하였다.

65) 孟敦夫 : 孟厚이다. 敦夫는 그의 자이며, 洛陽 사람이다. 程頤에게 수학하였다. 스승이 죽었을 때 다른 문인들은 黨禍를 두려워하여 찾아오지 않았으나, 그와 尹焞・張繹・范棫・邵溥만이 送葬하였다. 사람들에게 高義孟公으로 일컬어졌다.

66) 술은……않으셨다 : ≪論語≫ 〈鄕黨〉에서 孔子의 음식에 대한 예절을 말하며 "술은 정해진 주량이 없었는데, 어지러운 지경에 이르지 않으셨다.〔唯酒無量 不及亂〕"라고 하였다.

73. 伊川이 涪州에서 돌아올 적에 기상과 용모와 안색과 수염과 모발이 모두 예전보다 나아졌다. 門人들이 어떻게 이렇게 되었는지를 묻자, 선생이 말하기를 "학문의 힘이다. 대체로 배우는 자는 患難과 貧賤에 처하는 것을 배워야 하겠지만, 富貴와 榮達에 처하는 것은 배울 필요가 없다."라고 하였다.

伊川歸自涪州에 氣貌容色髭髮이 皆勝平昔이라 門人問何以得此오하니 先生曰 學之力也라 大凡學者는 學處患難貧賤이어니와 若富貴榮達은 卽不須學也라

74. 鮑若雨[67]・劉安世[68]・劉安節[69] 등 몇 사람이 太學으로부터 휴가를 얻어 洛陽에 와서 伊川을 뵙고 질문하기를 "'堯・舜의 道는 孝悌일 뿐이다.'[70]라고 하였으니, 요・순의 도가 무슨 연고로 孝悌에서 그칠 뿐이라는 것입니까?"라고 하니, 이천이 말하기를 "尹焞을 만나보았는가?"라고 하자, "아직 만나보지 못했습니다."라고 하니, 이천이 말하기를 "그에게 찾아가 물어보게."라고 하였다. 여러 공들이 드디어 和靖을 찾아가 만나 이것을 질문하였는데, 화정이 말하기를 "요・순의 도는 孝悌일 뿐이니, 孝悌는 요・순이 아니면 극진히 할 수 없습니다. 겨울에 따뜻하게 하고 여름에 시원하게 하며 저녁에 잠자리를 살피고 새벽에 문안을 드리는 일[71]로부터 소리가 없는 데에서 듣고 형체가 없는 데에서 보는 것[72]에 이르기까지 실천하고, 또 '아버지를 섬길 적에 효

---

67) 鮑若雨 : 자는 汝霖・商霖이며, 永嘉 사람이다. 程頤에게 수학하였으며, 벼슬길에 나아가지 않고 학문과 저술에 몰두하였다.

68) 劉安世 : 1048~1125. 자는 器之, 호는 元城, 시호는 忠定이며, 大名 사람이다. 1073년 진사가 되었으나 벼슬에 나아가지 않고 司馬光에게 수학하였다. 사마광・呂公著의 추천을 받아 秘書省正字・右正言이 되었다가, 左諫議大夫・樞密都承旨 등을 역임하였다.

69) 劉安節 : 1068~1116. 자는 元承이며, 永嘉 사람이다. 程頤를 사사하였다. 1100년 진사가 되어 監察御史・知饒州 등을 지냈다. 학행으로 당시 사람들에게 추중받아 '大劉先生'・'永嘉先生'으로 불렸다.

70) 堯・舜의……뿐이다 : ≪孟子≫ 〈告子 下〉에 보인다.

71) 겨울에……일 : ≪禮記≫ 〈曲禮 上〉에 "冬溫而夏凊 昏定而晨省"이라고 하였다.

72) 소리가……것 : ≪禮記≫ 〈曲禮 上〉에 "자식된 자는 거처할 적에 아랫목을 주장하지 않으며, 앉을 적에 자리 한 가운데 앉지 않으며, 길을 갈 적에 길 한 가운데로 가지 않으며, 서 있을 적에 문 한 가운데 서지 않는다. 음식을 대접하거나 연향할 적에는 수량을 한정하지 않으며, 제사를 지낼 적에는 시동이 되지 않는다. 〈부모가 말씀하시기 전〉 소리가 없는 데에서 듣고 형체가 없는 데에서 본다. 높은 곳에 오르지 않고 깊은 곳에 가지 않으며, 구차하게 남을 헐

성스러웠기 때문에 하늘을 섬기는 데에 밝았고, 어머니를 섬길 적에 효성스러웠기 때문에 땅을 섬기는 데에 분명하여, 하늘이 밝아지고 땅이 분명해지면 神明이 나타난다.'[73]라는 것과 같이 하면, 곧장 神明에 통하고 四海를 밝히는 데 이를 것이니, 요·순 같은 큰 聖人이 아니면 이를 극진히 할 수 없습니다."라고 하였다. 돌아와 이 말을 이천에게 아뢰자, 이천이 말하기를 "지극히 옳다. 비록 내가 말하더라도 또한 이 말에 지나지 않을 것이다."라고 하였다.

鮑若雨劉安世劉安節數人이 自太學으로 謁告來洛하여 見伊川하고 問호되 堯舜之道는 孝弟而已矣라하니 堯舜之道가 何故止於孝弟잇가 伊川曰 曾見尹焞否아 曰 未也니이다 請往問之하라 諸公遂來見和靖하고 以此爲問한대 和靖曰 堯舜之道는 止於孝弟하니 孝弟는 非堯舜이면 不能盡이라 自冬溫夏凊하고 昏定晨省으로 以至聽於無聲하고 視於無形하고 又如事父孝故事天明하고 事母孝故事地察하여 天地明察하면 神明彰矣어든 直至通於神明하고 光於四海하니 非堯舜大聖人이면 不能盡此라 復以此語白伊川하니 伊川曰 極是라 縱使某說이라도 亦不過此라

위의 여덟 가지 일은 ≪涪陵記善錄≫에 보인다.

右八事는 涪陵記善錄이라①

① 馮忠恕[74]가 기록한 尹公의 어록이다. 尹公의 이름은 焞, 字가 彦明이며, 伊川先生의 門人이다.

馮忠恕所記尹公語. 尹名焞, 字彦明, 伊川先生門人.

75. 游酢 定夫가 伊川에게 물었다.

"보이지 않는 바에서도 경계하고 삼가며, 들리지 않는 바에서도 두려워하고 두려워

뜨지 않고 구차하게 웃지 않는다.〔爲人子者 居不主奧 坐不中席 行不中道 立不中門 食饗不爲槩 祭祀不爲尸 聽於無聲 視於無形 不登高 不臨深 不苟訾 不苟笑〕"라고 하였다.

73) 아버지를……것 : ≪孝經≫ 〈應感〉에 "옛날 밝은 임금은 아버지를 섬길 적에 효성스러웠기 때문에 하늘을 섬기는 데 밝았고, 어머니를 섬길 적에 효성스러웠기 때문에 땅을 섬기는 데 분명하였으며, 어른과 어린이 사이에 차례가 있었기 때문에 위아래가 잘 다스려졌다. 하늘이 밝아지고 땅이 분명해지면 神明이 나타난다.〔昔者 明王事父孝 故事天明 事母孝 故事地察 長幼順 故上下治 天地明察 神明彰矣〕"라고 하였다.

74) 馮忠恕 : 자는 貫道이며, 汝陽 사람이다. 부친 馮理가 낙양에서 공부할 때 尹焞과 절친하게 지냈는데, 이를 계기로 윤돈에게 배웠다. 黔州節度判官·知梁山軍을 지냈다.

하면[75] 소리도 없고 냄새도 없는[76] 경지에 점차 이를 수 있습니까?"

이천이 말하였다.

"참으로 그러하다."

나중에 謝顯道(謝良佐)가 이천에게 定夫와 같은 질문을 하자, 이천이 말하였다.

"비록 이러한 이치가 있으나, 그 사이에는 여러 경우가 있다."

사현도가 말하였다.

"이미 점차 이를 수 있다고 말했는데, 다시 무슨 경우가 있습니까?"

이천이 말하였다.

"예컨대 荀子가 이르기를 '士가 되는 것에서 시작하여 聖人이 되는 것에서 마친다.'[77] 라고 하였으니, 이 말에 무슨 불가함이 있겠는가. 이 또한 점차 이르는 도리이다. 그러나 그는 性을 惡하다고 여겨 桀·紂는 본성대로 하였고 堯·舜은 위선을 행하였다고 하였으니, 이것을 점차 이르는 것과 같다고 한다면 어긋나지 않겠는가."

游定夫酢가 問伊川曰 戒愼乎其所不睹하며 恐懼乎其所不聞이면 便可馴致於無聲無臭否잇가 伊川曰 固是라 後에 謝顯道①가 問伊川如定夫之問하니 伊川曰 雖卽有此理나 然其間有多少般數라 謝曰 旣云可馴致인댄 更有何般數잇가 伊川曰 如荀子謂호되 始乎爲士하여 終乎爲聖人이라하니 此語有何不可아 亦是馴致之道라 然이나 他却以性爲惡하여 桀紂는 性也요 堯舜은 僞也라하니 似此馴致면 便不錯了아

① 謝良佐이다.
良佐.

76. 侍郎 楊子安[78]은 禪學을 배워 伊川을 불신하고 매번 그의 학도들을 힘써 공격하

---

75) 보이지……두려워하면 : ≪中庸≫에 "道라는 것은 잠시도 벗어날 수 없으니, 벗어날 수 있으면 道가 아니다. 그러므로 君子는 보이지 않는 바에서도 경계하고 삼가며, 들리지 않는 바에서도 두려워하고 두려워한다.〔道也者 不可須臾離也 可離 非道也 是故君子戒愼乎其所不睹 恐懼乎其所不聞〕"라고 하였다.

76) 소리도……없는 : ≪中庸≫에 "≪詩經≫에 '德은 가볍기가 터럭과 같다.'라고 하였으나 터럭은 오히려 비교할 만한 등급이 있으니, ≪시경≫의 시에 '上天의 일은 소리도 없고 냄새도 없다.'라고 한 데에 이르러야 지극한 것이다.〔詩云 德輶如毛 毛猶有倫 上天之載 無聲無臭 至矣〕"라고 하였다.

77) 士가……마친다 : ≪荀子≫ 〈勸學篇〉에 "학문하는 뜻은 士가 되는 것에서 시작하여 聖人이 되는 것에서 마친다.〔其義則始乎爲士 終乎爲聖人〕"라고 하였다.

였다. 또 그의 친척 王元으로 하여금 和靖先生(尹焞)에게 따져 묻게 하기를 "六經은 대개 藥과 같으니, 병이 없으면 무슨 소용이 있겠습니까."라고 하니, 선생이 말하기를 "참으로 그러합니다. 다만 눈을 뜨면 곧 병이 되기 때문입니다."라고 하자, 왕원이 승복하고 돌아갔다.

伊川이 涪陵에서 돌아와 襄陽을 지날 적에 子安이 그곳에 있었다. 자안이 ≪周易≫은 어디로부터 일어나는지를 물었는데, 이천이 그때 부채질을 하고 있었다. 이천이 부채 자루로 땅에다 한 획을 긋고 말하기를 "여기로부터 일어난다."라고 하자, 자안은 말이 없었다. 그 뒤 洛中에 이르러 자안이 이 일을 거론하며 화정선생에게 고하고, 또 말하기를 "저는 당시 '이 획은 어디로부터 일어납니까?'라고 재차 묻지 않은 것을 후회하였습니다."라고 하였다. 화정이 이 말을 이천에게 고하자, 이천이 말하기를 "그가 질문하기를 기다렸으나 아무 말이 없어서 자안이 기뻐하는 듯하였다."라고 하였다. 화정선생이 자안에게 이를 거론해 보이자, 자안이 이로부터 드디어 감복하였다.

楊子安侍郎學禪하여 不信伊川하고 每力攻其徒라 又使其親戚王元으로 致問難於和靖先生曰 六經은 蓋藥也니 無病이면 安所用乎아 先生曰 固是라 只爲開眼卽是病일새라하니 王屈服以歸라 伊川이 自涪陵歸하여 過襄陽할새 子安在焉이라 子安이 問易從甚處起한대 時方揮扇이라 伊川以扇柄畫地一下하고 曰 從這裏起라 子安無語라 後에 至洛中하여 子安擧以告和靖先生하고 且曰 某當時悔不更問此畫從甚處起라 和靖以告伊川한대 伊川曰 待他問時나 只與嘿然得하여 似箇子安更喜懽也라 先生擧示子安하니 子安由此遂服이라

77. 伊川이 和靖(尹焞)과 더불어 義와 命을 의론하였다. 화정이 말하기를 "命은 中人이하를 위해 말한 것이고, 聖人의 경우에는 단지 義가 있을 뿐입니다."라고 하자, 이천이 말하기를 "무슨 말인가?"라고 하였다. 화정이 말하기를 "'한 가지 일이라도 不義를 행하며, 한 사람이라도 죄 없는 이를 죽여서 천하를 얻는 일은 모두 하지 않을 것이다.'[79]라고 하였으니, 이 어찌 命으로써 하는 것이겠습니까?"라고 하자, 이천이 크

78) 楊子安 : 楊畏(1044~1112)인 듯하다. 子安은 그의 자이며, 洛陽 사람이다. 禮部侍郞을 지냈으며, 章惇과 결탁하였다.

79) 한……것이다 : ≪孟子≫ 〈公孫丑 上〉에서 孟子가 伯夷·伊尹과 孔子의 같은 점에 대해 말하기를 "百里 되는 땅을 얻어서 임금 노릇을 하면 모두 제후들에게 조회를 받고 천하를 소유할 수

게 칭찬하였다. 또 動靜의 경계를 논할 적에 절의 승려가 종을 치는 소리를 듣고 화정이 말하기를 "靜을 말하면 곧 動자 하나가 많아지고, 動을 말해도 그러합니다."라고 하자, 이천이 고개를 끄덕였다. 화정은 늘 말하기를 "動靜은 단지 하나의 이치이니, 陰陽과 死生 또한 그러하다."라고 하였다.

伊川與和靖論義命이라 和靖曰 命은 爲中人以下說이요 若聖人은 只有箇義니이다 伊川曰 何謂也오 和靖曰 行一不義하며 殺一不辜而得天下는 皆不爲也라하니 奚以命爲리잇가 伊川이 大賞之라 又論動靜之際에 聞寺僧撞鐘하고 和靖曰 說着靜이면 便多一箇動字요 說動亦然이니이다 伊川頷之라 和靖은 每曰 動靜은 只是一理니 陰陽死生도 亦然이라

78. 謝顯道(謝良佐)는 과거 공부를 익혀 이미 이름이 알려졌다. 扶溝에 가서 明道先生을 뵙고 수학하였는데, 지향이 매우 독실하였다. 명도가 어느 날 그에게 말하기를 "그대들이 여기에서 서로 종유하지만 단지 나의 언어를 배울 뿐이다. 그러므로 그 학문은 마음과 입이 서로 호응하지 않는다. 어찌하여 그것을 실천하지 않는가?"라고 하였다. 청하여 묻자, 선생이 말하기를 "우선 靜坐하라."라고 하였다. 伊川은 사람들이 정좌하는 것을 볼 때마다 그가 잘 배웠다고 감탄하였다.

謝顯道는 習擧業하여 已知名이라 往扶溝하여 見明道先生하고 受學한대 志甚篤이라 明道一日謂之曰 爾輩在此相從호되 只是學某言語라 故로 其學은 心口不相應이라 盍若行之오 請問焉하니 曰 且靜坐하라 伊川은 每見人靜坐면 便嘆其善學이라

79. 선생(尹焞)이 말하였다.

"伊川은 항상 검은 비단옷 입는 것을 좋아하였다. 베옷이나 명주옷을 입기도 하였는데, 그 소매는 또한 평범한 사람의 옷과 같았다. 머리에 쓰는 紗巾은 등 뒤에서 바라보면 종 모양 같았다. 그 모양은 곧 지금 道士들이 仙桃巾이라고 하는 것과 같으나 그 모양은 전해지지 않았다. 요즘 사람들이 이천의 학문을 익히는 자들은 넓은 소매의 옷을 입고 모난 건을 쓴다고 하니, 무엇을 말하는지 모르겠다."

있을 것이지만, 한 가지 일이라도 不義를 행하며 한 사람이라도 죄 없는 이를 죽여서 천하를 얻음은 모두 하시지 않을 것이니, 이것은 같은 점이다.〔得百里之地而君之 皆能以朝諸侯有天下 行一不義 殺一不辜而得天下 皆不爲也 是則同〕"라고 하였다.

先生曰 伊川은 常愛衣皀라 或博褐紬襖로되 其袖亦如常人이라 所戴紗巾은 背後望之면 如鍾形이라 其製는 乃似今道士謂之仙桃巾者나 然不曾傳得樣이라 不知케라 今人謂之習伊川學者는 大袖方頂이라하니 何謂오①

① 선생(尹焞)이 洛中에 있을 때는 항상 昌黎巾을 썼다.
先生在洛中, 常裹昌黎巾.

80. 선생(尹焞)이 일찍이 伊川에게 묻기를 "'솔개는 날아서 하늘에 이르고, 물고기는 연못에서 뛰논다.'[80]라는 것은 上下가 하나의 이치라는 말이 아닙니까?"라고 하자, 이천이 말하기를 "이런 경지에 이르렀구나."라고 하고서 단지 고개를 끄덕일 뿐이었다.

先生嘗問伊川호되 鳶飛戾天하고 魚躍于淵이라함은 莫是上下一理否잇가 伊川曰 到這裏라하고 只得點頭라

81. 郭忠孝[81]는 伊川을 만나 뵐 때마다 ≪論語≫에 대해 물었는데, 이천은 모두 답하지 않았다. 어느 날 이천이 그에게 말하기를 "그대가 여기에서 종사한 지 오래되었는데, 질문하는 것이 모두 크구나. 모름지기 절실하게 묻고 가까운 일상에서 생각해야 한다."라고 하였다.

郭忠孝每見伊川에 問論語한대 伊川皆不答이라 一日에 伊川語之曰 子從事於此多少時어늘 所問皆大라 且須切問而近思라

82. 선생(尹焞)이 말하였다.

"張思叔(張繹)이 어느 날 伊川을 모신 자리에서 마음을 극진히 하는 것, 본성을 아는 것, 하늘을 아는 것, 하늘을 섬기는 것[82]에 대해 이해하였다. 이천이 말하기를 '釋

---

80) 솔개는……뛰논다 : ≪詩經≫ 〈大雅 旱麓〉에 보인다. ≪中庸≫에서는 이에 대해 "그 이치가 상하에 드러남을 말한 것이다.〔言其上下察也〕"라고 하였다.

81) 郭忠孝 : ?～1127. 자는 立之, 호는 兼山이며, 洛陽 사람이다. 蔭職으로 출사한 뒤 진사시에 합격하여 軍器少監・永興軍路提點刑獄 등을 지냈다. 程頤에게 ≪周易≫・≪中庸≫을 전수받아 이를 중시하였다. 저술로 ≪中庸說≫・≪易書≫・≪兼山易解≫ 등이 있다.

82) 마음을……것 : ≪孟子≫ 〈盡心 上〉에 孟子가 말하기를 "자기 마음을 극진히 하는 자는 자기의

氏는 사람들로 하여금 하늘을 아는 데에 이르면 그만두게 하고, 다시 마음을 보존하고 본성을 길러 하늘을 섬김이 없다.'라고 하자, 사숙이 말하기를 '하늘을 아는 데 이르면 그만두게 한 것은 또한 일을 줄인 것이 아니겠습니까?'라고 하였다. 이천이 말하기를 '그대가 어찌 顔子와 같겠는가. 안자는 오히려 보고 듣고 말하고 움직일 적에 禮가 아닌 것을 감히 하지 않았으니, 이것이 바로 하늘을 섬기는 방법이다. 그대가 어찌 안자와 같겠는가.'라고 하였다."

先生曰 張思叔이 一日於伊川坐上에 理會盡心知性知天事天이라 伊川曰 釋氏는 只令人到知天處休了요 更無存心養性事天也라 思叔曰 知天便了는 莫更省(생)事否잇가 伊川曰 子何似顔子리오 顔子는 猶視聽言動에 不敢非禮하니 乃所以事天也라 子何似顔子리오

83. 선생(尹焞)이 일찍이 伊川에게 묻기를 "무엇이 道입니까?"라고 하자, 이천이 말하기를 "가는 길이 道이다."라고 하였다.

先生嘗問於伊川호되 如何是道잇가 伊川曰 行處是라

84. 선생(尹焞)이 말하였다.

"어떤 사람이 明道先生에게 묻기를 '무엇이 道입니까?'라고 하자, 명도선생이 말하기를 '君臣·父子·兄弟·朋友·夫婦 사이에서 구하는 것이다.'라고 하였다."

先生曰 有人問明道先生호되 如何是道잇가 明道先生曰 於君臣父子兄弟朋友夫婦上求라

85. 예전에 劉質夫(劉絢)[83]가 ≪春秋傳≫을 지었는데, 아직 완성되지 않았을 적에 사람들이 伊川에게 물으면 반드시 대답하기를 "이미 劉絢에게 짓게 하였으니, 자연히 내가 공부를 할 필요가 없다."라고 하였다. 유현의 ≪춘추전≫이 완성되어 이천에게 찾

性을 아니, 자기의 性을 알면 하늘을 알게 된다. 자기 마음을 보존하여 자기의 性을 기름은 하늘을 섬기는 것이요, 요절하거나 장수함에 의심하지 않아 몸을 닦고 天命을 기다림은 命을 세우는 것이다.〔盡其心者 知其性也 知其性 則知天矣 存其心 養其性 所以事天也 殀壽不貳 修身以俟之 所以立命也〕"라고 한 데서 나왔다.

83) 劉質夫 : 劉絢(1045~1087)이다. 質夫는 그의 자이며, 河南 사람이다. 蔭職으로 壽安縣主簿가 되어 長子縣令을 지냈고, 京兆府教授·太學博士등을 역임하였다. 二程에게 수학하였으며, 李籲와 함께 程子 문하에서 명망이 높았다.

아와 드리니, 門人들이 보기를 청하였다. 이천이 말하기를 "내가 직접 짓기를 기다려라."라고 하며 끝내 유현의 ≪춘추전≫을 사람들에게 보여주지 않았다. 이천이 세상을 떠난 뒤에야 지금 세상에 전하는 ≪춘추전≫을 보았는데, 閔公까지 해설한 것이었다. 예전에 또한 蜀 땅 사람 謝湜[84]은 提學을 지냈고 字가 持正인데, ≪춘추≫를 해설한 책을 완성하여 이천에게 찾아와 드렸다. 이천이 말하기를 "다시 20년이 지난 뒤에야 그대가 ≪춘추전≫을 지을 수 있을 것이다."라고 하였다. 사식은 오랫동안 이천을 찾아가 배웠는데, 그의 ≪춘추전≫은 끝내 세상에 나타나지 않았다.

昔에 劉質夫作春秋傳한대 未成에 每有人問伊川이면 必對曰 已令劉絢作之니 自不須某費工夫也라 劉傳既成에 來呈伊川하니 門人請觀이라 伊川曰 却須着某親作하라하고 竟不以劉傳示人이라 伊川沒後에 方得見今世傳한대 解至閔公者라 昔에 又有蜀人謝湜은 提學이요 字持正인대 解春秋成하여 來呈伊川이라 伊川曰 更二十年後라야 子方可作이라 謝는 久從伊川學한대 其傳은 竟不曾敢出이라

86. 張思叔(張繹)은 30세에 바야흐로 伊川을 뵈었는데, 이천보다 1년 뒤에 죽었다. 처음에 문장으로 鄕曲에 알려졌는데, 이천을 만난 뒤로는 글을 짓는 것이 매우 적었다. 이천은 매양 말하기를 "장역은 朴實하면서 厚重하다."라고 하였다.

張思叔은 三十歲에 方見伊川이러니 後伊川一年卒이라 初에 以文聞於鄕曲이러니 自見伊川後로 作文字가 甚少라 伊川每云호되 張繹은 朴茂라

87. 선생(尹焞)이 말하였다.

"처음 伊川을 뵈었을 때 나로 하여금 敬자를 보게 하셨는데, 내가 더 말씀해주시기를 청하자, 이천이 말하기를 '한 마음을 주로 하면 그것이 敬이다.'라고 하였다. 당시에 비록 이 말씀을 이해하였으나, 근래에 터득한 것이 더욱 친절한 것만 못하였다."

내(祁寬)가 선생에게 물었다.

"어떻게 하는 것이 한 마음을 주로 하는 것입니까? 선생님께서 잘 설명해주시길 바랍니다."

---

84) 謝湜 : 자는 持正이며, 金堂 사람이다. 程頤의 문하에서 수학하였다.

선생이 말하였다.

“敬에 무슨 형체와 그림자가 있겠는가. 단지 몸과 마음을 수렴하는 것이 곧 한 마음을 주로 하는 것이다. 예컨대 사람이 神祠 안에 들어가서 공경을 지극히 할 때에 그의 마음이 수렴되어 털끝만큼의 일도 떠올릴 수 없으니, 이것이 한 마음을 주로 하는 것이 아니고 무엇이겠는가.”

선생이 또 말하였다.

“예전에 趙承議가 伊川을 찾아가 배웠는데, 그 사람의 성품이 매우 예리하지 않자 이천이 또한 그로 하여금 敬자를 보게 하였다. 조승의가 더 말씀해주기를 청하였는데, 이천은 의관을 정돈하고 용모를 가지런하게 할 뿐이었다.”

조승의가 선생에게 이 일을 거론하자, 선생은 조승의의 말에서 깨우친 점이 있었다.

先生曰 初見伊川時에 教某看敬字어시늘 某請益하니 伊川曰 主一則是敬이라 當時에 雖領此語나 然不若近時看得更親切이라 寬이 問호되 如何是主一이니잇가 願先生善喩니이다 先生曰 敬有甚形影이리오 只收斂身心이 便是主一이라 且如人到神祠中하여 致敬時에 其心收斂하여 更着不得毫髮事니 非主一而何리오 又曰 昔에 有趙承議從伊川學한대 其人性不甚利하니 伊川亦令看敬字하시니라 趙請益한대 伊川整衣冠하고 齊容貌而已라 趙擧示先生하니 先生於趙言下에 有箇省覺處라

88. 謝收가 伊川에게 학문에 대해 묻자, 이천이 답하기를 “학문의 큰 것으로는 仁만 한 것이 없다. 너는 仁이 무엇이라 생각하느냐?”라고 하였다. 사수는 오랫동안 생각하였으나 갈피를 잡지 못하였다. 어느 날 다시 묻기를 “남을 사랑하는 것이 仁입니까?”라고 하니, 이천이 말하기를 “남을 사랑하는 것은 仁의 단서이지, 仁이 아니다.”라고 하였다. 사수가 물러간 뒤, 선생(尹焞)이 말하기를 “제 생각에 仁은 公正함일 뿐입니다.”라고 하였다. 이천이 말하기를 “무슨 말인가?”라고 하자, 선생이 말하기를 “仁者는 능히 남을 좋아하며 남을 미워할 수 있기 때문입니다.”[85]라고 하니, 이천이 말하기를 “잘 함양하였다.”라고 하였다.

謝收問學於伊川하니 答曰 學之大는 無如仁이라 汝謂仁是如何오 謝久之無入處러니 一日再

85) 남을……때문입니다 : ≪論語≫ 〈里仁〉에 孔子가 말하기를 “오직 仁者라야 남을 좋아하며, 남을 미워할 수 있다.〔惟仁者 能好人 能惡人〕”라고 하였다.

問曰 愛人是仁否잇가 伊川曰 愛人은 乃仁之端이요 非仁也라 謝收去하고 先生曰 某謂仁者公而已니이다 伊川曰 何謂也오 先生曰 能好人하며 能惡(오)人일새니이다하니 伊川曰 善涵養이라하시다

89. 선생(尹焞)이 말하였다.

"司馬溫公(司馬光)은 평소 마음 씀이 매우 고달파 매양 마음 붙일 곳이 없음을 근심하였는데, 明道와 伊川은 그가 근심을 그치지 않는 것을 항상 탄식하였다. 어느 날 온공이 명도에게 말하기를 '나는 근래에 마음 붙일 곳이 있어서 마음이 매우 편안합니다.'라고 하자, 명도가 말하기를 '무슨 말씀입니까?'라고 하니, 온공이 말하기를 '마음에 단지 하나의 中자가 있을 뿐이니, 中에 마음을 붙이면 매우 편안하고 즐거움을 느낍니다.'라고 하였다. 명도가 이천에게 이 일을 말해주니, 이천이 말하기를 '司馬端明[86]은 좋은 글자 하나를 선택한 것일 뿐이니, 그로 하여금 항상 한 꿰미의 염주를 쥐게 하여 힘을 줄이게 하는 것만 못합니다. 그러나 그에게 말해주더라도 그는 반드시 받아들이지 않을 것입니다.'라고 하였다. 이천이 또 말하기를 '마음을 붙이는 것이라! 그 붙이는 것이 무엇인가?'라고 하였다."

先生曰 司馬溫公은 平生用心甚苦하여 每患無着心處한대 明道伊川은 常嘆其未止라 一日에 溫公謂明道호되 某近日有箇着心處하여 甚安이라 明道曰 何謂也오 溫公曰 只有一箇中字니 着心於中이면 甚覺安樂이라 明道擧似伊川이라 伊川曰 司馬端明은 却只是揀得一箇好字니 却不如只敎他常把一串念珠하여 却似省(생)力이로되 試說與時라도 他必不受也라 又曰 着心이라 只那着的是何리오

90. 謝顯道(謝良佐)는 오랫동안 太學에 머물렀는데, 伊川에게 떠난다고 아뢰며 말하기를 "장차 蔡州로 돌아가 과거에 합격하려 하며, 또한 경전을 ≪禮記≫로 바꾸고자 합니다."라고 하였다. 이천이 그 까닭을 묻자, 사현도가 대답하기를 "태학은 많은 士人들이 모인 곳이어서 합격하기가 쉽지 않으니, 고향에서 합격을 기필할 수 있는 것만 못합니다."라고 하였다. 이천이 말하기를 "그대가 命을 받지 않는 것이 이와 같을 줄 생각지도 못했다. 子貢이 命을 받지 않고서도 재화를 늘린 것[87]이 아마 이와 같을 것

---

86) 司馬端明 : 司馬光은 端明殿 學士를 지냈다.

87) 子貢이……것 : ≪論語≫ 〈先進〉에 孔子가 "賜(子貢)는 命을 받지 않고서도 재화를 늘렸으나 억

이다.”라고 하였다. 사현도는 다시 돌아와 이듬해 國學의 시험에 합격하였다.

謝顯道는 久住太學이러니 告行於伊川하며 云호되 將還蔡州取解하며 且欲改經禮記니이다 伊川問其故하니 對曰 太學은 多士所萃라 未易(이)得之니 不若鄉中可必取也니이다 伊川曰 不意子不受命如此로라 子貢不受命而貨殖이 蓋如是也라 顯道復還하여 次年에 獲國學解라

91. 韓持國(韓維)은 伊川과 사이가 좋았다. 한지국이 潁昌에 있을 적에 伊川과 明道를 초대하려 하여, 미리 여러 자식과 조카들에게 명하여 방 하나를 마련하게 하고, 窓戶를 수리하는 것까지 모두 친히 준비하게 하였으니, 그의 정성과 공경함이 이와 같았다. 두 선생이 이르러 한가한 날 한지국과 함께 西湖에서 노닐 적에, 자식들에게 선생을 모시고 가라고 명하였다. 행차할 적에 말과 외모가 장엄하고 공경스럽지 못한 자가 있어, 이천이 돌아보고 엄한 목소리로 꾸짖어 말하기를 “너희들은 어른을 따라 가면서 감히 웃고 떠드는 것이 이와 같으니, 韓氏의 효성스럽고 공손한 풍습이 쇠퇴하였구나!”라고 하였다. 한지국이 드디어 그들을 모두 쫓아버렸다.

韓持國은 與伊川善이라 韓在潁昌할새 欲屈致伊川明道하여 預戒諸子姪하여 使置一室하고 至於修治窓戶히 皆使親爲之하니 其誠敬如此라 二先生到하여 暇日에 與持國同游西湖에 命諸子侍行이라 行次에 有言貌不莊敬者하니 伊川回視하고 厲聲叱之曰 汝輩從長者行에 敢笑語如此하니 韓氏孝謹之風이 衰矣라 持國이 遂皆逐去之라①

① 선생(尹焞)이 持國의 아들 彬叔에게 들었는데, 그의 이름은 宗質이다.
先生聞於持國之子彬叔, 名宗質.

92. 王介甫(王安石)가 舍人[88]이 되었을 적에 雜說을 지어 당시 유행하였는데, 그 글의 핵심처에 이르기를 “막대한 惡도 잠시 참지 못하는 데에서 이루어진다.”라고 하였고, 또 이르기를 “道義가 중하여도 王公의 지위를 경시하지 않고, 志意가 충족되어도 富貴한 자에게 교만하지 않는다.”[89]라고 하였으니, 무슨 불가함이 있겠는가. 伊川이 일찍

측하면 자주 들어맞았다.〔賜不受命 而貨殖焉 億則屢中〕”라고 하였다.

88) 舍人 : 中書省에 소속된 정4품 관원으로, 詔誥・制勅을 起草하는 일을 담당하였다.

89) 道義가……않는다 : ≪荀子≫ 〈修身篇〉의 “志意가 닦여지면 부귀한 자를 얕볼 수 있고, 道義가 중하면 王公을 가벼이 여길 수 있다.〔志意修 則驕富貴 道義重 則輕王公〕”라는 말을 원용한 듯하다.

이 말하기를 "만약 介甫가 給事中[90]이 되었다면 누가 그의 의중을 간파할 수 있었겠는가."라고 하였다.

王介甫爲舍人時에 有雜說行於時한대 其粹處에 有曰 莫大之惡도 成於斯須不忍이라하고 又曰 道義重이라도 不輕王公이요 志意足이라도 不驕富貴라하니 有何不可리오 伊川嘗曰 若使介甫가 只做到給事中이면 誰看得破리오

93. 伊川이 涪陵에서 돌아오자 謝顯道(謝良佐)가 蔡州에서 洛中으로 와서 다시 가르침을 받았다. 한참 뒤에 이천이 선생(尹焞)과 張繹 思叔에게 말하기를 "자네들이 함께 가서 謝良佐를 만나보고 이번에 나를 만나 무슨 소득이 있었는지 그에게 물어보는 것이 좋겠네."라고 하였다. 尹焞과 張繹이 이천의 말씀대로 묻자, 사현도가 말하기를 "이번 만남에서야 선생의 말씀을 비로소 이해하였습니다."라고 하였다. 장역이 이 말을 이천에게 고하자, 이천이 그렇게 여겼다.

伊川歸自涪陵하니 謝顯道自蔡州來洛中하여 再親炙焉이라 久之에 伊川謂先生及張思叔繹曰 可去同見謝良佐하고 問之호되 此回見吾하여 有何所得고하라 尹張如所戒하니 謝曰 此來方會得先生說話也라 張以告伊川하니 伊川然之라

94. 周恭叔(周行己)[91]은 太學에서 공부하다 젊은 나이에 급제하였으니, 30세가 되기 전이었다. 伊川을 뵐 적에 몸가짐이 엄격하여 방 안에 꼿꼿하게 앉아서 창밖도 내다본 적이 없었다. 어렸을 때 모친 집안의 여인과 혼인을 약속하였는데, 급제 후에 그 여인의 두 눈이 멀었지만 마침내 혼인하여 사랑함이 남들보다 지나쳤다. 이천이 말하기를 "나는 30세가 되기 전에 또한 이런 일은 하지 못했다. 그러나 나아가는 것이 빠른 자는 물러나는 것도 빠르다."라고 하며 매번 탄식하며 애석해하였다.

주공숙이 관청의 일로 洛中에 오기를 구하여 水南糴場을 감독하다가 이천에게 찾아갔는데, 마침 이천은 涪陵으로 떠난 뒤였다. 몇 년 뒤 주공숙은 술자리에서 마음에 둔

90) 給事中 : 門下省에 소속된 정4품 관원으로, 황제의 자문에 응대하고 政令 및 인재 등용을 논박하여 바로잡는 일을 담당하였다.

91) 周恭叔 : 周行己(1067~1129)이다. 恭叔은 그의 자이며, 호는 浮沚로, 永嘉 사람이다. 1091년 진사가 되어 太學博士・秘書省正字 등을 지냈다. 程頤와 呂大臨의 문하에서 수학하였다.

여인이 있었는데, 얼마 뒤 사람들에게 은밀히 말하기를 "尹彦明(尹焞)이 알게 하지 말라."라고 하고, 또 말하기를 "알더라도 무엇이 해로우랴. 이는 義理를 해치는 일이 아니다."라고 하였다. 이천이 낙양에 돌아오자 선생(尹焞)이 이 일을 고하였다. 이천이 말하기를 "이런 짓은 금수도 하지 않으니, 어찌 義理를 해치지 않을 수 있겠는가."라고 하였다.

周恭叔①은 自太學早年登科하니 未三十이라 見伊川할새 持身嚴苦하여 塊坐一室이로되 未嘗窺牖라 幼議母黨之女러니 登科後에 其女雙瞽로되 遂娶焉하여 愛過常人이라 伊川曰 某未三十時에 亦做不得此事라 然이나 其進銳者는 其退速이라하고 每歎惜之라 周以官事로 求來洛中하여 監水南糴場이라가 以就伊川한대 會伊川有涪陵行이라 後數年에 周以酒席有所屬意러니 旣而密告人曰 勿令尹彦明知하라 又曰 知又何妨이리오 此不害義理라 伊川歸洛에 先生以是告之라 伊川曰 此禽獸不若也니 豈得不害義理아②

①〈周恭叔은〉 周行己이다.
行己.

② 또 말하기를 "부모가 물려주신 몸으로 천한 창기와 짝하는 것이 어찌 옳겠는가."라고 하였다.
又曰 "以父母遺體偶倡賤, 其可乎."

95. 溫州의 鮑若雨가 고을 사람 10여 명과 함께 오랫동안 伊川을 따라 배웠다. 어느 날 이천이 그들을 보내 선생(尹焞)을 만나게 하였다. 포약우가 와서 선생을 만나보고 또 묻기를 "'堯·舜의 道는 孝悌일 뿐이다.'[92]라고 하였으니, 어째서입니까?"라고 하자, 선생이 말하기를 "그대의 고민은 단지 요·순은 天道로 보고 孝悌는 人道로 보아 바로 요·순의 道가 큰 것을 보고서 孝悌를 능히 극진히 하지 않기 때문입니다. 孟子가 '而已'자를 쓴 것이 어찌 우리를 속이는 것이겠습니까? ≪孝經≫에 '아버지를 섬길 적에 효성스러웠기 때문에 하늘을 섬기는 데에 밝고, 어머니를 섬길 적에 효성스러웠기 때문에 땅을 섬기는 데에 분명하다.'[93]라고 하였으니, 天地와 父母는 하나의 도리일 뿐이기 때문입니다."라고 하였다. 여러 공들이 여전히 의문을 품자, 선생이 말하기를 "〈曲禮〉에 '형체가 없는 데에서 보고 소리가 없는 데에서 듣는다.'[94]라고 한 것이

---

92) 堯·舜의……뿐이다 : ≪孟子≫ 〈告子 下〉에 보인다.
93) 아버지를……분명하다 : ≪孝經≫ 〈應感〉에 보인다.

또한 이런 의미입니다."라고 하였다. 여러 공들은 의문이 풀려 돌아와 이천에게 고하였다. 이천이 말하기를 "나에게 말하게 하더라도 이와 같이 말하는 데 지나지 않을 것이다."라고 하였다.

다음 날 선생이 이천을 뵙자, 이천이 말하기를 "여러 사람들이 그대가 배운 것을 아깝게 여겨 그들을 가르치지 않았다고 말하니, 과연 그러한가?"라고 하니, 선생이 말하기를 "저의 입장으로 보자면, 여러 공들이 멀리서 와서 선생의 문하에 의탁하여 수학하였는데 제가 어찌 감히 그들을 위해 말할 수 있겠습니까. 만일 조금이라도 어긋남이 있다면 그들의 일생을 그르치지 않겠습니까."라고 하자, 이천이 고개를 끄덕였다.

溫州鮑若雨①가 與鄕人十輩로 久從伊川이라 一日에 伊川遣之見先生이라 鮑來見하고 且問호되 堯舜之道는 孝弟而已矣라하니 如何오 先生曰 賢濾은 只爲將堯舜做天道하고 孝弟做人道하여 便見得堯舜道大하고 孝弟不能盡也일새라 孟子下箇而已字가 豈欺我哉리오 孝經에 事父孝라 故事天明이요 事母孝라 故事地察이라하니 只爲天地父母는 只一箇道理라 諸公尙疑焉하니 先生曰 曲禮에 視於無形하고 聽於無聲이라함이 亦是此意也라 諸公釋然하여 歸以告伊川이라 伊川曰 教某說이라도 不過如是라 次日에 先生見伊川하니 伊川曰 諸人謂子靳學하여 不以教渠라하니 果否아 先生曰 某以諸公遠來依先生之門受學으로 某豈敢輒爲他說이리잇가 萬一有少差면 便不誤他一生이릿고 伊川頷之라

①〈鮑若雨는〉字가 商霖이다.
商霖.

96. 王介甫(王安石)가 曾鞏 子固[95]와 사이가 좋았을 적에는 役法을 바꾸는 것을 모두 증자고가 참여하여 의논하였는데, 만년에는 또한 서로 사이가 멀어졌다. 伊川이 항상 말하기를 "오늘날의 화는 또한 元祐 연간(1086~1094)에 이루어진 것이다. 子瞻(蘇軾)으로 하여금 役法을 정하게 하자, 모두 말하기를 '元豐 연간(1078~1085)의 사람들이 모두 마음을 먹고 개정한 것이다.'라고 하였다. 당시에 만약 증자고가 정하였다

94) 소리가……것 : ≪禮記≫〈曲禮 上〉에 보인다.

95) 曾鞏 子固 : 曾鞏(1019~1083)은 자는 子固, 시호는 文定으로, 南豊 사람이다. 1057년 진사시에 급제하여 史館修撰·中書舍人 등을 지냈다. 韓愈·柳宗元·蘇洵·蘇軾·蘇轍·王安石·歐陽修와 더불어 '唐宋八大家'로 일컬어졌고, 曾肇·曾布·曾紆·曾紘·曾協·曾敦과 더불어 '南豊七曾'으로 일컬어졌다.

면 반드시 빼거나 더하는 바가 없었을 것이고, 또한 그가 속한 黨에서도 절로 후세 사람들의 의론을 막을 수 있었을 것이다. 그들의 사이가 멀어진 것을 인하여도 반드시 역법을 바꿀 수 있었는데, 하물며 원래 그의 손을 거친 것이니 재단할 방도를 당연히 알았을 것이다. 이는 元祐 연간의 사람들을 연좌시킨 술수였다."라고 하였다. 이천은 매번 말하기를 "青苗法은 결코 행해서는 안 되며, 옛 役法의 큰 폐단은 마땅한 바를 헤아려 빼거나 더해야 한다."라고 하였다.

王介甫가 與曾子固鞏善엔 役法之變을 皆曾參酌之러니 晚年亦相睽라 伊川常言호되 今日之禍는 亦是元祐做成이라 以子瞻으로 定役法한대 凡曰 元豐者가 皆用意更改라 當時若使子固定이면 必無損益者요 又是他黨中에도 自可杜絶後人議也라 因其睽로도 必能變之온 況又元經他手니 當知所裁度也라 此坐元祐術故也라 伊川每曰 青苗는 決不可行이요 舊役法大弊는 須量宜損益이라①

① 이 단락은 의심할 만하다.
此段可疑.

97. 伊川은 國朝의 명재상을 논할 적에 반드시 李文靖(李沆)[96]을 말하였다.

伊川論國朝名相할새 必曰李文靖이라

98. 伊川은 韓持國(韓維)과 사이가 좋아, 일찍이 방문할 것을 약속하여 한지국이 80세가 되면 한번 찾아가 만나기로 하였다. □□[97] 연간 정월 초하루에 제자들이 新正을 하례하자, 이에 말하기를 "내게는 올해 아직 갚지 못한 빚이 하나 있으니, 봄에 잠시 潁昌에 가서 한지국을 만나야겠다."라고 하였으니, 한지국의 나이 80세가 되는 해였기 때문이다. 봄에 그를 찾아가 오랫동안 영창에 머물렀는데, 한지국은 아침저녁으로 함께 식사를 하면서도 몸가짐이 더욱 공경스러워졌다. 어느 날 한지국이 아들 彬叔에게 몰래 말

---

96) 李文靖 : 李沆(947~1004)이다. 자는 太初, 시호는 文靖이며, 洺州 肥鄉 사람이다. 980년에 진사가 되어 知制誥・翰林學士・給事中・參知政事・知河南府・禮部侍郎・太子賓客・戶部侍郎・參知政事・同中書門下平章事・中書侍郎・門下侍郎・尙書右僕射 등을 지냈다. 사후에 太尉・中書令에 추증되었다. 宋 太宗과 眞宗의 신임을 받았고, 진종은 정사를 할 적에 항상 그의 의견을 중시하였다.

97) □□ : '紹聖'인 듯하다. 韓維는 1017년생으로 80세는 1096년이 되며, 紹聖 3년이다.

하기를 “선생이 멀리서 오셨는데 성의를 표할 방법이 없구나. 내게 무게 20냥짜리 황금 약대접 하나가 있으니, 선생의 장수를 위해 좋을 듯하나 감히 갑자기 말을 꺼낼 수가 없구나. 내가 다른 일이 있어 너로 하여금 선생을 모시고 식사하게 하거든 조용히 나의 뜻을 말씀드려라.”라고 하였다. 빈숙이 선생을 모시고 식사하면서 부친의 뜻대로 말씀을 드렸더니, 선생이 말하기를 “나는 너의 부친과 道義로 사귀었기 때문에 멀다 여기지 않고 찾아온 것인데, 어찌하여 이런 짓을 하는가.”라고 하고, 다음 날 아침에 마침내 돌아갔다. 한지국이 빈숙에게 말하기를 “내가 감히 면전에서 말을 할 수 없다는 것이 바로 이를 말하는 것이다.”라고 하고, 이천에게 거듭 사과하고서 작별하였다.

伊川은 與韓持國善하여 嘗約候하여 韓年八十에 一往見之라 □□間正月一日에 因弟子賀正하여 乃曰 某今年有一債未還하니 春中에 須當暫往穎昌하여 見韓持國이라하니 蓋韓八十也라 春中往造焉하여 久留穎昌한대 韓早晚伴食호되 體貌加敬이라 一日에 韓密謂子彬叔曰 先生遠來한대 無以爲意라 我有黃金藥楪一하여 重二十兩이니 似可爲先生壽나 然未敢遽言이라 我當以他事하여 使子侍食이어든 因從容道吾意하라 彬叔侍食에 如所戒하여 試啓之하니 先生曰 某는 與乃翁으로 道義交라 故로 不遠而來어늘 奚以是爲아하고 詰朝遂歸라 韓謂彬叔曰 我不敢面言이 政謂此爾라하고 再三謝過而別이라

99. 王子眞[98]이 洛中으로 와서 劉壽臣의 園亭에서 거처하였다. 하루는 나와서 정원의 일꾼에게 말하기를 “혹시 사람이 찾아오거든 나의 행방을 절대로 말하지 말라.”라고 하였다. 이날 富韓公(富弼)이 찾아왔으나 만나지 못하고 돌아갔는데, 자진은 저녁에 돌아왔다. 또 어느 날 갑자기 청소를 시키고 유수신에게 차 두 잔을 얻어 향을 피우고서 기다렸다. 이날 伊川이 찾아와 종일토록 정답게 이야기를 나누었는데, 애초에 누가 올지 미리 알린 적이 없었다. 유수신이 어떻게 알았는지 묻자, 자진이 말하기를 “正叔이 오고자 하면 소식이 매우 크게 들립니다.”라고 하였다.

또 嵩山 앞에 董五經이 살았는데, 그는 隱者였다. 이천이 그의 명성을 듣고서 그를 經典을 궁구하는 士라고 생각하여 특별히 찾아가 보았다. 동오경은 평소 암자를 나온 적이 없었는데 이날은 암자에 없어 만나지 못하였다. 돌아가던 도중에 다과를 짊어지고 돌아오는 한 노인을 만났는데, 그가 말하기를 “그대는 程先生이 아닙니까?”라고 하였다. 이

---

98) 王子眞 : 王筌 또는 王佺期로, 子眞은 그의 자이다. 宋나라 때의 道士이다.

천이 기이하게 여기자, 그가 말하기를 "선생이 오고자 하면 소식이 매우 크게 들리기 때문입니다. 제가 특별히 성 안으로 가서 약간의 다과를 마련하여 오는 길이니, 선생을 모시고 대접하려 합니다."라고 하였다. 이천은 그의 성의 때문에 다시 그와 함께 그의 집으로 가서 매우 정답게 이야기를 나누었으니, 또한 남들보다 크게 뛰어난 점은 없었다. 다만 오랫동안 남과 접하지 않아서 마음이 고요하면서도 밝았다. 선생(尹焞)이 이천에게 묻자, 이천이 말하기를 "마음이 고요하면 저절로 밝아진다."라고 하였다.

王子眞①來洛中하여 居於劉壽臣園亭中이라 一日에 出謂園丁曰 或人來尋이어든 愼勿言我所向하라 是日에 富韓公來見焉이나 不遇而還한대 子眞晩歸라 又一日에 忽戒灑掃하고 又於劉丐茶二杯하여 炷香以待라 是日에 伊川來하여 款語終日한대 蓋初未嘗夙告也라 劉詰之하니 子眞曰 正叔欲來면 信息甚大라하다 又嵩山前有董五經한대 隱者也라 伊川聞其名하고 謂其爲窮經之士라하여 特往造焉이라 董平日未嘗出菴이러니 是日不値라 還至中途에 遇一老人負茶果以歸한대 且曰 君非程先生乎아 伊川異之하니 曰 先生欲來면 信息甚大일새라 某特入城置少茶果하니 將以奉待也라 伊川以其誠意로 復與之同至其舍하여 語甚款하니 亦無大過人者라 但久不與物接하여 心靜而明也라 先生問於伊川하니 伊川曰 靜則自明也라

① 王佺期이다.
佺期.

100. 선생(尹焞)이 일찍이 伊川에게 ≪春秋解≫에 대해 물었는데, 이천이 매번 말하기를 "이미 劉絢으로 하여금 가서 편집하게 하였으니, 그 책이 오기를 기다린다."라고 하였다. 어느 날 유현이 편집한 책이 완성되어 이천에게 드리니, 선생이 다시 보여주길 청하였다. 이천이 말하기를 "내가 저술하기를 기다리게."라고 하였다. 이천이 涪陵에서 돌아와 붓을 들고 저술을 시작하였는데 끝내 책을 완성할 수 없었고, 유현이 편집한 책도 끝내 나오지 않았다.

先生嘗問伊川春秋解한대 伊川每曰 已令劉絢去編集하니 俟其來하라 一日에 劉集成하여 呈於伊川하니 先生復請之라 伊川曰 當須自做也라 自涪陵歸하여 方下筆이나 竟不能成書요 〔劉〕[99] 集終亦不出이라

99) 〔劉〕: 底本에는 '劉'가 없으나, 一蓑古本에 의거하여 보충하였다.

101. 孟敦夫(孟厚)는 伊川을 찾아오고서 또 王氏(王安石)를 따랐으며, 과거 공부에 특히 정밀하여 홀로 방 안에 거처하며 똥오줌도 치우지 않았다. 일찍이 이천에게 글을 올렸는데, 이천이 말하기를 "孟厚는 처음에는 말하는 것이 그럴 듯하더니, 뒤에는 반드시 일이 없는데 일을 만들어낸다."라고 하였다. 어느 날 이천이 그에게 말하기를 "그대는 어찌하여 尹焞과 張繹을 만나보지 않는가? 朋友 사이는 강학하기 가장 좋다."라고 하였다. 그런데 세 공은 모두 동년배였다. 돈부가 선생(尹焞)을 찾아가 말하기를 "선생(伊川)께서 나에게 두 공을 만나보라고 하셨는데, 彦明(尹焞) 같은 이는 내가 만나보기를 원하던 바이지만, 思叔(張繹) 같은 이는 만나볼 필요가 없지 않겠습니까."라고 하였다. 선생이 말하기를 "사숙의 마음을 볼 필요가 없다면 나의 마음을 볼 필요도 없습니다."라고 하였다. 이천이 일찍이 배우는 자들에게 말하기를 "맹후는 방 한 칸도 치우지 못하니, 끝내 무슨 유익함이 있겠는가. 학문은 이런 데 있지 않으니, 만일 청소하여 정결하게 하면 다시 사람의 생각을 쾌활하게 하지 않겠는가."라고 하였다.

孟敦夫[①]來伊川하고 又從王氏하며 而學業特精하여 獨處一室하며 糞穢不治라 嘗獻書於伊川한대 伊川曰 孟厚는 初時說得也似나 其後須沒事生事라 一日에 語之曰 子胡不見尹焞張繹고 朋友間最好講學이라 然三公皆同齒也라 敦夫來見先生曰 先生令某來見二公한대 若彦明은 則某所願見이나 如思叔은 莫不消見否아 先生曰 只不消見思叔之心이면 便是不消見某之心也라 伊川嘗謂學者曰 孟厚不治一室하니 竟亦何益이리오 學不在此니 假使掃灑得潔淨이면 莫更快人意否아

① 孟厚이다.
厚.

102. 내(祁寬)가 인하여 묻기를 "伊川은 永叔(歐陽脩)에 대해 어떻게 말하였습니까?"라고 하였다. 선생(尹焞)이 말하기를 "선배들은 남의 단점을 말하지 않았으니, 사람들이 선배들을 논평하는 것을 볼 때마다 '너희들은 장차 남의 장점을 취하라.'라고 말씀하셨다."라고 하였다.

寬因問호되 伊川謂永叔如何잇가 先生曰 前輩不言人短이니 每見人論前輩면 則曰 汝輩且取他長處라하니라

103. 橫渠(張載)가 예전 京師에 있을 적에 虎皮[100] 위에 앉아 ≪周易≫을 강설하였는데, 듣고 따르는 자가 매우 많았다. 어느 날 저녁에 二程先生이 이르러 ≪주역≫을 강론하였다. 다음 날 횡거가 虎皮를 치우며 말하기를 "내가 평소 여러 공들을 위해 말한 것은 모두 허튼소리였다. 二程이 근래 이곳에 이르렀는데, ≪주역≫의 道에 깊이 밝아 내가 미칠 수 없는 바이니, 너희들은 그분들을 스승으로 삼는 것이 좋겠다."라고 하고서 횡거는 곧 陝西로 돌아갔다.

橫渠昔在京師에 坐虎皮하여 說周易한대 聽從甚衆이라 一夕에 二程先生至하여 論易이라 次日에 橫渠撤去虎皮하고 曰 吾平日爲諸公說者는 皆亂道라 有二程近到한대 深明易道하여 吾所弗及이니 汝輩可師之라하고① 橫渠乃歸陝西라

① 날마다 虎皮가 나왔는데, 이날은 다시 虎皮를 내오지 않았다.
逐日虎皮出, 是日更不出虎皮也.

104. 선생(尹焞)이 말하였다.

"예전에 范元長(范沖)[101]과 함께 伊川을 뵈었을 적에 우연히 일이 있어 먼저 일어나 섬돌을 내려가는데, 이천이 범원장에게 말하기를 '그대는 尹彦明을 보아 두게. 훗날 반드시 세상에 쓰임이 있을 것이네.'라고 하였다."

先生曰 昔與范元長同見伊川할새 偶有幹하여 先起下階어늘 伊川謂范曰 君看尹彦明하라 他時必有用於世라하니라

105. 明道가 말하였다.

"仁宗께서 어느 날 하문하시기를 '쌀을 찧을 적에 몇 分을 깎는가?'라고 하여, 답하기를 '6分을 깎습니다.'라고 하니, 성상께서 너무 많이 깎는 것을 괴이하게 여기시고

---

100) 虎皮 : 강의를 하는 師席을 의미한다.

101) 范元長 : 范沖(1067~1141)이다. 元長은 그의 자이며, 華陽 사람이다. 范祖禹의 아들로, 紹聖 연간에 진사가 되었다. 高宗의 명으로 變改된 ≪神宗實錄≫・≪哲宗實錄≫을 중수하였고, 이때 王安石의 變法과 蔡京이 나라를 그르친 죄를 극언하였다. 司馬光의 후손을 보살피고, 尹焞을 천거하여 자신을 대신하게 하였다.

유지를 내려 5分만 깎게 하셨다. 다음 수라를 올렸을 때 마침 藏腑의 통증[102]을 느껴 말씀하시기를 '습관이 그렇게 만든 것이다.'라고 하고, 예전대로 깎게 하셨다.

또 궁중에서 수라를 올렸는데 밥 안에 돌이 있었다. 성상께서 그것을 입에 머금고 몰래 嬪御에게 보여주며 말씀하시기를 '절대로 남들에게 말하지 말라. 짐이 먹었다면 이는 죽을죄에 해당한다.'라고 하셨다.

또 어느 날 생 荔枝[103]를 드시고 싶어 하였는데 有司가 올릴 것이 다 떨어졌다고 아뢰었다. 近侍가 말하기를 '시장에 파는 것이 있으니 그것을 사오라고 하겠습니다.'라고 하자, 성상께서 말씀하기를 '안 된다. 그것을 사오게 하면 내년에 반드시 진상하는 수량을 늘릴 것이니, 백성에게 화가 미치는 것이 끝이 없을 것이다.'라고 하셨다.

荔枝

또 어느 날 밤에 매우 허기져서 구운 양머리를 드시고 싶어 하였는데 近侍가 하교하여 올리게 할 것을 청하니, 성상께서 말씀하시기를 '안 된다. 지금 그 음식을 올리게 하면 나중에는 반드시 항상 준비해 둘 것이다. 날마다 양 세 마리를 죽이면 해침이 끝이 없을 것이다.'라고 하시고, 끝내 그날 저녁에 드시지 않으셨다."

明道가 說호되 仁宗이 一日問호되 折米에 折幾分고 曰折六分이니이다 怪其太甚也하여 有旨하여 只令折五分이라 次供進에 偶覺藏府하여 曰 習使然也라하고 却令如舊라 又禁中進膳한대 飯中有砂石이라 含以密示嬪御曰 切勿語人하라 朕曾食之면 此死罪也라 又一日에 思生荔枝한대 有司言已供盡이라 近侍曰 市有鬻者하니 請買之리이다 上曰 不可하다 令買之면 來歲에 必增上供之數리니 流禍百姓無窮하리라 又一日에 夜中甚饑하여 思燒羊頭한대 近侍乞宣取하니 上曰 不可하다 今次取之면 後必常備리라 日殺三羊이면 暴殄無窮하리라하시고 竟夕不食이라

102) 藏腑의 통증 : 저본에는 '藏腑' 뒤에 '痛'자가 없으나, ≪性理大全≫ 권69 〈治道 節儉〉에 의거하여 보충하여 번역하였다.

103) 荔枝 : 중국 남부에서 나는 '리치'라고 하는 과일로, 과육이 새콤하고 달며 독특한 향기가 있다.

106. 선생(尹焞)이 말하기를 "楊中立(楊時)이 伊川이 〈西銘〉을 논한 것에 답한 편지에 이런저런 말을 하였는데,[104] 말미의 설은 분명하여 의심할 것이 없습니다."라고 하자, 이천이 말하기를 "楊時는 식견이 아직 분명하지 않다."라고 하였다.

先生曰 楊中立이 答伊川論西銘書에 云云호되 尾說은 渠判然無疑라하니 伊川曰 楊時也는 未判然이라

107. 선생(尹焞)이 말하였다.

"나는 겨우 17~18세에 蘇季明(蘇昞)[105] 教授를 뵈었다. 당시 나 또한 과거 공부를 익혔는데, 소계명이 말하기를 '그대는 과거 공부를 하니, 장원급제를 하면 끝나겠군.'이라고 하여, 내가 말하기를 '감히 장원급제를 바라지 않습니다.'라고 하였다. 소계명이 말하기를 '그대는 장원급제를 하면 끝이라고 생각하는가? 또한 이 학문에는 다시 내면 공부가 있네.'라고 하였다. 나는 그 말에 의문을 품고서 날마다 소계명을 찾아갔는데, 이에 나를 지도하여 伊川을 뵙게 하였다. 그리고 반년 뒤에 바야흐로 ≪大學≫과 〈西銘〉을 보게 되었다."

先生曰 某纔十七八歲에 見蘇季明教授라 時에 某亦習擧業이러니 蘇曰 子修擧業하니 得狀元

104) 楊中立이……하였는데 : 楊時가 伊川에게 편지를 보내 "〈西銘〉은 體만 말하고 用은 언급하지 않아 그 流弊가 마침내 墨子의 兼愛에 이를까 두렵습니다.〔西銘言體而不及用 恐其流遂至於兼愛〕"라고 하였다. 이에 이천이 답하기를 "橫渠의 말에 진실로 지나친 부분이 있는 것은 바로 〈正蒙〉에 있고, 〈西銘〉의 글은 이치를 미루어 義를 보존하여 前聖이 발명하지 못한 것을 확충하여 孟子의 性善·養氣의 의론과 功이 똑같으니, 어찌 墨氏에 견주겠는가. 〈서명〉은 理는 하나이나 나누어지면 각각 달라짐을 밝혔고, 묵씨는 근본이 둘이어서 나누어짐이 없다. 나누어져서 각각 달라지는 것의 병폐는 사사로움이 이겨 仁을 잃는 것이고, 나누어짐이 없는 것의 죄는 兼愛하여 義가 없는 것이다. 분수가 확립되어 理가 하나라는 데로 미루어나가 사사로움이 이기는 유폐를 막는 것이 仁을 행하는 방법이고, 구별이 없어 兼愛에 미혹되어 아버지를 무시하는 극단에 이르는 것이 義를 해치는 것이다. 그대가 그것을 몰밀어 놓고 똑같다고 여기는 것은 잘못이다. 또 體만 말하고 用을 언급하지 않았다고 말하였는데, 횡거가 사람들로 하여금 미루어 행하게 한 것이 본래 用인데 도리어 用을 언급하지 않았다고 말하니 이상하지 않은가."라고 하였다.〔橫渠立言 誠有過者 乃在正蒙 西銘之爲書 推理以存義 擴前聖所未發 與孟子性善養氣之論同功 豈墨氏之比哉 西銘明理一而分殊 墨氏則二本而無殊 分殊之蔽 私勝而失仁 無分之罪 兼愛而無義 分立而推理一 以止私勝之流 仁之方也 無別而迷兼愛 至於無父之極 義之賊也 子比而同之 過矣 且謂言體而不及用 彼欲使人推而行之 本爲用也 反謂不及 不亦異乎〕"라고 하였다. (≪張子全書≫ 附錄, ≪伊川先生文集≫ 書啓 〈答楊時論西銘書〉)

105) 蘇季明 : 蘇昞이다. 季明은 그의 자이다. 張載 및 二程에게 수학하였다. 천거로 太常博士 등을 역임하였다.

及第면 便是了也라 先生曰 不敢望此라 蘇曰 子謂狀元及第便是了否아 唯復這學更有裏라 先生疑之하여 日去見蘇한대 乃指先生見伊川이라 後半年에 方得大學西銘看이라

108. 선생(尹焞)과 思叔(張繹)은 함께 공부한 것이 오래되었는데, 어느 날 伊川이 두 사람에게 묻기를 "평소 식견이 같은가? 나를 위해 말해주게."라고 하였다. 선생이 말하기를 "저는 사숙에 미치지 못합니다. 예컨대 저는 질문을 하고 깨닫지 못하면 반드시 서너 번 더 가르침을 청하지만 여전히 터득하지 못한 부분이 있어 한참 뒤에야 터득하는데, 사숙 같은 경우는 선생께서 말씀하시면 곧바로 머리를 끄덕이며 의미를 이해하고 종종 오묘한 경지까지 나아갑니다. 다만 저는 어리석고 노둔하더라도 터득한 것을 지킬 자신이 있으나, 사숙 같은 경우는 제가 그 점을 감히 보장할 수 없습니다."라고 하였다. 이천이 웃으며 말하기를 "그래. 그래."라고 하였다. 그 뒤로 항상 함께 가르침을 청하고 물러날 적에 이천은 반드시 여러 사람들에게 "張秀才는 이처럼 기다릴 필요가 없으나, 尹秀才는 기꺼이 기다리려 한다."라고 하였다.

先生與思叔은 共學之久러니 一日에 伊川問二子호되 尋常見處同否아 爲我言之하라 先生曰 某不逮思叔이니이다 如凡有請問未達이면 必三四請益이나 尙有未得處하여 久之乃得이로되 如思叔은 則先生才說이면 便點頭會意하고 往往造妙하니이다 只是某雖愚鈍이나 自保守得이어니와 若思叔은 則某未敢保他니이다 伊川笑曰 也是라 也是라 自後로 每同請益退에 伊川必謂諸郎曰 張秀才는 如此不待나 尹秀才는 肯待라하다

109. 남쪽 지방의 학자들이 伊川을 따라 배운 지 이미 오래되어 돌아가는 자들이 있었다. 혹자가 묻기를 "학자들이 오랫동안 문하에서 배웠으니, 누가 가장 터득함이 있는 사람입니까?"라고 하니, 이천이 말하기를 "그들에게 터득함이 있다고 어찌 감히 말할 수 있겠는가. 단지 그들에게 갈림길을 알려주어 그들로 하여금 장차 바른 길을 찾아가며 어긋나지 않게 하는 것도 이미 대단히 힘든 일이다. 이를테면 스스로 그 길을 터득하는 경우는 더욱 그런 사람을 찾기 어렵다. 터득했다고 하는 것은 곧 이미 소유한 것이니, 어찌 어렵지 않겠는가. 만약 역량에 따라 식견이 있음을 논한다면 그런 사람은 없지 않다."라고 하였다.

南方學者가 從伊川旣久하여 有歸者라 或問曰 學者久從學于門하니 誰最是有得者잇가 伊川曰

豈便敢道他有得處리오 且只是指與得箇岐徑하여 令他尋將去不錯了도 已是忒大(瞧)〔煞〕[106)]라 若夫自得은 尤難其人이라 謂之得者는 便是已有也니 豈不難哉리오 若論隨力量而有見處면 則不無其人也라

110. 司馬溫公(司馬光)이 ≪資治通鑑≫을 편수할 적에 伊川이 어느 날 물었다.

"어느 시대까지 편수하였습니까?"

온공이 말하였다.

"唐나라 초기입니다."

이천이 말하였다.

"太宗과 肅宗은 과연 어떠합니까?"

온공이 말하였다.

"모두 찬탈하였습니다."

이천이 말하였다.

"이 점은 다시 무엇을 의심하겠습니까."

이천이 말하였다.

"魏徵은 어떠합니까?"

온공이 말하였다.

"管仲은 孔子가 허여한 인물이니, 나는 위징에 대해서도 그렇다고 여깁니다."

이천이 말하였다.

"관중은 잘못을 알고 바른 데로 돌아가서 죽음을 참고 功業을 이루었으니, 이는 聖人이 그가 바른 데로 돌아간 점을 취한 것입니다. 위징은 단지 원수를 섬긴 것이니, 취할 바가 무엇이겠습니까?"

온공은 끝내 舊說대로 하였다.

司馬溫公이 修通鑑에 伊川一日問호되 修至何代오 溫公曰 唐初也라 伊川曰 太宗肅宗은 端的如何오 溫公曰 皆簒也라 伊川曰 此復何疑리오 伊川曰 魏徵如何오 溫公曰 管仲은 孔子與之니 某於魏徵에 亦然이라 伊川曰 管仲은 知非而反正하고 忍死以成功業하니 此聖人所取其反正也라 魏徵은 只是事讐니 何所取耶아 溫公竟如舊說이라①

---

106) (瞧)〔煞〕: 저본에는 '瞧'으로 되어 있으나, 四庫全書本에 의거하여 '煞'로 바로잡았다.

① 管仲은 비록 처음에는 허물이 있었더라도 임금을 잘 보필한 자이다. 魏徵은 처음에는 진실로 허물이 없던 자이나, 공업이 비록 많더라도 어찌 본받을 수 있겠는가.
管仲雖初有過, 善補者也. 魏徵初實無過者也, 功業雖多, 何足法乎.

111. 與叔(呂大臨)이 伊川에게 묻기를 "저는 ≪孟子≫를 볼 적에 또한 의문점이 있습니다. '舜임금은 후세에 모범이 되었는데, 나는 오히려 시골사람을 면하지 못하고 있다. 근심하면 어찌해야 하는가? 순임금과 같아지려고 할 따름이다.'[107]라는 부분입니다." 라고 하자, 이천이 말하기를 "聖人은 근심은 있으나 의심은 없다. 어째서인가? 사람이 근심해야 할 것은 근심하지 않을 수 없기 때문이다. 孔子 같은 분도 '이것이 나의 근심이다.'[108]라고 하였다. 그러나 의심 같은 것은 없었다."라고 하였다.

與叔이 問伊川曰 某見孟子에 亦有疑處하노이다 舜은 爲法於後世어늘 我猶未免爲鄕人이라 憂之如何오 如舜而已이니이다 伊川曰 聖人은 憂則有之나 疑則無라 夫何故아 人所當憂는 不得不憂일새라 如孔子도 是吾憂也라 若疑則無之矣라

112. 선생(尹焞)이 말하기를 "伊川이 스스로를 孔子・孟子에 견준다고 근래 어떤 사람이 말하였다."라고 하였다. 선생이 말하기를 "나는 明道를 알지 못하지만 伊川이 학문을 말씀하실 때마다 '내 어찌 감히 先兄에 견줄 수 있겠는가.'라고 하는 것을 보았다. 이것으로 미루어보건대 결코 그런 말씀은 없었을 것이다."라고 하였다.

先生曰 近有人說호되 伊川自比孔孟이라 先生曰 某不識明道나 每見伊川說學問에 某豈敢比先兄이리오하니라 由是推之컨대 決無此語也라

---

107) 舜임금은……따름이다 : ≪孟子≫ 〈離婁 下〉에 "君子는 평생 동안 하는 근심은 있어도, 하루 아침의 걱정은 없다. 이와 같이 근심하는 것은 있으니, '舜임금도 사람이며 나도 사람인데, 순임금은 천하에 모범이 되어 후세에 전할 만한데, 나는 오히려 시골사람을 면하지 못하고 있다.'라고 하는 것이니 이는 근심할 만하다. 근심하면 어찌해야 하는가? 순임금과 같아지려고 할 따름이다.〔君子有終身之憂 無一朝之患也 乃若所憂則有之 舜人也 我亦人也 舜爲法於天下 可傳於後世 我由未免爲鄕人也 是則可憂也 憂之如何 如舜而已矣〕"라고 하였다.

108) 이것이……근심이다 : ≪論語≫ 〈述而〉에 孔子가 말하기를 "德을 닦지 못하는 것과 학문을 강마하지 못하는 것과 善을 듣고 능히 옮겨가지 못하는 것과 不善을 능히 고치지 못하는 것, 이것이 나의 근심이다.〔德之不修 學之不講 聞義不能徙 不善不能改 是吾憂也〕"라고 하였다.

113. 선생(尹焞)이 말하였다.

"깨달으면 구절마다 모두 이 도리이니, 도리가 이미 밝아진 뒤에는 이 일 아닌 것이 없다. 예컨대 孔子가 '60세에 귀가 순해졌다.'[109]라고 말한 것은 남의 말을 들을 적에 통하지 않음이 없다는 것이니, 그런 뒤에 '법도에서 벗어나지 않았다.'라는 것에 이를 수 있다. 明道가 洛河의 竹木監務를 지낼 때 어느 절 문 앞을 지나가는데 담장 위에 어떤 사람이 '근심하지 말고 본분을 지켜야 한다.'라고 적어놓았다. 당시 田明之(田述古)[110]가 수행하였는데, 명도가 절 앞을 지날 때마다 반드시 '좋은 말이다.'라고 하였다. 어느 날 전명지가 그 까닭을 묻자, 명도가 말하기를 '사람들이 본분을 지키지 못하기 때문이다.'라고 하였다."

나중에 선생이 이 말을 듣고 다시 伊川에게 묻자, 이천이 말하기를 "단지 사람들이 능히 분수를 극진히 할 수 없기 때문이다."라고 하였다. 선생이 나(祁寬)에게 말하기를 "이천의 이 말씀을 보면, 깨달으면 구절마다 그 도리라는 것이 어찌 아니겠는가. 무릇 한 마디 한 구절을 미루어나가 지극한 곳에 이르면 '분수를 극진히 한다.〔盡分〕'라는 말이 큰 기상임을 보게 될 것이다."라고 하였다. 또 나에게 말하기를 "분수를 극진히 함을 말하면 곧 근심은 말할 필요가 없다."라고 하였다.

先生曰 悟則句句皆是這箇道理니 道理已明後에 無不是此事也라 如孔子謂六十而耳順이라함은 聞無不通이니 然後에 可至不踰矩也라 明道가 作洛河竹木務時에 過一寺門할새 墻上有人題要不悶守本分이라 時에 田明之隨行이러니 明道每過에 必曰好語라 一日에 明之問之하니 明道曰 只被人不守本分也일새라 後에 先生聞此語하고 復問伊川하니 伊川曰 只爲人不能盡分일새라 先生謂寬曰 看伊川此語면 豈不是悟則句句是리오 凡一言一句를 便推到極處하면 看盡分字是大小氣象이라 又謂寬曰 才說盡分이면 便不消說悶也라

---

109) 60세에……순해졌다 : ≪論語≫ 〈爲政〉에 孔子가 말하기를 "나는 15세에 학문에 뜻을 두었고, 30세에 가치관을 세웠고, 40세에 의혹되지 않았고, 50세에 天命을 알았고, 60세에 귀가 순해졌고, 70세에 마음이 하고자 하는 바를 따라도 법도에서 벗어나지 않았다.〔吾十有五而志于學 三十而立 四十而不惑 五十而知天命 六十而耳順 七十而從心所欲 不踰矩〕"라고 하였다.

110) 田明之 : 田述古이다. 明之는 그의 자이며, 본래 安丘 사람인데 河南으로 옮겨 살았다. 胡瑗의 문하에서 수학하여 高弟로 일컬어졌다. 네 번이나 鄕薦을 받았지만 과거에 합격하지 못하자 은거하였다. 司馬光·邵雍·程顥·程頤 등을 종유하였다. 천거로 廣親北宅教授·通利軍僉判 등을 지냈다.

114. 선생(尹焞)이 말하였다.

"伊川의 〈易序〉가 완성되었는데, 그 가운데 '體와 用은 하나의 근원이요, 드러남과 은미함은 간격이 없다.'라는 말이 있었다."[111)]

선생이 이천에게 아뢰기를 "天機를 너무 누설한 듯합니다."라고 하자, 이천이 말하기를 "네가 이렇게 본 것은 매우 좋다."라고 하였다. 이천이 〈詩序〉[112)] 두 편을 지었는데, 옛사람이 전한 것이 참되지 않았기 때문이다. 선생이 어느 날 묻기를 "〈詩序〉를 지으셨습니까?"라고 하자, 이천이 말하기를 "지은 것이 있으나 남들에게 보여주고 싶지 않다."라고 하였다. 두세 번 청하여 그것을 얻었는데, 이천이 말하기를 "그대를 위해 이 두 편을 내어주네."라고 하였다. 지금 전하는 〈詩序〉가 바로 이것이다.

先生曰 伊川易序既成한대 其中有曰 體用一源이요 顯微無間이라 先生告伊川曰 似太洩漏天機이니이다 伊川曰 汝看得如此甚善이라 伊川作詩序二篇한대 昔人傳之不眞일새라 先生一日請問호되 曾作否잇가 伊川曰 有之나 但不欲示人이라 再三請하여 乃得之한대 曰 爲子出此二篇이라 今傳之者가 是也라

115. 선생(尹焞)이 어느 날 ≪大學≫을 보다가 터득한 바가 있어 伊川에게 말해주고자 하였다. 이천이 깨달은 바를 묻자, 선생이 말하기를 "心廣體胖[113)]은 단지 스스로 즐거워하는 것입니다."라고 하자, 이천이 말하기를 "그 경지에 도달하면 즐거움이라는 말 또한 붙일 수 없다."라고 하였다.

先生一日에 看大學이라가 有所得하여 欲擧似伊川이라 伊川問之하니 先生曰 心廣體胖은 只是自樂이니이다 伊川曰 到這裏면 和樂字也着不得이라

위의 41조목은 祁寬이 기록한 尹和靖(尹焞)의 語錄에 보인다.

---

111) 伊川의……있었다 : 지금 전하는 ≪伊川先生文集≫ 遺文 〈易序〉에는 이러한 내용이 보이지 않는다. 이 내용은 〈易傳序〉에 보이니, 여기서 말하는 〈易序〉는 〈易傳序〉를 가리키는 듯하다.

112) 詩序 : 지금 전하는 二程의 문집에는 〈詩序〉가 한 편도 전하지 않는다.

113) 心廣體胖 : ≪大學≫에 "富는 집안을 윤택하게 하고, 德은 자신을 윤택하게 한다. 마음의 덕이 넓어져서 신체가 넉넉해진다. 그러므로 군자는 반드시 마음속에서 싹트는 자기의 생각을 善으로 가득 채운다.〔富潤屋 德潤身 心廣體胖 故君子必誠其意〕"라고 하였다.

右四十一條는 見祁寬所記尹和靖語라①

① 祁寬[114]의 字는 居之이다.
寬字居之.

116. 선생(尹焞)이 말하였다.

"처음 伊川先生을 뵈었을 때, 어느 날 西京守官을 지내는 江南 사람 鮑 아무개가 이천을 뵙고서 仁을 묻기를 '「仁者는 남을 사랑한다.」[115]라는 것이 곧 仁입니까?'라고 하자, 이천이 말하기를 '남을 사랑하는 것은 仁의 일일 뿐이다.'라고 하였다."

선생은 당시 이천선생을 모시고 앉아 있었는데, 집에 돌아와 ≪論語≫ 가운데 仁을 말한 일을 취하여 사색하였다. 한참 뒤에 문득 터득한 바가 있어 드디어 이천을 뵙고 가르침을 청하며 말하기를 "저는 仁은 오직 公正하다는 것으로써 다 표현할 수 있다고 생각합니다."라고 하였다. 이천이 한참동안 깊이 생각하고서 말하기를 "사색하여 이런 경지에 이른 것은 배우는 자가 미치기 어려운 바이다. 天心이 仁에 이르는 까닭은 오직 공정하기 때문이요, 사람이 능히 공정함에 이르는 까닭은 곧 仁하기 때문이다."라고 하였다.

先生云 初見伊川先生할새 一日에 有江南人鮑某守官西京이 見伊川하고 問仁曰 仁者愛人이 便是仁乎아 伊川曰 愛人은 仁之事耳라 先生은 時侍坐러니 歸하여 因取論語中說仁事하여 致思라 久之에 忽有所得하여 遂見伊川하고 請益曰 某以仁惟公으로 可盡之니이다 伊川沈思久之하고 曰 思而至此는 學者所難及也라 天心所以至仁者는 惟公爾요 人能至公은 便是仁일새라

117. 伊川이 사람을 보내 范純夫(范祖禹)의 ≪唐鑑≫을 베껴오게 하였다. 선생(尹焞)이 묻기를 "이 책은 어떻습니까?"라고 하자, 이천이 말하기를 "족히 세상에 전할 수 있다."라고 하였다. ≪당감≫에서 의론한 것은 대부분 이천의 견해와 동일하였다.

---

114) 祁寬 : 자는 居之이며, 均州 사람이다. 尹焞에게 배웠으며, 은거하여 벼슬하지 않았다. 윤돈이 ≪論語解≫를 저술할 때 많은 공력을 기울였다. 王庶와 절친하였다.

115) 仁者는……사랑한다 : ≪孟子≫ 〈離婁 下〉에 "君子가 남과 다른 까닭은 그가 마음을 보존하기 때문이니, 군자는 仁으로 마음을 보존하며, 禮로 마음을 보존한다. 仁者는 남을 사랑하고, 禮가 있는 자는 남을 공경한다. 남을 사랑하는 자는 남이 항상 그를 사랑하고, 남을 공경하는 자는 남이 항상 그를 공경한다.〔君子所以異於人者 以其存心也 君子以仁存心 以禮存心 仁者愛人 有禮者敬人 愛人者 人恒愛之 敬人者 人恒敬之〕"라고 하였다.

伊川이 使人抄范純夫唐鑑이라 先生問曰 此書는 如何잇가 伊川曰 足以垂世라 唐鑑議論은 多與伊川同이라①

① 中宗이 房陵에 있었던 일[116]과 같은 종류이다.
如中宗在房陵事之類.

118. 伊川이 涪陵에서 돌아온 뒤 ≪易傳≫이 이미 완성되었으나 남들에게 보여준 적이 없었다. 문하의 제자들이 가르침을 청할 적에 易書를 언급하는 자가 있어야 바야흐로 어린 종에게 명하여 책 상자에서 꺼내오게 하여 몸소 책을 펼쳐 문하의 제자들에게 보여주었는데, 가르침을 청한 부분이 아니면 감히 많이 열람할 수 없었다. 어느 날 〈易傳序〉를 꺼내 문하의 제자들에게 보여주었는데, 선생(尹焞)이 그것을 받아서 집에 돌아와 며칠 동안 읽은 뒤 이천을 찾아뵈었다. 이천이 소견을 묻자, 선생이 말하기를 "저는 참으로 질문할 것이 있지만 감히 발설하지 않겠습니다."라고 하였다. 이천이 말하기를 "무슨 일인가?"라고 하자, 선생이 말하기를 "'지극히 은미한 것은 理이고, 지극히 드러난 것은 象이다. 體와 用은 하나의 근원이요, 드러남과 은미함은 간격이 없다.'[117]라고 하셨는데, 天機를 너무 드러낸 듯합니다."라고 하였다. 이천이 감탄하며 말하기를 "근래의 배우는 자들이 어찌 이런 수준에 미쳤던가. 나 또한 어쩔 수 없어서 말한 것일 뿐이다."라고 하였다.

伊川이 自涪陵歸하여 易傳已成이나 未嘗示人이라 門弟子請益할새 有及易書者라야 方命小奴取書篋以出하여 身自發之하여 以示門弟子한대 非所請이면 不敢多閱이라 一日에 出易傳序하여 示門弟子한대 先生受之歸하여 伏讀數日後에 見伊川이라 伊川問所見하니 先生曰 某固欲有所問이나 然不敢發이니이다 伊川曰 何事也오 先生曰 至微者는 理也요 至著者는 象也라 體用一源이요 顯微無間이라한대 似太露天機也니이다 伊川嘆美曰 近日學者가 何嘗及此아 某亦不得已而言焉耳라

---

116) 中宗이……일 : 唐 中宗이 房陵에 유배된 일을 가리킨다. 中宗은 唐 高宗의 일곱 번째 아들 李顯으로, 則天武后의 소생이다. 처음에 英王에 봉해졌으나 측천무후가 章懷太子 李賢을 폐하고 그를 황태자로 삼았다. 고종의 뒤를 이어 즉위하였으나, 2개월 만에 측천무후가 폐위하여 房州(湖北省 房縣)로 유배되었다. 측천무후의 실각 뒤 복위되었으나, 이후 황후 韋氏에게 독살되었다.

117) 지극히……없다 : 이 내용은 〈易傳序〉에 보인다.

119. 明道가 일찍이 사람들에게 말하기를 "천하의 일은 단지 感과 應일 뿐이다."라고 하였다. 선생(尹焞)이 처음 그 말을 듣고 질문하였는데, 伊川이 말하기를 "이 일은 매우 크니, 사람은 마땅히 스스로 그것을 알아야 한다."라고 하였다. 선생이 말하기를 "'편안하게 해주면 이에 백성이 모여들고, 고무시키면 이에 백성이 화순하게 된다.'[118]라는 것이 또한 感과 應입니까?"라고 하자, 이천이 말하기를 "그러하다."라고 하였다.

明道嘗謂人曰 天下事는 只是感與應耳라 先生이 初聞之하고 以問한대 伊川曰 此事는 甚大하니 人當自識之라 先生曰 綏之斯來하며 動之斯和라함이 是亦感與應乎잇가 曰然이라

120. 문하의 제자들이 ≪易傳≫의 내용을 물으면 비록 한 글자에 대한 의문이 있더라도 伊川은 반드시 두세 번 일러주었으니, 대개 선생이 잠심하여 생각한 것이 매우 오래되어 일찍이 한 글자도 쉽게 쓴 적이 없기 때문이었다.

門弟子가 請問易傳事어든 雖有一字之疑라도 伊川은 必再三喩之하니 蓋其潛心甚久하여 未嘗容易(이)下一字也일새라

121. 선생(尹焞)이 또 말하였다.

"王信伯(王蘋)[119]을 만났는데 그가 말하기를 '예전에 「萬物을 고무시키되 聖人과 한가지로 근심하지 않는다.」[120]라는 의미를 張思叔(張繹)에게 질문하였는데, 사숙이 「堯·舜도 오히려 부족하게 여기셨다[121]는 뜻이다.」라고 대답하였다.'라고 하였다. 그 뒤 伊

---

118) 편안하게……된다 : 陳子禽이 子貢을 孔子보다 훌륭하다고 칭찬하자, 자공이 그를 꾸짖으며 "夫子의 경지에 미칠 수 없음은 마치 하늘을 사다리로 오르지 못하는 것과 같다. 만일 夫子께서 나라를 얻으신다면 이른바 세워주면 이에 그들이 자립하고, 인도하면 이에 그들이 따르고, 편안하게 해주면 이에 그들이 모여들고, 고무시키면 이에 그들이 화순하게 되어, 聖人이 살아계시면 영광스럽게 여기고 돌아가시면 슬퍼하는 것이니, 어떻게 부자의 경지에 미칠 수 있겠는가.〔夫子之不可及也 猶天之不可階而升也 夫子之得邦家者 所謂立之斯立 道之斯行 綏之斯來 動之斯和 其生也榮 其死也哀 如之何其可及也〕"라고 하였다.(≪論語≫ 〈子張〉)

119) 王信伯 : 王蘋(1059~1129)이다. 信伯은 그의 자이며, 호는 震澤으로, 福淸 사람이다. 程頤와 楊時를 사사하였으며, 秘書省正字·著作郎通判 등을 지냈다.

120) 萬物을……않는다 : ≪周易≫ 〈繫辭傳 上〉에 "〈天地의 道는〉 仁에 드러나며 用에 감추어져 만물을 고무시키되 聖人과 한가지로 근심하지 않으니, 盛德과 大業이 지극하다.〔顯諸仁 藏諸用 鼓萬物 而不與聖人同憂 盛德大業 至矣哉〕"라고 하였다.

121) 堯·舜도……여기셨다 : 子貢이 "백성에게 은혜를 널리 베풀어 많은 사람을 구제할 수 있으

川을 모시게 되었는데, 이천께서 묻기를 '「만물을 고무시키되 성인과 한가지로 근심하지 않는다.」라는 것을 어떻게 설명하겠는가?'라고 하여 사숙의 말로써 대답하였더니, 이천이 말하기를 '그렇지 않다. 天地는 마음이 없기 때문에 근심하지 않지만, 성인은 의도함이 있는 일을 이룩하기 때문에 근심하는 것이다.'라고 하였다."

先生又云호되 見王信伯云 昔時에 問鼓萬物而不與聖人同憂之意於張思叔한대 思叔對曰 堯舜도 其猶病諸라 後因侍伊川한대 伊川問호되 鼓萬物而不與聖人同憂를 如何說고 則對以思叔之語하니 伊川曰 不然이라 天地는 以無心이라 故不憂어니와 聖人은 致有爲之事라 故憂라

122. 游定夫(游酢)가 伊川에게 묻기를 "'보이지 않는 바에서도 경계하고 삼가며, 들리지 않는 바에서도 두려워하고 두려워한다.'[122]라고 하였으니, 그 지극함에 미쳐서는 소리도 없고 냄새도 없는[123] 경지에 이르는 것입니까?"라고 하자, 이천이 말하기를 "이 공부를 익숙하게 하면 그 경지에 이를 수 있다."라고 하였다. 그 뒤 선생(尹焞)이 周恭叔(周行己)과 함께 이 말을 이천에게 묻자, 이천이 말하기를 "그러나 그 사이에 또한 어찌 아무런 일이 없겠는가."라고 하였다. 공숙이 청하여 묻자, 이천이 말하기를 "예컨대 荀子의 '학자는 士가 되는 것에서 시작하여 聖人이 되는 것에서 마친다.'[124]라는 말에서 그 점을 증명할 수 있다."라고 하였다.

游定夫問伊川호되 戒愼乎其所不睹하며 恐懼乎其所不聞이라하니 及其至也하얀 至於無聲無

면 어떠합니까? 仁하다고 할 수 있습니까?〔如有博施於民而能濟衆 何如 可謂仁乎〕"라고 묻자, 孔子가 "어찌 仁을 일삼는 데 그치겠는가. 반드시 聖人일 것이다. 堯·舜도 오히려 그것을 부족하게 여기셨다.〔何事於仁 必也聖乎 堯舜其猶病諸〕"라고 하였다.(≪論語≫ 〈雍也〉)

122) 보이지……두려워한다 : ≪中庸≫에 "道라는 것은 잠시도 벗어날 수 없으니, 벗어날 수 있으면 道가 아니다. 그러므로 君子는 보이지 않는 바에서도 경계하고 삼가며, 들리지 않는 바에서도 두려워하고 두려워한다.〔道也者 不可須臾離也 可離 非道也 是故 君子戒愼乎其所不睹 恐懼乎其所不聞〕"라고 하였다.

123) 소리도……없는 : ≪中庸≫에 "≪詩經≫에 '德은 가볍기가 터럭과 같다.'라고 하였으나 터럭은 오히려 비교할 만한 등급이 있으니, ≪시경≫의 시에 '上天의 일은 소리도 없고 냄새도 없다.'라고 한 데에 이르러야 지극한 것이다.〔詩云 德輶如毛 毛猶有倫 上天之載 無聲無臭 至矣〕"라고 하였다.

124) 학자는……마친다 : ≪荀子≫ 〈勸學篇〉에 "학문은 어디에서 시작하여 어디에서 마치는가? 학문하는 방법은 經을 외는 데서 시작하여 禮를 읽는 데서 마치며, 학문하는 뜻은 士가 되는 것에서 시작하여 聖人이 되는 것에서 마친다.〔學惡乎始 惡乎終 曰 其數則始乎誦經 終乎讀禮 其義則始乎爲士 終乎爲聖人〕"라고 하였다.

臭乎잇가 伊川曰 馴此면 可以至矣라 後에 先生與周恭叔으로 以此語問伊川하니 伊川曰 然이나 其間에 亦豈無事리오 恭叔請問하니 伊川曰 如荀子云 學者는 始乎爲士하여 終乎聖人이라하니 可以明之라

123. 예전에 伊川에게 가르침을 청하여 말하기를 "저는 動과 靜이 하나의 이치라고 생각합니다."라고 하니, 이천이 말하기를 "설명해보게."라고 하였다. 마침 절의 종소리를 듣고 내(尹焞)가 말하기를 "비유하자면 이 절의 종은 그것을 아직 치지 않았을 때에도 소리는 여전히 있는 것과 같습니다."라고 하였다. 이천이 기뻐하며 말하기를 "더욱 함양하라."라고 하였다.

昔嘗請益于伊川曰 某謂動靜一理이니이다 伊川曰 試諭之하라 適聞寺鐘聲하고 某曰 譬如此寺鐘은 方其未撞時에도 聲固在也니이다 伊川喜曰 且更涵養하라

124. 어떤 사람이 無心에 대해서 말하자, 伊川이 말하기를 "마음이 없다고 하는 것은 옳지 않다. 단지 사사로운 마음이 없다고 말해야 한다."라고 하였다.

有人說無心하니 伊川曰 無心이라함은 便不是라 只當云無私心이라

125. 游定夫(游酢)가 갑자기 太學에서 蔡州로 돌아갈 적에 扶溝縣을 지나다가 伊川을 찾아뵈었다. 이천이 묻기를 "과거시험에는 정해진 시기가 있는데 어찌하여 돌아가는가?"라고 하자, 정부가 말하기를 "저는 태학에서 ≪禮記≫를 읽었는데, 이곳은 응시자가 많으나 鄕學에는 응시자가 실로 적기 때문입니다."라고 하니, 이천이 웃었다. 정부가 이유를 묻자, 이천이 말하기를 "이는 학문을 알지 못한 말이니, 어찌 과거시험에 義도 없고 命도 없겠는가?"라고 하였다. 정부는 곧장 태학으로 되돌아갔고, 그해 과거시험에 합격하였다.

游定夫가 忽自太學으로 歸蔡할새 過扶溝라가 見伊川이라 伊川問호되 試有期어늘 何以歸也아 定夫曰 某讀禮太學한대 以是應試者多나 而鄕學者實少일새니이다하니 伊川笑之라 定夫請問하니 伊川曰 是未知學也니 豈無義無命乎아 定夫는 即復歸太學하고 是歲登第라①

① '游定夫'라는 글자는 잘못되었으니, 마땅히 '謝顯道(謝良佐)'라고 해야 한다.
定夫字誤, 當作顯道.

126. 예전에 伊川을 뵙고서 묻기를 "≪周易≫은 乾·坤 두 괘만 알면 이해할 수 있습니다."라고 하자, 이천이 말하기를 "聖人이 64괘와 384효를 만들었는데도 후세 사람들은 오히려 능히 이해하지 못하는데, 乾·坤 두 괘로 어찌 다 이해할 수 있겠는가."라고 하였다. 자리에 앉은 뒤에 이천이 다시 말하기를 "그대는 어떤 사람의 분수에 관한 일을 말한 것인가?"라고 하여, 대답하기를 "성인의 분수에 관한 일입니다."라고 하니, 이천이 말하기를 "만약 성인의 분수에 관한 일이라면 乾·坤 두 괘도 필요 없는데, 하물며 64괘는 말할 것이 있겠는가."라고 하였다.

昔에 見伊川(聞)〔問〕[125]호되 易은 乾坤二卦면 斯可矣니이다 伊川曰 聖人이 設六十四卦와 三百八十四爻로되 後世에 尙不能了온 乾坤二卦로 豈能盡也리오 既坐에 伊川復曰 子以爲何人分上事아 對曰 聖人分上事니이다 曰 若聖人分上事면 則乾坤二卦亦不須온 況六十四乎아

127. 伊川이 썼던 모자는 모자 통이 8寸이고, 모자 차양은 7分 4直이다.

伊川所戴帽는 桶八寸이요 簷七分四直이라

128. 鮑若雨가 동지 몇 사람과 함께 伊川을 찾아뵙고서 묻기를 "'堯·舜의 道는 孝悌일 뿐이다.'[126]라고 하였는데, 孝悌로는 요·순의 도를 다 드러낼 수 없을 듯합니다."라고 하자, 이천이 和靖(尹焞)과 함께 논의해보라고 하였다. 사람들이 화정을 만나보았는데, 화정이 대답하기를 "이것이 어찌 의심할 바이겠습니까. 孝로써 어버이를 섬기고 悌로써 어른을 섬겨 능히 孝悌의 道를 극진히 하는 것은 오직 요·순만이 능히 할 수 있습니다."라고 하였다. 사람들이 이해하지 못하자, 화정이 말하기를 "또 효자는 형체가 없는 데에서 보고 소리가 없는 데에서 들으니,[127] 孝悌가 지극하면 神明에 통합니다. 또한 이 도리가 어떠한지를 말하는 것입니다."라고 하였다. 포약우가 다시 이천을 뵈었는데, 이천이 말하기를 "나 또한 이와 같이 말하는 데 지나지 않을 것이다."라고 하였다. 포약우가 또 말하기를 "尹秀才는 이 도리를 숨기고 쉬이 말하려 하지 않

125) (聞)〔問〕: 저본에는 '聞'으로 되어 있으나, 四庫全書本에 의거하여 '問'으로 바로잡았다.
126) 堯·舜의……뿐이다 : ≪孟子≫ 〈告子 下〉에 보인다.
127) 형체가……들으니 : ≪禮記≫ 〈曲禮 上〉에 보인다.

았습니다."라고 하였다. 이천이 나중에 그 일을 묻자, 화정이 말하기를 "이 도리는 사람들이 함께 아는 것이니, 제가 어찌 감히 그 설을 감출 수 있겠습니까. 다만 한 마디 말이라도 어긋남이 있으면 배우는 자들에게 누를 끼칠까 염려했기 때문입니다."라고 하였다. 이천이 말하기를 "나의 사려가 미치지 못했네."라고 하였다.

鮑若雨가 與同志數人으로 見伊川하고 問호되 堯舜之道는 孝弟而已矣라한대 恐孝弟不足以盡堯舜之道니이다 伊川이 令與和靖商量이라 諸人見和靖한대 和靖對曰 此何所疑리오 孝以事親하고 弟以事長하여 能盡孝弟之道者는 惟堯舜能之라 諸人未喩어늘 和靖曰 且如孝子視於無形하고 聽於無聲하니 孝弟之至면 通於神明이라 且道此箇道理如何라 鮑復見伊川한대 伊川曰 某亦不過如此說이라 鮑又曰 尹秀才直是秘此道하여 不肯容易(이)說하니이다 伊川後問之하니 和靖曰 此道는 衆所公共이니 (其)〔某〕[128] 何敢秘其說이니잇가 但恐一語有差면 則有累學者일새니이다 伊川曰 某思慮不及이라

129. 張思叔(張繹)이 和靖(尹焞)과 함께 伊川을 모시고 있었는데, 이천이 묻기를 "그대들은 평소 토론하는 일에 의문점이 있는가?"라고 하니, 화정이 대답하기를 "장역이 말하는 것에 저는 의문을 품지 않고, 제가 말하는 것에 장역도 의문을 품지 않습니다. 장역은 총명하여 머리를 말하면 꼬리를 알지만, 저는 반드시 두세 번 물어본 뒤에야 깨닫습니다. 그러나 아마도 장역의 지킴은 저처럼 안정되지 못할 듯합니다."라고 하자, 이천이 기뻐하였다.

張思叔이 與和靖으로 侍伊川이러니 伊川問曰 賢輩는 尋常商量事에 有疑處否아 對曰 張某所說에 某不疑하고 某所說에 張某不疑니이다 張某聰明하여 道頭知尾어니와 某必待再三問然後曉니이다 然이나 但恐張某守不定如某니이다하니 伊川이 喜하다

위의 14조목은 呂堅中이 기록한 尹和靖(尹焞)의 어록에 보인다.

右十四條 見呂堅中所記尹和靖語①

① 呂堅中[129]의 字는 景實이다.

---

128) (其)〔某〕: 저본에는 '其'로 되어 있으나, 四庫全書本에 의거하여 '某'로 바로잡았다.

129) 呂堅中 : 자는 景實이며, 開封 사람이다. 呂本中과 같은 항렬로 촌수는 자세치 않다. 尹焞에

堅中字景實.

130. 선생(王蘋)에게 묻기를 "孔子·孟子가 절실하고 긴요한 점을 말한 것을 가지고 사색하는 것은 어떻습니까?"라고 하자, 선생이 말하였다.

"모름지기 ≪論語≫와 ≪孟子≫를 익숙하게 보고서 깊이 완미해야 한다. 伊川이 말한 '만약 語錄을 익숙하게 보면 또한 자득할 것이다.'라는 것이 바로 이것이다. 당시 門人이 묻기를 '또한 ≪논어≫와 ≪맹자≫의 긴요한 점을 가지고 보는 것은 어떠합니까?'라고 하자, 이천이 말하기를 '참으로 좋으나 만약 터득함이 있더라도 끝내 흡족하지는 않을 것이니, 대개 우리 道는 釋氏의 「한 번 보면 곧바로 空寂해진다.」라는 것과 같지 않기 때문이다.'라고 하였다."

問호되 將孔孟之言切要處思索은 如何잇가 曰 須是熟看語孟하여 玩味咀嚼이라 伊川云에 若熟看語錄이면 亦自得者라함이 此也라 當時門人有問호되 且將語孟緊要處看은 如何잇가 伊川曰 固是好나 若有得이라도 終不浹洽이니 蓋吾道는 非如釋氏一見了便從空寂去일새라

131. 선생(王蘋)에게 묻기를 "伊川의 설에 '「사람이 살아가는 이치는 정직하다.」[130]라는 것은 「하늘이 명한 것을 性이라 한다.」[131]라는 것이다.'라고 하였고, 謝顯道가 말하기를 '이치에 순응하는 것을 直이라 한다.'라고 하였습니다. 제(周憲)가 생각건대 이치에 순응하는 것이란 性을 따르는 일입니다. 하늘이 명한 性은 이치에 순응하기를 기다리지 않으니, 두 설은 다릅니까? 같습니까?"라고 하자, 선생이 말하기를 "이천은 위의 한 단락을 말한 것이고, 사현도는 아래의 한 단락을 말한 것이다."라고 하였다.

問호되 伊川說에 人之生也直은 是天命之謂性이라하고 謝顯道云호되 順理之謂直이라하니이다 竊謂順理는 是率性之事라 天命之性은 無待於順理也니 二說異同잇가 曰 伊川說上一截이요 顯道說下一截이라

게 수학하였고 윤돈의 語錄을 편찬하였다. 沂陽令을 지냈다.

130) 사람이……정직하다 : ≪論語≫ 〈雍也〉에 孔子가 말하기를 "사람이 살아가는 이치는 정직하니, 정직하지 않으면서도 살아있는 것은 요행히 죽음을 면한 것이다.〔人之生也直 罔之生也 幸而免〕"라고 하였다.

131) 하늘이……한다 : ≪中庸≫에 보인다.

132. 선생(王蘋)이 말하기를 "明道는 그래도 농담을 하셨는데, 伊川 같은 경우는 농담이 전혀 없으셨다."라고 하였다. 어떤 농담을 하셨는지 묻자, 선생이 말하기를 "명도께서 司馬溫公(司馬光)이 ≪中庸≫을 해석할 적에 '사람은 누구나 먹고 마시지만 맛을 제대로 아는 이가 드물다.'라는 구절에 이르러 의문을 품고 마침내 그만두었다는 말을 듣고서 웃으며 말하기를 '나는 「하늘이 명한 것을 性이라 한다.」라는 첫 구절부터 곧 의문이 있었다고 할 것이다.'라고 하였다. 이천은 그야말로 근엄하여 앉아 있을 적에 尊卑長幼를 따질 것 없이 숙연하지 않은 이가 없었다."라고 하였다.

程顥

程頤

先生曰 明道는 猶有諧語나 若伊川은 則全無라 (間)〔問〕[132)]如何諧語하니 曰 明道가 聞司馬溫公解中庸할새 至人莫不飮食이나 鮮能知味하여 有疑遂止하고 笑曰 我將謂從天命之謂性便疑了라 伊川은 直是謹嚴하여 坐間에 無問尊卑長幼히 莫不肅然이라

133. 어느 날 우연히 秦少游(秦觀)[133)]를 만나, 伊川이 묻기를 "'하늘이 만약 아신다면 하늘도 수척하리라.'[134)]라는 것은 공의 글인가?"라고 하자, 진소유는 이천이 자기를 칭

---

132) (間)〔問〕: 저본에는 '間'으로 되어 있으나, 四庫全書本에 의거하여 '問'으로 바로잡았다.

133) 秦少游 : 秦觀(1049~1100)이다. 少游 또는 太虛는 그의 자이며, 호는 淮海居士로, 揚州 高郵 사람이다. 젊어서 蘇軾에게 배웠다. 1085년 진사가 되어 定海主簿가 되었고, 소식의 추천으로 太學博士에 제수되고 秘書省正字兼國史院編修官이 되었다. 紹聖 연간에 元祐黨籍에 연좌되어 소식이 실각하자 함께 유배되었고, 徽宗이 즉위하자 사면되어 돌아오는 도중에 藤州에서 죽었다. 古文과 시에 능했고 특히 詞에 뛰어났다. 黃庭堅·張耒·晁補之와 함께 '蘇門四學士'로 일컬어졌다. 저술로 ≪淮海集≫·≪後集≫·≪淮海長短句≫ 등이 있다.

134) 하늘이……수척하리라 : 秦觀이 기생에게 준 〈水龍吟〉이라는 詞에 "玉佩소리 울리며 이별한 뒤에 좋은 기약 어긋나 다시 보기 어려움이 슬프네. 명예의 굴레에 매이고 이록의 사슬에 묶였으니, 하늘이 만약 아신다면 하늘도 수척하리라. 꽃나무 아래 겹겹이 닫힌 문과 버들가에 깊숙한 골목인지라 고개 돌려 바라볼 수 없네. 다정한 이 그리워하나 그때의 밝은 달

찬하는 것이라 생각하고 손을 모으고 겸손하게 사례하였다. 이천이 말하기를 "하늘은 존엄하니 어찌 함부로 업신여길 수 있겠는가."라고 하자, 진소유의 얼굴빛이 붉어졌다.

一日에 偶見秦少游하여 問호되 天若知也和天瘦는 是公詞否아하니 少游意伊川稱賞之하고 拱手遜謝라 伊川云 上穹尊嚴하니 安得易(이)而侮之리오하니 少游面色이 騂然이라

134. 선생(王蘋)이 말하기를 "伊川은 40세 이후로 기억력이 더욱 좋아지셨다. 요즘 사람들은 나이가 들면 잘 잊어버리니, 그 이유를 몰라서야 되겠는가."라고 하였다.

先生曰 伊川은 年四十以後로 記性愈進이라 今人은 年長則健忘하니 豈可不知其故哉아

135. 伊川이 涪陵으로 귀양갈 적에 灩澦堆[135]를 지나는데 물결이 솟구쳐서 배 안의 사람들이 모두 놀라 허둥지둥하였는데, 유독 이천은 가만히 앉아 움직이지 않았다. 강가 언덕 위의 한 나무꾼이 큰 소리로 묻기를 "포기하여 그렇게 하는 것이오? 달관하여 그렇게 하는 것이오?"라고 하였는데, 이천이 대답하고자 하였으나 배가 이미 지나가버렸다.

伊川涪陵之行에 過灩澦한대 波濤洶湧하여 舟中之人이 皆驚愕失措로되 獨伊川은 凝然不動이라 岸上有樵者가 厲聲問曰 舍去如斯아 達去如斯아하야늘 欲答之나 而舟已行이라

위의 5조목은 震澤語錄에 보인다.

右五條는 見震澤語錄이라①

① 王蘋[136] 信伯의 門人인 信州의 周憲[137]이 기록한 것이다.
王蘋信伯門人信州周憲所記.

만 여전히 사람을 비추네.〔玉珮丁東別後 悵佳期參差難又 名韁利鎖 天還知道 和天也瘦 花下重門 柳邊深巷 不堪回首 念多情 但有當時皓月 向人依舊〕"라고 하였다.(≪淮海集≫ 長短句 卷上 〈水龍吟〉)

135) 灩澦堆 : 泗川省 奉節縣의 동쪽, 長江 瞿唐峽의 입구에 있는 험한 여울이다.

136) 王蘋 : 1059~1129. 자는 信伯, 호는 震澤이며, 福淸 사람이다. 程頤와 楊時를 사사하였으며, 秘書省正字·著作郎通判 등을 지냈다.

137) 周憲 : 자는 可則이며, 信州 永豐 사람이다. 王蘋에게 수학하였으며, 呂本中을 종유하였다. 저술로 ≪震澤記善錄≫이 있다.

136. 내(晁說之)가 伊川先生을 뵙고 曾子가 易簀한 일[138]을 논하였는데, 선생이 말하기를 "이것이 禮이니, 君子가 禮를 귀하게 여긴 까닭은 禮로 인해 살아가고 禮로 인해 죽는 것이 이와 같이 분명하기 때문이다."라고 하였다. 내가 말하기를 "이 禮는 옛사람이면 누군들 그렇게 하지 않았겠습니까마는 아마도 증자만이 홀로 그것을 전해 들음이 있었던 듯합니다. 후세의 士들은 스스로 자기의 몸을 천하게 여기고 禮를 단절하여, 이 일이 비로소 폐지되었습니다. 혹자는 여기에서 터득함이 있는 듯하나 浮屠·老子의 허탄한 설에 가려져 곧 禮라고 말하지 않고 達이라 말하니, 어찌 우리 道가 禮를 귀하게 여기는 까닭을 알겠습니까."라고 하니, 선생이 말하기를 "그러하다."라고 하였다.

說(열)之가 見伊川先生하고 論曾子易簀事한대 先生曰 是禮也니 君子所以貴乎禮者는 爲其以之而生하고 以之而死가 如此其明也일새라 說之曰 是禮는 古人孰不然이리오마는 蓋曾子獨有傳焉爾라 後世之士는 自賤其身而絶於禮하여 此事始廢하니이다 或者는 似有得於此로되 而蔽於浮屠老子虛誕之說하여 乃不謂之禮而謂之達하니 安知吾道之所以貴哉리잇가 先生曰 然하다

위의 한 가지 일은 ≪晁詹事文集≫에 보인다.

右一事는 見晁詹事文集이라①

①〈晁詹事는〉 晁說之[139]로, 字가 以道이다.
說之, 以道.

137. 神宗께서 明道에게 張載와 邢恕의 학문을 묻자, 명도가 아뢰기를 "장재는 신이 경외하는 사람이며, 형서는 신을 종유하는 사람입니다."라고 하였다.

神宗이 問明道以張載邢恕之學하여 奏云호되 張載는 臣所畏요 邢恕는 從臣游니이다

---

138) 曾子가……일 : 曾參이 임종할 때 季孫氏에게서 받은 대자리 위에 누워 있었는데, 그것이 자신의 분수에 맞지 않는다고 여겨 대자리를 바꾼 것을 말한다.(≪禮記≫ 〈檀弓 下〉)

139) 晁說之 : 1059~1129. 자는 以道·伯以父, 호는 景迂·迂叟이며, 澶州 사람이다. 1082년 진사가 되어 知成州·秘書少監 등을 역임하였다. 학문이 뛰어나 蘇軾·范祖禹·曾肇의 천거를 받기도 하였다. 司馬光에게 ≪太玄經≫을 전수받았으며, 邵雍의 제자 楊賢寶에게 易學을 배웠다. 저술로 ≪儒言≫·≪晁氏客語≫·≪景迂生集≫ 등이 있다.

138. 伊川이 明道에게 말하기를 "우리 형제는 근래에 말이 너무 많습니다."라고 하자, 명도가 말하기를 "가령 呂晦叔(呂公著)을 만나면 말을 부득불 적게 하겠지만, 司馬君實(司馬光)을 만나면 말을 많이 하지 않을 수 없다."라고 하였다.

伊川謂明道曰 吾兄弟는 近日說話太多라하니 明道曰 使見呂晦叔이면 則不得不少요 見司馬君實이면 則不得不多라

139. 張子(張載)의 ≪正蒙≫에 이르기를 "얼음이 녹는 것을 바다는 관여할 수 없다.〔氷之融釋 海不得而與焉〕"[140)]라고 하였는데, 伊川이 '與'자를 고쳐 '有'라고 하였다.

張子正蒙에 云호되 氷之融釋을 海不得而與焉이라한대 伊川이 改與爲有라

140. 游定夫(游酢)가 伊川에게 "陰하고 陽하여 헤아릴 수 없음을 神이라고 한다."[141)]라는 것을 묻자, 이천이 말하기를 "그대는 의심스러워서 묻는 것인가, 아니면 어려운 것을 골라서 묻는 것인가?"라고 하였다.

游定夫가 問伊川陰陽不測之謂神하니 伊川曰 賢是疑了問고 是揀難底問고

141. 元祐 연간(1086~1094)에 伊川을 찾아온 객이 있었는데, 책상 사이에 다른 책은 없고 오직 인쇄된 ≪唐鑑≫[142)] 한 부만이 있었다. 선생이 말하기를 "근래에 이 책을 보게 되었는데, 三代 이후로 이런 의론은 없었다."라고 하였다.

元祐中에 客有見伊川者한대 几案間에 無他書요 惟印行唐鑑一部라 先生曰 近方見此書한대 三代以後로 無此議論이라

---

140) 얼음이……없다 : ≪正蒙≫ 〈動物篇〉에 "바닷물이 응축되면 얼음이 되고, 떠오르면 물거품이 된다. 그러나 얼음의 재질과 물거품의 성질은 그 存亡을 바다가 관여할 수 없다. 이를 미루어나가면 死生의 설을 궁구할 수 있다.〔海水凝則氷 浮則漚 然氷之才 漚之性 其存其亡 海不得而與焉 推是足以究死生之說〕"라고 하였다.

141) 陰하고……한다 : ≪周易≫ 〈繫辭傳 上〉에 보인다.

142) 唐鑑 : 宋나라 때 학자 范祖禹(1041~1098)가 지은 역사비평서이다.

위의 5조목은 ≪晁氏客語≫에 보인다.

右五條는 見晁氏客語라①

① 어떤 사람이 기록한 것인지 모르겠다.
不知何人所錄.

142. 正獻公(呂公著)이 常秩[143]을 천거하였는데 그가 나중에 어긋나서 절개를 바꾸자, 伯淳을 만나 천거한 일을 후회하는 마음을 내비친 적이 있었다. 백순이 말하기를 "원컨대 侍郎께서는 백번 남에게 속임을 당할지언정 賢人을 좋아하는 마음을 줄이거나 버려서는 안 됩니다."라고 하자, 공이 그 말을 공경히 받아들였다.

正獻公이 旣薦常秩한대 後差改節하여 嘗對伯淳有悔薦之意라 伯淳曰 願侍郎은 寧百受人欺언정 不可使好賢之心少替라하니 公敬納焉이라

143. 伊川이 일찍이 말하기를 "오늘날 승려들은 한 권의 佛經을 읽으면 곧 그 한 권의 불경 속 도리를 受用하려 하는데, 儒者들은 책을 읽을 적에 도리어 한가로이 읽어서 도리를 수용하는 바가 전혀 없다."라고 하였다.

伊川이 嘗言호되 今僧家는 讀一卷經이면 便要一卷經中道理受用이어늘 儒者는 讀書에 却只閒了하여 都無用處라

144. 伊川先生이 말하기를 "사람에게는 세 가지 불행이 있으니, 어린 나이에 高科에 오르는 것이 첫 번째 불행이요, 부형의 권세를 빌려 좋은 벼슬을 하는 것이 두 번째 불행이요, 뛰어난 재주가 있어 문장에 능한 것이 세 번째 불행이다."라고 하였다.

伊川先生이 言호되 人有三不幸하니 少年登高科가 一不幸이요 席父兄之勢爲美官이 二不幸이요 有高才能文章이 三不幸也라

---

143) 常秩 : 1019~1077. 자는 夷甫이며, 潁州 汝陰 사람이다. 고향에 은거하던 중 歐陽脩·胡宿·王安石 등의 천거를 받아 判國子監·寶文閣待制 등을 지냈다. 그러나 조정에서 특별한 업적을 세운 것도 없고, 왕안석의 新法에 반대하는 의견을 제시하지도 않자, 구양수가 시를 지어 그를 질타하였다.

145. 明道先生이 일찍이 禪寺에 이르러 바야흐로 공양을 할 적에 승려들이 종종걸음으로 나아가고 읍하고 사양하는 성대한 모습을 보고서 탄식하기를 "三代의 威儀가 모두 여기에 있구나."라고 하였다.

明道先生이 嘗至禪寺하여 方飯할새 見趨進揖遜之盛하고 嘆曰 三代威儀가 盡在是矣라

위의 4조목은 ≪呂氏童蒙訓≫에 보인다.

右四條는 見呂氏童蒙訓이라①

①〈呂氏는〉 呂本中[144])으로, 字가 居仁이며, 侍講 原明(呂希哲)의 손자이다.
呂本中, 字居仁, 原明侍講之孫.

146. 伊川先生에게 鬼物에 대해 말하는 자가 있었는데, 선생이 말하기를 "그대는 귀신을 직접 본 적이 있는가?"라고 하였다. 이천은 이 사람이 전하는 말은 필시 믿을 것이 못 되니, 만약 귀신을 직접 보았다면 아마도 눈병일 것이라고 여겼다.

有言鬼物於伊川先生者어늘 先生云호되 君曾親見邪아 伊川은 以爲若是人傳은 必不足信이니 若是親見이면 容是眼病이라

147. 尹彦明(尹焞)과 張思叔(張繹)은 같은 시기에 伊川先生을 스승으로 섬겼다. 사숙은 뛰어난 식견으로, 언명은 독실한 행동으로 모두 선생에게 칭찬을 받았다. 선생이 돌아가신 뒤 사숙 또한 병으로 죽었다. 언명은 곤궁하게 살았는데, 남을 가르치고 학문을 할 적에 일찍이 조금도 스스로 비굴하게 한 적이 없었고, 항상 선생이 남을 가르칠 적에 오로지 '敬함으로써 내면을 바르게 한다.'[145])라는 것으로 근본을 삼았던 것을,

---

144) 呂本中 : 1084~1145. 초명은 大中, 자는 居仁, 호는 紫微·東萊, 시호는 文淸이며, 壽州 사람이다. 呂公著의 증손이며, 呂希哲의 손자로서 蔭補로 承務郞이 되어 樞密院編修官·中書舍人 등을 지냈다. 楊時·游酢·尹焞을 사사하였으며, 劉安世·陳瓘에게도 배웠다. 시에 뛰어났으며, 경술에 정밀하였다.

145) 敬함으로써……한다 : ≪周易≫ 坤卦 〈文言傳〉에 "直은 바르다는 뜻이고, 方은 의롭다는 뜻이다. 君子가 敬함으로써 안을 바르게 하고 義함로써 밖을 방정하게 하여 敬과 義가 확립되면

언명은 홀로 능히 힘써 행하였다.

尹彦明與思叔은 同時師事伊川先生이라 思叔은 以高識으로 彦明은 以篤行으로 俱爲先生所稱이라 先生沒에 思叔亦病死라 彦明은 窮居한대 敎學호되 未嘗少自貶屈하고 常以先生敎人에 專以敬以直內爲本을 彦明獨能力行之라

148. 彦明(尹焞)이 일찍이 말하기를 "선생께서 사람들을 가르칠 적에 '敬함으로써 내면을 바르게 한다.'라는 것을 오로지 쓰게 하였다. 만약 이 도리를 쓰면 모든 일을 감히 경솔하게 행하지 않고, 감히 생각을 망령되이 일으키지 않아 屋漏에서도 부끄럽지 않을 것이다. 이를 익히는 것이 오래되면 자연히 터득하는 바가 있게 될 것이다."라고 하였다. 인하여 또 말하기를 "예전에 선생이 涪陵에서 돌아오시자 날마다 찾아뵈었다. 어느 날 ≪周易≫을 읽다가 '敬함으로써 내면을 바르게 한다.'라는 구절에 이르러 선생께 묻기를 '익히지 않더라도 이롭지 않음이 없는[146] 때에는 다시 눈에 보이는 것이 없으니, 마땅히 計較함이 없어야 합니까?'라고 하자, 선생이 깊이 동의하였고, 또 말씀하기를 '이와 같은 일은 쉽게 터득할 수 없으니, 또한 더 함양하며 가벼이 말하지 말라.'라고 하셨다."라고 하였다.

彦明이 嘗言호되 先生敎人에 只是專令用敬以直內하시니 若用此理면 則百事를 不敢輕爲하고 不敢妄作하여 不愧屋漏矣리라 習之旣久면 自然有所得也리라 因說호되 往年에 先生歸自涪陵에 日日見之라 一日에 因讀易至敬以直內處하여 因問先生호되 不習이라도 無不利時엔 則更無睹니 當更無計較也耶잇가하니 先生深以爲然하시고 且曰 不易(이)見得如此니 且更涵養하고 不要輕說이라

149. 晁以道(晁說之)가 항상 말하였다.

"얼마 전 편지로 伊川先生께 묻기를 '제가 평생 배우기를 원한 분은 康節先生(邵雍)입니다. 강절선생은 돌아가셔서 만나볼 수 없고 강절선생의 벗으로는 오직 선생만이 살아계시니, 원컨대 선생께 강절선생의 학문을 여쭙고자 합니다.'라고 하였는데, 이천께서 답서를 보내 '나와 堯夫는 같은 마을에서 30여 년간 살면서 세상일에 대해 논하지 않은

德이 외롭지 않으니, '곧고 방정하고 위대한지라, 익히지 않더라도 이롭지 않음이 없다.'라는 것은 그 행하는 바를 의심하지 않는 것이다.〔直 其正也 方 其義也 君子敬以直內 義以方外 敬義立而德不孤 直方大 不習无不利 則不疑其所行也〕"라고 하였다.

146) 익히지……없는 : ≪周易≫ 坤卦 六二爻辭에 "곧고 방정하고 위대한지라, 익히지 않더라도 이롭지 않음이 없다.〔直方大 不習 無不利〕"라고 하였다.

것이 없으나, 오직 數에 대해서는 한 글자도 언급한 적이 없다.'라고 하였다."[147]

晁以道가 常說호되 頃嘗以書問伊川先生云호되 某平生所願學者는 康節先生也니이다 康節先生沒하여 不可見하고 康節之友는 惟先生在하니 願因先生問康節之學이니이다 伊川答書云호되 某與堯夫는 同里巷居三十年餘하여 世間事無所不論이나 惟未嘗一字及數耳라

150. 崇寧 연간(1102~1106) 초기에 家叔 舜從(呂切問)[148]이 黨人의 자제로서 外職에 보임되어 河南府 鞏縣의 현령이 되었는데, 伊川先生을 뵙기를 청하여 묻기를 "지금 새로운 법을 처음 시행하는데, 어찌 해야 합니까?"라고 하자, 선생이 말하기를 "단지 義와 命 두 글자가 있을 뿐이니, 행해야 할 것과 행하지 말아야 할 것은 義이고, 得失과 禍福은 命이다. 君子가 처할 바는 義가 어떠한가를 말할 뿐이다."라고 하였다.

崇寧初에 家叔舜從이 以黨人子弟로 補外官하여 知河南府鞏縣한대 請見伊川先生하여 問호되 當今新法初行에 當如何做잇가 先生云호되 只有義命兩字니 當行不當行者는 義也요 得失禍福은 命也라 君子所處는 只說義如何耳라

151. 以道(晁說之)가 伊川先生을 뵙고 論難을 반복하였는데, 이도가 말하기를 "이와 같은 것은 선생 또한 남이 자기의 의견과 같기를 바라는 것입니다."라고 하자, 선생이 대답하지 않았다. 門人이 말하기를 "선생이 같기를 바라는 것은 자기의 의견과 같이 하는 것이 아니라, 바로 道를 같이하기를 바라는 것입니다."라고 하였다.

以道가 見伊川先生하고 論難反復한대 以道曰 如此는 是先生亦欲人同己이니이다하니 先生不答이라 門人云호되 先生所欲同者는 非同己也요 正欲道之同耳라

152. 崇寧 원년(1102)에 숙부 舜從(呂切問)이 洛陽에 이르러 伊川先生을 뵙기를 청하였다. 선생이 그를 불러서 식사를 하였는데, 음식이 다섯 가지로 또한 매우 풍성하고 정결하였다. 그 자리에서 사안을 질문한 것이 매우 많았으나 선생은 하나하나 대답해

---

147) 晁以道가……하였다 : 저본에는 이 부분이 앞 단락과 붙어 있으나, 中華書局本에 의거하여 별도의 단락으로 분리하였다.

148) 舜從 : 呂切問의 字이다. 여절문은 呂希哲의 아들이며 呂好問의 아우로, 會稽守令 등을 지냈다.

주었다. 떠나려 할 적에 또 가르침을 청하자, 말씀이 매우 상세하였다. 얼마 뒤 미소를 지으며 말씀하기를 "공의 집안이 부처를 배웠기 때문이다."라고 하였다.

崇寧元年에 叔父舜從이 至洛中하여 請見伊川先生이라 先生召食한대 食五品으로 亦甚豐潔이라 坐間에 問事甚衆이나 先生一一酬答이라 臨行에 又請敎하니 語甚詳이라 旣而요 微笑云호되 只被公家學佛이라

153. 伊川先生은 ≪禮記≫ 〈表記〉 가운데 "君子는 장엄하고 공경하면 날로 강해지며, 안일하고 방자하면 날로 구차해진다."라고 말한 것을 매우 좋아하였다. 대개 평범한 사람의 심정은 풀어놓으면 날마다 방탕한 데로 나아가고, 스스로 검속하면 날마다 법도로 나아간다.

伊川先生은 甚愛表記中說에 君子는 莊敬日强하며 安肆日偸라 蓋常人之情은 才放肆면 則日就曠蕩하고 自檢束이면 則日就規矩라

위의 여덟 가지 일은 ≪呂氏雜志≫[149]에 보인다.

右八事는 呂氏雜志라①

① 위와 같다.
同上.

154. 伊川先生이 涪州에서 물길을 따라 돌아올 적에, 골짜기가 험하고 강물이 급하며 바람이 불고 물결이 솟구치니 배 안의 사람들이 모두 아연실색하였으나 선생은 단정히 앉아 움직이지 않았다. 언덕 가에서 어떤 사람이 묻기를 "달관한 뒤라서 그러한 것이오, 포기한 뒤라서 그러한 것이오?"라고 하였다. 선생은 그가 평범한 사람이 아니라고 생각하여 일어나서 읍하고자 하였으나 배가 지나가 멀어졌다.

伊川先生이 自涪州順流而歸에 峽江峻急하고 風作浪湧하니 舟人皆失色이나 而先生端坐不動이라 岸旁有問者云호되 達後如此아 舍後如此아 先生은 意其非凡人也하여 欲起揖之나 而舟

149) 呂氏雜志 : 이 책은 呂希哲(1039~1116)의 가문에서 전해지는 이야기를 모아놓은 저서이다.

去遠矣라①

① 呂舍人[150]의 十一丈說을 직접 보았다. 살펴보건대 이 단락은 이미 ≪邵氏見聞錄≫ 및 ≪震澤語錄≫에 보이는데, 邵氏가 기록한 것을 정설로 삼아야 할 듯하다.
親見呂舍人十一丈說. 按此段已見邵氏見聞錄及震澤語錄, 恐當以邵氏所記爲正.

155. 伊川先生이 涪州에서 돌아올 때 襄州를 들렀는데, 수령으로 있던 楊畏[151]가 대접하는 것이 매우 후하였다. 선생이 말하기를 "나는 죄를 지었다가 풀려난 몸이니, 어찌 감히 이런 대접을 받을 수 있겠는가."라고 하니, 양외가 말하기를 "지금 時事가 이미 변하였습니다."라고 하자, 선생이 말하기를 "시사는 비록 변했지만 내 지조를 어찌 감히 변할 수 있겠는가."라고 하였다.

伊川先生이 自涪州歸할새 過襄州한대 楊畏爲守하여 待之甚厚라 先生曰 某는 罪戾之餘니 安敢當此리오 畏曰 今時事已變이라 先生曰 時事雖變이라도 某安敢變이리오①

① 이는 곧 劉子駒의 집에서 그의 조부가 기록한 것에서 본 것인데, 지금 이를 간략하게 기록하였다.
此乃劉子駒處見其祖所錄, 今省記此.

위의 두 가지 일은 汪端明[152]의 기록이다.

右二事는 汪端明記라

156. 左諫議大夫 孔文仲[153]이 말하였다.

"삼가 살펴보건대 通直郎 崇政殿 說書 程頤는 사람됨이 인색하고 더러우며 타고난

---

150) 呂舍人 : 中書舍人을 지낸 呂本中(1084~1145)을 가리키는 듯하다. 여본중은 呂希哲의 종손으로 程子의 문인 楊時·尹焞 등을 사사하였다.

151) 楊畏 : 1044~1112. 자는 子安이며, 洛陽 사람이다. 禮部侍郎을 지냈으며, 章惇과 결탁하였다.

152) 汪端明 : 汪應辰(1118~1176)이다. 자는 聖錫, 호는 玉山이며, 端明殿學士를 지냈다. 胡安國·呂本中 등을 종유하였으며, 1135년 진사가 되어 吏部尙書 등을 지냈다. 저술로 ≪文定集≫이 있다.

153) 孔文仲 : 1038~1088. 자는 經父이며, 新喩 사람이다. 孔延之의 장자로, 1061년 진사가 되어 餘杭尉·秘書省校書郎·中書舍人 등을 지냈다. 동생 孔武仲·孔平仲과 함께 '臨江三孔'으로 일컬어졌다.

자질이 간사하고 교묘합니다. 탐욕스럽게 벼슬을 청탁하여 구하여 원래 향촌에서의 행실이 없었으며, 분주하게 돌아다니며 교분을 맺어서 항상 公卿의 문 앞에 있었습니다. 그런데 대신들이 입을 모아 칭찬할 뿐만 아니라, 또한 잇달아 소장을 올려 의론해 아뢰기에 이르렀으며, 성상께서 한 번 만나보시고서 조정의 관직에 제수되고, 재차 만나보시고서 經筵官에 올랐습니다. 신은 얼마 전 起居舍人에 임명되어 講席에 여러 번 입시하여 정이가 陳說하는 것을 관찰하였는데, 무릇 經義가 있는 대목은 발명한 것이 전혀 없고, 반드시 한 가지 일을 빙자하여 온갖 일을 끌어다 대었으며, 근거가 없는 말을 차용하여 성상의 귀를 흔들리게 하였으며, 인용하기 어려운 행적을 미루어 성상의 사려를 현혹시켰습니다. 성상의 덕에 酒色을 즐기고 좋아하는 것이 있지 않은데도 항상 주색을 가까이 함이 없어야 한다고 계도하고, 성상의 의중에 믿고 의지하는 사람이 있지 않은데도 항상 小人을 쓰지 말아야 한다고 개진하였습니다. 어찌 단지 하지 말아야 할 것으로 권면하고 인도한 것일 뿐이겠습니까. 실로 또한 있지 않은 것으로써 사칭하고 기만한 것입니다. 매번 강석을 마칠 때에는 반드시 비열하게 아첨하면서 억지로 끌어다 대는 말을 왜곡되게 하였으니, 이를테면 '비록 孔子가 다시 태어나더라도 폐하를 위해 陳說하는 것은 이와 같은 데 지나지 않을 것입니다.'라고 하였고, 또 '엎드려 바라건대 폐하께서는 편안하고 한가로울 때 신의 말을 깊이 생각하시고 신의 의론을 잊지 마십시오.'라고 하였고, 또 '신은 감히 자세하게 아뢸 순 없으니, 성상의 귀를 번거롭게 할까 염려스러워서입니다. 그러나 아마도 의문이 있으실 듯하니, 엎드려 바라건대 경연할 때가 아니더라도 특별히 질문을 내리시어 신이 하나하나 개진하는 것을 용납해 주십시오.'라고 하였습니다. 폐하께서 居喪하여 3년 동안 말씀을 하시지 않은 때에도 정이는 이런 말로써 성상의 귀를 감화시키지 않은 날이 없었고, 폐하께서도 반드시 부지런히 그를 위해 응답하셨습니다. 또 폐하께서 기침 때문에 강석을 파하셨는데, 그 뒤 邇英閣에 거둥하셨을 적에 學士 이하 강독에 입시한 자 6~7인 중 정이가 관직이 가장 낮았는데도 끝내 차례를 뛰어넘어 홀로 聖體에 대해 問候하였으니, 제멋대로 행동하고 참람한 것이 매우 지나치며 아울러 職分을 무시하였습니다. 唐나라 때 王伾와 王叔文,[154] 李訓과 鄭注[155] 같은 자들이 바로 이런 자입니다."

154) 王伾와 王叔文 : 王伾와 王叔文은 唐 順宗의 신임을 받아 柳宗元·劉禹錫 등과 함께 永貞革新이라 불리는 개혁정치를 펼쳤다. 그러나 환관 俱文珍이 순종을 퇴위시키고 憲宗을 옹립하면서 개혁은 실패로 돌아갔고, 이듬해 왕비는 병사하고 왕숙문은 사사되었다.

左諫議大夫孔文仲이 言호되 謹按컨대 通直郎崇政殿說書程頤는 人物纖汙하며 天資憸巧하니이다 貪黷請求하여 元無鄉曲之行하며 奔走交結하여 常在公卿之門이니이다 不獨交口褒美라 又至連章論奏하여 一見而除朝籍하고 再見而升經筵이니이다 臣은 頃任起居舍人하여 屢侍講席하여 觀某陳說컨대 凡經義所在는 全無發明하고 必因籍一事하여 汎濫援引하며 借無根之語하여 以搖撼聖聽하고 推難引之迹하여 以眩惑淵慮하니이다 上德未有嗜好어늘 而常啓以無近酒色하고 上意未有信向이어늘 而常開以勿用小人하니이다 豈惟勸導以所不爲리잇가 實亦矯欺以所無有니이다 每至講罷하얀 必曲爲卑佞附合之語하니 借如曰 雖使孔子復生이라도 爲陛下陳說은 不過如此니이다하고 又如曰 伏望컨대 陛下燕間之餘에 深思臣之說하시고 無忘臣之論하소서하고 又如曰 臣不敢子細敷奏하니 慮煩聖聽이니이다 恐有所疑니 伏乞컨대 非時라도 特賜宣問하여 容臣一一開陳하소서하니이다 當陛下三年不言之際하야도 頤無日無此語以感切上聽하고 陛下亦必黽勉爲之應答하니이다 又如陛下因咳嗽罷講하사 及御邇英에 學士以下侍講讀者六七人에 頤官最小어늘 乃越次獨候問聖體하니 橫僭過甚하며 竝無職分이니이다 如唐之王伾王叔文李訓鄭注가 是也니이다

위는 孔文仲의 章疏이다.

右는 孔文仲章疏라①

① 살펴보건대 文仲이 말한 것은 비록 그 비방함을 극도로 하였으나, 이 소장에 실린 經筵 때 아뢴 말씀에서 선생이 임금을 사랑하는 마음과 문하의 제자들이 미처 듣지 못한 것을 더욱 알려준다. 그러므로 지금 여기에 특별히 덧붙였다. 呂申公(呂公著)의 家傳에 이르기를 "文仲은 본래 강직함으로써 일컬어졌으나, 미련하여 일에 밝지 못해 부박한 무리의 사주를 받아 선량한 사람을 해쳤다. 만년에야 小人들에게 속임을 당한 것을 스스로 알고 분하고 답답해하다가 피를 토하고 죽었다."라고 하였다. 그러한즉 이 상소에서 기미가 싹틀 때를 막고 충성을 바친 선한 말을 덮어버리지 못한 것은 곧 그의 강직함이 드러난 것이지만, 무릇 비방하거나 근거 없는 말은 부박한 무리의 사주를 받았다가 만년에 후회한 것이다. 按文仲所言, 雖極其誣詆, 然所載經筵進說, 尤見先生所以愛君之心, 有門弟子所不及聞者, 故今特附于此. 呂申公家傳云 "文仲本以伉直稱, 然惷不曉事, 爲浮薄輩所使, 以害善良. 晩乃自知爲小人所紿, 憤鬱嘔血而死." 然則此疏, 不掩防微納忠之善言, 乃其伉直所發, 而凡醜詆無根之語, 則爲浮薄輩所使, 而晩乃悔之者也.

155) 李訓과 鄭注 : 唐 文宗 때 환관의 전횡이 심하여 李訓·鄭注 등 10여 명이 환관들을 제거할 것을 도모하였다. 金吾仗舍의 석류나무에 甘露가 내렸다고 속여 문종을 모시고 나온 환관들을 주살하려 하였는데, 장막 아래 있던 병사들이 발각되어 실패하였고 연루된 사람들은 모두 처형되었다.

附 錄

〔附 錄〕

1. ≪二程全書 4≫ 參考書目

◇ 底本

• ≪二程全書≫, 徐必達 校, 서울대 규장각(奎中 1470)

◇ 교감서

• ≪二程全書≫, 서울대 규장각(一簑古 181.1-j463i)
• ≪二程全書≫, 국립중앙도서관(일산古3745-50)
• ≪二程全書≫, 국립중앙도서관(古貴3745-22-1-15)
• ≪二程集≫, 王孝魚 點校, 中華書局, 1981.
• ≪二程集≫, 臺灣 漢京文化事業有限公司, 1983.

◇ 經部

• ≪論語注疏≫, 十三經注疏整理委員會 整理, 北京大學校出版社, 2000.
• ≪論語集註大全≫, 朱熹(宋) 集註, 胡廣(明) 等 編, 影印本, 成均館大學校出版部, 1998.
• ≪論語集解義疏≫, 何晏(魏), 景印文淵閣四庫全書, 商務印書館, 1983~1986.
• ≪大學章句大全≫, 朱熹(宋) 集註, 胡廣(明) 等 編, 影印本, 成均館大學校出版部, 1998.
• ≪孟子注疏≫, 十三經注疏整理委員會 整理, 北京大學校出版社, 2000.
• ≪孟子集註大全≫, 朱熹(宋) 集註, 胡廣(明) 等 編, 影印本, 成均館大學校出版部, 1998.
• ≪毛詩正義≫, 十三經注疏整理委員會 整理, 北京大學校出版社, 2000.
• ≪尙書正義≫, 十三經注疏整理委員會 整理, 北京大學校出版社, 2000.
• ≪書傳大全≫, 蔡沈(宋) 集註, 胡廣(明) 等 編, 影印本, 學民文化社, 1990.
• ≪詩傳大全≫, 朱熹(宋) 集傳, 胡廣(明) 等 編, 影印本, 學民文化社, 1989.
• ≪禮記正義≫, 十三經注疏整理委員會 整理, 北京大學校出版社, 2000.
• ≪禮記集說大全≫, 陳澔(元) 集說, 胡廣(明) 等 編, 影印本, 學民文化社, 2000.
• ≪周禮注疏≫, 十三經注疏整理委員會 整理, 北京大學校出版社, 2000.
• ≪周易大全≫, 程頤(宋) 傳, 朱熹(宋) 本義, 胡廣(明) 等 撰, 影印本, 學民文化社, 2008.

- ≪中庸章句大全≫, 朱熹(宋) 集註, 胡廣(明) 等 編, 影印本, 成均館大學校出版部, 1998.
- ≪春秋穀梁傳注疏≫, 十三經注疏整理委員會 整理, 北京大學校出版社, 2000.
- ≪春秋公羊傳注疏≫, 十三經注疏整理委員會 整理, 北京大學校出版社, 2000.
- ≪春秋左傳正義≫, 十三經注疏整理委員會 整理, 北京大學校出版社, 2000.
- ≪孝經注疏≫, 十三經注疏整理委員會 整理, 北京大學校出版社, 2000.

◇ 史部

- ≪史記≫, 司馬遷(漢), 中華書局, 1997.
- ≪漢書≫, 班固(後漢), 中華書局, 1997.
- ≪宋史≫, 脫脫 等(元), 中華書局, 1997.
- ≪唐律疏義≫, 長孫無忌(唐), 景印文淵閣四庫全書, 商務印書館, 1983~1986.
- ≪陝西通志≫, 劉於義(淸), 景印文淵閣四庫全書, 商務印書館, 1983~1986.
- ≪資治通鑑≫, 司馬光(宋), 中華書局, 2010.

◇ 子部

- ≪近思錄≫, 朱熹・呂祖謙(宋), 影印本, 學民文化社, 1995.
- ≪南華經≫, 莊周(戰國 宋), 影印本, 學民文化社, 1993.
- ≪老子道德經≫, 王弼(魏), 景印文淵閣四庫全書, 商務印書館, 1983~1986.
- ≪性理大全≫, 湖廣 等(明) 纂修, 影印本, 學民文化社, 1994.
- ≪宋元學案≫, 黃宗羲(淸), 台灣商務印書館, 1968.
- ≪荀子≫, 荀况(周), 景印文淵閣四庫全書, 商務印書館, 1983~1986.
- ≪揚子法言≫, 揚雄(漢), 景印文淵閣四庫全書, 商務印書館, 1983~1986.
- ≪呂氏春秋≫, 呂不韋(秦), 景印文淵閣四庫全書, 商務印書館, 1983~1986.
- ≪維摩詰所說經≫, 鳩摩羅什(晉), 木板本, 국립중앙도서관 소장본.
- ≪張子全書≫, 張載(宋), 景印文淵閣四庫全書, 商務印書館, 1983~1986.
- ≪中說≫, 王通(隋), 景印文淵閣四庫全書, 商務印書館, 1983~1986.

◇ 集部

- ≪擊壤集≫, 邵雍(宋), 景印文淵閣四庫全書, 商務印書館, 1983~1986.
- ≪新序≫, 劉向(漢), 景印文淵閣四庫全書, 商務印書館, 1983~1986.
- ≪五百家註柳先生集≫, 魏仲擧(宋) 編, 景印文淵閣四庫全書, 商務印書館, 1983~1986.

- ≪五百家注昌黎文集≫, 魏仲擧(宋) 編, 景印文淵閣四庫全書, 商務印書館, 1983~1986.
- ≪淮海集≫, 秦觀(宋), 景印文淵閣四庫全書, 商務印書館, 1983~1986.
- ≪宋子大全≫, 宋時烈(朝鮮), 韓國文集叢刊, 韓國古典飜譯院.

◇ 번역서 및 연구서

- 賈豊臻, ≪中國理學史≫, 臺灣商務印書館公司, 1987.
- 岡田武彦, ≪宋明哲學の本質≫, 木耳社, 1984.
- 岡田武彦, ≪中國思想における理想と現實≫, 木耳社, 1973.
- 今井宇三郎, ≪宋明易學の研究≫, 明治圖書出版株式會社, 1958.
- 楠本正繼, ≪宋明時代儒學思想の研究≫, 廣池學園事業部, 1962.
- 楠本正繼 著, 김병화 외 譯, ≪송명유학사상사≫, 예문서원, 2005.
- 勞思光, ≪中國哲學史≫, 三民書局, 1981.
- 勞思光 著, 鄭仁在 譯, ≪中國哲學史 - 宋明篇 -≫, 探求堂, 1987.
- 牟宗三, ≪心體與性體≫, 正中書局, 1968.
- 蒙培元, ≪理學範疇系統≫, 人民出版社, 1989.
- 潘富恩, 徐餘慶, ≪程顥程頤理學思想研究≫, 復旦大學出版社, 1988.
- 徐遠和, ≪洛學源流≫, 齊魯書社出版, 1987.
- 徐志銳, ≪宋明易學概論≫, 遼寧古籍出版社, 1997.
- 石訓 外, ≪北宋哲學史≫, 河南人民出版社, 1987.
- 狩野直喜 著, 吳二煥 譯, ≪中國哲學史≫, 乙酉文化社, 1986.
- 市川安司, ≪程伊川哲學の研究≫, 東京大學出版會, 1978.
- 안은수, ≪程頤 : 중국 송대의 신유학자≫, 성균관대학교 출판부, 2002.
- 野口豊太, ≪二程遺書全譯≫, V2solution, 2016.
- 余敦康, ≪內聖外王的貫通 - 北宋易學的現代闡釋≫, 學林出版社, 1997.
- 이향준 외 譯, ≪이정유서 Ⅰ · Ⅱ · Ⅲ≫, 발해그래픽스, 2019.
- ____________, ≪이정외서≫, 발해그래픽스, 2019.
- 이현선, ≪장재와 이정형제의 철학 : 기철학과 리철학의 대립≫, 문사철, 2013.
- 張岱年, ≪中國哲學大綱≫, 中國社會科學出版社, 1982.
- 張德麟 著, 박상리 등 譯, ≪정명도의 철학≫, 예문서원, 2004.
- 張立文 主編, ≪中國學術通史 - 宋元明卷 -≫, 人民出版社, 2004.
- 張立文, ≪宋明理學研究≫, 人民大學出版社, 1985.

• 陳來, ≪宋明理學≫, 遼寧教育出版社, 1991.
• 陳來 著, 안재호 譯, ≪송명성리학≫, 예문서원, 1997.
• 蔡方鹿, ≪程顥程頤與中國文化≫, 貴州人文出版社, 1996.
• 蔡仁厚, ≪宋明理學 - 北宋篇 -≫, 臺灣學生書局, 1983.
• 土田健次郎 著, 성현창 譯, ≪북송도학사≫, 예문서원, 2006.
• 馮友蘭, ≪中國哲學史新編≫, 人民出版社, 1988.
• 韓鍾文, ≪中國儒學史 - 宋元卷 -≫, 廣東教育出版社, 1997.
• 侯外廬 主編, ≪中國思想通史≫, 人民出版社, 1957.
• A.C. Graham, *Two Chinese philosophers : Cheng Ming-tao and Cheng Yi-chuan*, Lund Humphries, 1958.(이현선 譯, ≪정명도와 정이천의 철학≫, 심산, 2011.)
• Bruce, J. Percy, *Chu Hsi and His Masters: an introduction to Chu Hsi and the Sung School of Chinese Philosophy*, Probsthain & co., 1923.
• ________________, *Two Chinese philosophers : the metaphysics of the brothers Cheng*, Open Court, 1992.
• Kidder Smith Jr & Peter K. Bol & Joseph A. Adler & Don J. Wyatt, *Sung Dynasty Uses of the I Ching*, Princeton University Press, 1990.
• Robin R. Wang & L. Michael Harrington, *The Yi River Commentary on the Book of Changes*, Yale University Press, 2019.
• Thomas F. Cleary, *I Ching : The Tao of Organization*, Shambhala, 1988.
• Yong Huang, *Why be moral? : learning from the neo-Confucian Cheng Brothers*, State University of New York Press, 2014.

◇ 해제 및 연구논문

• 김동민, 〈程伊川의 理學的 ≪春秋≫ 이해에 관한 연구〉, ≪유교사상문화연구≫ 60, 한국유교학회, 2015.
• 김문갑, 〈程明道의 天理에 관한 小考〉, ≪유학연구≫ 8, 충남대 유학연구소, 2000.
• 김연재, 〈義理學的 해석에서 본 程伊川의 道學 및 그 易學的 범주〉, ≪동양철학연구≫ 46, 동양철학연구회, 2006.
• 김필수, 〈程頤 철학의 位置와 易傳 出版의 意義〉, ≪역학연구≫ 5, 한국주역학회, 2000.

- 김홍수, 〈≪河南程氏遺書≫·≪河南程氏外書≫·≪河南程氏粹言≫의 作者不明語錄 鑑別〉, ≪동아인문학≫ 28, 동아인문학회, 2014.
- ______, 〈二程語錄考證及思想異同硏究〉, 중국 南開大學 박사논문, 2005.
- ______, 〈二程思想 연구에 있어서 ≪程書分類≫의 자료적 가치와 유용성〉, ≪中國과 中國學≫ 3, 영남대학교 중국연구센터, 2005.
- ______, 〈≪程書分類≫와 그 철학적 의의〉, ≪東亞人文學≫ 29, 동아인문학회, 2014.
- 민병삼, 〈程伊川의 風水地理思想硏究〉, ≪동양철학연구≫ 59, 동양철학연구회, 2009.
- 박길수, 〈程明道의 人性論과 儒學史的 意義〉, ≪공자학≫ 25, 한국공자학회, 2013.
- ______, 〈程明道의 仁說 연구〉, ≪양명학≫ 41, 한국양명학회, 2015.
- 박양자, 〈二程의 思想的 特性〉, ≪공자학≫ 1, 한국공자학회, 1995.
- 박호석, 〈程伊川의 생애와 문제의식〉, ≪동양예학≫ 11, 동양예학회, 2003.
- ______, 〈程伊川 '理'哲學의 이론적 체계에 관한 연구〉, 대구한의대학교 박사학위논문, 2015.
- 성백효, 〈≪程書分類≫ 解題〉, ≪程書分類≫, 학민문화사, 1994.
- 손영식, 〈程伊川 철학에 있어서의 理와 그 實踐〉, 서울대학교 석사학위논문, 1982.
- 송봉구, 〈程伊川의 心性·居敬窮理論 硏究〉, ≪동양고전연구≫ 18, 한국고전학회, 2003.
- ______, 〈程伊川의 修養論 연구〉, ≪동양문화연구≫ 1, 영산대 동양문화연구원, 2007.
- 심의용, 〈程伊川 철학에서 행위 방식으로서의 義理의 특성〉, ≪동서철학연구≫ 31, 한국동서철학회, 2004.
- ______, 〈북송시대 사대부들의 변화와 程伊川 철학의 특성〉, ≪동서철학연구≫ 36, 한국동서철학회, 2005.
- 안동섭, 〈伊川 程頤의 窮理 연구〉, 연세대학교 석사학위논문, 2012.
- 양승무, 〈程明道의 哲學思想 硏究〉, ≪유교사상문화연구≫ 7, 한국유교학회, 1994.
- ______, 〈程伊川의 格物致知說 연구〉, ≪한중철학≫ 3, 한중철학회, 1997.
- ______, 〈程伊川의 철학사상 연구 – 理氣論·中和說을 중심으로〉, ≪공자학≫ 3, 한국공자학회, 1998.
- 엄연석, 〈程頤 易傳의 易學理論에 관한 연구〉, 서울대학교 박사학위논문, 1999.
- 오종일, 〈程明道의 心性說〉, ≪동양철학연구≫ 17, 동양철학연구회, 1997.
- 이선열, 〈程伊川 性卽理說 연구〉, 서울대학교 박사학위논문, 1998.
- 이승환, 〈論程明道思想中'價值'之根據與其實踐的問題〉, 대만대학교 석사학위논문, 1984.
- ______, 〈송명유학 수양론에서 未發說의 형성과 전개 – 程門의 미발설과 求中 공부〉,

≪철학연구≫ 38, 고려대 철학연구소, 2009.
- 이원태, 〈王弼과 伊川의 義理易 비교 연구〉, 연세대학교 박사학위논문, 1998.
- 이정환, 〈程學 전통에서의 格物, 致知, 窮理 - 二程 4대 初傳弟子들의 해석과 주자 재해석의 의의 -〉, ≪동양학≫ 60, 단국대 동양학연구원, 2015.
- 이천일, 〈程伊川 教育論에 관한 고찰〉, ≪동방학≫ 21, 한서대 동양고전연구소, 2011.
- 인현정, 〈程伊川의 생의 원리와 感通의 문제〉, 이화여자대학교 석사학위논문, 2009.
- 장승구, 〈伊川 易學과 사대부의 윤리사상〉, ≪이천역학 국제학술대회 자료집≫, 한국주역학회, 1999.
- 정병련, 〈程明道의 '理有善惡' 眞詮〉, ≪유교사상문화연구≫ 8, 한국유교학회, 1996.
- 정병석, 〈≪易程傳≫을 통해 본 程伊川의 政治的 思惟〉, ≪주역연구≫ 5, 한국주역학회, 2000.
- ______, 〈≪伊川易傳≫에 보이는 程伊川의 國家論〉, ≪중국학보≫ 63, 한국중국학회, 2011.
- 정상봉, 〈程明道의 천리와 인성에 대한 이해〉, ≪한국철학논집≫ 40, 한국철학사연구회, 2014.
- 정종모, 〈정명도의 ≪주역≫ 해석과 그 경학사적 의미〉, ≪양명학≫ 45, 한국양명학회, 2016.
- 정종복, 〈程明道의 哲學思想 硏究〉, ≪청주대학교 논문집≫ 15, 청주대학교, 1982.
- 정해민, 〈易의 哲學體系에 관한 硏究 - 程伊川의 易學을 중심으로〉, 부산대학교 석사학위논문, 1987.
- 조장연, 〈程伊川 易學思想에 관한 硏究〉, 성균관대학교 석사학위논문, 1993.
- 주광호, 〈程伊川 太極觀 연구 - 太極에서 理로〉, ≪고려대학교 한자한문연구소 연구발표회≫, 2008.
- 천병돈, 〈程明道 ≪定性書≫에 대한 霞谷의 이해〉, ≪양명학≫ 15, 한국양명학회, 2005.
- ______, 〈程明道 易學思想〉, ≪동양철학연구≫ 58, 동양철학연구회, 2009.
- 최영성, 〈南冥 曺植의 程朱學 受容樣相 - 二程과 관련하여 ≪學記類編≫을 중심으로〉, ≪남명학연구≫ 24, 경상대 남명학연구소, 2007.
- 허　벽, 〈程明道의 天理思想 형성에 관한 연구〉, ≪유교문화연구≫ 17, 성균관대 유교문화연구소, 2010.
- ______, 〈程明道의 天理思想 硏究〉, 성균관대학교 박사학위논문, 2011.
- 홍원식, 〈程伊川의 格物致知說〉, ≪철학연구≫ 13, 고려대 철학연구소, 1989.

- 황태현, 〈≪대학≫ 聽訟章의 이해 - 伊川과 朱子를 중심으로〉, ≪동양문화연구≫ 24, 영산대 동양문화연구원, 2016.
- 羅　光, 〈程顥的哲學思想〉, ≪人文學報≫, 輔仁大學文學院, 1976.
- 張岱年, 〈正確評價二程洛學〉, ≪中州學刊≫, 河南省社會科學院, 1998.
- 陳榮捷, 〈論朱熹與程頤之不同〉, ≪中國哲學≫, 三聯書店, 1983.
- 李景林, 〈二程心性論之異同與儒學精神〉, ≪中州學刊≫, 河南省社會科學院, 1991.
- Barry Keenan, *Reverence and Cheng-Zhu Ecology, Dao,* A Journal of Comparative Philosophy Vol.17, 2018.
- Feng Youlan, *Cheng Hao and Cheng Yi,* Contemporary Chinese Thought Vol.13, 1981.
- Hans van Ess, *The Compilation of the Works of the Ch'eng Brothers and its Significance for the Learning of the Right Way of the Southern Sung Period,* T'oung pao Vol.90, 2004.
- Wai-Ying Wong, *The Status of Li in the Cheng Brothers' Philosophy, Dao,* A Journal of Comparative Philosophy Vol.3, 2003.
- ________________, *Morally bad in the philosophy of the Cheng Brothers,* Journal of Chinese philosophy, Vol.36, 2009.
- Wing-Tsit Chan, *Patterns for Neo-Confucianism : Why Chu Hsi differed from Ch'engi,* Journal of Chinese Philosophy, Vol.5, 1978.
- Wing-Tsit Chan & A.C. Graham, *Two Chinese Philosophers : Ch'eng Ming-tao and Ch'eng Yi-ch'uan,* Journal of the American Oriental Society Vol.79, 1959.
- Yl Feng, *Cheng Hao and Cheng yi*, Chinese Studies in Philosophy Vol.13, 1982.
- Yong Huang, *Cheng Yi's Neo-Confucian Ontological Hermeneutics of Dao,* Journal of Chinese philosophy, Vol.27, 2000.
- ____________, *Cheng Brothers' Neo-Confucian Virtue Ethics : The Identity of Virtue and Nature,* Journal of Chinese philosophy, Vol.30, 2003.
- ____________, *Confucian love and global ethics : How the Cheng Brothers would help respond to Christian criticisms,* Asian Philosophy, Vol.15, 2005.

• ___________, *Neo-confucian political philosophy : The Cheng Brothers on li (propriety) as political*, psychological, and metaphysical, Journal of Chinese philosophy, Vol.34, 2007.
• ___________, *The Cheng Brothers' Onto-theological Articulation of Confucian Values*, Asian philosophy, Vol.17, 2007.
• ___________, *Neo-Confucian Hermeneutics at Work : Cheng Yi's Philosophical Interpretation of Analects 8.9 and 17.3,* The Harvard theological review, Vol.101, 2008.
• ___________, "*WHY BE MORAL?" The Cheng Brothers' Neo-Confucian Answer*, The Journal of religious ethics, Vol.36, 2008.
• ___________, *The Cheng Brothers on Virtue(de, 德) : Is a Virtuous Person Self-Centered?* Journal of Sino-Western communications, Vol.2, 2010.
• Zheng Zemian, *Two Kinds of Oneness : Cheng Hao's Letter on Calming Nature in Contrast with Zhang Zai's Monism,* Philosophy east and west, Vol.65, 2015.

◇ 사전 및 공구서

• ≪道教思想辭典≫, 金勝東 編著, 釜山大學校出版部, 2004.
• ≪佛教・印度思想辭典≫, 金勝東 編著, 釜山大學校出版部, 2001.
• ≪宋元語言詞典≫, 龍潛庵, 上海辭書出版社, 1985.
• ≪語錄解三種校本合刊≫, 尹昭晶・潘牧天 編, 學古房, 2015.
• ≪註解語錄總覽≫, 白斗鏞・尹昌鉉, 太學社, 1978.

◇ 데이터베이스(DB) 자료

• 국립중앙도서관 디지털화 자료
• 규장각 한국학연구원 (http://kyujanggak.snu.ac.kr)
• 동양고전종합DB (http://db.cyberseodang.or.kr)
• 성균관대 존경각 (http://east.skku.edu)
• 한국고전종합DB (http://db.itkc.or.kr)
• 電子版 文淵閣四庫全書, 上海古籍出版社.

2. ≪二程全書 4≫ 參考圖版 目錄

3. ≪二程全書≫ 解　題

QR코드를 스캔하면 ≪譯註 二程全書≫ 解題를 보실 수 있습니다.

• 집필 : 최석기(경상대학교 한문학과 명예교수)

4. ≪二程全書≫ 總目次

QR코드를 스캔하면 ≪譯註 二程全書≫ 總目次를 보실 수 있습니다.

5. 二程 年譜

QR코드를 스캔하면 程顥와 程頤의 年譜를 보실 수 있습니다.

責任飜譯

崔錫起

강원도 원주시 지정면에서 출생
성균관대학교 한문교육과 졸업
성균관대학교 대학원 한문학과 문학박사
민족문화추진회 국역연수원 연수부 및 상임연구원 졸업
민족문화추진회 국역실 전문위원 역임
한국경학학회 회장 역임
경상대학교 인문대학 한문학과 명예교수

論著 및 譯書

論著 ≪星湖 李瀷의 學問精神과 詩經學≫, ≪韓國經學家 事典≫,
≪조선시대 大學圖說≫(공저) 등
譯書 ≪大學≫, ≪中庸≫, ≪王夫之의 대학 읽기≫, ≪星湖 詩經疾書≫,
≪南冥集≫(공역), ≪王夫之의 중용 읽기≫(공역), ≪유교경전과 경학≫(공역) 등

共同飜譯

姜導顯

경남 함양군 함양읍에서 출생
경상대학교 한문학과 졸업
경상대학교 대학원 한문학과 박사과정 수료
경상대학교 경남문화연구원 인문한국(HK) 연구보조원
한국고전번역원 권역별 거점연구소 협동번역사업 연구보조원

論著 및 譯書

論著 ≪조선시대 大學圖說≫
譯書 ≪선인들의 지리산 유람록≫(공역), ≪남명 조식의 문인들≫(공역),
≪19세기 경상우도 학자들≫(공역), ≪澗松集≫(공역), ≪謙齋集≫(공역)

東洋古典譯註叢書 116

譯註 二程全書 4　　　　33,000원

2020년 12월 20일 초판 발행
2024년 01월 10일 초판 3쇄

企劃編輯　東洋古典飜譯編輯委員會
著　　者　程 顥·程 頤
責任飜譯　崔錫起
共同飜譯　姜導顯
企劃編輯　東洋古典飜譯編輯委員會
常任原文校閱 吳圭根
飜譯硏究管理 南賢熙
潤　　文　南賢熙 朴相水
校　　訂　金曉東 郭成龍
裝　　幀　김진디자인
發 行 人　郭成文
發 行 處　社團法人 傳統文化硏究會

서울시 종로구 삼일대로 428 낙원빌딩 411호
전화 : (02)762-8401　전송 : (02)747-0083
전자우편 : juntong@juntong.or.kr
홈페이지 : juntong.or.kr
사이버書堂 : cyberseodang.or.kr
온라인서점 : book.cyberseodang.or.kr

인쇄처 : 한국법령정보주식회사(02-462-3860)
총　판 : 한국출판협동조합(070-7119-1750)

ISBN 979-11-5794-495-8 94820
　　　978-89-85395-71-7(세트)

※ 이 책은 2021년도 교육부 고전문헌 국역지원사업 지원비에 의해 초판(비매품) 간행.